国际金融法论丛

中国证券法律实施机制研究
缪因知 著

Enforcement Mechanisms of Securities Law in P. R. China

图书在版编目(CIP)数据

中国证券法律实施机制研究/缪因知著. —北京:北京大学出版社,2017.1
(国际金融法论丛)
ISBN 978-7-301-27681-5

Ⅰ. ①中… Ⅱ. ①缪… Ⅲ. ①证券法—研究—中国 Ⅳ. ①D922.287.4

中国版本图书馆 CIP 数据核字(2016)第 265734 号

书　　　名	中国证券法律实施机制研究 ZHONGGUO ZHENGQUAN FALÜ SHISHI JIZHI YANJIU
著作责任者	缪因知　著
责 任 编 辑	王　晶
标 准 书 号	ISBN 978-7-301-27681-5
出 版 发 行	北京大学出版社
地　　　址	北京市海淀区成府路 205 号　100871
网　　　址	http://www.pup.cn
电 子 信 箱	law@pup.pku.edu.cn
新 浪 微 博	@北京大学出版社　@北大出版社法律图书
电　　　话	邮购部 62752015　发行部 62750672　编辑部 62752027
印 刷 者	三河市北燕印装有限公司
经 销 者	新华书店
	965 毫米×1300 毫米　16 开本　21.5 印张　352 千字 2017 年 1 月第 1 版　2017 年 1 月第 1 次印刷
定　　　价	45.00 元

未经许可,不得以任何方式复制或抄袭本书之部分或全部内容。
版权所有,侵权必究
举报电话: 010-62752024　电子信箱: fd@pup.pku.edu.cn
图书如有印装质量问题,请与出版部联系,电话: 010-62756370

致　　谢

本书出版得到李奎先生捐赠的"李奎研究基金"的大力支持,特此致谢!

Acknowledgements

This book was also sponsored by grants from Financial Law Research Fund. We appreciate Mr. Sidney Reisman and his family for their support.

总　序

一、法律方法与经济问题

本套专著有一个共同的特点，就是作者们不约而同地采用法律方法研究经济问题。过去我们在二十多年的时间内，多看到用经济学的方法分析法律问题。特别是国外法学界开展的轰轰烈烈的"法律的经济分析"，已有若干部专著翻译成为中文。而现在，在中国的大学和研究机构里，法律研究工作者开始进入经济学、公共管理学和工商管理学的领域，用法律的方法来研究这些边缘领域的问题。

在社会科学几个相近的领域，例如经济学、公共管理学、工商管理学和社会学等领域，都有法律研究的论文和著作，这种跨学科的研究成果，也越来越多了。在中国政府将"依法治国"定为基本国策之后，采用法律的思维与方法分析目前的经济改革问题也非常有意义。其意义就在于，我们所说的"依法治国"，不仅仅是表现在一个宏观的口号上，而是要将"依法治国"作为可以实际操作的、用来实际分析经济问题的、作为经济政策设计基础的法律方法。

全国人大常委和全国人大财经委员会委员、北大前校长吴树青老师曾经问我，依照《宪法》，"债转股"是否应该提交全国人大财经委讨论？我说需要研究一下法律，才能回答。此后，国务院关于《国有股减持与成立社保基金》的办法出台，又有人问我，这么大的财政支付转移，是否应该经过全国人大财经委开会讨论？我回答说，需要研究法律。直到我在写这个序的时候，相关的法律研究工作还在进行。我希望从法律制度变迁的角度和我国财经法制程序演进的过程中找出符合法律的答案。

不断遇到类似问题,使我开始研究与思考经济学家们提出的问题:"全国人大财经委员会的职权范围究竟是什么?""全国人大财经委员会对于国家重大财政支付转移是否有权审议?"从法律的角度来研究这些经济学问题,本身就构成了一个重要的法律制度程序化和司法化的法学课题。

二、经济学家敏感,法学家稳重

还记得有一次,一位金融业界人士对我说:"改革十多年来,讨论经济改革的问题,几乎都是经济学者的声音,这不奇怪。目前,讨论《证券法》或公司治理的问题,也几乎都是经济学者的声音,这也不奇怪。奇怪的是,所有这些问题的讨论中,几乎听不到法学家的声音!"说到这里,这位朋友几乎用质问的口气对我说,"你们法学家们关心什么?为什么听不到声音?你们都干什么去了?"

我一下子被他的语气盖住了!当时我想不出用什么简单办法向他来解释。尽管我不完全同意他的看法,因为这里可能有他个人信息渠道的问题,也可能有社会媒体关注的偏好问题,但还有可能是更深层的问题,例如,在改革过程中,许多法律制度和程序都尚未定型,如果采用法律的方法,可能会增加改革的成本,特别是时间方面的成本等。

本套专著的作者们都是研究法律的,他们也可以称为年轻的"法学家"了,因为,他们已经发表了相当一批研究成果,从事法学专业研究的时间几乎都在10年以上。他们长期研究的成果,似乎可以部分地回答前面那位朋友的问题了。法学家可能没有经济学家那样敏感,但是,法学家多数比较稳重。法学家的发言将影响经济政策与制度的设计,也影响经济操作与运行。经济发展要考虑效率,但是不能仅仅考虑效率,还要考虑到多数人的公平与程序的正义。我们的政府和社会可能都需要一段时间接受和适应法学家的分析方法和论证方法。

三、研究成果的意义

邀我写序的这套专著的作者们,经过三年多时间的专门研究,又经过一段时间的修改,才拿出这样厚重的成果来。我看到这些成果时,就像看到美国最高法院门前的铜铸灯柱底下基座的铜龟,给人以一种稳重、缓慢、深思熟虑的感觉。中国古代在比美国更早几千年的时候,政法合一的朝廷大殿,就有汉白玉雕刻的石龟。龟背上驮着记录历史的石碑,同样给人以庄严、持久、正义的印象。中外司法与法学研究在历史上流传至今,给人的形象方面的印象和感觉是非常类似的,这种感觉在今天还有。

在不太讲究政治经济学基本理念的时光中,又是在变动未定型的过渡时期,经济学家关于对策性的看法是敏捷和回应迅速的。在回应中有许多是充满了智慧的解决方案和温和的中庸选择。相比之下,法学领域的回应还显得少些,也慢一些。有一个可能的答案,也是从本套研究性专著中解读到的:经济学家们谈论的是"物"(商品与交易),法学家谈论的是"人"(权利与义务)。

现实情况也是如此。市场中的"物",无论是动产,还是不动产,几乎都成为商品,早已流通。现在,更加上升了一个台阶,市场将作为商品的物,进化到了证券化的虚拟资产的形态了。但是,法学这边的情况呢?《物权法》还在起草过程之中,能否在年内通过,目前还是一个未知数。但是,立法的稳重并不影响市场的发展,法学家们在实务性工作方面,特别在市场中的交易契约设计方面,已经在研究具体的问题,在这方面的成果,也已相当可观。

经济学家对问题的讨论,观点可以是多元化的,也有争论。但是,总的方法还是建立在一个统一的理论框架下和一致的假设前提下的。但是,法律则不同。法律天生就是对抗性的,生来就有正方与反方。抗辩是法律运作的方式,法律的逻辑和理念就是在这种对抗之中发展的。对抗性的法学,本身也导致了它的成果在外界人士看起来充满矛盾性和冲突性。甚至让他们感到,这群人搞的不是科学,而是一种抗辩的技术。

四、国际与国内金融法的融合

如果有人要我用一句话来表达什么是国际金融法,我就会说,它是一幅没有国界,只有金融中心与边缘关系的地图。如果说,国内金融法与国际金融法还有什么区别的话,那只是时间上的区别了,我国加入 WTO 后,区别将越来越缩小。

如果我们承认一美元在美国和在亚洲都等于一美元的话,国际金融的国界就越来越失去意义。而美元市场上中心与边缘的流通关系,就变得越来越有意义。任何国家国界之内的法律制度如果符合金融流通与发展规律的话,这个国家的经济与社会发展就会顺利,否则就曲折。荷兰的人口是俄罗斯人口的 10%,但是,荷兰的金融规模超过俄罗斯的规模。

英国人口6000万,是印度人口的6%,但是,伦敦金融市场的规模比印度大若干倍。这就是金融中心与边缘之间的关系之一。所以,区别国内与国际金融市场,在法律规则方面已经不如以往那样重要,重要的是发展中国家中的大国,如何抵御西方金融中心的垄断,将以美元为基础的金融中心从一极化发展为多极化。

具体到我国,研究国际金融法与国内金融法是不可分的,而且这个领域范围之广袤,课题之宏大,数据之丰富,关系之复杂,都是非常吸引人的。特别是年轻人。这个天文般宏伟的领域,特别适合青年人研究与学习。因为,在这个领域比其他法学领域出新成果的机会要更大,创新成果也相对较多。这套专著的出版,就是一个例证。

本来这套专著的作者们要我写个小序,他们的书稿引发了上面一些话语,我感到有些喧宾夺主了。我感谢作者们以加速折旧的生活方式,写出了这样多的研究成果。学者们的生活,分为两个阶段,在学习的时候,取之于社会;而做研究的时间,特别是出成果的时候,是学者用之于社会和回馈于人民。

愿这些专业研究对金融业内人士有所帮助,对金融体制改革有所贡献。

吴志攀　谨志

2004年6月28日

所有的努力都有回报(代序)

我对老缪最早的印象应该是十几年前在南京大学的课堂上。那时,我刚毕业留校不久,要去浦口校区给本科生讲授企业法、公司法及商法总论等课程。当时的浦口远不像今天这么热闹,位于城乡结合部,星星落落的几座楼。但南大校园里倒也宁静,适合读书。只是图书馆的书并不多,我一直觉得南大对不住那几届浦口学生——老缪属于其中之一。以我个人的感觉,南大学生是极优秀的。内敛、勤奋、求知欲强。前几日,某大学的一位著名教授偶然提及,他希望所在大学能多招一些南大学生,我就很钦佩他的眼光。但或许是江南生活过于安逸,或者是浦口过于闭塞?那时的南大学生并不是很愿意去北京或出国,"好学生"多将继续深造的目标锁定南大。所以,只要一有机会我就会在课堂上鼓动最好的学生"考出去"。其中不少优秀者后来都出国或去了北京、香港。老缪,是其中的一个。

他是南大学生里很早就喜欢写文字的人。我记得一个有着典型苏南读书人形象的大二男生兴冲冲地告诉我,他正在就某个问题写文章,准备投稿《法制日报》。说实话,我不是很喜欢本科生为发文章而写稿。因此我就跟他多唠叨了几句,大意是说,学生要多阅读云云。这个男孩就是老缪——当时他还没什么胡须。不知道我的话有没有打击到他。

老缪大三时还参加了我主编的《公司法律报告》(第二卷)专题的写作。他大四时,正值国资委成立和新一轮国资改革启动不久，我们还在学校资料室一起讨论过国资法是否会融入公司法而消亡的问题。但后来我直到2008年因工作变动来到北大，才再次遇到他。小男生已在跟随吴志攀教授读博士。后来他又去哈佛取得了法学硕士学位，毕业后去了中央财大法学院——并且，还蓄起了小胡须，已经开始有一些"民国老夫子"的感觉。我便随他的北大同学一起叫他"老缪"。

人世间我们所遭遇的各种境况，都会以某种方式写在脸上或者性格中。我未去考究过"老缪"这个称呼的来历，但我的这一称呼曾一度让他惶恐。可能是他觉得自己远远没有我那么"老"。在北大期间，老缪与沈朝晖、夏小雄等先后从南大考到北大的同学会经常来参加我的读书会以及我申请的一些项目。在学术讨论过程中，我真正体验了"教学相长"的愉悦。朝晖和小雄毕业之后，也都分别去了清华和社科院。他们也开始展现出成为"好学者"的气质。

经过在北大及哈佛的几年研习，缪同学明显沉静了很多。他的一些见解，也有明显的前瞻性。我没有想到当年那个"蠢蠢欲动"的无锡小男生会如此安静地志于学术。他租住在北大附近，全身心地投入阅读和写作，每年都有不少文章发表——说实话，北京年轻教员的收入是极低的，但我从未看到他为了生计或者收入而去承办某个案件，也从未看他抱怨过生活有多么艰难（也可能他抱怨的时候，并没有当着我的面）。每次遇到他，讨论最多的是学术——当然，偶尔他也会说/传一些学术八卦，这个时候，他一般会"坏笑"几声。你才会感受到，老缪其实还有很天真的一面。

尽管如此，老缪基本上还是一个"我行我素的学术痴迷者"。无论是在中央财大举办的学术活动中，还是在证券法研究会、经济法研究会的学术会议中，他经常会谈论自己最近的研究，诸如国企改革、场外交易、光大证券案、场外配资、金融创新等。老缪的学术敏感性很好，出手很快。我写的文章有时能拖两三年甚至更久，他在新事件/新案件发生时，往往一个月就能完成应对/评价研究，确实是证券法、金融法领域的"快刀手"。他的这些研究中的部分内容，最近汇成了眼下这本书——《中国证券法律实施机制研究》。

这些稿件虽然是零散、断续地完成，但它们不仅着眼于证券法的技术、争议案例的解释，更涉及国家复兴与资本市场、行政权力与市场自由、公共规制与私人诉讼等大问题。作者试图在一个更为开阔的时空下，思考中国证券法的有效实施机制;试图通过个案分析展开关于资本市场的宏大叙事,字里行间充满了一个年轻法学者的孜孜情怀。

所有有开拓意识的研究,都是值得记住的。老缪所累积的这些文字不仅是其近年学术研究的纪念,更是关于如何展开部门法理论进路的建言。尽管我未必认同其中的全部观点,但这种认真研究的精神恰恰是我们这个时代比较稀缺的。

法学有很多面向。无论是法教义学,还是社科法学,或者是其他路径,都有其有意义的一面,如同我们每天可能吃不同的菜,穿不同的衣服,但我们每天都仍然是我们自己,又不完全是自己。老缪并不特别关注或者特别有意识地去试验某种法学方法,他只以自己的行动实践他所理解的证券法解释,这正好也是学术自由的意义所在。

我相信,老缪的研究自有其"有道理的一面"。这也是我虽一再拖延,却十分愿意为其大作写些文字的原因。只是因为我的拖延,影响了老缪大作的尽早出版,内心不免有些不安。北大出版社的王晶编辑想必是比较了解我的拖延症,因此,她建议老缪每隔三天催我一次(汗,我以后更怕和王晶打交道了……)。直到最近,我在华政做关于"僵尸企业"权利的报告时,难得有闲拍发了若干华政美景,老缪却乘机在微信圈中"公开威胁"我——"你出外讲僵尸权利时,可要记得我有本书也快成僵尸了"……我想,我不能一边讲"僵尸企业"的权利,一边让老缪的书成为"僵尸",忽略了老缪的权利。因此,我就在上海回北京的飞机上,最终续完了这篇小文,并在家里最终改定。

老缪的研究证明了——所有的努力都会有回报。

是为序。

2016 年 12 月 3 日终稿于北大畅春园

选题与章节说明

我国的证券法正日益成为重要和复杂的一个法律部门,证券法在法学院的课堂上可谓是一门显学。但是国内证券法的研究却并不令人满意,学术团队也颇有青黄不接、南郭滥竽的味道。在证券法律规则日益细化、交易日益繁复化、国家和市场的互动日益微妙化的趋势背景下,证券法研究若不能与时俱进,而是沉醉于空洞的权利话语和肤浅的政策建议,就只能自绝于时代的进步。

2015年,我国经历了举世震惊的惨烈股灾,社会经历了一轮全民谈股炒股的风潮。2016年,又出现了筹备三个月的熔断机制运行四天后自己就被"熔断"、证监会主席三年任期未满而下台、注册制改革被宣告缓行等一系列大事件。

即便从全球的视角看,中国证券市场也已经是一个值得深入探究的重量级现象。而正如波澜壮阔又引来物议纷纷的救市所揭示的,从诞生至今,乃至据说要披着注册制外衣的明天,沪深股市都被、都会被闲不住的政府之手所深深地塑造着。

这一格局当然会有很多问题。不过,制度的生长自有其土壤,中国股市是从高度管制、缺乏金融的旧经济体制中被人为培育出来的。行政干预是无可避免的宿命,拔出萝卜不能不带出泥。而且,证监会在中央部委中属于精英较为荟萃之地,其实施治理的努力,中央和地方、行政与市场的互动中政府监管者、法院和证券交易场所作为法律实施机制进退之间蕴含的现实合理逻辑,不容忽视。"知其然、知其所以然"也是我们在臧否议论、以为然或不以为然前先要弄明白的。本书即是在此基础上所做的一个尝试。

本书从证券法律实施机制的角度展开论述。所谓实施机制,即证券法律得以发挥实际作用、而被施行的机制。本书主要讨论的三种机制为政府性监管、民事诉讼和交易场所监管机制,讨论的场域为中国大陆当下的证券市场。

从理论和实践分析可知,这三种机制都可谓最后通向证券市场的"法治罗马"的大道。但任何大城市都不会只有一条通衢,而不同的大道在不同的环境下,或针对不同的运输工具的通畅程度也是不同的。故而知悉这些道路通往"法治罗马"之余,我们还要分析进一步其"路况"和如何改善"路况"。

本书的一个特色是:为了有效地比较,对这三种互相制约、互相促进、共生协调的法律实施机制进行了并行的阐述。故其并非关于特定的法律实施机制的专著,也并不试图在深度细致度上大幅超越对特定的法律实施机制的相关专著,但希望在一个较为宏观的证券市场法律环境改善的视角来探究不同的法律实施机制在中国具体环境下的成败利钝与发展空间。

第一章从宏观上思考证券市场在我国金融生活中应有的地位,包括与银行作为不同的金融资源调配机制的短长,以及国家干预在证券市场和法律演化进程中应具的地位。我将试图从国家金融总体发展的背景来阐明本论题研究的价值。在经济全球化和金融流动自由化的大环境下,中国这样的大国要建设好证券市场,不仅是一个锦上添花的事情,更是民族复兴的一个必需条件。而证券市场的兴旺,并不是随着实体经济的增长而会自然实现的,而有赖于法律制度对投资者信心的保护,由此导入具体的证券法律实施机制探究。这一部分还论证了强健的证券法律实施而不是与国际标准形式趋同的法律条文的必要性,以及从公司治理的角度看,为何在我国建设证券市场是比强化银行金融体制更为可靠的制度进路。而从大陆法系与普通法系多个国家的历史经验来看,在国家权力配置的层面减少对证券市场资源的行政干预,具有根本性的积极意义。

第二章回顾总结国内外学界的研究成果,就三大机制各自的实施方式及制度优劣进行了分析。大致而言,政府性监管具有刚性,调查力、执行力较强,对打击主观恶性较大、隐蔽性较强的证券欺诈行为的效果较好。其属于较为"笨重"的法律武器,实施成本较大,而且会压抑证券交易所可以实施的一线灵活监管和民事诉讼机制。换言之,政府性监管有权威,但这种权威在惩治违法行为之余也会压制市场运作。民事诉讼机制的利弊可谓是政府性监管的反面,如去中心化、与市场的相容性较高、成本由私人负担、对违法行为的打击精准度低,然而其针对性和效率则有所不如。

政府性监管和民事诉讼分属由公权和私权发动的法律实施方式,但二者并非简单的此消彼长关系。相反,如美国的实践所表明的,二者可以互相倚持、互相促进。政府性监管行为可以提高民事诉讼的效率,民事诉讼可以减少政府性监管可能的懈怠。有效的交易所监管与政府性监管有作用方式上的类似性,但本身的驱动力却在于追求市场利益,特别是当其处于竞争环境中时。证券交易所能够在前线发现和解决问题,节省政府性监管和民事诉讼的实施成本,但其并非终局性、概括性的全面解决方案。

第三章结合中国的实际情况运用数据、案例等对三大机制的运作予以了评估。我们可以发现政府性监管处于主导的地位,证监会实施的监管目前是主要的证券法律实施机制,其事实上具有规则制定、规则执行和纠纷裁决的"三权合一"面貌,而且存在挤压民事诉讼和交易场所监管机制的问题。民事诉讼的受案范围被大幅压缩,即便在诱多性虚假陈述等有单行司法解释支持的领域,诉讼的制度潜能仍然受到了抑制。而证券交易所经过二十多年的发展,尽管在组织金融交易方面获得了越来越多的经验,但在法律实施层面仍然处于被监护的状态,包括审核上市等核心权力仍然形同具文。而且主要证券交易所之间竞争性不足,场外市场尚且羸弱和被压制,上下贯通的多层次资本市场尚未到位,不利于证券市场的发展,也令政府性监管紧绷、压制证券交易所不得推出更多的个性化监管套餐。

然后本书将转入对如何改善我国的证券法律实施机制的研究。政府实施的公共执行是大陆法系普遍的占主导地位的法律实施机制,政府性监管目前在中国的主导地位也必然会在中长期内维持,第四章首先围绕如何优化政府性监管机制、改良市场与行政力量配置展开论述,第一节提出了若干一般性的原则,如增强法治性、说理性、可制约性等。在此基础上,本书从事前和事后两个层面对政府性监管的具体领域展开了分析。事前层面主要指新股发行管制,这一直是我国证券监管的核心工作。而事后层面的分析侧重点在内幕交易和操纵市场执法,这是证监会近年来逐渐形成的新工作重心。

第四章第二节对不久之前的一个失败的股市"调控"案例做了剖解,揭示了证监会放弃对发行价格和额度有心无力的监控,乃是证券法制革新的一个必要不充分条件,并进而反思了历史上证券发行价格监管的演进和放手进一步的市场化定价改革的必要性。虽然此节引用的技术性规则较多,但围绕的却是一个基本命题:政府应当在多大程度上为证券价格及其事后的涨跌负责?换言之,在新股发行和随后上市交易的大幅度价格起伏中,政府如何体现对投资者保护?我国本计划在2015年内就会推出新股发行的注册制改革目前已经搁浅,在2016年年内确定不会推出。而如果要尽快平稳地实现这一过渡,在不断"开闸放水"中实现市场稳健增长的"慢牛"格局,不能由证监会如臂使指地操控,而只能依靠市场自身的成熟。

该章对内幕交易的论述同样不是流于技术性细节的探讨。政府性监管的一般弱点包括了过强的刚性和行政裁量中的任意性甚至突破法定标准,而我国高歌猛进的内幕交易执法正暴露了这些层面。该部分重点放在了反思我国对内幕交易过宽的执法范围上,这体现了法理基础的薄弱,也可能导致扰乱证券市场的正常机能,在我国愈来愈复杂化的证券市场发展的环境下(如与期货市场连通性日益增强),其弊端值得警醒。

至今在民事诉讼程序上未完全尘埃落定的光大证券案可谓其中的典型,在一度"国人皆曰可杀"的背景下,该章第三节通过条分缕析,结合法律条文和理论,就事论事地细致阐述了证监会对光大证券公司的处罚为何不符合现行法律的规定,并分析了其内幕交易民事责任认定中的难点,评析了其相关民事诉讼判决的得失(我国第一个生效的内幕交易民事赔偿判决已经于2016年生效)。

第四节则结合国际前沿理论与我国实际案例,以制度创新的视角讨论了对一种具有反欺诈功能的特殊内幕交易予以豁免所可能带来的市场正面价值,如促进市场真实价格的形成,以及其为何在法律学说体系中能够自洽,包括就反内幕交易的法理基础受信义务理论展开的探讨。这体现了有所为有所不为的制度创新,以及将经济分析运用于部门法律的努力。

结合2015年夏季股灾中出现的种种争议,第五节对卖空型操纵、裸卖空、股票指数期货操纵等问题进行了探讨,细致分析了其行为构成、实施的可能性,澄清了种种误解,并质疑了一些限制市场机能发挥作用的管制措施。第六节则考察了证监会2015年6月起实施的证券场外配资的清理整顿工作,对证券市场的法治之道做了反思,并注意到了金融混业趋势下证券公司和信托公司争夺资产管理业务蛋糕的制度背景,检讨了证监会在此中的定位。

最后一章立足于制度可能性,讨论如何在无法急剧改变、也未必需要急剧改变政府性监管的主导地位的同时探索多元化的证券法律实施机制。本章首先论证了大的市场环境是可以容忍更多的潜在失序成本,来换取专权成本的大幅度降低;进而讨论了如何通过渐进的、发挥现行制度潜能的方式来促进证券民事诉讼的运用,并提出可以在此领域推动公权和私权的双增强,包括在民事诉讼制度设计中引入公权力因素、倚重公共投资者保护机构(如社会保障基金)发动诉讼;通过法院集中管辖、证监会参与遴选等机制,我们可以令高层决策者对民事诉讼的去中心化所带来的失控风险的疑虑降到最低程度。

而在交易所监管革新层面,本部分提倡通过促进竞争来优化交易场所的监管,如增强上海证券交易所和深圳证券交易所的可替代性和层次性、允许交易所实现板块自治、允许公司在不同的交易板块之间进行迁移,推动新三板和地方证券交易场所的发展,在动态中实现升降贯通的多层次资本市场的建设。与此同时,合理调整政府性监管机构与交易场所的关系,在监管上进行科学分工。而在司法责任方面,通过厘定交易场所监管的行为性质,使其免受来自投资者诉讼的民事赔偿责任的侵扰,这是发达证券市场的惯例,也符合我国投资者尚不成熟、缺乏风险意识的现状(参见权证系列诉讼)。另外,作为一种辅助性的证券法律实施机制,境外上市的功效也在本部分得到了集中论述,并且主要以其对国有企业这一"硬骨头"的效用做了分析。

目　录

第一章　国家复兴视野下的证券市场法律建设　1
　第一节　资本全球化下一国证券市场制度建设的艰巨性　3
　第二节　证券市场所需要的法律实施机制　8
　第三节　金融发展的两条道路：银行与券市法律实施机制的关系　11
　第四节　国家干预与证券市场发展之关系考察：自法系的视角　28

第二章　三大证券法律实施机制的一般性优劣　45
　第一节　作为证券法律实施机制的政府性监管　47
　第二节　作为证券法律实施机制的民事诉讼　54
　第三节　作为证券法律实施机制的交易场所监管　61

第三章　中国现实环境中的三大证券法律实施机制　77
　第一节　政府性监管的一般评析：现状与得失　79
　第二节　政府性监管的关键领域分析：证监会信息披露规则评述　97
　第三节　民事诉讼的现状与前景　114
　第四节　证券交易场所监管的历史与现状　121

第四章　政府性证券监管的优化　151
　第一节　总体策略：增强执法的力度和法治度　154
　第二节　市场与行政权的平衡：证券发行价格权限的收放　160
　第三节　制度创新与有所不为：反欺诈型内幕交易合法化　178

第四节　新型复杂案件需审慎：光大证券巨额行政处罚案　　　195
　　第五节　跨市场交易的新挑战：卖空与卖空操纵规则完善　　　220
　　第六节　股灾后的重建与反思：证券场外配资的清理整顿　　　249

第五章　推行多元化的证券法律实施机制　　　267
　　第一节　证券民事诉讼：私权与公权的双增强　　　269
　　第二节　增强交易场所之间的竞争，优化交易所监管　　　284
　　第三节　墙外开花墙里香：境外上市改善证券市场微观基础　　　304
　　第四节　小结：多元并进的证券法律实施机制　　　321

后　记　　　325

第一章 国家复兴视野下的证券市场法律建设

第一节 资本全球化下一国证券
市场制度建设的艰巨性

世界各国近现代化的实践证明,在一国由于生产力的逐步发展而使社会财富得以增加的时候,能否有效地聚集运用这些财富,将之转化为资本,以促进社会经济的发展,是一国经济能否顺利转入一个新的较高层次、继续发展的关键之一。在过去的一两百年里,一些聪明人曾通过股份公司和证券市场制度的设计,有效地吸收汇集了当地乃至国内外公众的零散资金流,将之转化为可集中用于生产的资本,从而有力地推动了工业文明的飞跃。

证券市场对于一国经济发展的巨大意义已经越来越得到了广泛的认同。通过严格的经济数据和统计分析,学者已经发现股票市场流动性和经济增长之间呈正相关[1],因为一国如果有较为活跃的证券市场来支持融资,企业就更易获取资本来实现发展[2],投资者也能通过证券市场有效分散投资风险,增加投资积极性[3],从而从两个方面促进经济增长。

近年来,随着通信和交通技术的发展,经济全球化、金融全球化程度的加深使得资本在全世界范围内的可流动性增强,一国证券市场的发展除了正向的促进经济发展之作用外,还有反向的防止资本外流、经济空心化的意义。

具体来说,第二次世界大战和冷战结束以来,各国经济总体上处于不断发展的态势,民众在支付生活需要之余的可投资资金日益增加。电子化、网络化等科技手段和证券投资基金等金融手段使得零散资金的汇总、聚集、再运用成本进一步降低,资本的募集和使用的发生范围可以不再限于一城一国内,不再限于拥有财富较多的个体,而是可以通过多种方式、多种层次、在多个国家和地区同时进行。由此,高度互联并不断深化和扩

---

[1] Raymond Atje & Boyan Jovanovic, "Stock Markets and Development", 37 *Eur. Econ. Rev.* 632 (1993).

[2] Asli Demirguc-Kunt & Vojislav Maksimovic, "Law, Finance and Firm Growth", 53 *J. Fin.* 2107 (1998).

[3] Ross Levine & Sara Zervos, Stock Markets, "Banks, and Economic Growth", 88 *Am. Econ. Rev.* 537 (1998); Maurice Obstfeld, Risk-Taking, "Global Diversification and Growth", 84 *Am. Econ. Rev.* 1310 (1994).

大的国际资本市场蔚然成形,公司可获得的资本增加,筹资成本降低。大型公众公司成为公司的主导形式,并不断凸现规模的扩大化、股权的分散化和持股者的社会化。与此同时,作为资本需求者的公司与资本投资者的关系也产生了深刻的变化。即由于投资手段的便利化、多样化、国际化,投资者可以在不同的市场中进行选择。来源分散、总量巨大、覆盖面广阔的全球资金流逐步汇合、浮现,并开始习惯于在全球寻找、选择、追逐合适的投资对象,而不囿于资本来源地。除非重大安全事件如极端恐怖主义或大国冲突再次导致世界资本市场崩坏,缺乏足够的投资者保护法律制度的市场/国家会在这种资本竞争中逐步被边缘化。

由此,这是一个投资者用钞票选票、用"脚"在全球投票的年代。国际资本流动的便利化带来了一种外生的强竞争环境,增强了一国"慢慢建好"证券市场的困难度(例如,当美元利好消息发生时,境内A股市场往往会由于资金外流而产生下跌),也对原有的一国内部的法律制度建设产生了颠覆性的冲击力。因为在此过程中,资本的流动并不是盲目的,不再是19世纪的所谓的帝国主义资本输出模式,而是全球性的、向具有良好公司治理与证券法律之资本市场的流动,它们的目的地明确指向对投资者能提供更大保护力度的地方。如果一地不能令其满足,则它们或者推动该地的证券法律发展,或者抽资而走。许多国际投资机构积极地输出本国的公司治理模式,如加州公共雇员退休金系统(CALPERS)按照美国模式公布了其所认同的基本公司行为准则,并以此为基础,进一步分别制定了对英、法、德、日等国的公司的投资标准[1],并因认为"上市公司监管、市场流动性和公开性以及结算成本和司法保护不能达到其投资标准",从泰国、印尼、菲律宾和马来西亚等撤出数亿美元投资。[2]

国际资本流的这种用脚投票,不仅表现在国与国之间的"挑剔",更体现在驱使资本从其母国(包括发展中国家)流出,走向对资本保护更为有力的地方。耶鲁大学教授陈志武在为一家证券投资基金从事推广工作时发现:"美国确实有最发达的资本市场,但这些资本大多数不是美国人自己的,而是来自其他国家尤其是发展中国家和中东石油国家。美国的资

---

[1] 参见加州公共雇员退休金系统网站 http://www.calpers-governance.org/principles/international,最后访问时间2016年4月20日。

[2] 转引自张宪初:《公司治理全球化和经济转轨国家的教训》,载滨田道代、吴志攀编:《公司治理与市场监管》,北京大学出版社2003年版,第85页。

本市场只是一个巨大的资产管理与配置中心而已","1960年后美国年年净进口资本,1960年净进口2.3亿美元,到2004年一年就净进口1440.1亿美元。真正的资本出口国大部分是欠发达的第三世界国家,它们散布在欧洲、中东、拉美、亚洲、非洲等地。中国也是美国重要的资本供给国家",陈志武对此的解释是:"法治越不健全、对私人财产保护越不完备的地方,资本出口的倾向就越明显。"[1]

在此还值得特别说明一下中国在此种资本流出效应中的处境。中国目前由于资本项目下的人民币尚不可自由兑换,而未受到全球资本市场的完全直接的冲击。但且不说外汇自由化是我国的一个必然的长期目标,即使现在,中国证券市场也并非完全感觉不到全球资本流的冲击、境外证券市场的竞争。就拿较近的历史来说,2003—2005年是国内优质企业纷纷海外上市的一次高潮。2003年中国企业在美国、香港、新加坡三地海外证券公开发行(IPO)的数量为48家,筹资金额约70亿美元;2004年在三地公开发行证券的企业为84家,筹资金额112亿美元。而国内沪深两市2003年IPO募集资金不到500亿元,2004年IPO募集资金353亿元,约42.7亿美元。2004年底时,香港、美国、新加坡三地就有296家中国企业上市,总市值达3492亿美元,同期国内深沪交易所A股和B股有1377家上市公司,流通市值11688.6亿元(折合1413亿美元)。2005年国内因股改,IPO暂停,同一年中国企业海外上市筹集资本则超过200亿美元。[2]使人一度发出"香港股市成了中国的主板""中国股市被边缘化"之惊呼。

这一时期,境内普通投资者虽然不能方便地将资金送往海外,却也选择撤出证券市场而等待其他的投资机会,这同样是一种"用脚投票"。而其后果则是股指的不断下跌、成交量萎缩。在证券市场处于低迷时期的2005年末,我国股市流通市值仅相当于国内生产总值(GDP)的9%左右。

---

[1] 参见陈志武:《我的路演》,载《财经》2005年9月5日。
[2] 综合如下媒体数据:闫冬等:《2004年中国企业海外上市调查报告》,新浪财经 http://finance.sina.com.cn/stock/ychd/20050302/17431397509.shtml,最后访问时间2016年4月20日。《大量企业海外上市 国内资本市场面临边缘化》,载《南方日报》2005年12月2日A19版。黄利明:《国企上市先海外后境内A股市场边缘化危机待解》,载《经济观察报》2006年1月1日。

而同期美国纽约股市的流通市值是其GDP的115%,日本是75%。[1]

2006年,中国企业境外上市86家,筹资440亿美元;2007年境外上市118家,筹资397亿美元;2008年受金融危机影响,减少为37家和70亿美元。2009年后,由于境内A股IPO重启,特别是创业板推出,上市门槛大幅降低,在境内证券市场上市的企业显著增多。但总的来说,境外上市仍然是我国企业的重要选择,2010年以来,我国企业从境外上市所筹资金额比例甚高,在优质大型企业中,这个比例更高。尤其2013年遭遇境内IPO全面暂停,境外上市成了中国企业上市的唯一选择。[2]

表1.1 2010年中国企业境内外IPO统计

上市地点	融资额(US$M)	比例	上市数量	比例	平均融资额(US$M)
海外市场	33294.75	31.6%	129	26.8%	258.10
境内市场	72059.27	68.4%	347	73.2%	207.66
合计	105354.02	100.0%	476	100.0%	221.33

来源:清科研究中心2011.01,www.zdbchina.com。

表1.2 2011年中国企业境内外IPO统计

上市地点	融资额(US$M)	比例	上市数量	比例	平均融资额(US$M)
海外市场	17812.95	28.9%	75	21.1%	237.51
境内市场	43719.33	71.1%	281	78.9%	155.58
合计	61532.28	100.0%	356	100.0%	172.84

来源:清科数据库2011.12,www.zdbchina.com。

表1.3 2012年中国企业境内外IPO统计

上市地点	融资额(US$M)	比例	上市数量	比例	平均融资额(US$M)
境内市场	16484.30	62.6%	154	76.6%	107.04
海外市场	9842.33	37.4%	47	23.4%	209.41
合计	26326.63	100.0%	201	100.0%	130.98

来源:清科研究中心2012.12,www.zdbchina.com。

---

[1] 中国人民银行研究局副局长张涛提供的数据,参见刘巍、李振华:《后上市时代:中国银行业开放命题》,载《21世纪经济报道》2006年10月23日。

[2] 详见清科研究中心的相关报告,见清科集团旗下"投资界"网http://research.pedaily.cn/report/pay/ipo/,最后访问时间2016年4月20日。

2013年新股发行暂停境内无上市企业。2013年11月30日《证监会关于进一步推进新股发行体制改革的意见》标志着境内IPO重新开闸。

表1.4 2013年中国企业境内外IPO市场统计

上市地点	融资额（US$M）	比例	上市数量	比例	平均融资额（US$M）
境内市场	0.00	0.0%	0	0.0%	
海外市场	19012.77	100.0%	66	100.0%	288.07
合计	19012.77	100.0%	66	100.0%	288.07

来源：清科研究中心2013.12，www.pedata.cn。

表1.5 2014年中国企业境内外IPO市场统计

市场	融资额（US$M）	比例	上市数量	比例	平均融资额（US$M）
境内市场	13086.59	21.0%	125	56.6%	104.69
境外市场	49258.96	376.4%	96	76.8%	513.11
合计	62345.55	397.4%	221	133.4%	282.11

来源：清科研究中心2014.12，www.pedata.cn。

表1.6 2015年中国企业境内外IPO市场统计

上市地点	融资额（亿元）	比例	上市数量	比例	平均融资额（亿元）
境内市场	1586.14	44.8%	219	71.1%	7.24
境外市场	1955.31	55.2%	89	28.9%	21.97
合计	3541.45	100.0%	308	100.0%	11.50

来源：清科研究中心2016.01，www.pedata.cn。

这些图景对我国的证券市场构成了两方面的挑战：一个挑战是境内市场不再能垄断对境内企业的上市渠道的"供应"；另一个更大的挑战是境内外资本即使对中国企业感兴趣，也可以通过在境外证券市场投资而实现其目的，2014年阿里、京东等民营企业互联网企业新贵在美国上市便是生动的例子。而沪港通、深港通、沪伦通等新的交易机制的出现或可能出现，也令沪深交易所与香港、伦敦的更为成熟的交易所的直接竞争变得更为现实。

由此，中国证券市场制度法律建设的不足，会直接转化为市场对资本、投资者、融资者的吸引度不足。故而，如何面对境外有着更好的信誉和法律制度的证券市场的挑战,始终将是一个关系国家金融业兴衰的大问题。

具言之,一方面,尽管发展中国家的企业仍然渴求资金,但在证券投资全球化、各国纷纷加强投资者保护背景下,外国投资者只有在得到充分保护的情况下才会进入。特别是在中国这样的高阶段发展中国家的廉价劳动力、廉价土地、外资企业税收优惠等投资要素逐步成为历史的情况下,必要的法律保证对外国资本的进入不可或缺。另一方面,由于长期的资本流动控制也必然或已然被打破,国内投资者如果不能得到充分保护,则千方百计流向境外的能力和冲动也在逐渐增强。

总之,对投资者充分保护的证券法律(既包括法律的制定修改,更包括法律的实施)已经成为一国证券市场发展的必要条件之一。上市公司经由法律制度保证的"公司治理结构已经越来越成为投资决策的重要因素,其中尤其重要的是公司治理与投资国际化之间的关系。资本的跨国流动使得公司拥有更加广泛的融资渠道。要想从全球资本市场充分获益,吸引长期资本的投入,公司治理安排必须予人信任,并被人充分理解。即使公司主要不依靠外国资本,坚持良好的公司治理实践也将有助于提高国内投资者的信心,从而减少资本成本,最终拥有更加稳定的融资来源"。[1] 能否通过有效的法律实施机制确保证券市场主体实现良治"已经不再局限于本国微观经济层面上的技术性问题,而是随着全球商业竞争在地域和强度方面的扩展,越来越成为关系到国民经济整体竞争力和宏观经济体制健康性的一个制度性问题"。[2]

第二节 证券市场所需要的法律实施机制

与普通商品不同,证券本身并无持有人可直接支配的利益,而是代表了一种较为复杂的、对未来不确定的资金回报的权利,所以必须有强有力的法律制度来保障证券持有人的信心,才能促使他们愿意用资金去购买证券,并在遭遇投资损失时不匆匆退出市场不复返,从而令一个活跃有力的证券市场得以存在。

---

[1] 参见 OECD: Principle of Corporate Governance (1999).
[2] 冷静:《公司治理中的全球性趋同和地方性维系》,载北大金融法研究中心编:《金融法苑》第 60 辑,中国金融出版社 2005 年版,第 114 页。

证券法治建设的第一个要素自然是较为完善的法律条文体系。这虽非易事,却相对较易实现。例如,从法条文本上看,24个来自原苏联和东欧地区的转轨国家(即从共产主义体制转向市场经济体制)对股东和债权人的保护程度已经超过它们所在法系的平均水平,形成了对美国法的一种形式趋同。[1]中国的《公司法》《证券法》及相关法规规章经过多次修订,也已初具规模,很多条文可谓和国际接轨,实现了一定程度上的形式趋同。

推进证券市场治理时更关键、也更艰难的方面是一个高效的法律执行机制。一般来说,证券法律主要通过三大机制来实施,并达到保障证券投资者权益和市场繁荣的目的。**这三大机制是政府性证券监管、法院民事诉讼和交易场所监管。**这三大机制当然并非囊括了法律所可能对证券市场发挥的一切影响。其他机制也存在并发挥着作用,如对证券违法行为的刑事公诉(这本质上是政府性监管的延伸)、财经媒体监督、中介机构(律师、会计师、资产评估师、评级机构等)监督、境外上市[2]乃至提倡有关决策和行为者的道德自律等[3],不过总的来说,这三大机制是最主要、最基本、最主流,在无论何种环境下都应该坚持提倡、推进的证券法律实施机制。对它们将如何在中国的法制环境下得到最优的运用,以促进我国证券市场和整个金融生态走向法治,是本书所要研究的。

在进入三大机制的世界前,我们将先考察两个问题,以确定把注意力集中在这三大机制上是否妥当。毕竟,这三大交易机制是有着相当可观的实施成本的。第一个问题是,契约性的安排能否多少替代证券法律实施机制。二是以银行这一更为成熟和历史悠久的金融机构为主导的公司治理和融资体制,能否代替以证券市场为主导的体制。

---

[1] Katharina Pistor, "Patterns of Legal Change: Shareholder and Creditor Rights in Transition Economies", in Merritt B. Fox & Michael A. Heller eds, *Corporate Governance Lessons from Transition Economy Reforms*, Princeton University Press 2006, p.231.

[2] 对中国企业特别是国企来说,境外上市是一种特别有效的公司治理机制,对境内证券市场环境的改善也有积极作用。See Miao Yinzhi, "The Governance Effect of Oversea Listing on the Chinese SOEs: The Role of the State Matters", *PKU J. Legal Stud.* vol.4 (2013). 不过这毕竟主要不是实施境内证券法律的体制,本书在第五章第三节集中予以讨论。

[3] 一个详细的列举可见 Bernard Black, "The Legal and Institutional Preconditions for Strong Securities Markets", 48 *UCLA L. Rev.* 781 (2001). 中译文可见《强大证券市场的法律和制度前提》,洪艳蓉译,载北大金融法中心编:《金融法苑》第57辑,法律出版社2004年版。

第一个问题较为简单。其提出的背景是有不少研究者出于排斥强制性监管的目的，认为证券市场在发展过程中，其参与者特别是那些成熟的金融交易者已经通过双边、多边的契约性安排，实现了相当程度的自我治理。例如，他们可以通过合同安排来追究证券发行中的欺诈行为，能够经由声誉机制来惩罚不当市场行为的作出者。甚至有研究者指出，在美国规定了强制信息披露制度的《1933年证券法》《1934年证券交易法》实施前，市场上就已经有了相当多的信息披露了。[1]

这种尝试的顶峰是1990年代俄罗斯实施企业私有化后，为了在法治薄弱、证券法律实施机制不足的情况下推进俄罗斯证券市场的发展，几位美国权威学者曾受委托为该国设计了所谓"自我实施的公司法"，以有别于美国式的相当借重法院实施力量的公司法。俄罗斯《公司法》"依靠投票限制和交易性权利的组合，来规制那些特别重要或有嫌疑的交易"，"更多地依靠公司内部决策程序和股东授权，更少地依靠事后的诉讼"。[2]其核心是赋予少数股东在公司治理中充分权利，大量事项都需要股东大会批准才可实行，令外部股东不必借助繁复、费时的司法诉讼程序即可参与公司治理。但不幸的是，由于缺乏外部法治力量的制约，公司控制者照样践踏法律对投资者的保护，罔顾种种程序性限制。美国秀才遇到了俄国强盗，自然是束手无策，导致这一试验最终失败。俄罗斯证券市场的发展依然裹足不前。[3]

换言之，契约性的安排和在上市公司这些证券市场的基本单元内部作的安排固然能多少起到惩恶扬善的作用，但其根本上不足以支撑一个健康的证券市场的兴起。如本书后文所将揭示的，自发的契约性安排在一些国家(英国、美国、荷兰等)所取得的繁荣市场甚至推进法治的成就不仅多少具有一点"因缘际会"的色彩，而且本身还是有隐含的前提条件的，如法官即使不精通证券法的复杂技术规则，也要有高效的执行普通商事

---

[1] George Benston, "The Value of the SEC's Accounting Disclosure Requirements", 44 *Acct. Rev.* 515, 519(1969).

[2] Bernard S. Black & Reinier H. Kraakman, "A Self-Enforcing Model of Corporate Law", 109 *Harv. L. Rev.* 1911 (1996).

[3] See Bernard S. Black, Reinier Kraakman & Anna Tarassova, "Russian Privatization and Corporate Governance: What Went Wrong?", 52 *Stan. L. Rev.* 1731 (2000).

契约的能力。[1] 故对中国这样的发展中国家来说，还是应该集中注意力于三大机制之上。国际上目前主流的意见也是对这一机制的影响力不宜夸大。最早从这一进路探讨法律影响金融之机制的学者如 Bernard Black，也转向了对诉讼规则的强调。

第三节　金融发展的两条道路：银行与券市法律实施机制的关系

前述的两个关于是否应当发展证券市场的问题中，第二个问题更为重要，因为其涉及了一个更为根本的问题，即发展证券市场有多重要？一国能否通过不发展证券市场来实现经济增长？或者能否通过先发展别的，再来发展证券市场。

证券市场最直接的替代品是商业银行。商业银行与证券市场同属最为基本的融资机制，前者是通过商业银行来收集存款、发放贷款，承担金融中介功能，代表了一种间接融资的机制。后者是令需要资本的企业直接通过发行证券来向市场筹集资金，代表了一种直接融资的机制。

在大多数国家，商业银行或类似机构的出现都早于证券市场，其发展相对成熟，信誉也相对较高，故很多人认为银行可以通过对借款企业的有效监督约束，来推动经济增长。换言之，商业银行和证券市场一样，不仅是一种经济上的融资机制，也是一种法律上的公司治理机制。在发展中国家和转轨国家中，由于法治薄弱，促进证券市场的建设颇为艰难，所以以银行为主导推进金融发展和经济增长的路径可能更为有用、更为先导。换言之，如果银行机制能充分发挥作用，对证券法律实施机制的讨论之价值就显得颇为次要了。故本书拟对此问题的探讨给予一定的篇幅，这也有助于从多方面认识其他章节讨论的问题，如证券市场建设的困难之处。

一、银行机制可能的相对优越性

对发展中国家和转轨国家来说，认为银行这样的较为集中地提供资

---

[1] 通过建立在完备立法基础上的司法控制模式来实现对违法行为最优阻吓的思想在西方源远流长，如边沁：《道德与立法原理导论》，时殷弘译，商务印书馆 2000 年版，第 119—120 页。两位诺贝尔奖得主则将边沁的思想转化了为经济学上的贝克—斯蒂格勒模型，See Gary Becker & George Stigler, "Law Enforcement, Malfeasance and the Compensation of Enforcers", 3 J. Legal Stud. 1, 1974.

首先，法治体系薄弱对证券市场投资者的消极影响更为明显。

损害金融投资者权益的行为除了比较明确的、交易辨识的行为如对事实的虚假陈述外，还可涉及比较模糊、抽象的领域，如关联交易是否公平、经理人是否尽到了忠实义务等。故而，只有投资者得到了充分保护，金融市场才能获得发展。

然而，在发展中国家和转轨国家，法治状况通常较为薄弱：法条简陋、法学肤浅、法律的执行力不足、社会转轨带来的急剧变动中，失序越轨行为又层出不穷，迫使投资者必须"自我防卫"。较之相对集中和规模更大的分散化的证券市场投资者来说，显然它们更容易由于外部法律保护的不足而受害。

其次，银行可能比市场投资者更能监督企业经理人。

投资者要获得回报，除了要不受恶意行为的侵害外，还要靠资金的受托人即实际运用他们所投资的资金进行企业运作的一线经理人勤勉尽职。在对东欧转轨国家的研究中，相当多的人认为，由于很多经理人还是原有经济体制留下来的人[1]，他们强有力的控制着企业，却往往缺乏商业意识或技术素质[2]，对这些经理人监督不到位的问题会很严重[3]，故只有大股东或者银行这样的大规模投资者才能对经理实施有效的监督。[4]东欧转轨经济体的实际发展趋势也是似乎朝着一个集中"控制模

---

[1] Bernard Black & Reinier Kraakman, "A Self-Enforcing Model of Corporate Law", 109 Harv. L. Rev. 1911 (1996), p.1915.

[2] 这个问题在中国也同样存在。一项针对 1993—2001 年间有着较完整披露数据的 790 家上市公司的实证研究表明，CEO 曾经是或同时是政府官员的上市公司普遍业绩不如同类公司。在初次公开发行三年后，它们的平均回报率要比其他公司差 18%，同期盈利、销售额增长也较差。Joseph P. H. Fan, T. J. Wong, Tianyu Zhan, "Politically Connected CEOs, Corporate Governance, and Post-IPO Performance", J. Fin. Econ. 84(2007), pp.330—357, 336—344.

[3] Yoshiro Miwa and J. Mark Ramseyer, "Corporate Governance in Transitional Economies: Lessons from the Prewar Japanese Cotton Textile Industry", in Fox and Heller eds, Corporate Governance Lessons from Transition Economy Reforms, Princeton University Press, 2006, pp.234—235. 该文原载于 29 J. Legal Stud. 171.

[4] 如 Roman Frydman et al., "Needed Mechanisms of Corporate Governance and Finance in Eastern Europe", 1 Econ. Trans. 171 (1993) 明确指出，"考虑到东欧目前的状况，银行和其他金融中介带来的外部控制机制适宜提高企业业绩"，"而其他机制如股票市场或外国投资在近期内都不会足够强劲。即使起作用，也不会是外部治理的主要源泉"。

式"发展。[1]

在大股东和银行之间,因为大股东治理模式会涉及对小股东的剥夺,所以往往被认为不如大债权人即银行主导的模式,如世界银行资助的一项研究认为"银行更可能成为(转轨经济体)公司治理中的重要角色"。[2]

中国和东欧国家类似地处于转轨的尝试中,且至今仍然以银行间接融资为主。[3] 2006年银行间接融资的比重达到91%。2007年是我国历史上的股票市值最高峰,当年证券市场融资额达到7728亿元,也是为历年最高。但即便如此,整个直接融资额(包括企业债券)占融资债券额的总比重也不过是17.5%。而2011年年末,全部金融机构本外币贷款余额为58万亿元,股票整个流通市值则只有16.5万亿元,公司信用类债券共计发行了2.4万亿元,这已经是同比大幅增长了46%。[4] 2012年直接融资占到了19.9%,不过其中90%是债券融资。[5] 此后一直到2015年,直接融资占我国总融资量的比重一直只能在二成。故主张银行机制能比证券市场机制更好地推进公司治理和经济增长的声音在理论界[6]和实务界[7]始终存在。

---

[1] 转引自 Katharina Pistor, "Patterns of Legal Change: Shareholder And Creditor Rights in Transition Economies", in Fox and Heller eds, *Corporate Governance Lessons from Transition Economy Reforms*, Princeton University Press, 2006, p. 58.

[2] Erik Berglof, "Corporate Governance in Transition Economies: The Theory and Its Policy Implications", in Masahiko Aoki(青木昌彦) & Hyung-Ki Kim eds. *Corporate Governance in Transitional Economies: Insider Control and the Role of Banks*, World Bank, 1995, p. 82.

[3] 中国人民银行:《2007年中国金融市场报告》(2008年4月10日发布),总论,第4页,中国人民银行网站 http://www.pbc.gov.cn/detail.asp?col=540&ID=335,最后访问时间2016年4月20日。

[4] 中国人民银行:《2011年中国金融市场发展报告》(2012年3月30日发布),总论,第4、8、9页。见中国人民银行网站 http://shanghai.pbc.gov.cn/image_public/UserFiles/fzh_shanghai/upload/File/%E3%80%8A2011%E5%B9%B4%E4%B8%AD%E5%9B%BD%E9%87%91%E8%9E%8D%E5%B8%82%E5%9C%BA%E5%8F%91%E5%B1%95%E6%8A%A5%E5%91%8A%E3%80%8B%E6%80%BB%E8%AE%BA.pdf,最后访问时间2016年4月20日。

[5] 中国人民银行:《2012年中国金融市场发展报告》(2013年4月28日发布),总论,第9页,http://shanghai.pbc.gov.cn/image_public/UserFiles/fzh_shanghai/upload/File/%E6%80%BB%E8%AE%BA.pdf,最后访问时间2016年4月20日。

[6] 如吴敬琏等:《国有经济的战略性改组》,中国发展出版社1998年版,转引自张文魁:《中国国有企业产权改革与公司治理转型》,中国发展出版社2007年版,第34—35页。

[7] 如李雨龙、朱晓磊:《公司治理法律实务》,法律出版社2006年版,第220—227页。

因此,我们有必要在此分析一下以银行为中心推进金融发展和经济增长的进路在转轨国家适用时可能的功效。如果银行进路有其诱人之处,但更难实现,则继续推进以证券市场为中心的进路更为现实。通过比较,我们可以对自己正在走的道路有一个审慎乐观的评判,以坚定继续前行的信心。

二、银行体制的基本优势:以德日为典型

银行在公司治理中的优越地位首先在于对企业信息的有效把握。银行被认为可以通过投资项目评估、筛选、动态监测、交叉获取(如下游行业经营的景气度信息可用于推知上游行业的前景)等信息生产活动获得企业私人信息。这些信息是银行专有的而非市场共享的,是可以在银企关系的整个周期中不断利用的。因此银行可以克服通常在金融市场里常见的信息生产中的搭便车问题,而积极搜寻、获取这些信息并用于促进企业经营。其次是通过长期关系来弹性地协调银企,通过多次而非单次博弈来确保双方诚实善意地合作、履行承诺。

具体而言,德国和日本被视为采用由同时扮演债权人和股东角色的银行施加控制的公司治理模式的典型国家。其支持者认为在这样的机制中,管理人能从长计议地进行管理,银行与公司之间的长期的、多维的关系,使资本提供者所能获得的关于公司绩效的信息比股票市场和会计手段所能提供的更多。[1]美国式的股票市场中心体制只能用短期化的股价和会计报告来衡量绩效,因此经理人必须投资于能被无其他信息来源的投资者清楚观测到的项目,而这些项目往往只具有短期效果。[2]管理者们往往更忧心于季度收入而非长期盈利能力。股票市场的变化无常、流动的上市公司控制权市场的存在进一步加剧了经理人的短视行为。[3]

与之相对,在德国,对公司提供主要资本的银行一般也持有该公司较多的股份,并往往同时通过作为其他股东的股份保管人在股东大会上代为投票(proxy votes),这使得银行可在实践中控制比例较大甚至过半数

---

[1] See Jeremy Edwards & Klaus Fisher, *Banks, Finance and Investment in Germany*, Cambridge University Press, 1996, Ch. 2.

[2] See Stein, "Takeover Threats and Managerial Myopia", 96 *J. Pol. Econ.* 61, 64—78 (1988).

[3] See Porter, "Capital Disadvantages: America's Failing Capital Investment System", 70 *Harv. Bus. Rev.* 65 (1992).

的表决权。同时,作为债权人兼股东,银行在德国体制下凌驾于董事会之上的监事会(或曰监督董事会,相对于由经理人组成的经营董事会)中也有较多的代表,有其内部信息渠道,故可以通过内部控制来减少企业经营的代理成本,提高效率。[1]总之,银行被赋予了极大的影响力,也抑制了其他股东参与公司治理。[2]

日本商法传统上比较限制股权融资手段,发行股票期权以及其他股权或类似股权工具比较困难。日本的银行通过设立了一个债券委员会来限制公司债的发行。该体制强调保护商业债权人,其公司治理极大地隔绝了外部对管理层的压力。

在日本式公司治理时期的全盛时期,银行信贷曾长期是公司最主要的融资来源。这种相对孤立的状态即著名经济学家青木昌彦所谓的 J 型公司治理被认为和日本制造业强大的产业特点匹配。其对企业专用性人力资本的大规模投资使得产品市场在发生线形变化时,公司能作出特别迅速的反应。[3]作为监管者的主银行通过条件性监督(contingent monitoring,指只在企业经营不善时介入)和交叉持股机制保护管理者和工人不受股东要求的侵扰,确保了终身雇用的承诺,但在业绩低下时也具有进行干预的能力。[4]

特别地,作为非西方国家的日本由于工业化、发达化较晚,一度存在着比较明显的"信息问题",如缺乏商业名誉约束机制和对复杂市场的分

---

[1] 参见 Theodor Baums, "Corporate Governance in Germany: The Role of the Bank", 40 Am. J. Comp. Law 503, 508 (1992). Helmut M. Dietl, *Capital Markets and Corporate Governance in Japan, Germany, and the United States: Organizational Response to Market Inefficiencies*, Routledge, pp. 122—26 (1998).

[2] 参见 Klaus Hopt:《欧洲公司治理的共同准则?》,王锐译,载吴敬琏主编:《比较》第 5 辑,中信出版社 2003 年版,第 139 页。

[3] Masahiko Aoki, "Toward an Economic Model of the Japanese Firm", 28 J. Econ. Lit. 1 (1990). Masahiko Aoki, "Information, Corporate Governance, and Institutional Diversity: Competitiveness", in *Japan, the United States, and the Transitional Economies* (Stacey Jehlik trans., 2000). Masahiko Aoki, *Toward a Comparative Institutional Analysis*, MIT Press 2001.

[4] Masahiko Aoki, "Toward an Economic Model of the Japanese Firm", ibid.; Masahiko Aoki, "The Japanese Firm as a System of Attributes: A Survey and Research Agenda", in Masahiko Aoki & Ronald Dore, eds, *The Japanese Firm: The Sources of Competitive Strength* 11 (1994). M. Aoki, "Monitoring Characteristics of the Main Bank System: An Analytical and Developmental View", in M. Aoki & Hugh Patrick, eds. *The Japanese Main Bank System: Its Relevance for Developing and Transforming Economies* (1994).

析能力,发展证券市场的条件更为恶劣,所以得到了转轨经济学和法学家更多的重视。[1] 有学者直截了当地说东欧、中国、越南等转轨国家如果要学习资本主义制度,就该学习日本的制度,因为西方资本主义中的法律、政治和经济基础设施演化都已经历了一个漫长的时期,有不少是不太容易复制的。而日本的主银行制度产生的起步条件较低,第二次世界大战后其金融市场还明显不完善,以银行为中心更容易克服转轨国家在资本市场支撑制度方面的历史缺陷。[2] 世界银行曾经资助出版一部论文集,名字就叫《日本主银行体系:对发展中经济体和转型经济体的适用性》。[3]

三、银行主导路径不适用于中国

前述观点颇有可取之处,银行主导的金融经济与法律制度的发展模式也确实在相当的空间和时间范围内取得了成功,但总体来看,银行主导模式本身的缺陷正在不断暴露,也相对更不适合中国这样的处于发展中的转轨国家。

前述观点颇有可取之处,银行主导的金融经济与法律制度的发展模式也确实在相当的空间和时间范围内取得了成功,但一方面,我们必须看到,转轨国家实现良好证券市场治理机制的途径有多种,法官能力不足、公司和证券诉讼难以发挥效用的缺陷可以通过其他机制来弥补,而未必只能依靠内部监督人机制[4];另一方面,银行主导模式本身的缺陷正在

---

[1] John M. Litwack, "Corporate Governance, Banks, and Fiscal Reform in Russia, in Corporate Governance", in Masahiko Aoki & Kim eds, *Transitional Economies: Insider Control and the Role of Banks*, World Bank, 99, 100 (1995).

[2] Pranab Bardhan & John E. Roemer, "Market Socialism: A Case for Rejuvenation", 6 *J. Econ. Persp.* 101, 103 (1992). 不过,也有学者认为日本 19 世纪中期已经具备了许多近代化的重要条件,如私人商业和手工业制造部门的强大实力、可靠的交通和通讯系统、受过良好教育的人民、相对友善的政府经济政策、加强民族统一的愿望。"这是今天许多发展中国家依然很难保证的"。见大野建一:《从江户到平成:解密日本经济发展之路》,臧馨等译,中信出版社 2006 年版,第二章。大野建一:《日本发展之旅的经验》,载《比较》第 24 辑,中信出版社 2006 年版。认为日本在更早的时候就具有比中国更好的商业发展基础条件的,可见刘凤云:《北京与江户:17—18 世纪的城市空间》,中国人民大学出版社 2012 年版。

[3] Mashiko Aoki & Hugh Patrick, (eds.), *The Japanese Main Bank System: Its Relevance for Developing and Transforming Economies* (1994).

[4] 参见缪因知:《中国证券市场建设之若干法律路径的效用分析》,载《经济法学家(2007 年卷)》,北京大学出版社 2008 年版。这里比较类似 John Coffee 所谓的实质趋同理论。

不断暴露,而且可能越发地不适合于中国这样的处于发展中的转轨国家。

(一)从长期看,证券市场是比银行更有效的监督方式

如前所述,银行主导路径的一个潜在的重要优点是可以较好地控制经理人的代理成本,故在一国对自我交易的法律控制较为薄弱时能作为一种替代性机制出现。[1] 银行被认为不仅有能力而且也有动力认真监督经理人[2],但是,事实可能并非如此。

即使在德国,由于银行往往与被其控制的工业企业相互持股,彼此之间被绑在了一个复杂的网络里,"让人不得不怀疑这是管理人员联合起来以互助的方式巩固各自的职位"。[3] 对经理人更换率的实证研究表明,德国在惩戒不称职的管理人员方面不比美国更有优势。集中持股者虽然有能力更换管理层,但这个潜在优势可能在实践中反而体现为保护不称职的管理人员。[4] 事实上,德国更重视资本和劳动力的和谐合作,甚至不惜为此牺牲股东利益。[5]

相比之下,"以股票市场为中心的资本市场提供了强大的信息披露和自我交易控制,而以银行为中心监控力度常常弱一点"。[6] 专业的股票投资者可以比银行信贷员有更强的估价技巧,他们可能总体上更精明,也敢于冒险资助有前景的对象(如那些固定资产不多但市场前景良好的企业),不会像放贷者那样过于规避风险。随着分析技术的进步如计算机分析软件的普及,以股票市场为中心的资本市场提供高质量的有关公司业绩和真实价格之信息的能力正在不断提高,股票价格、股东的抱怨、分析师和财经媒体评论中的负面报告、在各国逐渐形成的上市公司控制权收

---

[1] Mark J. Roe,"Political Preconditions to Separation Ownership from Corporate Control", *Stan. L. Rev.*, vol. 53, 2000, pp.539—606.

[2] Joseph Grundfest,"Subordination of American Capital", 27 *J. Fin. Econ.* 89(1990).

[3] Henry Hansmann, *Ownership of Enterprise*, Harvard University Press, 1996, p.59. 该书中文版见汉斯曼:《企业所有权论》,于静译,中国政法大学出版社2001年版。

[4] Steven Kaplan,"Top Executive, Turnover and Firm Performance in Germany", 10 *J. L. Econ. & Org.* 142 (1994). Ronald Gilson,"Globalizing Corporate Governance Convergence of Form or Function", in Gordon and and Mark Roe (eds.), *Convergence and Persistence in Corporate Governance*, Cambridge University Press, 2004, pp.137—138. 中译文见戈登、罗编:《公司治理:趋同与存续》,赵玲、刘凯译,北京大学出版社2006年版。

[5] David Charny,"Special Symposium Issue: The German Corporate Governance System", *Colum. Bus. L. Rev.* 145(1998).

[6] Bernard Black,"The Legal and Institutional Preconditions for Strong Securities Markets", 48 *UCLA L. Rev.* 781, 785 (2001).

购市场与监管者的力量联合起来会产生比相对孤军奋战的银行监管更多的约束。[1]

美国式的以股票市场为中心的外部监督机制具有开放性,使其可以快速应对经济环境中的变化。[2] 所以亚洲金融危机中,承受住冲击的国家与地区如新加坡、中国香港、中国台湾也都有着相当强的证券市场,"公司治理措施,特别是保护少数股东的有效性,比标准的宏观经济措施更好的地解释了(货币)贬值和(危机中)股市下挫的程度"。[3]

另外,发达的证券市场可以使公司更多地依赖外部资本而不是内部资本,从而快速成长并集中于单一的核心业务,实证数据表明,这比集团分散经营具有更高的效率。[4]

(二) 银行在德日早期经济增长中的作用未必大

传统上,德国可以开展全方位业务的全能(universal)银行被认为是德国工业化成功的重要甚至决定性原因,美国经济学家 Alexander Gerschenkron 曾言之凿凿地称:银行筹集到了本来企业弄不到的资金,弥补了德国经济的落后。但实际上,这只适用于资金密集的电机行业,在化工业中则不适用,而钢铁、机械等行业中的家族企业主要是从内部筹集资金,而很少向银行借贷。银行在德国工业界中真正起主宰的时间只是从 1900 年到大萧条时期,而且(从宏观经济效果上看)并不十分成功。[5]

同样,研究指出:尽管日本在其开始工业化即 19 世纪晚期明治维新时面临的公司治理环境类似于当代转轨国家,如缺乏充分的有训练的法官、规制者、律师、会计师、银行家等专业人士;法律体系不够完善;缺乏一

---

[1] Bernard Black, "The Legal and Institutional Preconditions for Strong Securities Markets", 48 *UCLA L. Rev.* 842—843 (2001).

[2] Ronald Gilson, "The Political Ecology of Takeovers: Thoughts on Harmonizing the European Corporate Governance Environment", 61 *Fordham L. Rev.* 161 (1992); R. Gilson, "Corporate Governance and Economic Efficiency: When do Institutions Matter?", 74 *Wash. U. L. Q.* 327 (1996).

[3] Simon Johnson, Peter Boone, Alasdair Breach & Eric Friedman, "Corporate Governance in the Asian Financial Crisis", 58 *J. Fin. Econ.* 141 (2000).

[4] Bernard Black, The Legal and Institutional Preconditions for Strong Securities Markets, 48 *UCLA L. Rev.* 781, 785 (2001). p.833.

[5] 詹姆斯:《家族企业》(*Family Capitalism*),暴永宁译,生活·读书·新知三联书店 2008 年版,前言,第 30—31 页。

个有效的证券市场;缺乏一个有效的经理人市场等[1],但日本在这一时期却并非依靠集中投资人(如银行)的公司治理体制,而是成功采用了依赖广泛和分散的股权融资的模式。

一方面,股权融资是日本企业特别是大企业在起步阶段的主要融资方式。如早期的重要产业棉纺织业公司持股分散,负债率也很低,但规模和竞争力都达到了国际先进水准。[2] 1940年代前其他行业的企业也普遍以股权融资为主,银行贷款融资通常只占股权融资的十分之一。[3] 即使是很难利用股权融资的小企业也主要借助贸易信贷而非银行来获取融资[4],1970年代中,日本企业股本资产比(equity/asset ratio)比美国还高出十几个百分点,且美国大企业的间接融资(intermediated financing)率即利用银行等融资的比率也比同类日本企业高。这些日本企业亦大多不被财阀(zaibatsu)控制,所以企业集团内部融资的比率也不高。日本上市公司之间的交叉持股在1960年代同样很少。[5] 故研究者认为所谓主银行从来没有真正治理过企业。[6] 它们虽然可能是企业的最大贷款人,也往往位列十大股东,但地位却不见得那么重要。

另一方面,日本的股票市场规模很大。1920年,东京和大阪两大股票交易所的流通股(traded stock)市值已经达到 GDP 51% 的水平,而到1990年,美国和英国的股票流通量(turnover)占 GDP 的比重也只有 31%

---

[1] See Yoshiro Miwa and J. Mark Ramseyer, "Corporate Governance in Transitional Economies: Lessons from the Prewar Japanese Cotton Textile Industry", in Fox and Heller eds, *Corporate Governance Lessons from Transition Economy Reforms*, Princeton University Press, 2006, First printed in 29 *J Legal Stud*. 171(2000).

[2] Ibid.

[3] Yoshiro Miwa and J. Mark Ramseyer, "Asking the Wrong Question: Changes of Governance in Historical Perspective?", In *Corporate Governance in Context: Corporations, States, and Markets in Europe, Japan, and the US*, ed. by Klaus J. Hopt, et al, Oxford University Press, 2006, p.78.

[4] Yoshiro Miwa and J. Mark Ramseyer, "Who Appoints Them, What do They do? Evidence on Outside Director from Japan", 2005, 14 *J. Econ. & Mgmt Strategy* 299.

[5] Miwa and Ramseyer, "Asking the Wrong Question: Changes of Governance in Historical Perspective?", supra note[3] pp.79—80.

[6] Yoshiro Miwa and J. Mark Ramseyer, "The Fable of the Keiretsu", 2002, 11 *J. Econ. & Mgmt Strategy* 169. Yoshiro Miwa and J. Mark Ramseyer, "Conflicts of Interest in Japanese insolvencies: the problem of Bank Rescues", *Theoretical Inquiries in Law*, vol.6: No.2, (2005), pp.301—340.

和29%。[1]侵华战争爆发前的1935—1936年间,日本新股发行占到整个工业融资的60%—75%,但由于1937年的《临时资金调整法》要求公司发行股票前得到政府批准,《公司利润分配和融资条例》要求企业收益率超过10%时要政府批准才能增加股票分红,使得股票的发行难度增加、吸引力降低,从而逐步降低了股权融资的重要性。新股发行占整个工业融资的比例在1944—1945年间降到20%。[2]但战后股票市场恢复了其地位。1983年,东京股票交易所有1451家上市公司,资本总额5460亿美元,大阪股票交易所是1013家和4680亿美元。而纽约交易所是1550家和15220亿美元,美利坚(American)股票交易所774家和580亿美元。至于欧陆发达国家的主要交易所上市公司都不足700家。而到1989年,东京交易所的资本额达到了43000亿美元,超过了纽约股票交易所的29000亿美元。[3]

更重要的是,日本的股票市场,而非内部治理结构,确实起到了主要的约束日本企业的作用。一项有趣的研究指出,1947年美军解散财阀后,原来由财阀控制的企业的经营绩效立刻表现得不如原来非财阀控制的企业,直到它们重组(realign)了股权结构后,其经营绩效才恢复。[4]可以想见,如果主银行发挥了主要作用,市场对企业没有约束作用的话,那么企业的经营业绩不会很快变化,它们也不会有压力去重构其股权结构。这也正是德姆塞茨和莱恩的所有权结构理论预言的:企业股权结构必须能防止管理者系统性地转移股东财产,否则这一企业将面临较高的资本成本,较难从股权市场融资。[5]另一项研究也表明,无论是东京交易

---

[1] Yoshiro Miwa and J. Mark Ramseyer, "Banks and Economic Growth: Implications from Japanese History", 2002, 45 *J. L& Econ.* 127, 140.

[2] 拉詹、津加莱斯:《从资本家手中拯救资本主义》,余江译,中信出版社2004年版,第179页。

[3] Miwa and Ramseyer, "Asking the Wrong Question: Changes of Governance in Historical Perspective?" In *Corporate Governance in Context: Corporations, States, and Markets in Europe, Japan, and the US*, ed. by Klaus J. Hopt, et al, Oxford University Press, 2006, p. 80.

[4] Ibid., pp. 80—81.

[5] Harold Demsetz & Kenneth Lehn, "The Structure of Corporate Ownership", 93 *J. Pol. Econ.* 1155 (1985).

所的上市非金融公司[1]还是银行本身[2],外部董事的多少都和公司绩效没有明显的关系。

(三)日德银行的作用已然开始降低

日本以银行为中心的公司治理模式一度被认为相当成功且和当地状况相适应,该国也是个有着良好法律与监管的发达国家,可银行仍然"容易遭受通过整体经济反映出来的信用危机和其他麻烦","银行坏账也会对宏观经济产生影响"。[3]事实上,日本在20世纪90年代银行部门出现了严重的坏账问题,使得主银行制中监管的核心机制瘫痪,监管功能减弱,"公司法在主银行时代对公司组织结构和融资潜在的限制,现在明显地制约了公司内部弥补治理真空的努力,严重地延迟了对公司进行生死攸关的重组"。[4]主银行不总是作为精明的外部机构来监督约束企业,反而可能为陷入衰退中的企业提供不必要的贷款。[5]银行和企业内部人会联合起来阻止外部市场对企业控制权重新配置的努力。[6]

故1990年代中期以来,日本的金融公司治理体制发生了诸多明显的变化,包括:

1.很多公司开始减少银行贷款,转而发行股票债券,主银行制的作用和范围发生了变化。1995年,日本非金融公司的融资的53.6%是依赖贷款,18.6%是依赖证券,此后这个比例逐年消长,到2009年贷款已经只占41.1%,证券占了27.9%,其中股票类19.2%。[7]有学者认为日本已

---

[1] Miwa and J. Mark Ramseyer, "Who Appoints Them, What do They do? Evidence on Outside Director from Japan", 2005, 14 *J. Econ. & Mgmt Strategy* 299.

[2] Yoshiro Miwa and J. Mark Ramseyer, "Does Ownership Matter? Evidence from the Zaibatsu Dissolution Program", 2003, 12 *J. Econ. & Mgmt. Strategy.* 67.

[3] Bernard Black, "The Legal and Institutional Preconditions for Strong Securities Markets", 48 *UCLA L. Rev.* 781(2001), 832.

[4] Ronald Gilson, Curtis Milhaupt:《监管改革的选择:以日本公司治理为例》,李正全译,载《比较》第16辑,中信出版社2005年版,第164页。

[5] Kang & Stulz, "Do Banking Stocks Affect Borrowing Firm's Performance: A Analysis of the Japanese Experience"(1998), 转引自张文魁:《中国国有企业产权改革与公司治理转型》,中国发展出版社2007年版,第34页。

[6] Weinstein & Yafeh, "On the Costs of a Bank-centered Financial System: Evidence from the Main Bank Relations in Japan", 53 *J. Fin.* 635 (1998).

[7] Bruce E. Aronson, "A Reassessment of Japan's Big Bang Financial Reform, Institute For Monetary And Economic Studies", Bank of Japan Discussion Paper Series 2011-E-19, p. 29, http://ssrn.com/abstract=1918584,最后访问时间2016年4月20日。

经在很大程度上完成了向以证券市场为中心的金融体系转型。[1]

2. 随着交叉持股的减少和外国投资者所有权大幅增加,所有权模式也发生了变化。[2]

3. 法律环境也发生了变化。日本1993年以来的一系列大幅度公司法改革均旨在拓宽公司融资渠道和加强对经理的监督[3],而"为十年公司治理改革划上句号"的2002年公司法改革(最终2003年4月《商法》修改)则以引入外部董事、增强对管理层监管、允许公司对董事会结构进行选择为重要特征。[4]现在,企业可以运用股票期权,可以选择英美风格的以董事会及其下属委员会为核心的治理结构,并在每个委员会中设置非执行董事,或是坚持其传统的法定审计人(statutory auditor)制度(类似于监事)。[5]

4. 企业为了应对变化,努力提高透明度,积极调整董事会结构。[6]以Sony等为代表的新产业公司积极实施了包括缩减董事会、引入外部董事、设立执行官等公司治理改革。

5. 虽然许多公司没有改变终身雇佣制度,但是常规的全职雇员已经逐渐减少,某些行业里劳动力流动性也在增强。[7]有些企业调整了年功序列,更多地引入了业绩工资。[8]

6. 股票市场投资者日益多样化,在监督作用方面也越来越老练。一

---

[1] See Hoshi, Takeo, and Hugh Patrick, *Crisis and Change in the Japanese Financial System*, Kluwer Academic Publishers, 2000.

[2] Aoki, Gregory Jackson and Miyajima, eds, *Corporate Governance in Japan: Organizational Diversity and Institutional Change*, Oxford University Press, 2007, ch. 3.

[3] 参见 Curtis Milhaupt, "A Lost Decade for Corporate Law Reform in Japan: What's Changed, What Hasn't and Why", Columbia Law School Working Paper 2003, at http://papers.ssrn.com/sol3/papers.cfm? abstract_id=830005,最后访问时间2016年4月20日。有日本学者认为,主银行制下,实际上是以企业社长为核心的内部经理人自我控制,佐藤孝弘:《从三个谁的角度分析中国有公司治理:鉴于日本的失败经验》,载《北方法学》2013年第1期。

[4] Gilson, Milhaupt:《监管改革的选择:以日本公司治理为例》,李正全译,载《比较》第16辑,中信出版社2005年版。

[5] Aoki et al, eds, *Corporate Governance in Japan: Organizational Diversity and Institutional Change*, Oxford University Press, 2007, ch 12.

[6] Ibid., ch 4.

[7] Ibid., ch 10.

[8] Ibid., ch. 9.

个活跃有序的公司控制权市场正在形成。[1]

总之,在日本,银行信贷融资越来越多地被外部证券市场融资或发行内部债券的方式所取代。尽管有学者认为这些改革的目的实际上往往是为了加强公司的集团化等,而非促进证券市场投资者和股东利益。[2]但正如这些学者所说的,"治理结构的选择是信号战略的一部分"[3],由于外部形势已然改变,只要日本的公司仍然试图通过全球资本市场获得持续竞争力,就需要淡出银行债权融资驱动的模式,而实现证券市场导向的股权融资模式。

德国虽然没有陷入日本那样的经济衰退,但不少人开始批评德国全能银行虽然稳定了管理层,却损害了股东的利益、阻碍了德国资本市场的迅速发展。也有剑桥大学学者从总体上质疑了第二次世界大战后德国以银行为基础的体制是否真有优越性,认为从实证而言,不能证明银行能更有效地降低信息不对称、促进投资及控制管理层。[4]

除了德国内部的因素外,近年来欧盟经济一体化和共同市场的建设进程也大为推进股东资本主义在德国的发展,无论是公众持股量,还是公众及精英对证券市场的积极评价度均有显著的上升。[5]压制股东利益、重视劳工利益的传统公司治理模式的正当性不再像原先那么天经地义。世纪之交时,上市公司特别是DAX30成分股公司的所有权和投票权集中度快速大幅降低,交叉持股开始解散,金融机构正在增强其持股的流动性[6],从公司监督领域撤出,出现了"美国化"的公司治理模式变动。[7]

---

[1] 不过,操控公司控制权市场的还是银行及其关联股权基金,它们不断地阻止敌意接管和清算。青木昌彦、Gregory Jackson:《认识公司治理和组织架构的多样性》,李超译,吴素萍校,载《比较》第31辑,中信出版社2007年版,146页。

[2] Gilson, Milhaupt:《监管改革的选择:以日本公司治理为例》,李正全译,载《比较》第16辑,中信出版社2005年版,第163—16,174页。

[3] 同上注,第158页。

[4] See Jeremy Edwards & Klaus Fisher, *Banks, Finance and Investment in Germany*, Cambridge University Press, 1996.

[5] 相关描述可见 Jeffrey N. Gordon, "International Relations wedge in the Corporate Convergence Debate", in Gordon and Mark Roe (eds.), *Convergence and Persistence in Corporate Governance*, Cambridge University Press, 2004.

[6] Dariusz Wójcik, "Change in the German Model of Corporate Governance: Evidence from Blockholdings 1997—2001", *Environment and Planning A* 35 (2003).

[7] 萨贝尔:《非治理问题的生产方式》,载戈登、罗编:《公司治理:趋同与存续》,赵玲、刘凯译,北京大学出版社2006年版,第333页。

而欧洲议会和欧盟理事会《关于收购要约的第 2004/25/EC 号指令》[1]在 2004 年的生效进一步地推动了一个全欧盟公司并购市场的生成,愈发使得这一过程变得不可逆。总体上说,"德国资本市场和股票交易所发展迅速,而且正在经历一场根本性变革,这一变革显然由国际同业竞争的压力所推动,而国际化驱动的变革本身正在侵蚀传统的银行信贷业务……企业债券市场正经历着迅速的发展,传统的主银行关系则迅速瓦解"。[2]

另外,尽管日本的精益生产模式以及与供货商密切联系的合作模式在美国等地被采用,出现了通常被认为是日本生产体制核心的日式消费者——供应者关系,生产组织变得日益富于合作精神和团队精神,即所谓"生产方式的日本化",但同时发生的是"公司治理模式的美国化"。美国使精益生产去适合美国的治理制度,而不是使美国的治理制度去适应精益生产。[3] 美国 1990 年代以来公司治理基本模式几乎没有什么变化,工业关系反而更加"美国化"了,即忽视工会和内部劳动力市场,对市场开放却更加依赖。巴西、德国也同样是生产变得日益日本化,但治理却没有日本化。[4]

(四)银行主导体制较难在发展中国家实现

从促进金融和经济增长的角度看,银行主导体制在一定程度上只是在证券主导市场体制不能实现时的一种"次优"的金融制度选择。如果实行银行主导体制的基础条件恰好符合且发展前景明显比推进证券市场主导体制来得便利,未尝不可考虑。但是,倘若实行银行主导体制的前景很不乐观,则为之努力就更缺乏必要性。而这种景象正是包括中国在内的广大发展中国家所面临的。

银行主导体制形成和维持的基础条件是长期经营优良的大型银行(如成立于 1870 年的德意志银行)有能力和意愿对企业进行监督。德国

---

[1] 对该指令的介绍可见汤欣、朱芸阳:《欧盟新公司法指令规范下的反收购措施》,载《清华法律评论》第一卷第一辑,清华大学出版社 2006 年版。
[2] Klaus Hopt:《欧洲公司治理的共同准则?》,王锐译,载《比较》第 5 辑,中信出版社 2003 年版,第 140—141 页。
[3] Ronald Gilson, "Globalizing Corporate Governance: Convergence of Form or Function", 49 Am. J. Comp. L. 329 (2001), p.332.
[4] 萨贝尔:《非治理问题的生产方式》,载戈登、罗编:《公司治理:趋同与存续》,赵玲、刘凯译,北京大学出版社 2006 年版,第 332—333 页。

式的全能银行可以从事各种金融服务。银行和实业界的紧密联系、独立的决策机制、有效的中央银行与活跃的监管支持及功能的专业化,使其可以在经济生活中起到纲干性的作用。[1] 此外,这些银行是私营的,不受政府控制,为了自身利益,银行家在提供贷款时不会怯于提出尖锐的问题,也有作出有效的资源调配决定的技术和经验。[2]

而在转轨国家建立这样一个高效的企业化运用的银行体系显然还很困难。如捷克转轨后,银行控制的投资基金往往只关注通过持股巩固公司与银行的关系,而不是致力深化公司的结构制度改革。[3] 从事短期而非长期贷款仍然是转轨国家银行的标准做法(norm)。[4] 金融市场借贷活动方面的成熟度颇为有限。[5]

此外,不发达国家由于监管薄弱,更可能遭受由银行引发的金融崩溃和随之而来的资本抽逃与衰退。投资者保护薄弱的国家中,银行的现金业务很容易给内部人带来侵吞掠夺的机会。银行提供的短期融资也会增加经济危机的严重程度,因为所需资本非常大时,这些投资者会拒绝对企业再贷款。[6]

而中国可谓特别缺乏由银行主导公司治理的制度条件:

首先,中国的银行明显缺乏监督企业运营的能力。尽管1995年后国有银行经历了一系列改革如立法、公司化、股份化、上市,但诸多国有控股银行并没有完全摆脱政府影响,没有真正成为自负盈亏、自我谋利的企业主体。中国的银行贷款融资占了企业融资总额大部分,与其说是银行对企业影响大,不如说是银行不能有效自我控制贷款的投向所致。例如,2008年秋季开始的四万亿元投资狂潮中,大量银行贷款流向了有政府担保的铁路、公路和基础设施项目,而民营企业依然贷款困难,这表明银行

---

[1] 参见 William L. Horton, Jr., "The Perils of Universal Banking in Central and Eastern Europe", 35 *Va. J. Int'l L.* 683,692 (1995).

[2] Ibid., p.696.

[3] Bernard Black, Reinier Kraakman, and Anna Tarassova, "Russian Privatization and Corporate Governance: What Went Wrong?", 52 *Stan. L. Rev.* 1731,1791 (2000).

[4] EBRD, *Transition Report*, *European Bank for Reconstruction and Development*, London, 1998.

[5] K. Pistor, "Patterns of Legal Change: Shareholder and Creditor Rights In Transition Economies", in Fox and Heller eds, *Corporate Governance Lessons from Transition Economy Reforms*, p 58.

[6] Bernard Black, "The Legal and Institutional Preconditions for Strong Securities Markets", 48 *UCLA L. Rev.* 781,832 (2001).

业缺乏识别投资机会和承担风险的能力,而一味谋求搭政府投资的便车。各国有控股商业银行作为超大型国有企业,还未全面建立完善的法人治理结构,面临着转轨的原创性探索,能做到独善其身已足矣。它们本身还要通过海外上市,以外部证券市场来改善自身的公司治理[1],要指望债权融资机制去推动普通公司的治理,似乎是勉为其难了。

具言之,中国的商业银行尽管在资产规模、和实业界的联系以及功能专业化方面差强人意,但和德日相比,无论是商业银行本身的能力和自治性,还是可确保整个系统稳定的中央银行、银行业监管部门的能效性,都恐怕不能胜任。[2]我国长期以来的分业限制严格阻止了商业银行获取企业经营权和控制权,银行不具备作为公司控制股东的经验。《商业银行法》第43条规定,商业银行在我国境内原则上不得从事信托投资和证券经营业务,不得向非银行金融机构和企业投资。中国人民银行《贷款通则》第20条也规定商业银行原则上不得用贷款从事股本权益性投资,不得用贷款在有价证券、期货等方面从事投机经营。中国的银行并无任何知识、技能上的参与公司治理的优势。

其次,中国的银行不能很好地行使债权人权利。长期以来政企不分的格局使资财雄厚的银行被认为是和政府一样的、理所当然的最终买单者。银行债权长期处于一个优先被牺牲的境地。例如,国有银行先是在地方政府的压力下向经营不善的国有企业提供贷款[3],进而地方政府又大量纵容甚至帮助企业以改制等办法逃废银行债务。[4]地方法院在案件审理时,为了保护地方国有企业的利益,也经常百般刁难银行及各种债权人,如认可抵押部门对抵押期限的规定,认定企业以全部固定资产抵押是

---

[1] 即使是积极筹备海外上市中的国有银行,也爆发了多起经营丑闻,如2005年建设银行董事长张恩照受贿案、中国银行黑龙江分行2005年松街支行、2006年双鸭山支行的数亿元票据诈骗大案。而成功境内外上市的国有大银行,也仍然爆发了严重的治理事件,如2016年1月中国农业银行北京分行票据买入返售业务发生票据变废纸的大案,涉及金额为39亿元。对境外上市是否能改善大国企的治理的讨论,见本书第五章第三节。

[2] Guo Li, "Financial Conglomerates in China: Legality, Model and Concerns", *PU J. Legal Stud.* v.1 (2008).

[3] 虽然现在国有大银行比以前更能经受住地方政府的压力,但地方政府直接投资的城市商业银行已经雨后春笋般地兴起,并在地方融资中起到重要作用。

[4] 例如根据2001年《国务院办公厅转发人民银行关于企业逃废金融债务有关情况报告的通知》,截至2000年末,在五大行开户的改制企业逃废银行贷款本息约占银行贷款本息的32%,占企业总数的51%。

无效抵押不予保护等。[1] 2007年《企业破产法》实施前,银行的抵押贷款一般劣后于职工安置费的支付,别除权不能得到保证,导致最后"实际上得不到清偿"。[2]

一份2009年的报告仍指出拖欠银行贷款的现象很严重,诉讼执行成功率也很低。在辖区内企业面临逃废债的法律诉讼时,地方政府也"倾向于充当地方企业的保护伞"。[3] 在黑龙江这样的工业大省,由于国有经济比重达88%,企业超负债经营,拖欠、逃废贷款本息的现象特别严重,银行在偿债诉讼中也困难尤多,如要面临名目繁多的收费项目,而且往往遭遇执行慢的问题,借款人则"缺乏偿债意识,认为无偿占用银行资金是正常的现象严重",同时调查显示,当地因地方政府直接或间接行政干预形成的银行不良资产占不良资产总额的80%以上。这进一步弱化了企业的偿债意识。[4]

第三,中国证券市场在1990年代的重建和壮大,从地方的试验变成了中央直接管控的重要经济领域,本身的一个背景就是国有银行普遍的低效已经不足以为实体经济提供充足的融资和有效监督经营者。即使说证券市场尚未起到所能起到的作用,银行业也要比当初雄健得多,也难讲以银行为中心的经济体制在当下更值得推崇。2013年,中国人民银行副行长潘功胜指出:过去金融模式强调动用社会资源为实体经济服务,故以银行为主导,通过这一金融中介集中社会资源来为企业提供低成本资金,并根据政府的导向,将资金配置到优先行业与出口、工业化、基础设施等(实际上就是大国企)。这一发展战略虽然有助于国家战略经济追赶,但从长期看是不可持续的,因为其不利合理分配收入,影响到经济转型。即使国内生产总值(GDP)保持长期较快增长,也不利保障和改善民生。[5]

---

[1] 参见唐向文:《国有企业破产问题与银行对策》,载《农村金融研究》1996年第5期,第47—50页。
[2] 参见中国人民银行金融研究所:《国有企业债务重组中如何保护银行资产》,载《国有企业债务重组与银行资产保全》,经济科学出版社1998年版,第20页。
[3] 中国社科院金融研究所课题组:《中国金融法治环境调查报告》,载《中国金融法治报告(2009)》,社会科学文献出版社2009年版,第319—320页。
[4] 中国社科院金融研究所课题组:《黑龙江省金融法治环境调研报告》,载《中国金融法治报告(2009)》,同上注,第327—335页。
[5] 《潘功胜:推动商业银行向财富管理银行转型》,新浪财经 http://finance.sina.com.cn/money/bank/bank_yhfg/20130228/105014675397.shtml,最后访问时间2016年4月20日。

故相比之下,大众资本提供者而非少数(国有)银行主导的证券市场体制更能摆脱所有制上的有色眼镜和从政治角度选择投资项目的弊端,更有效率地优化资源的配置。

四、小结

总之,虽然以日德为典型的银行主导模式曾经被广泛地认为适合转轨国家使用,但从银行主导和股票市场主导这两种模式的长期功能性比较,以及结合中国的实际情况看,本书认为在较长的时期内,我国的商业银行无论是本身的治理结构、能力与经验,还是作为债权人时的权益维护环境,都很难胜任有效监督企业经理人的角色。推行以银行为主导的债权融资体系下的推进金融发展模式,似乎不是一个更有效率和可行的抉择。

相比之下,有学者从市场规模、流动性、融资功能、投资回报和股价的信息含量这五个维度来比较中国和13个中东欧转轨国家股票市场的表现,发现中国股票市场的发展水平在各个侧面都居于绝对或相对领先的地位。[1]故从下文开始,本书将集中讨论如何通过有效的证券法律实施机制等制度建设来进一步提高我国证券市场的效率,发挥其对金融和经济发展的作用。

第四节 国家干预与证券市场发展之关系考察:自法系的视角

本书余下部分将主要从技术层面考察不同的法律实施机制对证券市场的作用。在此之前,我们有必要适当回顾和总结一下中外证券市场发展的历史,研究一下国家干预、证券投资者保护和法律进化之间的互动关系。提出这一问题是由于最近十多年来,国际上对于"普通法系的证券市场总体较为发达,大陆法系的证券市场总体较为疲弱"这一有趣现象背后的原因出现了越来越多的研究。其中,La Porta 等四位美国经济学家(合称 LLSV)主导的"法律与金融"学派最早提出的一国法系渊源会决定其证券市场发展程度的理论尤为引人注目。其最早的观点将原因聚焦于两

---

[1] 计小青:《国有股权、替代性投资者保护与中国股票市场发展:理论及经验证据》,经济科学出版社 2007 年版,第 46—64 页。

大法系的公司法实体规则的不同,后逐渐扩展到两大法系的司法与行政机构地位和行为风格的不同上,并激发了金融与法律学者的广泛参与。虽然学界对其观点不无批评意见[1],但他们对这一大体事实或者说趋势的揭示得到了较为广泛的承认。[2]

结合相关研究成果,本节集中于分析不同法系中,国家对市场的干预倾向与程度的不同;并指出大陆法系相对的国家干预偏好可能会对证券市场的发展带来较大的消极影响。这一制度背景性的因素也是我国的证券市场立法者和执法者在选择法律实施机制时所必须注意面对和着力克服的。

一、两大法系在市场干预上的不同立场

(一) 两大法系不同的自由观

在当今世界,几乎每一个国家都对经济有着一定程度的规制/监管/干预[3]。市场失灵的地方需要国家的干预,已经成为共识,如在证券市场实行信息的强制披露制度。但是,对于市场调节和国家干预之间的平衡点究竟在哪,国家应该在多大程度上进行干预的问题,大陆法系和普通法系给出了较为不同的答案。相比较而言,大陆法系国家更倾向于对市场进行干预。

哈耶克指出,普通法系和大陆法系有着不同的自由观,这导致两大法系中国家和私人部门角色的不同。[4] 普通法系是经验主义传统,认为自由是一个自生自发的、有机、自觉、非强制性的、通过不断试错的缓慢发展

---

[1] 参见缪因知:《法律与证券市场关系研究的一项进路:LLSV 理论及其批判》,载《北方法学》2010 年第 1 期。

[2] John C. Coffee Jr., "Law and The Market: The Impact of Enforcement", 156 *U. Pa. L. Rev.* 229 (2007), p.253.

[3] 这三个词汇在一定程度上可以通用,事实上前两者的英译都可以是 regulation,当然也有一种有影响的看法把规制(regulation)定义为经济领域的干预(intervention),即"任何国家用以解决外部性和/或信息问题引发的市场失败的干预",见 Anthony B. Atkinson & Joseph E. Stiglitz, *Lectures on Public Economics*, McGraw-Hill Book Co., 5—10 (1980). 在中国法学界的习惯语境中,规制一般褒义色彩多一点,可以被理解为"合理的";干预固然不失其中性意义,但有时可指"不当的";监管则主要用在对市场行为的具体规制或干预上。本节采用的"干预"一词强调其对市场机制的补充、限制甚至替代意义,有时也隐含过度规制的意味。

[4] See Friedrich A. Hayek, *The Constitution of Liberty*, (1960), Gateway Editions Ltd. pp.85—88.

过程;大陆法系是理性主义传统,认为自由必须通过追求和获得一个绝对的社会目的来实现,故主张教条式的周全规划(doctrinaire deliberateness),以求得一个强制性的唯一有效的(enforced solely valid)模式。[1] 法国大革命后欧陆盛行的立法优先(supremacy)、立法专属(exclusivity)即反映了这样的思路,即法律可以、应当理性的调整社会,而方法就是由法典通过预先规定一揽子解决所有的重大社会问题。所以,大陆法系的法条往往是综合性、概括性的,规定了诸多原则,具体规则必须据之演绎出来;而普通法系的法条则多比较具体,是就事论事的特定规则的汇总。

这种不同法系间对自由等基本意识形态概念之认识的不同,形成了不同的思维方式、法律风格和法律制度特点,也造成了国家和市场关系的不同。大陆法系的国家被视为民众的自由和福利的保护者甚至是赋予者,所以法律更强调一个集权化、强有力和少受约束的积极政府。普通法系则珍视个人自我追求幸福的权利,故而法律充分尊重财产安全和合同自由,并把重点放在抵御来自强大国家的随意干涉与再分配。普通法"一直被认为是独立于政治权力机构而存在的"[2]。"大陆法制度首先关注的是主权者的特权,而普通法制度首先关注的是个人权利。"[3] 大陆法传统意味着一种有意识地构建制度来推进国家权力的意愿和制度工具,普通法传统则意味着一种限制而非加强国家力量的意愿和制度工具。[4] 大陆法系强调市场的缺陷面,呼唤一个强大和能干的国家用全盘调控来建立秩序。而普通法系主张尽量让市场自由发展,对国家的干预能力存有疑虑和戒心。

(二)不同法系的历史传统对市场干预的影响

两大法系的上述差别根源于两大法系起源国的历史。普通法之所以有着强烈的个人自由传统,与其起源国——英国在中世纪特有的土地与财产制度关联甚大。英国从来没有真正地封建化过或形成过大一统的中

---

[1] See Friedrich A. Hayek, *The Constitution of Liberty*, (1960), Gateway Editions Ltd. p.56.

[2] 哈耶克:《法律、立法与自由》第一卷,邓正来、张守东、李静冰译,中国大百科全书出版社2000年版,第197—198页。

[3] 沃尔特—莫菲:《法律制度与宪政民主(上)》,信春鹰译,载《外国法译评》1996年第4期。

[4] La Porta et al., "The Quality of Government", 15 *J.L. Econ. & Org.* 222, p.224, 232 (1999). La Porta et al., "Investor Protection and Corporate Governance", 58 *J. Fin. Econ.* 3, p.12 (2000). 中译文见缪因知译,《投资者保护与公司治理》,载北大金融法中心编:《金融法苑》第78辑,中国金融出版社2009年版。

央政府,各地的地主的权力很大。普通法下作为主要造法者的法官一般由各地的地主担任,他们和主权距离较远,与当地社区则有紧密的认同(identity),所以很自然的发展出了保护所有权的法律规则,使普通法成为一部强调国家权力有限、私人财产神圣、个人经济自由免受王权专制的法律。[1]至少自13世纪起,小业主的权利就广泛受到法院的承认、尊重和保护。企业活动也不需仰赖于国家的准许就能进行。[2] 17世纪由公民代表组成的国会对国王的斗争的胜利更进一步导致"个人自由的维护和完善"成为"英国的支配性理想"。[3] 英国司法体系"多少能比世界上的任何其他地方更好地保护公民不受国家的侵犯"。[4]

以反抗英国政府施加的各种限制殖民地经济活动的法律而起家的美国继承和发扬了英国的自由传统。在19世纪晚期以前,普通法律传统已经牢固确立了这样的观点,即存在着一个属于私人的、个人进行自我管理的区域,国家一般不可侵入。[5] 人们更重视用私人缔约来预防经济纠纷,用法院或仲裁等个案方式来解决纠纷,用交易所这样的自我监管体系来协调复杂的合同缔结与执行。政府的统一和近距离监督是很少被体会过的,国有化是不可想象的,大量争议被置于国家视野之外。[6]

而封建化的欧陆国家(以法国为典型)通常有一个强大、永久性和集权化的官僚机构,国家广泛地、充满自信地对经济活动进行各类事先禁止式的父爱主义干预。如在法国商法典中,除非法条明文许可,任何商业活动都是禁止的。国家还试图消除法律中的空白,把司法裁量压缩到最小空间内[7];也不给地方进行差异化试验的空间。几乎所有重要的事情都只有获得政府批准才能生效,私主体的自我规制很难实现。大陆法中的

---

[1] Paul Mahoney,"The Common Law and Economic Growth", in Fox and Heller eds, *Corporate Governance Lessons from Transition Economy Reforms*, Princeton University Press, 2006, p. 89.

[2] John C. Coffee, Jr.,"The Rise of Dispersed Ownership: The Roles of Law and the State in the Separation of Ownership and Control", 111 *Yale L. J.* 1(2001), p.49.

[3] 哈耶克:《自由秩序原理》(上),邓正来译,生活·读书·新知三联书店1997年版,第204页。

[4] Alan Macfarlane, *The Riddle of the Modern World: of Liberty, Wealth and Equality*, Basingstoke, St. Martin's Press, 2000, p.205.

[5] John C. Coffee, Jr.,"The Rise of Dispersed Ownership: The Roles of Law and the State in the Separation of Ownership and Control", 111 *Yale L. J.* 1(2001), p. 57.

[6] See Ibid., pp. 62—63.

[7] See John Merryman, *The Civil Law Tradition*, Stanford University Press, 1969, p.30.

公法对公职人员的约束也要比普通法的公法作出的约束来得轻。

如果说"英国的政治结构是建立在对公民不受国家侵害的保护上"、"美国的政治结构是围绕着庞大的市场和宪法建立的",那法国的特点就是"在经济上体现为强烈的国家干预"。[1] 比较而言,市场的自我规制和个人在国家不干预的情况下白手创业获得成功的事例,在大陆法国家并不像在普通法国家那样容易被接受。[2] 德国的新兴商业阶级在19世纪晚期最为需要的,恰恰是英美商业阶级已经得到的、免受专制政府对私人领域干涉的自由。这种需要很容易转化为也确实转化为了对法治的坚定信仰。[3] 大陆法国家的殖民地如拉丁美洲也继承了宗主国的政治观,新独立的国家仍然把政府看作是好的、自然的和社会福利所必需的,认为没有理由要对之制衡或控制,从而造就了强大的专制执政者、集中化的官僚控制、从属性(subservient)的国会、虚弱的地方政府。[4] 永久化(perpetuate)了的干预主义(interventionist)观念和普遍的专断的(arbitrary)制度环境令拉丁美洲企业家必须依赖和当权者的关系。[5]

诚然,基本的立法和行政干预对市场发展确有必要,在今日世界性的资本主义经济框架下,大部分国家特别是发达国家也都对市场的基础性配置资源的地位予以尊重。但当市场机制发挥的不那么理想,出现新问题需要解决时,人们就能较为清楚地看到:熟谙于政策执行(policy implementing)的大陆法国家更倾向于扩大政府的控制范围[6],压制(repress)市场、或者通过国家命令(mandate)来试图代替市场。而普通法国家倾向

---

[1] 法国国家行政学院教授尼古拉-巴维莱茨语,引自中央电视台编:《公司的力量》,山西教育出版社2010年版,第53页。

[2] John C. Coffee, Jr., "The Rise of Dispersed Ownership: The Roles of Law and the State in the Separation of Ownership and Control", 111 *Yale L. J.* 1(2001), pp. 61—62. John C. Coffee Jr., "Law and The Market: The Impact of Enforcement", 156 *U. Pa. L. Rev.* 229 (2007), pp. 252—253, n. 58.

[3] James M. Brophy, *Capitalism, Politics, and Railroads in Prussia, 1830—1870*, Ohio State University Press, 1998, p. 171.

[4] See Howard J. Wiarda and Harvey F. Kline, "The Latin American Tradition and Process of Development", in Howard J. Wiarda and Harvey F. Kline ed., *Latin American Politics and Development*, 7th Edition, Westview Press, 2010, pp. 1—98.

[5] See Douglass North, *Institutions, Institutional Changes and Economic performance*, Cambridge University press, 2000, pp. 103, 116—117.

[6] See Casey Mulligan and Andrei Shleifer, "The Extent of the Market and the Supply of Regulation", *Q. J. Econ* (2005), 120(4): 1445—73.

采用市场支持型和争议解决型的策略来帮助市场自律发挥作用,如通过改进诉讼规则、便利投资者起诉。例如,20世纪二三十年代大萧条时期,荷兰、意大利、日本和瑞典等大陆法国家采用了各种政府控制资本配置的机制来代替股票市场的运作。德国甚至走上了政府控制一切的法西斯道路。而面对类似的市场疯狂、恐慌和危机,英国、加拿大和美国等普通法国家采用了加强股东权利、强化信息披露、加强民事责任规则、实行存款保护等恢复和支持市场运行的方式,即使在史无前例的罗斯福新政时期,国有化仍然是不可想象的。在世界经济恢复增长的20世纪中期,大陆法国家遇到麻烦时仍然延续了拿破仑以来的传统,在很大程度上依靠政府融资、银行国有化、国家投资公司来促进经济增长和解决危机。普通法国家则继续通过完善公司法、证券法、存款保险制度等来依靠和支持市场监管。[1]尽管这种区分并不是绝对的,很多政策工具都不是某一法系专用的,但在最终效果上,大陆法国家介入经济的程度明显更深,如其银行中的国有股比例远远高于普通法国家。[2]

(三) 法系渊源对当今各国在市场干预上的现实影响

诚然,各个法律植入国即使是被动地接受了一定的法律传统后,都会多少走上独立自主发展法律制度的道路。但说它们在最终选择是否干预市场时仍然受到了法系渊源的深刻影响,主要是基于如下理由。

首先,从事实层面看,虽然由于现实多种因素的复杂性,不可避免地存在着一定的旁逸斜出的个例,但总体上"普通法国家较少干预市场、大陆法国家较多干预市场"这一趋势是可以成立的,特别是在同一经济发展阶段的国家(如发达国家)的比较上。在多个不同学者提出的测量指标中,较之大陆法系,普通法系也很明显地和更高的司法质量、财产权、公民自由、更少的政府干预等指标相关。[3]经济合作发展组织成员国中,普通法国家都是自由型市场经济体,企业主要通过内部层级结构和竞争性市

---

[1] See Randall Morck and Lloyd Steier, "The Global History of Corporate Governance: an Introduction", in Randall Morck ed, *A History of Corporate Governance*, University of Chicago Press, 2005, pp.1—64.

[2] R. La Porta, Lopez-de-Silanes and A. Shleifer, "Government Ownership of Banks", *J. Fin.* (2002) 57(1): 265—301.

[3] 对这些指标的含义和内容,详见 Paul Mahoney, "The Common Law and Economic Growth", in Fox and Heller eds, *Corporate Governance Lessons from Transition Economy Reforms*, Princeton University Press, 2006, pp.99—100.

场来协调它们的活动,个人可以广泛运用合同来组织其活动;而大陆法国家都是协调型市场经济体[1],企业"严重依靠非市场的方法协调其他参与人和他们的努力以构建其核心竞争力,合同要遵循并不总是追求经济效率的社会规范"。[2]

其次,法系渊源本质上是一种社会控制方略,必然会对是否鼓励国家干预市场这种"大是大非"的问题产生影响,同一法系的不同国家在对经济问题的处理方式上会有着系统性的趋同。法系渊源会影响到法律理念(如法律应该是被创造的还是被发现的)、法律体系的组织(如司法机构是否独立、是否能主动造法)以及法律人处理新问题的方法论(如重演绎还是重归纳,重经验还是重逻辑)。法系渊源"作为一种进行社会控制的思维方式,提供了处理社会问题的基本工具、对经济生活的社会控制的不同策略",是"人类文明和社会秩序中难以改变的重要元素"。[3] 因此即使法律被移植国家本身会有一个相对独立的具体法律制度的演进过程,由法系渊源决定的基本社会控制方略和理念仍然会发挥作用。即使移植国法律和监管制度已经经过了几个世纪的演化,法系的影响仍然会在经济生活中体现出来。[4]

二、国家的干预倾向对经济和金融的消极影响

(一) 对经济增长的一般消极影响

如果国家对市场的干预总是适度的,那么干预无疑是一件好事。但不幸的是,国家并非全能和始终具有公心,在经济活动中正确行使权力并非易事。国家总是有过度扩张自己权力的趋势,故而在一个对国家干预心存警惕的环境中,其不良影响能多少被中和;而在一个鼓吹国家权力对

---

[1] 协调型市场经济体指企业"严重依靠非市场的方法协调其他参与人和他们的努力以构建其核心竞争力"的经济体,此种分类详见 Peter Hall et al, eds, *Varieties of Capitalism: The Institutional Foundations of Comparative Advantage*, Oxford University Press, 2001, p.8.
[2] Katharina Pistor, "Legal Ground Rules in Coordinated and Liberal Market Economies", In *Corporate Governance in Context: Corporations, States, and Markets in Europe, Japan, and the US*, edited by K.J. Hopt et al, Oxford University Press, 2006, pp.251—252, 258.
[3] R. La Porta, Lopez-de-Silanes, A. Shleifer, "The Economic Consequences of Legal Origins", 46 *J. Econ. Lit.* 285(2008), p.309.
[4] Ibid., pp.286, 307, 309.

市场进行干预的环境中,其不良影响就会加倍凸显。所以哈耶克断言英国法律传统比法国法律传统更为优越,不是因为法律规则的实体差异,而是不同法律传统对个人和国家角色的设定不同所致:与普通法相连的有限政府较少限制经济自由和其他自由,更保护财产安全和合同权利,故更能促进经济增长。[1] 史学家也指出,英国工业化的快速崛起和一度成为头号强国,在很大程度上有赖于英国很早就颇为独特的演化成了一个"高度发达的个体市场社会",并以私有财产的"绝对所有权"和高度的劳力流动性为特征。[2] 当代法学家亦通过数据表明指出:从 1960 年到 1992 年,对市场干预更少的普通法国家总体上比大陆法国家(包括法国法国家、德国法国家和斯堪的纳维亚国家)有着更高的真实人均 GDP 增长速度。[3]

(二) 对金融市场的特殊消极影响

一些法学家强调大陆法系过多的国家干预会损害经济增长前景时,刻意强调其理论意义在于指出"法系对经济增长的途径不限于金融市场"。[4] 故而,对那些实体经济发展程度尚不足以支持较大金融市场、或不试图大力建设金融市场的发展中国家来说,限制国家过多的干预权仍然具有重要意义。但笔者认为,从总体上看,关于国家干预对整体经济增长之影响的论述,可以直接适用到证券市场上去,是一种母集和子集的关系。而且金融市场本身的特殊性使得其对国家不当干预的敏感度更高,可能受到的伤害也更大。

具言之,在金融活动中,资金提供方获得的是无体的金融性权利而非实体物,交易具有复杂性,市场更依赖于参与者对未来的信心,这些特殊性使得其对国家干预的敏感度更高,可能受到的伤害也更大。相对于普通经济活动,金融活动具有复杂性并且更依赖于市场参与者的信心和积极性,而更容易受到过度的金融监管的压制。

---

[1] See Friedrich A. Hayek, *The Constitution of Liberty*, Gateway Editions Ltd, 1960, Chap. 4, 6.

[2] Alan Macfarlane, *The Origins of English Individualism: the Family, Property and Social Transition*, Blackwell, 1978, p.165. 这本书广泛地论证了分权带来经济增长。

[3] Paul Mahoney, "The Common Law and Economic Growth", in Fox and Heller eds, *Corporate Governance Lessons from Transition Economy Reforms*, Princeton University Press, 2006, pp.94—99.

[4] Ibid., p.85.

1. 政府监管者会有压抑金融市场创新的倾向

金融活动的生命力在于顺应不断变化的技术进步和市场需求进行不断的创新。但是面对这一局面,行政机构维护经济社会秩序而非持中裁断的基本定位却导致其会倾向于用取消问题的方式来解决问题,通过不鼓励、禁止新型投资和金融活动来避免争议的发生。因为监管者的主要绩效评估标准是维持良好的市场秩序而非促进市场繁荣。且前一标准是可见和较为清晰的(未发生重大违法事件、市场骚动),后一标准却是较为模糊的,人们很难精确判断金融的发展应当在多大程度上归功于监管者。在市场不出事时,政府性金融监管者并不会在预算与工资方面得到奖赏[1],所以它们会倾向于用取消问题的方式来解决问题,从源头上不鼓励、限制、禁止金融创新、非典型投资和交易活动来避免争议的发生,对市场交易方式创新引发的骚动过度反应。

例如,2002年安然和世通公司事件后,美国匆匆通过了管制色彩浓重的萨班斯(Sarbanes-Oxley)法,被耶鲁法学院教授、美国公司法权威罗玛诺讥为"庸医"。[2] 2008年金融危机后,国际层面推出的巴塞尔 III 协议的文本超过600页,导致香港证监会前主席、中国银监会首席顾问沈联涛这样有几十年监管经验的人士也表示规则变得"极端复杂""无法完全理解"。[3] 而我国金融监管尤其存在着谨慎有余,但对市场尊重不足的问题。[4] 例如,我国1995年时轰动证券市场的327国债期货事件[5]本质上是交易规则存在技术性瑕疵[6]以及财政部有信息泄露嫌疑所致[7],

---

[1] 参见 Becker 和 Stigler 对公共执行和私人执行的著名比较, Gary Becker & George Stigler, "Law Enforcement, Malfeasance and the Compensation of Enforcers", 3 *J. Legal Stud.* 1, 1974.

[2] Roberta Romano, "The Sarbanes-Oxley Act and the Making of Quack Corporate Governance", 104 *Yale L. J.* 1521 (2005).

[3] 王力为:《沈联涛:过度监管无益于金融体系》,财新网 http://economy.caixin.com/2013-10-22/100594573.html,最后访问时间2016年4月20日。

[4] 参见曾东红:《我国金融监管理念的市场化、社会化及法治化论纲》,载吴志攀主编:《经济法学家》第九卷,北京大学出版社2012年版。

[5] 交易方违规在无保证金的情况下近乎无限的下单,产生了巨额盈亏,迫使监管者最终取消了交易日最后若干分钟的交易结果。

[6] 陆一:《闲不住的手:中国股市基因体制演化史》,中信出版社2008年版,第80—88页。

[7] "至今为人公认的是,327国库券的贴息计划显然遭到泄密。中经开得天独厚的财政部背景令人不得不疑",凌华薇、李菁:《中经开之死》,载《财经》2002年6月18日。中经开公司是327事件两大当事方之一。

可以通过规则制定和日常监管之完善来解决。但在行政主导的模式下，最终的处理方式是让整个国债期货交易（并累及其他金融衍生交易品）暂停了十多年。

2. 政府对金融资源的配置易于导致低效

由于政府自身的任务目标不限于金融市场发展，所以当政府拥有过多的金融监管权时，便会有诱因利用市场、损害市场的效率来满足其政治或其他目标。政府若能配置金融资源，就容易基于政治乃至腐败因素扶植特定对象甚至制造金融资源的垄断者，从而损害金融市场固有的、必要的竞争和淘汰机制。例如，以巴黎交易所为典型的大陆法系证券交易所大都处在国家的严密控制下，具有垄断地位，缺乏自我改革、提高监管的动力，故而信誉低下、证券市场羸弱。而普通法系的交易所大都处在国家干预较少、竞争激烈的环境中，反而通过自我实施的监管而积累了信誉。[1] 我国不少质量不佳的国企在特惠的融资政策支持下，仍能获得贷款、发行股票，并最终形成呆账和垃圾股，也是例证。事实上，即使同属发达经济体，美国、英国、香港、新加坡这样的自由型经济体中的证券市场，都要显著优于法国、德国、日本这样的协调型经济体的证券市场。[2]

金融资产由货币支付请求权构成，较之实物财产更容易被大权在握的政府监管者剥夺。"现代政府在遇到财政困难时，不会直接去掠夺农民的土地或企业的机器，但是往往会利用各种手段减少政府对债权人的实际偿还"[3]，如通过政府强制性的低利率政策和资本外流禁止规则或通过增加货币供应量如加速印钞来低成本地占用民间资金，或者通过国企包装上市等手段从公众投资者处圈钱。金融市场的脆弱性又意味着受到不当冲击后，投资者信心与市场本身在短期内很难恢复。

3. 政府监管者干预金融市场运作会导致低效

政府控制、干预金融市场活动的一个规范性（normative）前提是很多

---

[1] See John C. Coffee, Jr., "The Rise of Dispersed Ownership: The Roles of Law and the State in the Separation of Ownership and Control", 111 *Yale L. J.* 1—82 (2001).

[2] 协调型市场经济体指企业"严重依靠非市场的方法协调其他参与人和他们的努力以以构建其核心竞争力"的经济体，此种分类详见 Peter Hall et al, eds, *Varieties of Capitalism: The Institutional Foundations of Comparative Advantage*, Oxford University Press, 2001, p. 8.

[3] 拉詹、津加莱斯：《从资本家手中拯救资本主义》，余江译，中信出版社 2004 年版，第124 页。

人幻想政府可以通过对金融的加强监管来增进市场安全和市场效率,如加强对特定主体能否公开发行证券的审核、对过高过低的证券价格进行干预。这种认为政府可以通过监管剔出太"次"的金融产品的观点实际上假定了政府能拥有比市场更准确的信息。可从人力和信息资源分配的角度看,这种假设是不可靠的。因为一方面受价值规律支配,逐利的金融专业人才必然在整体上会更多的聚集在市场而不是政府;另一方面,即使资质相同,大量金融业者在对市场的一线接触、参与中获得的各种分散、个体化、非标准化的市场信息必然比少量的金融监管者所掌握的信息更为有效,更能够用于准确判断市场价格、风险和优势。

2008年金融风暴后,很多人主张通过对金融衍生品加强披露、加强监管的,但风格稳健的著名投资家沃伦·巴菲特却说:"更高的透明度——政治家、评论员和金融监管机构最喜欢用这个良方来避免将来出现严重问题——对衍生产品导致的问题无能为力。我没听说有哪种报告机制能够大体不差地描述和衡量庞大复杂的衍生产品投资组合的风险。审计人员无法审计这些合约,监管机构也无法进行监管"。[1] 而且,正如资深监管人士沈联涛先生指出的,"一定的波动是个好事","如果价格太稳定,就同美国经济学家海曼·明斯基所说的'稳定制造不稳定':干预下的价格指标是不准确的,会累积潜在风险"。[2] 如果政府监管者草率地或夹杂着多种动机地干预金融运作,如决定证券发行价格、随市场指数而起舞,并不能带来更多的公平,而更可能导致低效。

三、对"干预"之内涵的进一步澄清

也有学者认为在普通法国家不见得对市场特别是证券市场干预较少。此观点的典型代表是哈佛法学院马克·洛(Mark Roe)教授,他提出两点理由:一是当今世界各国都用详尽立法的手段来规制证券市场,如美国证券交易委员会(SEC)制定了大量繁复的规章。二是数据显示,普通

---

[1] 沃伦·巴菲特:《沃伦·巴菲特致伯克希尔-哈撒韦公司股东的信》,载《经济观察报》2009年3月9日第50版。
[2] 《沈联涛:不是任何问题都得靠监管》,财新网 http://special.caixin.com/2013-08-05/100565198.html,最后访问时间2016年4月20日。

法国家在证券市场规制上有更多的预算和工作人员[1],执法频度(intensity)也更高,即使考虑了市场规模不同的因素后也是如此。[2]所以似乎不存在大陆法系对证券市场干预更多的问题。对此,笔者认为,洛揭示的事实固然无误,但是解读却存在着一定的误区,即简单地把国家资源投入等同于(不当)干预。

(一)普通法系的证券监管一般旨在支持而非限制市场的作用

普通法国家的证券立法和监管的目的往往是为了促进而不是取代市场。[3]如美国《1933年证券法》《1934年证券交易法》的要旨是加强信息披露义务,以提高市场投资者的判断能力;其条文数量较多也是因为其表述得比较具体,对不同的情形作了不笼而统之的细致规定,而非对太多的领域做了限制。即使是以严厉著称的萨班斯法,重点也依然是强化信息披露、建立内部审计委员会和加大责任承担等程序性事项和事后处理机制,而非对行为事前在实体标准上设限。[4]且即便如此,该法还是由于被认为监管过度,而受到了很多批评。[5]一些市场优势主体如发行人被施加的额外合规成本,往往也是为了缓解信息不对称等市场失灵情形,降低其他市场主体的参与成本,而非满足管理者的便利。

以SEC为代表的普通法系的证券监管的重心也是为了加强市场机制而非增加市场限制,其工作重心不是事前审批,而是通过追究不当信息披露责任、打击内幕交易行为等,实现市场主体的私法缔约活动自身难以实现的市场环境优化。而且SEC的一个显著特点是充分发挥利用市场中介如会计师、交易所、交易商协会等私利动机来促使他们为公共利益服

---

[1] Mark J. Roe, Legal Origins, "Politics and Modern Stock Markets", 120 *Harv. L. Rev.* 460 (2006), pp. 482—494. Howell Jackson & Mark Roe, "Public and Private Enforcement of Securities Laws: Resource-Based Evidence", 93 *J Fin. Econ.* 207—238 (2009).

[2] Howell E. Jackson, "Variation in the Intensity of Financial Regulation: Preliminary Evidence and Potential Implications", 24 *Yale J. on Reg.* 253 (2007). Stavros Gadinis & Howell E. Jackson, "Markets as Regulators: A Survey", *S. Cal. L. Rev.* vol. 80, p. 1239 (2007).

[3] See R. La Porta, Lopez-de-Silanes, A. Shleifer, "The Economic Consequences of Legal Origins", 46 *Journal of Economic Literature* 285(2008), p. 305、310.

[4] Katharina Pistor, "Legal Ground Rules in Coordinated and Liberal Market Economies", In *Corporate Governance in Context: Corporations, States, and Markets in Europe, Japan, and the US*, edited by K. J. Hopt et al, Oxford University Press, 2006, pp. 266—267.

[5] 如Roberta Romano, "The Sarbanes-Oxley Act and the Making of Quack Corporate Governance", 104 *Yale L. J.* 1521 (2005).

务,减少外在监管的强制性和成本,形成了一种"被同意的管治"。[1] 而大陆法系的证券市场立法和监管更多的是从管制维稳、防"乱"的角度出发。[2] 国家基于对市场作用的不信任,或者出于主观政治目的不愿意让市场过于自由和独立,而往往把事前限制作为工作重心。

(二)普通法系的证券监管受到了多种制约

首先,普通法的规制风格仍然体现了国家权力的有限性,仍然明显保持了对市场的尊重。在制定规则、作出决定时,美国行政机构的行为必须具有内在一致性,必须考虑各种因素,对"所发现的事实和所作出的选择之间的理性关联"作出非政治性的、技术性的、符合法律的科学解释。如果这些解释有悖于该机构所发现的事实,就可能会被视为是专断、变化无常的(arbitrary, capricious)而被法院否定。行政该机构还必须在制定规则前考虑不同的选项,解释为什么采取了这种而非那种干预措施。[3] 洛教授也承认:"SEC 经常有一种普通法的风格",《行政程序法》要求其和被监管者协商,被指控者也有机会发表自己的看法。[4]

其次,美国证券监管机构的不当干预行为或制定的规则被司法机构撤销的情形屡见不鲜。《行政程序法》第 706(2)(A)节规定法院有权审查行政决定是否有专断、变化无常、滥用裁量权(an abuse of discretion)及其他不合法情形。而且这种审查不能局限于"最低理性"标准。[5] 这导致了包括证券监管机构在内的诸多行政机构的很多行为被法院推翻。法院的这种独立性大大缩减了 SEC 在各种政治团体压力下制定规则的空间。相比之下,大陆法系司法机构对行政机构的此种制约较少。

第三,主要普通法国家如美国、加拿大的证券市场机构(如交易所)有着较大的监管权限,甚至可说是和国家在"合作监管"。而主要大陆法国

---

[1] See Thomas K. McCraw, "With Consent of the Governed: SEC's Formative Years", 1 *J. Pol'y Analysis & Mgmt.* 346 (1982).

[2] 如老法学家江平对中国证券法的评价,江平:《本质上是一部管理法》,载《中国律师》1999 年第 4 期。

[3] Joseph A. Grundfest, "The SEC's Proposed Access Rules: Politics, Economics, and the Law", 65 *Bus. Law.* 361(2010), pp. 373—375.

[4] Mark Roe, "Legal Origins, Politics and Modern Stock Markets", 120 *Harv. L. Rev.* 460 (2006), pp. 493—494.

[5] Motor Vehicle Manufacturers Ass'n v. State Farm Mutual Auto Insurance Co., 463 U.S. 29(1983).

家如法国、德国、日本的市场监管均较弱。[1]

(三) 大陆法系往往怠于必要的证券监管

论证国家过多地通过干预来替代市场机制所导致的弊端,但绝非一味否定国家力量在市场中的存在。由于证券产品的非实体性、复杂性、信息不对称性,欺诈极容易发生,从而动摇投资者信心,故在消除信息不对称和减少自我交易这两个证券市场发展的关键前提上,强制监管有着不可替代的作用。[2] 换言之,国家需要适当投入,对市场有所为有所不为。

普通法系的高预算大都用在了事后严格的执行证券法律,打击内幕交易等反市场行为之上。实证研究揭示,大陆法系的低预算与更弱的法律执行相关联。而在证券规制上花费了更多人力财力的国家有更强大的证券市场、更多的首次公开发行和上市公司。[3] 美国高强度的证券执法也被知名学者视为美国证券市场独步世界的关键因素。[4]

值得一提的是,SEC 积极从事证券执法的一个原因是美国证券民事诉讼机制发达,投资者可方便地起诉证券违法行为。所以,SEC 自身如果不积极调查,落在了司法程序之后,就会显得无所作为而陷于被动。

总之,普通法系往往一方面对市场发展的事前制约、审批、限制较少,另一方面却通过翔实的法律规则和有力的执法来事后确保市场机制的有效运作,大陆法国家则相反,对证券市场的发展也产生了不同的影响。

四、对中国证券市场发展的一些启示

综上,大陆法系与普通法系的一项重要差异在于前者的国家有着通过主动干预来限制、取代市场机制发挥作用的偏好,特别是在经济运行出现问题时。这种法系之间的差异有着深刻的历史和意识形态根源,也在现实中产生了多方面的影响。但是,大陆法系过多的国家干预不利于财

---

[1] Stavros Gadinis & Howell E. Jackson,"Markets as Regulators: A Survey", *S. Cal. L. Rev.*, vol. 80, p. 1239,(2007). Howell E. Jackson,"Variation in the Intensity of Financial Regulation: Preliminary Evidence and Potential Implications", 24 *Yale J. on Reg.* 253 (2007), pp. 256—257.

[2] Bernard Black,"The Core Institutions that Support Strong Securities Markets", 55 *Bus. Law.* pp. 1565—1607 (2000).

[3] See Howell E. Jackson,"Variation in the Intensity of Financial Regulation: Preliminary Evidence and Potential Implications", 24 *Yale J. on Reg.* 253 (2007).

[4] See John C. Coffee Jr.,"Law and The Market: The Impact of Enforcement", 156 *U. Pa. L. Rev.* 229 (2007).

产安全和合同自由的实现,从而不利于经济增长。对于金融市场尤其是证券市场而言,国家的高度干预不利于纠纷解决,也容易带来金融资源的损失,故具有特别的消极意义。

中国的公司法和证券法律条文大量借鉴了美国法[1],但从国家对证券市场干预偏好的角度看,其明显保持着大陆法系的风格:行政机构较为主动,司法机构较为边缘化。而且由于中国的政治体制传统,这种干预实际上比一般的大陆法国家更为强烈,也对证券市场发展产生了一定的负面影响,诸如对市场准入(无论是组织方面还是行为方面)过多的事前控制、对市场运作的大量事中控制(且权力受制约度较小,透明度、说理度不够)、对市场自律组织、自律机制、创新的限制等,这些都影响了证券市场的良好发展。

基于本节前几部分的分析,笔者认为中国证券市场的进步不可能在背离国际一般规律的状况下得到长足发展,故中国在证券法律实施机制的选择上,应当首先坚持减少对证券市场不必要的干预,尽可能的允许市场机制发生作用。与其让监管者继续进行多方面试错性的干预(二十年来证券市场的跌宕起伏已经充分证明了这种试错成本相当可观),不如让市场也能在一定范围内经历免于、少受干预的试错。具言之,对于各种证券发行、上市和交易的条件、各种类型交易场所的兴建,可以把决策权下放给交易所、市场甚至地方政府;逐步使基于信息披露的事后责任追究机制而非基于审批的事前控制成为市场治理的重心;更多制定可以选择适用的备用性规则,而不是必须适用的强制性规则;重视并加强交易所、行业协会、中介机构对不当行为的制约作用(如提高中介结构和发行人之间的民事责任连带程度);保持市场的开放和可竞争性,令企业和监管者本身都能感受到竞争的压力;强化诉讼机制,使得司法可更多地成为解决证券民事纠纷和复查证券监管行为的途径。

其次,为了避免"一收就死、一放就乱"的怪圈,监管者应当保持并加强对市场运作的制度性支持和物质投入。一方面坚持"有法可依",细化证券法律规则,但重点不是环环设限、增加规则,而是细化规则,提高所颁

---

[1] 实际上,转轨国家对股东和债权人的保护法律存在着对美国法的一种形式趋同是普遍现象。见 Katharina Pistor, "Patterns of Legal Change: Shareholder and Creditor Rights in Transition Economies", in Fox and Heller eds, *Corporate Governance Lessons from Transition Economy Reforms*, Princeton University Press, 2006, p. 231.

布规则的解释性、可预见性、可操作性,使市场参与者能够获得关于行为适法性的事前透明度(而不是必须每个个案交易都请示报批),从而间接地限制国家干预的任意性,确保市场参与者财产权和其他经济参与权利的安全性。另一方面坚持"有法必依",完善证券事后执法,提高反市场行为如欺诈、不实信息披露、内幕交易、操纵市场的捕获率与总体违法成本。中央监管者的意义不应当是把全国在事前处处管起来,而应当是在全国范围内统一执法尺度,事后把关,从而令一个趋向自由的市场不会失序或产生逐底竞争。结合中国的实际,监管资源还应当集中到与强势主体(如大型国企)的违法行为的斗争中。这些努力可以增强市场运作的规范化和公平性,确保市场交易的安全度,提升市场信心和自我调节机制的效用,提高投资者投入和参与的积极性,促进经济有效增长。

第二章　三大证券法律实施机制的一般性优劣

第二章 三大证券法律实施机制的一般性优劣

本章将结合国际上的一般理论考察政府性监管、民事诉讼和交易所监督作为证券法律实施机制时的强弱短长,并以其他转轨和发展中国家的情形为重点。虽然在本章对于中国的内容也会涉及,但更多关于中国具体情况下这些机制的落实情况,将在下一章予以分析。

特别值得注意的是三种机制之间的关系:大致而言,政府性监管具有刚性、调查力、执行力较强,对打击主观恶性较大、隐蔽性较强的证券欺诈行为的效果较好。其属于较为"笨重"的法律武器,实施成本较大,而且会压抑交易所可以实施的一线灵活监管和民事诉讼机制。换言之,政府性监管有权威,但这种权威在惩治违法行为之余也会压制市场运作。民事诉讼机制的利弊长短可谓是政府性监管的反面,如去中心化、与市场的相容性较高、成本由私人负担、对违法行为的打击精准度低、针对性和效率则有所不如。

政府性监管和民事诉讼分属由公权和私权发动的法律实施方式,但二者并非简单的此消彼长关系。相反,如美国的实践所表明的,二者可以互相倚持、互相促进。而有效的交易所监管与政府性监管有作用方式上的类似性,但本身的驱动力却在于追求市场利益,特别是当其处于竞争环境中时。交易所能够在前线发现和解决问题,节省政府性监管和民事诉讼的实施成本,但其并非终局性、概括性的全面解决方案。

政府性监管其实可以分为事前事中准入管制(ex ante regulation)和事后执法(ex post enforcement)。[1]随着证券市场成熟度的提高,政府性监管的重心应当逐步从事前管制向事后执法过渡,并提高交易所监管的自主性。而防止交易所监管异化的外部约束,则在于政府性监管和民事诉讼机制的可靠性,三者是互相约束、互相促进的共生关系。

第一节 作为证券法律实施机制的政府性监管

总体而言,政府性的证券监管者是各国的普遍选择。目前拥有证券法律的国家基本上在政府体系中建立了专门的证券监管机构。它们有的是行政直属部门,有的是独立性机构(如美国 SEC);有的是属于统一的金

---

[1] John C. Coffee, Jr., "Law and The Market: The Impact of Enforcement", 156 *U. Pa. L. Rev.* 229 (2007), p.254.

融监管机构,有的则与其他金融监管机构分开。[1] 各国证券事务基本上都有了一个专门的、具有行政性质的调查、监管、处罚权力的监管机构。

一、政府性证券监管机制的一般优势

(一)作为规则制定者的监管者:强制厘定必需的证券法律制度细节

证券活动具有复杂性,不能仅靠当事人双边或多边的合同约定来保障整个交易流程的安全,所以强制性的法律规则体系的存在颇为重要。虽然这个法制体系的框架可以由立法机关通过制定证券法典来实现,但是对于神经末梢的种种技术性细节,还是需要由证券监管者来完成。[2]

根据主要国家经验,必须带有强制性的证券法律规则通常至少应该涵盖:对证券公开发行的强制信息披露、证券交易中的持续信息披露、证券违法行为(不实陈述、内幕交易、操纵市场、欺诈客户等)禁止、收购上市公司活动中的若干环节等。

(二)作为规则执行者的监管者

1. 监管者拥有相对雄厚的公共资金支持

在证券市场中,通常构成违法行为主体是上市公司、证券公司等大型机构,它们和往往是受害人的普通投资者在物质、人力和信息资源方面的占有程度上明显不均衡,所以很难指望受害投资者通过自力救济来有效惩罚侵权人。

例如,民事诉讼可以是一种强大的自力救济措施,但由于投资者参与诉讼的付出和可能的所得严重不均衡,如果没有特殊的制度便利,股东的诉讼热情会受到压制。目前证券诉讼最为发达的是美国,但从这一现象形成的原因看,美国文化中所谓好讼性较不重要,美国司法机构的高效高能或许也只是次要因素。直接导致证券诉讼大爆发的是 1966 年《联邦民事诉讼程序》(Federal Rules of Civil Procedure)引入了"选择退出"(Opt-out)机制,使得集团诉讼形成的可能性在根本上有所提高。相比之下,包括英国在内的其他普通法国家里此类诉讼仍然颇为罕见。

---

[1] 例如在中国台湾地区,原来的证监机构是独立的"证券期货委员会",2004 年 7 月"行政院金融监督管理委员会"成立后,降格为该会的"证券期货局"。
[2] 参见 Frank B. Cross & Robert A. Prentice, "The Economic Value of Securities Regulation", 28 Cardozo L. Rev. 333, 377 (2006); Howell E. Jackson & Mark J. Roe, "Public and Private Enforcement of Securities Laws: Resource-Based Evidence", 93 J. Fin. Econ. 207 (2009).

在我国，最高法院司法解释规定对被正式行政处罚和刑事判决过的证券虚假陈述行为可以提起民事诉讼。这虽然限制了民事诉讼的范围，但也意味着被限定的违法行为所涉案件当事人举证责任较轻，因为有关事实可通过行政处罚和刑事判决直接得到证明。但研究者发现2001—2006年间，被行政或刑事处罚过的案件虚假陈述案件约有130件，可只有差不多20件被提起民事诉讼，仅占15%。这主要是因为当事人付出和收获的不成正比（包括缺乏集团诉讼机制、对地方保护主义的担心、执行率的不确定性、政治压力等）。[1]更近的调研仍然证实了实际参与诉讼的投资者很少，甚至只占符合索赔条件的投资者总数的5%。2002—2011年间符合行政处罚前置条件的案件有253个，但已诉案件只有65个。[2]

美国的证券民事诉讼虽然得到了多种制度的强力支持而颇为兴盛，但研究数据亦表明：如果证券民事诉讼针对的行为同时处在SEC的执法流程之下，则该民事诉讼更容易实现和解，且和解金额更高。[3]而对其合理的解释包括：SEC的行政执法对作出违法行为的民事被告施加了压力和震慑，以及SEC本身能更好地选择容易获得突破的案件。

故而，拥有相对雄厚资金支持的公共执法者在这个意义上可以被看作是代股东起诉的一个公共监护人，是对反欺诈活动的一项公共补贴。[4]对于证券市场因投资者分散所可能造成的投资者对民事起诉之高成本望而生畏、"理性冷漠"（apathy）而不愿意积极起诉的问题，监管者是一个有效的应对之道。

2. 监管者有较强的执法能力和动机

有作为才会有地位，专设的证券监管者由于目标任务单一，机构和工

---

[1] Benjamin L. Liebman, Curtis J. Milhaupt, "Reputational Sanctions in China's Securities Market", 108 *Colum. L. Rev.* 929(2008), pp. 942—943.

[2] 黄辉：《中国证券虚假陈述民事赔偿制度：实证分析与政策建议》，载《证券法苑》第九卷，法律出版社2013年版，第972—974页。

[3] James Cox, Randall Thomas & Dana Kiku, "SEC Enforcement Heuristics: An Empirical Inquiry", 53 *Duke L. J.* 737 (2003) (基于1990—2001年间的248个案件的研究); James D. Cox and Randall S. Thomas, "Public and Private Enforcement of The Securities Laws: Have Things Changed Since Enron?", (2005)80(3) *Notre Dame L. Rev.* 893 (基于1990—2003年间389个案件的研究)。

[4] John C. Coffee, Jr., "The Rise of Dispersed Ownership: The Roles of Law and the State in the Separation of Ownership and Control", 111 *Yale L. J.* 1—82 (2001), p. 68.

作人员的个体荣誉都与监管成果相连,所以它们比法官和一般的政府经济管理机构更具有视证券监管为己任的理念,会因此更不容易受到游说和贿赂的侵蚀。[1] 特别是在高度不平等的中等收入国家[2],这种由非直接物质回报对物质的抗腐蚀性尤为重要。

3. 监管者可以更主动灵活的行事

专设监管者通常具有主动(proactive)对违法行为进行调查的法律权限、物质资源和专业监管与执法人员,可以对具体情形灵活处理,相对于司法机构的被动型(reactive)执法,能更好地为了不断增强法律的完备性而改动现有规则以适应社会经济与技术变革的需要。[3]

例如,2006 年 11 月,针对市场股价异动和传言,中国证券监督管理委员会(下称证监会)向上投摩根基金管理公司发出风险提示函。上投摩根通过内部调查发现确实存在市场传言的"老鼠仓",并于 2007 年 5 月对相关基金经理除名。在这个案例中,由于证据尚不充分,诉讼等方式还不可能被采用。证监会虽然不一定适合开展正式调查,却可以通过提醒当事公司,施加适当压力,迫使它们采取措施。

4. 监管者可相对节省社会资源、减少耗散

私人诉讼由于是普通投资者分散的提出的,其带有一定的盲目性,因为普通投资者可能会意气用事,对不严重但为自己所不喜的行为提起诉讼,或者是通过对不严重的行为起诉来要挟被诉公司息事宁人、庭外和

---

[1] 参见 James Landis, *The Administrative Process*, Yale University Press, 1938, reprinted by Greenwood Press, 1974; Edward L. Glaeser and Andrei Shleifer, "The Rise of the Regulatory State", *J. Econ. Lit.* 41, pp. 401—425; S. Johnson, J. McMillan and Woodruff, "Property Rights and Finance", *Am. Econ. Rev.* vol. 92, No. 5, 2002, pp. 1335—56.

[2] Simeon Djankov, La Porta, Florencio Lopez-de-Silanes, and Andrei Shleifer, "The New Comparative Economics: A first Look", http://siteresources.worldbank.org/INTABCDEWASHINGTON2002/Resources/Schleifer.pdf, p. 18. 其中译文可见《新比较经济学的视角》,张安译,高世楫校,载《比较》第 3 辑,中信出版社 2002 年版。但后来正式发表的版本"The New Comparative Economics", *J. Comp. Econ.*, vol. 31, 2003 有较大的文字变动。

[3] Katharina Pistor and Chenggang Xu, "Incomplete Law: A Conceptual and Analytical Framework and its Application to the Evolution of Financial Market Regulation", *J. Int'l L & Politics*, vol. 35, No. 4, pp. 931—1013, 2003; Pistor and Xu, "Law Enforcement under Incomplete Law: Theory And Evidence From Financial Market Regulation", http://papers.ssrn.com/sol3/papers.cfm?abstract_id=396141;许成钢:《法律、执法与金融监管》,载《经济社会体制比较》2001 年第 5 期。

解。而作为专业公共执法机构,监管者拥有更好的选择合适的典型个案予以处理的能力和公心,从而能在有效执法的同时相对节省社会资源、减少耗散。

5. 监管者具有更高的执法统一性

民事诉讼机制可能会造成各个法院对类似案件处理结果的不同,特别是在不实行判例法和不承认集团诉讼的国家。而统一性的证券监管执法机关则能解决这一问题。[1]

二、证券监管在转轨国家的特殊重要性

转轨国家往往缺乏良好的市场经济和法治基础,法院不够独立和有力,这时候监管机构的作用就会相对凸现。正如中国的历史所表明的,当法院普遍还在为缺乏法律专业知识背景的复转军人大量进入所困扰时,证监会等金融监管机构却可以单兵突进,大量招募海内外高素质专业人才,形成专业化能力。

此外,虽然政府有时候会是法治的阻力,但其同样也是法治薄弱国家较可信赖的一股力量。即使在一国对证券的"自我监管不可能发生作用,而政府监管的执行机制又不可靠。可如果想要说服投资者,特别是外国投资者投入更多的资金,政府监管仍是必不可少的。(因为)如果连政府监管都不值得信赖,那么也就根本无法指望自我监管会起到什么作用"。[2]

20世纪初美国进步时代,社会进步力量抵御既得利益集团:强盗大亨(robber barons)对正义的侵蚀、重新对商业活动施加社会控制时,依赖的是监管者的力量。[3] 当代转轨国家也是如此。比较明显是波兰和捷克的对比表现,在1990年代初,两国收入、经济政策大体相似,司法体系都被广泛认为不够有效。但波兰政府引进了一个严厉的、将注意力放在股东保护上的证券法,像美国一样重视信息披露和对中介机构的监管,还

---

[1] 参见 Dayna Bowen Matthew, "The Moral Hazard Problem with Privatization of Public Enforcement: The Case of Pharmaceutical Fraud", 40 *U. Mich. J. L. Reform* 281 (2007), p. 333。

[2] 埃里克·伯格洛夫、阿涅特·帕尤斯特:《逐步兴起的所有者,日渐衰退的市场?——中东欧国家的公司治理》,张安译,载《比较》第5辑,中信出版社2003年版,第85页。

[3] Edward L. Glaeser and Andrei Shleifer, "The Rise of the Regulatory State", *J. Econ. Lit.* 41, pp. 401—425.

建立了一个强大的证券交易委员会。这都使得波兰股票市场有了显著发展。相反,捷克则采取了放任自流的做法,既没有颁布严厉的证券法,也没有创建一个强有力的市场监管者。致使其市场为大规模的小股东被剥夺的问题所困扰,成百家公司最后被摘牌。[1] 其 1997 年证券委员会的设立则被认为是改善公司治理的一个重要步骤。[2]

俄国的情况同样如此,俄罗斯证券委员会一度是政府机构中唯一对自我交易等不良行为试图有所作为的。[3] 缺乏监管也被认为是斯洛文尼亚、保加利亚等国证券市场发展不利的重要原因。[4]

三、监管机制可能的局限性

不过,政府的强制性监管对经济和金融市场可能的局限性值得重视。监管本身涉及公权力的运用,并非无成本无危害。尽管政府性监管者有上述优势,但是如果允许其对经济活动太多的环节拥有掌控权,其种种局限性就会得到放大,并损害经济特别是金融发展。在假定政府只是对市场的"帮助之手"的福利经济学之后,管制经济学等新兴学派开始注意到政府在经济活动中的弊端,甚至目之为可能是自私自利的"掠夺之手"。[5]

首先,监管者并非大公无私,其可能会追求自我的政治利益最大化,

---

[1] Johnson Glaeser, A. Shleifer, "Coase versus the Coasians", 116 *Q. J. Econ.* (2001), pp. 853—899.
[2] Bernard Black, Reinier Kraakman & Anna Tarassova, "Russian Privatization and Corporate Governance: What Went Wrong?", in Fox and Heller eds, *Corporate Governance Lessons from Transition Economy Reforms* 231, Princeton University Press 2006, p. 165. 该文较早的版本载于 52 *Stan. L. Rev.* 1731 (2000).
[3] Ibid., 对证券委员会的行动和作用的论述见 p. 131、132、144、146、148、153、155、172;另可见卓越、张珉:《证券私有化之后的治理结构及其经济绩效比较》,载《俄罗斯研究》2003 年第 5 期。
[4] 伯格洛夫、帕尤斯特:《逐步兴起的所有者,日渐衰退的市场?——中东欧国家的公司治理》,张安译,载《比较》第 5 辑,中信出版社 2003 年版,第 68 页。
[5] Andrei Shleifer & Robert Vishny, *The Grabbing Hand: Government Pathologies and Their Cures*, Harvard University Press (2002). 安德烈·施莱弗,罗伯特·维什尼:《掠夺之手——政府病及其治疗》,赵红军译,中信出版社 2004 年版。一个简单介绍见缪因知:《维什尼和"法律与金融学派"研究》,载《法律和社会科学》第十二卷,法律出版社 2013 年版。

而不以市场利益最大化、社会福利最大化为行动目标。[1] 所以监管者可能会滥用公共权力,实施不符合市场最优之公平与效率安排的监管措施[2],通过实施过度的、本无必要的监管以增加监管者预算和增强政治影响力。[3] 当国家面临多种策略选择时,更常见的结果总是中央集权、监管和国有化。在证券市场上也太多地出现了对股票交易的国家控制和限制竞争[4](而对违法行为的遏制并不因此更加奏效)。

对缺乏控制与制衡(check and balance)的国家来说,特别存在着监管的政治化(politicization)问题,即监管的实施更多地是为了打击不听话的对象,而非违法者。[5]

其次,业界可能会努力左右监管者的政治决策过程,产生所谓监管俘获。[6] 许多被监管的产业都发展出一系列高明的技巧,把监管变成一种保护市场既得利益和阻止新进入者的手段,而不是维护公共福利的体制。如有学者认为,美国证券和交易委员会(SEC)对信息披露要求过高,给上市公司和投资者带来了太多的成本,是屈从于会计师、律师和承销商利益所致。[7] 此外,尽管美国司法部多次要求,SEC在20世纪六七十年代始终坚持股票固定佣金,也被指责为是满足了证券公司的利益,牺牲了小投资者。[8] 中国的金融监管者积极打击所谓非法/场外集资活动,也与捍卫高度垄断性、高度管制性的现有金融既得利益集团(如以国有资本为主的银行、上市公司)有关。

---

[1] Sam Peltzman, "Towards a More General Theory of Regulation", *J. L. & Econ.*, vol. 19, No. 2, 1976.
[2] Djankov, Simeon, La Porta, Florencio Lopez-de-Silanes, and Andrei Shleifer, 2002, "The Regulation of Entry", *Q. J. Econ.*, v. 117(1), pp. 1—37.
[3] See Buchanan & Tullock, *The Calculus of Consent, Logical Foundations of Constitutional Democracy*, University of Michigan Press, 1962.
[4] Andrei Shleifer, "Understanding Regulation", *European Financial Management*, vol. 11, p. 448.
[5] Ibid., p. 446.
[6] George J. Stigler, "The Theory of Economic Regulation", *Bell J. Econ.*, 1971, vol. 2, issue 1, pp. 3—21; See George Stigler, "Public Regulation of Securities Market", *J. Bus.*, vol. 37, No. 2 (1964), pp. 117—142.
[7] Philips and Zecher, *The SEC and the Public interest*, MIT Press, 1981, pp. 51, 87, 111—119.
[8] See Susan Woodward, "Regulatory Capture and the United States Securities and Exchange Commission", in James Barth et al, eds, *Restructuring Regulation and financial Institution*, Kluwer, 2000.

第三，监管者自身的能力有限，即使出于提高社会福利之心，也很少能成功。[1]如1999年开始，就有人开始向SEC举报麦道夫公司的重大欺诈行为，但该公司一直没有得到有效调查，最后是金融危机来临才引爆了这个惊天大案。在投资领域，专家也慨言，就资源配置而言，"一定程度上，政府失灵的概率比市场失灵的概率还要大"。[2]

第四，监管总是伴随着设租和腐败的可能，在政治透明度不高、权力制衡不足的国家尤其如此。实证研究表明，我国金融监管机构腐败指数从高至低为证监会、银监会、保监会、人民银行，恰与它们对市场的监管权力大小成正比。[3]

第五，良好的市场秩序或者说对违法行为的遏制是一种公共物品，而监管只是获得此等公共物品的一个手段。由于政府性监管者本身具有垄断性以及上述的弊端，所以如果过分倚重它们来提供这一公共物品，则社会总体上在获得市场秩序时就会耗费更多的社会资源，并对市场可以提供的同类公共品（如经由交易所监督形成的良好市场秩序）产生挤出效应。

此外，如第一章第四节第二部分所述，政府监管在实施中可能会对金融市场的发展产生一些特别的消极影响。

第二节　作为证券法律实施机制的民事诉讼

一、证券民事诉讼的一般优势

和证券监管相比，证券民事诉讼具有较为明显的优越性。一方面，民事诉讼的"起点"即发动者在于私人主体，有益于较有效率地促进证券法律进入"被实施"的轨道；另一方面，民事诉讼的"终点"，即中立裁决的司法者的存在，有益于更好地解决证券市场纠纷。

---

[1] See Sam Peltzman, "The Economic Theory of Regulation after a Decade of Deregulation", *Brookings Papers on Economic Activity*, Special lIssue, 1989, pp. 1—41; Andrei Shleifer, "Understanding Regulation", *European Financial Management*, vol. 11, p. 446.

[2] 国家发展改革委员会经济体制与管理研究所所长聂高民语，王仁贵：《投资体制三年改革冲刺》，载《瞭望》2013年6月24日，第43页。

[3] 谢平、陆磊：《中国金融腐败的经济学分析》，第七章，中信出版社2005年版。

（一）民事诉讼的发起机制有益于证券法律实施

1. 市场相容性。 民事诉讼是一种在平等主体之间提起，由法院被动、事后、中立地裁断的纠纷解决方式，属于市场交易双方民商事活动的自然延伸；来自外部的第三方强制性色彩较少，较为缓和且与市场自治相容。因为当事人可以自愿选择是否采用这种方式来帮助解决纠纷和制止侵害行为，以及在什么时候，对哪种行为、哪些主体发起。作为市场自治、自我调整机制的必然内容，诉讼应当是一种最基本的纠纷解决手段。

曾有一些研究者主张证券市场参与者可以通过契约型安排自动地实现对不当违法行为之惩戒和震慑。此即所谓缔约理论（contracting theory）。但实际上即使是这种最强调市场自制能力的观点也还是把一个高效、公正的法院充当的最后保护人视为默认前提。所以在此制度性背景下，纵使没有强制性的监管，人们也还是会有激励去遵守合同，减少违法行为。因为不自愿履行的合同会及时有效地被法院强制执行，违约的当事人不仅无法占有额外利益，还会遭受信誉损失。故从一定意义上说，一个有效的民事法庭体系（包括类似功能的组织，如民间仲裁机构）是市场运作最基础的外部条件，监管等成本和副作用更高的法律实施机制乃是对不完美的现实的一种应对。

2. 分散性。 通过证券诉讼实现损害赔偿的机制在美国也被形象地称为"私人执法"（private enforcement）。其发动权掌握在不同当事人手中，从根本上赋予了投资者主动维护自身权利的可能性。

诚然，上市公司股权相对分散、股东众多，而容易产生"理性冷漠""搭便车"等现象，民事起诉或许是小概率事件。但每一个受到侵害的股东都是潜在的"地雷"，只要有一个愿意出头，就能引发对公司行为的质疑与追究。该种执行费用由市场供应和调节而不借助政府预算或政府机构的认知，不必受官僚机构的态度与效率之影响。[1]

故而，民事诉讼触发方式的分散性意味着充分挖掘市场参与者的积极性，不仅"使受害者得到赔偿，更有私人协助政府执法之意义。由于民事责任之巨，可使犯者三思而后行。故吾人对提起诉讼者不宜以好讼目之，而应视为志愿协助政府维持市场秩序"。[2] "如所有之被害人皆能借民事责任之规定而列举该等之不法行为，则证券交易必可维持稳定之秩

---

[1] 何美欢：《公众公司及其股权证券》（中册），北京大学出版社1990年版，第1098页。

[2] 余雪明：《证券管理》，台北编译馆1983年修订版，第536页。

序,故民事责任之规定及其适用,确有协助管理市场之机能"。[1] 利用民间力量来对监督证券违法行为,既可节省监管成本,也能对证券违法行为维持一种较大的潜在震慑效应。[2]

进一步的,如果法律制度能够对小股东原告赋以更多便利,如实行有利于他们的证据开示程序、举证责任规则(允许以间接证据指控关联交易等)、允许集团诉讼性质的有助于联合众多投资者行使小额请求权的程序规则、胜诉酬金安排/风险代理收费(contingency fee arrangements,即原告律师可从胜诉金额中按比例提成)等,都能杠杆化地扩大证券诉讼机制的威力,形成社会监督氛围,从而遏制不法行为。[3] 对四大法系(普通法、德国法、法国法、斯堪的纳维亚/北欧法)49 个国家的实证研究也表明:对跳跃式地发展的国家的证券市场而言,广泛的强制信息披露要求和便利证券投资者在信息披露不实时请求损害赔偿的责任标准,比起依赖监管机关的公共执行,是一种更为有利的市场发展机制。具有这些制度的国家的证券市场发展指标(包括证券市场深度、上市公司数量、IPO 规模、控制权私人收益、上市门槛、所有权集中度、流动性)总体更好,二者呈显著的相关性。[4]

3. 公开性。 证券诉讼的发动,意味着把股市弊案推到了阳光之下,不会存在证券监管中可能有的暗箱操作和公权与私利交换的问题。其还能引发业界与社会的关注与思考,从而提高整个证券市场的法治水平。例如当年的海南凯立公司因上市未被批准而行政起诉证监会的案子未实质改变中国的证券公开发行制度。因为原告的发行申请本身立基于旧制度的"末班车",无论其输赢,相关制度都已经改变,但此案推动了社会公众深入认识和检讨中国的证券发行和整个监管制度。[5] 如根据证券市

---

[1] 陈春山:《证券交易法论》,台湾五南图书出版公司 2000 年版,第 294 页。
[2] See Myriam Gilles & Gary B. Friedman, "Exploding the Class Action Agency Costs Myth: The Social Utility of Entrepreneurial Lawyers", 155 *U. Pa. L. Rev.* 103, pp. 108—111 (2006).
[3] 对这些法律手段的作用分析参见 Bernard Black, "The Legal and Institutional Preconditions for Strong Securities Markets", 48 *UCLA L. Rev.* 781(2001). pp.791,807—808.
[4] La Porta, Florencio Lopez-de-Silanes, Andrei Shleifer, "What Works in Securities Laws?" 61 *J. Fin.* 1 (2006). 中译文见《证券法中什么起作用》,载《比较》第 23 辑,吴飞、郭雳译,中信出版社 2006 年版。
[5] 如著名学者应松年、时任副主席高西庆都对此表示了肯定,见《凯立案:到底有没有历史意义》,载《中国青年报》2001 年 11 月 21 日。《梁定邦重申:凯立状告证监会是件好事》,载《中国青年报》2001 年 9 月 6 日。梁定邦大律师时任中国证监会首席顾问。

场专家刘纪鹏教授的看法,此案代表了旧的审批体制的败诉。[1]

诉讼机制还能持续对监管机制产生推动作用。当证券争议能够顺利进入法院审理流程时,也在外围形成了对证监会执法的一种监督与制约。事实上,美国证券与交易委员会积极起诉违法行为的动因之一就是避免遭遇当民事诉讼已然证明不当行为的存在,而自身却对同一案件尚无所作为的尴尬。

4. 对证券监管的有效补充。作为社会纠纷的最终解决者,法院实际上必然、必须承担在法律模糊地带作出决断的功能。只要一国不存在政策性的阻碍法院受理案件的状况,任何自认为受到了不公正待遇的主体都会有激励把未获解决的民商事法律纠纷诉诸法院。证券诉讼机制的健全能赋予了市场参与者更多的救济机会,减少了公共执行不足所可能导致的违法行为得不到惩罚、其造成的损失也得不到补偿的问题。[2] 而且事后责任追究机制如果充分发达的话,还可以减少具有更强干预性的事前监管的使用。即使在证券监管机构相对有力的美国,其联邦最高法院也在四十多年前即指出:证券领域的私人执法行动是美国证交会监管工作的必要补充。[3]

(二)民事诉讼的处理机制有益于证券法律实施

上述对于证券民事诉讼作用的阐述主要着眼于原告层面,并不以法官具有较高的素质为前提,其本质上是民事诉讼的固有属性的价值体现。但显而易见的是,如果法院本身能够有较高的业务水平与廉洁度,有权限、有意愿以较为灵活的方式处理纷争,则对证券法律的实施和证券市场投资者保护能起到更大的作用。著名的"法律与金融"学派或曰 LLSV 学派认为普通法系国家总体上比大陆法系国家有着更好的证券市场的主要原因之一就是前者司法的灵活性和独立性较强,并具有较好的保护商业运作的意识。[4]

---

[1] 《海南凯立状告证监会胜诉告诉我们什么》,载《中国青年报》2000 年 12 月 20 日。该案 2000 年 12 月一审判决,2001 年 7 月二审判决。
[2] 何美欢:《公众公司及其股权证券》(中册),北京大学出版社 1990 年版,第 1047 页。
[3] 张子学:《美国证监会监管失败的教训与启示》,载张育军、徐明主编:《证券法苑》第二卷,法律出版社 2009 年版,第 128 页。
[4] 详见缪因知:《法律与金融市场关系研究的一项进展:LLSV 理论及其批判》,载《北方法学》2010 年第 1 期。缪因知:《法律如何影响金融:兼论法系渊源在其中的作用》,载《华东政法大学学报》2015 年第 1 期。缪因知:《维什尼和"法律与金融学派"研究》,载《法律和社会科学》第十二卷,法律出版社 2013 年版。

较之银行主导的间接融资市场，证券市场（特别是发展较为完整的多层次证券市场）作为直接金融资源配置方式有两个基本特点：一是融资的分散决策机制，即资本提供者是为数众多的不同主体，而非数量较少且偏好近似的商业银行。交易契约（如不同的证券招募说明书）的个别化、定制化（customized）程度较高，需要当事人进行复杂的评估、谈判，有特色的企业的融资需求通过灵活的股权、债权、结构性融资产品、资产证券化产品等安排得到不同风险偏好的投资者认可、实现成功融资的机会越来越大。但在此过程中，对证券类金融产品收益和风险的平衡考量也越来越难。因为金融活动的实施会遭遇各种因素，投资回报不确定性很大。特定金融产品可能有很好的盈利前景，可能只有转瞬即逝的盈利机会，可能从来就没有稳定的回报机会，甚至从来就只有很深的欺诈性。这些随着金融技术发达化导致日益复杂化的商事行为模式的合法性是难以通过立法事先以标准化处理的，故而在金融商品表现不如预期、事后决定各方面责任承担，溯回判断事前融资条款和条件与当事人先期行为的合法性和合理性时，具体问题具体分析的个案判断十分重要。

这就意味着需要一个裁决者有意愿和能力来对复杂的证券市场个案进行一一分析、确定各种活动效力和责任归属，例如，如公司之前对业绩和业绩预期的表述是否具有误导性，公司管理者和控制者是否违反了受信（fiduciary）义务。多国比较研究证明，面对此类问题时，较之政府性监管者，法官如果能够具有较为灵活的权限，就能表现得比政府更好。这被很多学者认为是普通法系国家的证券市场总体上优于大陆法系国家的重要原因，因为前者的法官具有较强的司法能动性。[1]

前一节也已经论述政府性监管者不能替代中立司法者的作用。经济和社会生活的主动管理者和纠纷的中立被动裁决者具有不同的激励机制，前者往往会倾向于通过限制、取消复杂和新型金融活动发生的可能性来减少金融风险，故而对法院拥有的争议解决机能无法产生替代作用。金融资源的配置效率也可能在国家主动干预中受到损失。中立的法官通过民事诉讼机制来进行金融纠纷的个案分析、一一界定，或许能更有效地

---

[1] Josh Lerner and Antoinette Schoar, "Does Legal Enforcement Affect Financial Transactions? The Contractual Channel in Private Equity", *Quart J. Econ*, 120(1), 2005, pp. 223—246; Bergman, Nittai, and Daniel Nicolaievsky, "2007, Investor Protection and the Coasian View", *J Fin. Econ.*, 84(3), pp. 738—771.

维护市场公平与效率的、遏制侵害性行为。

二、证券民事诉讼可能的缺陷

诉讼机制的主动权掌握在私人手中,这既是其优势所在,也是其缺陷所系,具体来说这些缺陷包括:

1. 成本和收益的不对称

证券市场违法行为通常不是只发生在两个或少数当事人之间,例如发行人和上市公司的不当陈述直接波及成千上万的投资者。相对规模较小的证券公司欺诈客户的行为也可能由于涉及公司内部的不当操作规程而会被反复操练。尽管其所涉及的不仅是侵权行为,也可能是违约行为,但本质上证券市场违法行为符合传统大规模侵权(mass tort)行为如环境污染、产品质量缺陷的特征,如所涉受害者群体巨大、总涉案金额巨大,但针对每个特定受害者的可赔偿金额相对不大,且事涉专业问题,举证难度大。在通常情况下,即使原告胜诉,所得也往往不能弥补损失甚至诉讼成本。故而普通投资者常常对于通过运用民事诉讼机制来获得损害赔偿的热情不高,导致了此类民事诉讼的发生率要远远小于普通民商事争议中的诉讼发生率,相应的违法行为不能藉由受害方以此种自力救济的方式来追究法律责任。

故而,当代有不少国家通过群体诉讼即合并审理同类案件的办法来提高小额同质案件的诉讼效率和发生的可能性。其中最典型的是美国的集团诉讼制度,其一度几乎包含了所有可能的有利于原告起诉的要素。

而在台湾地区,由于存在举证难等问题,即便是由证券投资人及期货交易人保护中心这样的公共机构(详见第五章第一节)提起的证券民事诉讼,也在起诉阶段高度依赖刑事起诉。"财团法人证券投资人及期货交易人保护中心办理团体诉讼或仲裁事件处理办法"第5条规定:"同一原因所引起之证券或期货事件,涉有证券交易法或期货交易法之刑事责任,而民事请求权与该刑事责任之认定有重大关联者,本中心得待该事件经刑事诉追程序厘清事证后,依本办法第8条规定办理之。"而在判决阶段,民事法庭的法官亦高度仰仗刑事判决之认定,作为民事是否须负损害赔偿责任之依据,如此虽然减轻了投保中心的举证责任,但也延宕了起诉与审理的时程。[1]

2. 随机性

民事诉讼的发动权被掌握在普通个体手中。而现实中一个民事诉讼是否会发生,除了取决于案情本身的是非曲直外,还在于起诉者进行诉讼的意愿、动机,从事诉讼的能力,证据被搜集到的程度,甚至其他偶然因素等。所以,被提起民事诉讼的行为不一定是最恶劣的,最恶劣的行为也不一定被起诉。故而,在不理想的状态下,民事诉讼不一定具有社会价值,即其本身消耗的社会资源可能大于其通过匡正、震慑违法行为所获得的效益。

3. 侵扰公司正常经营

如美国的集团诉讼情形所揭示的,如果制度过于便利起诉,则侵扰性的无聊(frivolous)案件就会发生。诉讼机制会成为不良投资者和律师借题发挥、不当敲诈上市公司的武器,并损害公司从事商业创新和必要冒险的积极性。

且证券诉讼的结果如果是判决公司作出经济赔偿,则实际上还是最终落实为股东对股东的赔偿。现代证券市场中,理性投资者通过分散投资,本可以大大降低非系统性的投资风险。有学者甚至认为在美国这样的成熟证券市场,可以通过分散组合投资减少 99% 的非系统投资风险。[2] 故如果特定投资者因为对特定公司集中投资却遇人不淑而损失惨重,也有本身投资失策之嫌。通过证券诉讼来填补损害,在一定程度上是令理性投资者来补贴非理性投资者。[3]

不过,正如第五章将论述的,结合我国实际,加强证券民事诉讼在证券法律实施中的作用,在现阶段的利益远远大于可能的弊害。这种观点也得到了不少法学家、经济学家的认同。[4]

---

[1] 林郁馨:《投资人的诺亚方舟:投资人保护中心与证券团体诉讼之实证研究》,载台湾《月旦法学杂志》2014 年第 3 期。

[2] Richard A. Booth, "The End of Securities Fraud Class Action?" *Regulation* (2006), vol. 29 Issue 2, p. 48.

[3] 参见郭雳:《美国证券集团诉讼的制度反思》,载《北大法律评论》第 10 卷第 2 辑,北京大学出版社 2009 年版,第 435 页。

[4] 参见汤欣:《私人诉讼与证券执法》,载《清华法学》2007 年第 3 期。《吴敬琏等七位权威人士纵论中国股市焦点》,载《上海证券报》2001 年 5 月 31 日。陈志武:《司法独立、判例法与股东权益保护》,载《南方周末》2003 年 2 月 27 日。

第三节 作为证券法律实施机制的交易场所监管

政府性监管可能强制性过高,而民事诉讼则可能失于无序,相比之下,基于市场机能作出、又具有一定权威的证券交易场所监管就有了独到之处。首先,让我们认识一下交易场所监管的特性。

需要指出的是,证券交易场所具有多层次,如主板、二板、三板、柜台市场,或者说证券交易所和场外市场。证券交易场所的监管中,最主流和最强大的监管自然立基于最主流和最强大的交易场所形式——证券交易所——对上市公司和相关主体所实施的监管。故下文在进行论述时,可能会交替使用交易所监管和交易场所监管的提法。

一、证券交易场所监管权的性质:行政抑或民事

(一)证券交易场所监管权的来源:自律抑或授权

1. 名不符实的自律监管

证券交易场所的监管在传统上被称为自律监管。如1999年版《证券法》本来只在第95条规定:"证券交易所是提供证券集中竞价交易场所的不以营利为目的的法人"。《证券法》2005年修订时,第102条将交易所的定义改为:"为证券集中交易提供场所和设施,组织和监督证券交易,实行自律管理的法人。"2013年《全国中小企业股份转让系统业务规则(试行)》1.11条也规定:"全国股份转让系统公司依法对申请挂牌公司、挂牌公司及其他信息披露义务人、主办券商等市场参与人进行自律监管。"

但实际上今日证券交易场所的监管已经比自律监管更为复杂。监管是一种由监管者单方行使的强制性权力,而非权利。如果挂牌公司只是与交易场所之间签订了协议,则交易场所要求挂牌公司接受管理的权利本质上也只是一种合同请求权。如果挂牌公司解约,就能摆脱这种管理,就像雇员通过辞职就能摆脱雇主的管理,所以要说这种契约关系是监管在逻辑上很难成立。否则券商、会计师事务所、律师事务所等中介机构与拟挂牌公司签订的一对一督导协议都可被视为监管了。

从本源上而言,监管权的来源有两种途径,一种是法律法规和行政主体授权、委托某类主体监管另一类主体,所以对被监管者而言,监管者是他者,是为他律。被监管者就算不愿意接受监管,也无法摆脱监管。监管

的发生是外在于被监管者的意志的。但也正因为如此,监管经费来源一般不是来自被监管者,而是来自于财政经费。

另一种则是被监管者群体为了自身利益,而推选、聘用一些人来监督管理自身成员的行为。对监管者来说,监管者是自己人,是为自律。被监管者可参与决定监管规则,也可通过退出特定群体来摆脱监管,或加入另一群主体组织的自律监管。监管经费也来自被监管者的缴费。最典型的自律监管的就是行业自治协会。这其中有组织性、社团性,而非一对一的关系。自律监管者并非高高在上,而是受制于被监管者的集体意志。

在会员制的证券交易场所中,会员大会是最高权力机构,制定了基本行为规则(如见《证券交易所管理办法》第 17 条),所以可称之为自律监管。而在公司制的交易场所中,交易场所与挂牌公司、券商之间是合同关系,称之为自律监管性质就有些勉强。同样,在会员制交易场所,由于挂牌公司并非会员,所以将交易场所对挂牌公司的监管权完全归结于自律,也会显得勉强。故我们需要对交易场所的监管权来源以及交易场所为什么应该有监管权作出更宽广的解释。

一种理由是说:毕竟挂牌公司和券商是自行选择进入交易场所并接受监管,是交易场所本身就是市场平台的管理者。就像说企业组织和员工作为平等的民事主体签订了雇佣合同后,就有了命令、指挥后者的不平等的管理权。所以交易场所与挂牌公司和券商不完全是平等的契约主体,而是某种自律监管者,但更深刻的理由应当是交易场所受到了法律法规等的授权。

例如,我们可以想象,除了少数在百年竞争中淬炼出市场影响力的交易场所如纽约股票交易所,大部分的交易场所,如我国的沪深交易所,如果失去了政府监管者的强制性加持,则其权威恐怕不能延续,其将不敢仅凭借挂牌申请文件等合同中的约定就对挂牌公司进行停牌,而可能需要召集证券公司等进行座谈协商,以便确定市场接受的合理的挂牌摘牌规则等,回到真正的自律监管的道路上来重塑权威。

2. 法律法规为何要授权给交易场所

证券交易场所是民事主体。尽管在我国,沪深交易所似乎是事业单位,但其行政负责人还是被《证券法》定名为总经理,而"新三板"全国中小企业股份转让系统则作为有限责任公司注册。从民事的角度看,证券交易场所就像为商户提供有形的市场一样,而为挂牌证券提供一种买卖平台服务。挂牌证券发行人、投资人和证券交易场所自愿达成使用这一平台的协议。

但是,证券投资交易平台服务并非是普通的商事服务,而是有着促进社会融资、优化资源配置的重大社会利益在内,具有公共物品属性。故为了保证这一公共物品的安全和效率,各国法律一般除了对证券交易场所本身进行严格监管外,还强制要求交易场所必须对挂牌证券及其发行人实施特定的监管措施,并赋予了交易场所超出寻常民事契约范围的管理权限。交易场所往往通过法律法规或行政主体的授权而获得了强化的、更为明确的监管地位。这些监管权在性质上等同于单方减损、暂停乃至终止提供交易平台之合约的履行,往往在事前以不容交易场所和证券发行人双方自行更改的格式合同作出,反映了一种不平等的关系。

故而,尽管证券交易场所不是政府机构,但其可以对市场主体行使带有强制性的监管权。以我国的证券交易所为例,从权力来源性质看,其监管职能包括:(1)根据《公司法》《证券法》《证券投资基金法》《证券交易所管理办法》等法律法规规章的规定,对证券发行人及其相关人员、证券交易所会员及其相关人员、证券上市和交易活动(以下简称"上述人员和活动")进行的监管;(2)根据证监会授权,对上述人员和活动作出的监管;(3)根据其章程、业务规则、业务合同的规定,对上述人员和活动作出的管理。

从具体内容看,交易所的监管包括:(1)证券上市、暂停上市、终止上市的决定权;(2)对证券衍生品种(如权证)的设置、发行审批和交易规则的决定权;(3)对上市公司信息披露的监管权;(4)对证券交易的实时监控权,包括采取技术性停牌、临时停市、限制或者禁止特定证券投资者的证券交易行为;(5)对会员证券经营机构的监管权。

其中特别容易引发困惑的是:证券交易所通过与证券公司、上市公司等缔结各种"章程、业务规则、业务合同",有时是采取强制性的监督管理职能的形式依据,这些职能和交易所之行政监管职能的外延实际上是有交叉甚至包容的,如对证券上市资格和信息披露的监管等。

产生交叉的原因如前所述,是由于证券上市和交易等活动关系到了证券市场公众投资者,关系到了公共利益,故而交易场所不再被法律视为纯粹逐利的市场主体[1],而是被视为公共证券市场的交易空间之基本组

---

[1] 有论者指出证券交易所应当是第三部门,秦芳华、杨正洪:《论我国证券交易所的定位问题》,载吴志攀、白建军主编:《金融法路径》,北京大学出版社2004年版。

织者。所以,交易场所与证券市场主体之间订立和执行契约时,必须遵循一定的公法义务,并取得公法上的效果。具言之:

(1) 法律法规与行政主体通过授权,令证券交易所制定、缔结的民事规则成为必须遵守的"准法律规范"[1],如 2006 年《证券法》第 48 条规定:"申请证券上市交易,应当向证券交易所提出申请,由证券交易所依法审核同意,并由双方签订上市协议。"这一定程度上属于法律赋予了证券交易所在一定的高端市场(证券上市交易)的"垄断"地位。

(2) 法律法规与行政主体通过授权,令证券交易所所作的双方民事契约行为可以产生单方监管效果。对于交易场所和其他市场主体缔结的在交易场所职能范围内的民事契约关系的内容,交易场所大都可以自助地强制执行之,包括解除契约。例如,对退市这样的重大行为,交易场所可以根据公司挂牌时与之签订的格式化合同而单方作出决定。

(3) 法律法规与行政主体通过授权,令交易场所可以介入甚至撤销他方的民商事交易,如为防止市场投资者作出错误判断和交易、减少市场非正常波动带来的不利影响和无效率,而暂停某种证券乃至整个市场的交易。

(4) 交易场所有维护公共利益的法定义务,不能仅凭自身商业好恶作出判断。如上市契约"履行关乎社会利益,不是简单的契约当事人之间的利益约定",故而"交易所有基于社会利益审查退市请求和强制不符合上市条件的公司退市的义务"[2],而不能仅凭自身利益取向作出决定。2013 年的阿里巴巴香港上市未遂风波中,香港联合交易所显然对阿里巴巴上市带来的可观收益颇为动心,但由于该公司的股权安排冲击了香港同股同权的法律原则,香港金融监管者对此申明了严格态度,而令港交所无法对上市规则实现破例。

(5) 在管制严格的国家如中国,证券交易场所依照法律法规制定上市挂牌规则、交易规则、会员管理规则和其他有关民事契约后,要先报政府监管者批准。

故而,尽管这些监管权有的可以通过对民事契约的扩张解释而作出,但其更多地来自法律法规规章授权。后一种权力来源更具主导性,明确了交易所相对于证券发行人、交易场所会员等的上位性,体现了监管者和

---

[1] 郝东旭、魏淑君:《证券市场风险法律防范》,法律出版社 2000 年版,第 219 页。
[2] 李明良:《证券市场热点法律问题研究》,商务印书馆 2004 年版,第 261 页。

被监管者之间的不平等性和监管的强制性。

换言之,由于在外的法律法规强制力的存在,即便看似是依据民事契约而行使的强制性监管权,也只是交易场所通过制定格式化民事合同、规则而对法律法规所授权给它的监管职能之充实和细化。只是在具体运用之际,可能为了体现柔性色彩,交易场所有时形式上表示只是依据双方约定在行事,例如对不再符合上市条件的股票摘牌(就像依约解除合同一样)。因此直接针对有关行为的争议也可以通过民事诉讼来解决。但这种监管权实际上和纯粹的民事管理权(如雇主对雇员基于雇佣合同而产生的管理权)还是存在性质差异的,是一种发生在公共领域的行为,受制于公共利益的实现,而非发生在组织体内部或个别契约当事人之间的私益调整。我国最高法院2005年《关于对与证券交易所监管职能相关的诉讼案件管辖与受理问题的规定》同样明确,交易所行使监管职能涉讼时,可以走行政诉讼的途径。[1]

这种混杂的性质也意味着对一项监管活动到底是行政性质还是民事性质,在实践中并不总是泾渭分明。尽管理论上可以依据交易所作出的处理决定书上引用和记载的法律依据来判断,但有时监管活动会同时适用证监会规章和上市规则。所以《关于对与证券交易所监管职能相关的诉讼案件管辖与受理问题的规定》没有明确如何界定是按照民事还是行政诉讼规则受理相关诉讼。

对受到交易场所监管的当事人而言,诉讼策略选择的一种可能是:由于行政诉讼是被告负主要举证责任,被告的行为要受到更严格的正当程序约束,在实施前宜对相关事实认定的判断适用明显优势证明标准,而非民事责任认定中的盖然性标准,所以被监管人可能会倾向于以此种方式起诉。但另一种可能是:由于投资者起诉证券交易所的目的主要是为了个人利益寻求事后赔偿,故而选择民事诉讼时,逻辑更为直白。具体如何,可以通过实证案例来检验。

---

[1] 虽然《行政诉讼法》只承认由法律、法规授权的组织的独立被告资格,但最高法院《关于执行〈行政诉讼法〉若干问题的解释》(以下简称"《行政诉讼法》解释")将之扩大到规章授权的组织,因此证券交易所依照证监会《证券交易所管理办法》行使监管职能时,地位同于法律法规授权的组织,可以独立作为被告。但当证监会以非规章的普通文件形式授权的,根据《行政诉讼法》解释第21条,应当视为行政委托。当事人不服提起诉讼的,应当以证监会为被告,交易所为第三人。

(二) 行政抑或民事：交易所被诉实际案例考察

从已有的实践看，上市公司、证券公司、证券投资基金等受到交易所日常监管的机构无一起诉过交易所，起诉交易所的基本上是普通投资者。但由于交易所的相关行为很难被归为《行政诉讼法》第49条认定的可诉具体行政行为或被认为与原告投资者直接相关，故即便是起诉证券交易所的监管行为，基本上亦通过民事诉讼方式进行。

在立案阶段就失败的司法尝试包括：1997年胡某诉上海证券交易所宣布327国债期货尾市交易无效侵权案中，上海虹口区法院和第二中级法院均认定交易所的行为属于行政行为，故裁定不予受理。[1]但公开渠道未见原告另行提起行政诉讼。2003年姜某诉上海证券交易所侵权案，起因是其所投资的生态农业股份公司被终止上市。上海浦东新区法院认为，证券市场不成熟，相关法律制度尚未完善，故裁定不予受理。[2]2005年陈某向上海第一中级法院提起行政诉讼，称上海证券交易所违反自身颁布的《关于证券公司创设武钢权证有关事项的通知》，提前核准证券公司创设武钢认沽权证并上市交易。而法院认为，交易所与起诉人之间没有直接利害关系，起诉缺乏相应依据，故裁定不予受理。上海高级法院维持原裁定。[3]另据报道，2015年7月有投资者就光大证券事件在上海第一中级法院起诉上海证券交易所和中国金融期货交易所未尽到监督义务，但详情尚未公开。

获得实质性民事审判的案例涉及由于权证纠纷而起诉上海证券交易所的系列案例。权证是由标的证券所属上市公司、投资银行（证券公司）或大股东等第三方发行的、允许购买者在约定的时间或规定的期间内、以约定的价格买入（认购权证）或卖出（认沽权证）股票的证券。1992年6月中国内地第一只权证大飞乐公司配股权证推出。1996年6月底，证监会终止了权证交易。2005年8月和11月我国再次分别推出了认购权证和认沽权证。2008年第一只认沽权证退市。2011年最后第一只认股权证退市。

权证属于较为复杂的衍生品，与股票现货商品在同一个交易平台上

---

[1] (1997)沪二中经受终字第2号民事裁定书。针对同一事由的胡欣华诉上海证券交易所案，(1999)沪一中受终字第23号中，法院简单表示"国债期货纠纷，不属于人民法院处理范围"。

[2] (2003)浦受初字第20号行政裁定书。

[3] (2005)沪一中受初字第19号行政裁定书。

交易,可能对散户投资者提出了过高的智识要求。而当投资者们错误把权证视为股票的一种并因此损失惨重时,针对交易所的法律诉讼也就出现了一个新高峰。有学者认为这说明了应当把证券衍生品和现货在不同的平台分别交易。[1]而从另一个角度看,这也说明了在常态情形中证券交易所一般是不会被起诉的。

权证系列纠纷涉及的案情包括诉称证券交易所违法发布有关权证交易的管理办法(贺初开案、钟某案)、审核通过权证创设(孙建丽案、曲永珍案)、违反自身发布的通知提前创设权证(邢立强案[2])、对于权证创设人相关信息披露的违规行为未尽监管职责(陈伟案、高某案)。这些都涉及自律监管,而多少介于民事和行政之间。另有案例涉交易所被控未及时撤单违反了交易规则[3]、暂缓交收[4],自然采用民事诉讼方式。

不过,很多案件本来按照《关于对与证券交易所监管职能相关的诉讼案件管辖与受理问题的规定》似乎是可以不受理的。该规定指出:"投资者对证券交易所履行监管职责过程中对证券发行人及其相关人员、证券交易所会员及其相关人员、证券上市和交易活动作出的不直接涉及投资者利益的行为提起的诉讼,人民法院不予受理"。

过去一般认为这指涉的情形包括交易所作出退市决定,股东不能直接对此提起诉讼。而在关于权证的场合,交易所通过证券公司的权证创设、发布权证管理办法、监督权证创设人的信息披露等行为都很难说直接涉及了权证购买人的利益。但法院还是较为进取地受理了相关案件。如

---

[1] 楼建波、刘燕:《我国期货法的定位及其与证券法之关系》,载《财经法学》2015年第2期。一个类似的新问题是2015年夏天股灾时的分级基金B大幅下折,很多人把其当作普通基金购买,但并未引发针对交易所的诉讼。

[2] 此案此前已被上海第一中级法院和高级法院裁定不予受理。后原告先后多次去最高法院上访,上海一中院由此最终受理。见徐明、卢文道:《证券交易所自律管理侵权诉讼司法政策——以中美判例为中心的分析》,载《证券法苑》第一卷,法律出版社2009年版,第13页。

[3] 李娅华诉深圳证券交易所、中国金谷国际信托投资有限责任公司北京古城路证券交易营业部,北京第一中级法院(2004)一中民终字第4433号,国家法官学院、中国人民大学法学院编:《中国审判案例要览·2005年商事审判案例卷》,人民法院出版社、中国人民大学出版社2006年版,第31页。二审中,一审原告/上诉人提出"金谷证券营业所未将系统的风险告知上诉人,未尽到合同义务,对午间委托不能撤单负有直接责任,深交所负有指导责任和主导责任",似乎有涉及交易所监管的问题。

[4] 陈某诉上证所、中国证券登记结算上海分公司暂缓交收虹桥机场转债侵权案,(2005)汕中法民二终字第102号。二审法院以交易所依法行使职责、且诉讼请求超过了诉讼时效为由,驳回了诉讼请求。

上海第一中级法院明确地指出,在法律、行政法规缺位时,审核证券公司的权证创设"系证券交易所根据国务院证券监管部门批准的业务规则作出的履行自律监管行为"[1],此种审核依照规则只是形式审核[2],"并不具有行政审批的法律性质"[3],所以"该行为如违反法律规定和业务规则,相关受众主体可以对交易所提起民事诉讼"[4]。

交易所所在地法院在审理中归纳的争议焦点主要是民事侵权方面的问题,包括:被告交易所是否具有过错或侵权事实;原告的损失与各被告的行为等是否存在法律上的因果关系,各被告是否应当赔偿其交易损失。

但法院注意并强调了交易所在交易流程中作为规则制定者的地位。在孙建丽、曲永珍分别诉中国银河证券公司烟台营业部、中国南方航空股份公司、中信证券股份公司的案件[5]中,上海市高级法院以《上海证券交易所权证管理暂行办法》(经证监会批准后生效)为基本依据之一。如在判定证券公司无义务与原告客户签订风险揭示书时,法院指出当时交易所允许券商以多种方式灵活地告知投资者相关风险,不限于采用风险揭示书。证券公司遵守交易所的此规定即已履行了法律义务。

上海证券交易所在2008年邢立强案、2009年贺初开案应诉时均提交了《香港证券及期货条例》节录,以试图证明交易所履行自律监管职责时,相应的民事责任应绝对豁免,并强调自身行为属于面向整个市场、"依法履行法定职责、具有普遍约束力的自律监管行为,而非针对原告而实施的具体行为"、"原告的损失与诉争的被告行为之间,不存在因果关系,被告不应当承担民事赔偿责任"[6]但法院显然没有接受此种观点。在陈

---

[1] 邢立强诉上海证券交易所案,(2008)沪一中民三(商)初字第68号,《最高人民法院公报》2010年第7期(总第165期),第38—44页。贺初开诉国信证券公司、国信证券广州东风中路证券营业部、上海证券交易所案,(2009)沪一中民三(商)初字第44号。

[2] 钟某诉(派送南航认沽权证作为股改对价的)南航集团公司、(股改保荐人)广发证券公司、(参与权证创设的)国信证券公司、(为原告提供权证交易代理服务的)海通证券公司、中国证券登记结算公司、上海证券交易所案,(2009)沪一中民三(商)初字第23号,(2010)沪高民二(商)终字第65号。

[3] 贺初开诉国信证券公司、国信证券广州东风中路证券营业部、上海证券交易所案,(2009)沪一中民三(商)初字第44号。

[4] 邢立强诉上海证券交易所案,同前注[1]。

[5] (2011)沪高民五(商)终字第7号、(2011)沪高民五(商)终字第8号。

[6] 贺初开诉国信证券公司、国信证券广州东风中路证券营业部、上海证券交易所案,(2009)沪一中民三(商)初字第44号。邢立强诉上海证券交易所案,(2008)沪一中民三(商)初字第68号,《最高人民法院公报》2010年第7期(总第165期),第38—44页。

伟案中，上海市高级法院还间接地提出了对交易所监管行为之民事责任适用过错标准。[1]

这一实践抉择虽然可能是由《行政诉讼法》的起诉标准限制等造成的制度性的路径依赖因素所致，但在结果上却暗合法治发达国家的趋势。如在美国，自1975年联邦第二巡回区上诉法院判决 United State v. Solomon 案[2]起，"没有任何案例把证券交易所在自律管理中执行联邦法律以及交易所业务规则的行为归因于政府行为"。[3]

而这背后的依据，是因为证券交易场所的监管权虽然在形式上依托于法律法规授权，但从动因而言，其在监管市场主体时，自身有着充分的利益和意愿，而不只是为了被动地执行政府的意志。易言之，是法律法规"顺水推舟"地赋予了证券交易所这一特殊市场主体以强制、特殊和法定的监管权。下文将对证券交易场所为何有激励进行监管予以分析。

二、交易场所为何监管？

对交易所来说，上市公司和对上市公司进行投资者都是它的客户。上市公司作为客户还显得更为直接些，那么除了满足法律和政府要求外，其是否会有额外的动力去严格对待客户，加强监管呢？因为如果其没有充分的自我监管激励的话，交易所监管是不值得成为能与政府性监管分庭抗礼的一种独立的法律实施机制的。对此，我们应该从交易所的本源上进行分析。

证券交易所是为证券集中交易提供场所和设施，并组织和监督证券交易的法人。虽然其是非营利性组织，但非营利性只是指不把盈余分配给其控制人。证券交易所为提供迅速、准确的服务，对技术设备和人力维护的要求很高，资金需求很大，追求收入最大化仍然是其经营者必须认真

---

[1] "上交所对广东机场集团权证信息披露、提示性公告发布等义务的监管中不存在过错。上诉人陈伟要求白云机场、上交所承担责任没有法律根据。"陈伟诉广东省机场管理集团公司、广州白云国际机场股份有限公司、上海证券交易所案，(2007)沪一中民三(商)初字第56号、(2008)沪高民二(商)终字第2号判决书，《最高人民法院公报》2008年第12期(总第146期)，第30—38页。

[2] 509 F. 2d. 863. 该案中，纽约某公司高管在向股票交易所交代了违法情形后，被证券交易委员会处罚。该高管认为交易所属于政府的延伸，对其的讯问违反了《宪法第五修正案》禁止的自证其罪。

[3] Steven J. Cleveland, "The NYSE as State Actor?: Rational Actors, Behavioral Insights & Joint Investigations", 55 *AM. U. L. REV.* 1 (2005), p. 22.

面对的一个问题。

交易所提供的产品主要是为公司提供上市服务和为投资者提供交易市场。收入也是来自于其提供的服务：(1) 上市公司上市初费和年费；(2) 会员席位费；(3) 交易经手费；(4) 出售信息的信道费及通信服务费等。其中席位费、交易经手费都和证券交易规模直接相关；信道费和通信服务费也和投资需求和交易规模成正比。[1]

故证券交易所为增加收入，需要扩大证券交易的规模，吸引更多的投资者和拟上市公司。而为吸引公司上市，交易所可提供的上市服务包括：流动性、监控证券交易活动、标准的公司合同格式、交易所的信誉附加，[2] 或者说是上市公司商誉、减少投资者交易成本、增加股票流通性、市场监管。[3] 换言之，交易所可以用来招揽客户的是提供一个运转流畅、具有信誉的市场。这是拟上市公司所需要的，也是投资者所感兴趣的。

但是，影响证券流动性的因素往往在交易所控制能力之外。[4] 因此交易所可以发挥作用的领域主要在于提供监控活动；规定符合投资者保护标准的公司上市条件（如公司质量、信息披露的要求、应遵守的公司治理规范的上市契约、监督上市公司建立保护中小投资者的治理结构）[5]、监管证券交易活动，打击侵害投资者的违法行为；管理交易所会员，提高会员为投资者服务的水平。这些措施既实现了提高交易所上市公司平均质量的目的，也事实上起到了监管作用。

由此，在长期的演化发展中，坚持做到了这些措施的交易所就形成了一定的信誉：公司如能在这样的交易场所挂牌，意味其得到了一定的"质量认证"，从而可吸引更多的投资者，使股票卖出更好的价钱；而投资者也

---

[1] 彭冰、曹里加：《证券交易所监管功能研究——从企业组织视角》，载《中国法学》2005年第1期，第85页。

[2] See Jonathan Macey & Hideki Kanda, "The Stock Exchange as a Firm: the Emergence of Close Substitutes for the New York and Tokyo Stock Exchanges", 75 *Cornell L. Rev.* 1007(1990), pp. 1011—1025.

[3] 方流芳：《证券交易所的法律地位——反思与国际惯例接轨》，载《政法论坛》2007年第1期，第64页。

[4] Jonathan Macey & Hideki Kanda, "The Stock Exchange as a Firm: the Emergence of Close Substitutes for the New York and Tokyo Stock Exchanges", 75 *Cornell L. Rev.* 1007(1990), pp. 1016—1020.

[5] Bernard Black, "The Role of Self-Regulation of in Supporting Korea's Securities Markets", *J. Kore. L.*, vol. 3, 2003. 中译文可见《自律监管在支持韩国证券市场中的作用》，载《比较》第7辑。

会更多地愿意参与到这些市场中来,以实现相对安全和回报丰厚的投资。信誉较高的交易场所会极为珍视此种信誉,而不惜放弃现实的金钱利益。

三、交易所监管的驱动力在于竞争压力:比较法历史分析

可见,交易所完全可能有动力去自利的进行证券监管,只要其感受到竞争压力而去这么做。在竞争的过程中,交易所通过长期努力才能够形成信誉,因此它会十分关注这种信誉的维护。如果不同的交易所之间产生了持续的竞争压力[1],交易所就会在看不见的手推动下,自愿加强以监管为主要内容的服务,而非视监管为外部赋予的运行成本。[2] 从根本上说,交易所监管的核心优势就在于其面临的竞争压力。竞争会有效减少交易所的垄断地位,减少交易所监管的缺陷。[3]

美国哥伦比亚大学法学院教授 John C. Coffee 通过对西方发达国家证券市场发展的细致的历史分析,事实证明了一国证券交易所的监管能效和竞争环境的关联。他指出,在美国,纽约股票交易所起到了"公众投资者的监护人"的作用,但这种角色的出现并不是自然而然的,而是在其和别的证券交易所的竞争中逐渐形成的。尽管纽约股票交易所在今日冠绝全球,但其在19世纪晚期并不拥有一个事实上的垄断地位,仅在国内就受到了附近的波士顿股票交易所等的有力竞争。为了树立自己的声誉,取得竞争优势,纽约交易所采取了一条与其他竞争者不同的、强调自我管制的道路。在法律尚无强制要求之时,其就开始严格挑选上市申请公司,还推出了一系列保护投资者的措施,如不允许发行无投票权的股份,并事实上代替着法律在发挥作用。这虽然在很大程度是出于自利因素所致,但却客观上符合了证券市场发展的需求。[4]

与之相反的例子是法国。巴黎交易所(Paris Bourse)成立得比纽约交易所和伦敦交易所都早,可以追溯到1141年。但它是一个由法国政府创造、保护和密切监督的垄断机构。在法国,所有不在巴黎交易所进行的

---

[1] Foucault and Parlour, "Competition for listings", *Rand Journal of Economics*, 2004, pp. 329—355.
[2] 彭冰、曹里加:《证券交易所监管功能研究——从企业组织视角》,载《中国法学》2005年第1期,第86页。
[3] 同上书,第87—88页。
[4] John C. Coffee, Jr., "The Rise of Dispersed Ownership: The Roles of Law and the State in the Separation of Ownership and Control", 111 *Yale L. J.* 1—82 (2001), pp. 34—39.

证券交易都被认为是非法的,巴黎交易所的股票经纪人具有公务员身份,由财政部任命。直到1980年代国际竞争压力出现之前,巴黎交易所在国内实际上都处于无人挑战的地位。尽管一度由于巴黎交易所自身的僵化规定(如经纪人不得从事自营业务)导致的市场流动性不足催生了一个名叫Coulisse的影子市场。但当其开始实质性地挑战巴黎交易所的时候,后者通过立法手段结束了此种竞争。[1]

可是,政府高度管制下的巴黎交易所并不因此令人信赖。由于政府控制严密,经纪人资格的取得和易手不能自由进行,作为公务员的经纪人不能像美英同行那样从改革活动中充分享受更多的名誉资本,故该交易所一方面没有什么自我规制的气氛,"缺乏一个具有激励去提高或改革其规则和结构的真正所有者"。另一方面,在政府出于政治目的往交易所加入不合格的上市公司的时候,其也无法拒绝。故尽管巴黎交易所"处在西欧最为严格的政府控制之下",但其并不"全心全意为投资者服务",从而被公众视为一个充斥着低质量证券的场所。[2]

简言之,美国由于证券交易所之间存在着激烈竞争,所以即使当时证券立法和国家监管并不充分,交易所却有自我监管的动力。自我监管最完善的纽约交易所成为最大的赢家,保护了市场投资者利益,也起到了在相当程度上替代、补充政府性监管的作用。而缺乏竞争的法国巴黎交易所陷入了政府性监管、交易所监管双双低效,以至于投资者利益受损、市场发展不健全的局面。简言之,处于竞争环境中的交易所的监管环境好,信誉高,被政府严格监督、不处于竞争环境中交易所监管环境差、信誉低。

四、证券交易所监管的独到作用

诚然,即使证券交易所能在竞争驱动下产生有较好的主动监管激励,理论上也不能排除这样的情境,即如果政府监管明显更为有效,则可以以政府监管为主,而不必考虑交易所是否可以有效进行监管。

但事实并非如此,前文已经分析了政府性监管者可能的弊端。相比较而言,政府监管的优点是权威性大,有强制力为后盾,但相伴生的是成本高、手段刚性化、程序复杂、反应迟缓,过于频繁的运用会影响市场运作

---

[1] John C. Coffee, Jr., "The Rise of Dispersed Ownership: The Roles of Law and the State in the Separation of Ownership and Control", 111 *Yale L. J.* 1—82 (2001), pp. 45—46.
[2] Ibid., pp. 47—48.

的效率和活力。

而交易所受自利动机驱动,处于市场一线,反应相对迅速,往往能在早期觉察问题,并及时解决,使市场风险和潜在危机尽早得到缓解。交易所也可在法律之外施加要求市场参与者遵守的行业标准。[1]简言之,证券交易所监管在三个方面要优于政府性监管:(1)灵活性;(2)专业化;(3)低成本。[2]另外,交易所还可以致力于提升市场机构的专业技能,并合情合理的让市场参与者为其作为市场机构的监管提供投入。[3]

目前,证监会在执法上本身较为"灵活",不太受法定权限和程序的束缚,所以交易场所作为更"灵活"的监管者的优势还不太突出。但如美国等法治发达国家的经验所表明的,随着对政府监管机构的正当程序要求和司法审查机制的加强,非政府的交易场所监管者的功能将日益凸显。

交易场所的监管毕竟也是监管,能够发现和处分违规行为,并为违法行为的调查提供线索。作为非政府机构,自律监管者可以对被处理者施加更多的压力,以便于发现事实真相和维护证券市场应有的高效。例如,香港联合交易所规定当事人参加纪律处分审理时,可以由代理律师陪同,但书面呈送和回答上市委员会任何成员向当事人提出的所有问题,必须由当事人而非其代理律师来进行。为此曾被诉至法院,但法院认为交易所可以不受关于律师帮助权的正当程序要求。[4]美国法院也在多个案件中认为交易所纪律处分程序不必受刑事和行政制裁程序中的严格的正当程序要求限制,以免影响其处分效率。[5]换言之,在结果的公正(迅速打击不当行为)和程序的公正(充分核查、免伤无辜)之间,交易所的监管天平可以更多地倾向前者。以至于在较为重视正当程序的人士看来,美国已经出现了政府监管者利用交易所作为自己的延伸之臂来绕过宪法的

---

[1] 彭文革:《依法行政下的证券交易所自律监管》,载《深交所》2007年第1期。
[2] 布莱恩·R. 柴芬斯:《公司法:理论、结构和运作》,林伟华、魏旻译,法律出版社2001年版,第411—430页。
[3] Gadinis & Jackson:《市场作为监管者》,辛亚杰译,载《比较》第32辑,中信出版社2007年版,第172页。
[4] New World Development Co. Ltd. & Others v. Stock Exchange of Hong Kong Ltd, Constitutional and Administrative Law List No. 79 of 2003; Final Appeal No. 22 of 2005 (Civil)。
[5] 相关案件详见徐明、吴伟央:《论证券交易所自律管理正当程序的有限性》,载《证券法苑》第三卷上,法律出版社2010年版,第309—311、318页。

保护要求而展开对违法行为的侵入性调查。[1]

尽管有学者认为交易所之间的竞争理论上有可能导致竞相降低监管要求(race to bottom)[2]，因为交易所会为了逐利而放松对上市公司和会员的要求。但这不仅与我们已然观察到的经验事实相反，而且鉴于公司会在市场压力下存在着诸多自愿信息披露(如有研究表明，在强制推行信息披露的美国 1934 年证券交易法通过之前，市场上已经存在着大量自愿披露，所以该法的实施甚至对在纽约证券交易所的股票没有可测量到的正面影响[3])，所以人们可以相信允许监管竞争的最差结果也只是导致各方竞相折中(race to the middle)[4]，甚至是使交易所竞相提高监管水平(race to top)。[5]

此外，从监管"供应"的角度看，如果监管基本上来自政府监管部门，其往往因为不存在竞争压力而缺乏改进和提供监管水平的动力。即使一向被认为领先全球的美国证券和交易委员会的监管也被一些学者认为是"垄断式"的、需要被打破和为更具竞争性的证券监管模式所替代。[6] 实证数据研究也揭示，即使在发达国家，如果交易所这样的市场监管者权限较大，还可以构成对政府性监管的补充配合，总体上会促生更多的政府性监管，如较多的执法数、执法预算投入等。政府监管占主导的国家反而要比交易所这样的市场监管者权力较大的国家的执法力度(例如执法数、执

---

[1] See William I. Friedman, "The Fourteenth Amendment's Public/Private Distinction among Securities Regulators in the U. S. Marketplace Revisited", 23 *Ann. Rev. Banking L.* 727 (2004).

[2] "Report: Special Study on Market Structure, Listing Standards and Corporate Governance", 57 *Bus. Law.* 1487(2002).

[3] George Benston, "The Value of the SEC's Accounting Disclosure Requirements", 44 *Acct. Rev.* 515, 519(1969).

[4] Stephen Choi, "Law, Finance, and Path Dependence: Developing Strong Securities Markets", 80 *Tex. L. Rev.* 1657, (2002), pp. 1716—1718.

[5] John C. Coffee Jr, "Racing Towards the Top: The Impact of Cross Listings and Stock Market Competition on International Corporate Governance", 102 *Colum. L. Rev.* 1757 (2002).

[6] Roberta Romano, "Empowering Investors: A Market Approach to Securities Regulation", 107 *Yale L. J.* 2359 (1998). 由于美国 50 个州各有独立的公司法，所以这篇文章重在推崇各州独立的证券法之间的竞争。

法预算投入)来得小。[1]

总之,交易所监管具有独到的作用,较政府监管也具有不少优势,可以成为一项值得重视的、独立的证券法律实施机制,而与政府性监管、民事诉讼相并列。

---

[1] 参见 Stavros Gadinis & Howell E. Jackson, "Markets as Regulators: A Survey", *S. Cal. L. Rev.*, 2007, vol. 80. 中译本见《市场作为监管者》(上、下),辛亚杰译,载《比较》第32、33辑。Howell E. Jackson, "Variation in the Intensity of Financial Regulation: Preliminary Evidence and Potential Implications", 24 *Yale J. on Reg.* 253 (2007).

第三章 中国现实环境中的三大证券法律实施机制

在对三大证券法律实施机制的一般性优势劣势有所探究后,我们将开始结合中国的现实来分析三大机制的贡献和缺失,它们被推进、优化的前景和方式将在第四、五章得到讨论。

大致而言,政府性监管处于主导的地位,证监会实施的监管目前是主要的法律实施机制,其事实上具有规则制定、规则执行和裁决纠纷的"三权合一"面貌,而且存在挤压诉讼和交易场所监管机制的问题。民事诉讼的受案范围被大幅压缩,即便在诱多性虚假陈述等有单行司法解释支持的领域,诉讼的制度潜能仍然受到了抑制。而交易所经过二十多年的发展,尽管在组织金融交易方面获得了越来越多的经验,但在法律制度实施层面仍然处于被监护的状态。而且主要交易所之间竞争性不足,场外市场尚且孱弱,上下贯通的多层次资本市场尚未到位,不利于证券市场的发展,也令政府性监管紧绷、压制交易所不得推出更多的个性化监管套餐。

第一节 政府性监管的一般评析:现状与得失

一、以"三权合一"的证监会为中心的监管体制

中国证券监督管理委员会(证监会)是中国主要的证券监管机构。根据《证券法》第179条和国务院办公厅《证监会三定方案》,证监会有权对差不多所有证券市场主体(证券发行人、上市公司、证券公司、证券投资基金管理公司、证券服务机构、证券交易所、证券登记结算机构、交易者)的所有活动(发行、上市、交易、登记、存管、结算)进行监管;有权制定证券业务人员的资格标准和行为准则并监督实施;监督检查证券信息公开情况;对证券违法行为进行查处。此外,证监会有广泛的现场检查、调查、取证、询问、查阅、复制、冻结、查封、限制证券买卖等权力。

其不仅拥有基本的证券监管和执法方面的行政权,而且与法治发达国家的证券监管机构所拥有的权力相比,证监会的行政权受到的法律约束明显更少,一是不受立法机关的定期检查、不需要向立法机关定期报告;二是受到的司法审查也极少;三是已有法律对其也规制较少。不仅《证券法》本身对证监会权力的行使方式与程序没有作出太多限制,甚至在一些场合中,证监会还通过变换行为名称等方式来进一步摆脱一般行政程序法的约束。如为了不履行《行政处罚法》的程序要求,证监会把很多种带有处罚性质的行为称为"监管措施",包括责令整改、通报批评、责

令暂停履行职责、暂缓受理申请等。这些举措的合法性引发了不少争议,直到《证券法》2005年末修订时把其中两种监管措施规定进了法典,即特定状态下对证券公司及其董监事、高级管理人员的处置权和证券市场禁入权。

证监会还拥有相当可观的准立法权。仅直接包含"证券"二字的部门规章,就已经有一百五十余件。且在许多领域,证监会规章绝非只是对上位法的细化和解释,而是为市场主体创造了很多权利义务。这有的是在法律限度内,如依照《证券法》授权为上市公司的收购制定具体规则。有的则突破了法律的形式限制,如在《证券法》修改前,证监会规章就允许证券公司、基金管理公司进入银行间市场,打破了法律规定的分业经营原则。与法治发达国家相比,"我国目前证券规章制定程序不足,缺乏透明度"。[1] 对实务操作来说,证监会规章往往是最有实际效力的法律渊源,称其为准立法权并不过分。

此外,证监会对很多证券民事纠纷具有准司法权。一方面,证监会的行政处罚决定是很多证券民事纠纷案件被法院受理的前提依据之一,如2003年《最高法院关于审理证券市场因虚假陈述引发的民事赔偿案件的若干规定》尽管本身专节规定了"虚假陈述的认定""归责和免责事由",却同时规定一桩虚假陈述行为只有在被正式施以行政处罚或刑事判决后,相应的民事赔偿案件才能被受理。这不仅造成了民事诉讼依赖于行政处罚的程序紊乱,而且导致了民事赔偿因为滞后于行政罚没而往往颗粒无收。

另一方面,中国证券民事诉讼领域存在着"无明文列举则不受理"的实际惯例。证监会成为证券领域大量争议真正的最终裁决人。这一点即使在金融领域也很突出,因为法院能无障碍地受理并裁判投资者和银行、保险公司的纠纷,而证券市场的民事纠纷有很多最终只能仰仗证监会来处理。

值得顺便一提的是,2006年《证券法》中,证监会获得的查封、冻结账户的权力被广泛称为"准司法权",这不甚正确。因为实施财产和账户保全措施的权力虽然通常由法院享有,但绝非司法权的主要内容。在我国拥有查封、冻结、扣押权力的行政机关也不少见,如《税收征管法》第38条

---

[1] 杜坤伦:《中美证券规章制定程序比较研究》,载《证券市场导报》2013年7月号。

对税务机关的授权[1],《反洗钱法》第 26 条赋予反洗钱部门的资金临时冻结权,可从未有这些机关因此也有"准司法权"的提法。实际上,证监会在民事纠纷裁决中的这种权力才是一种重要的"准司法权"。

二、中国政府性证券监管的实际运行缺陷

在改革开放和转轨阶段中的中国,证券市场发展和法律实施绝非易事。笔者也并不一般性地反对证监会拥有这些多类别的权力。毕竟,号称第四部门的专业性的特定市场行政监管者的兴起,重新组合了立法、行政、司法权,是 20 世纪的一个具有普遍性的重要现象。[2] 如前所述,证券监管可以在转轨加新兴市场经济体的证券市场建设中扮演十分重要的角色。但实现这一点并不容易在思考中国的证券监管时,我们可以参照国际证券委员会组织(IOSCO)在 2003 年修订的《证券监管的目标和原则》(Objectives and Principles of Securities Regulation)提出的合适的证券监管者应当满足的条件:职责被清楚客观地界定;在功能和权力的运作中独立和可问责;有适当的权力、资源和能力去履行功能、行使权力;监管程序清楚连贯;工作人员遵循最高水平的职业准则包括保密准则等。[3] 相比之下,我国显然存在着相当的差距,尤其如下问题较为突出:

(一)行政规则繁复混杂,并未严守法律授权界限

由于所谓法律不完备性的存在,证券市场实践中大量的问题需要行政部门通过规章和非规章的通知、意见等来规制,但这些行政规则的制定往往科学性和公正性不足。

例如,内幕交易执法中,证监会制定的内幕交易指引大大超越了法律

---

[1] 税务机关有根据认为从事生产、经营的纳税人有逃避纳税义务行为的,可以在规定的纳税期之前,责令限期缴纳应纳税款;在限期内发现纳税人有明显的转移、隐匿其应纳税的商品、货物以及其他财产或者应纳税的收入的迹象的,税务机关可以责成纳税人提供纳税担保。如果纳税人不能提供纳税担保,经县以上税务局(分局)局长批准,税务机关可以采取下列税收保全措施:(一)书面通知纳税人开户银行或者其他金融机构冻结纳税人的金额相当于应纳税款的存款;(二)扣押、查封纳税人的价值相当于应纳税款的商品、货物或者其他财产。

[2] 参见维尔:《宪政与分权》,苏力译,生活·读书·新知三联出版社 1997 年版,第 265—270 页。

[3] 国际证券委员会组织网站 http://www.iosco.org/library/pubdocs/pdf/IOSCOPD154.pdf,最后访问时间 2016 年 4 月 20 日。

的授权范围,而扩大了对内幕交易主体的认定。[1]

信息披露领域是行政规则制定重头戏。据学者统计,从 2000 年 1 月至 2014 年 3 月,证监会制定的信息披露规章就有 100 部。证监会直接控制的交易所又制定了上百部规则。但其中有诸多问题。形式上的问题包括规范性文件号码编排不合理、设计不科学、使用不严谨。实质上的问题包括政府主导性、干涉性过强,交易所未能根据实际灵活处理,导致披露义务人疲于做形式应付,主动披露意愿低;披露要求具有宽泛性和空泛性等。[2](详见第四章第二节)

(二) 政策规则制定和实施透明度低,朝令夕改

早年就有证监会高管坦陈了证监会的监管执法的工作作风问题,如明晰性不足、经常缺乏耐心、朝令夕改,对引入的规则不根据本地情况进行适当调整,监管强制性、模糊性、随意性较强,监管权限没有得到明确界定等。[3]而这些现象在近些年并未得到缓解,下文仅以最新的几个事例予以说明。

证监会 2014 年 7 月就《私募投资基金监督管理暂行办法(征求意见稿)》公开征求意见,截止期是 8 月 11 日。[4] 8 月 21 日却宣布 6 月 30 日《私募投资基金监督管理暂行办法》就正式通过了。[5]换言之,征求意见完全成了虚文。

2015 年 9 月证监会就熔断机制征求意见,12 月熔断机制被沪深交易所写入上市规则的专节,设置了 5%、7% 两档。2016 年 1 月 4 日下午,熔断机制首日即触发熔断,7 日开盘不久再次触发,而且两次熔断中,5%、7% 的间隔甚小。[6]当日夜间,沪深交易所和金融期货所宣布暂停实施熔

---

[1] See Nicholas Calcina Howson, "Punishing possession, China's Over-broad Insider Trading Enforcement Regime", in Stephen Bainbridge, eds, *Research Handbook on Insider trading*, Edward Elgar Publisher, 2013, pp. 327—346.

[2] 参见郑彧:《我国证券市场信息披露制度的法律分析》,载《证券法苑》第十三卷,法律出版社 2014 年版。

[3] 焦津洪等:《证券监管与公司治理》,载《比较》第 22 辑,中信出版社 2006 年版,第 134—136 页。焦时任证监会法律部副主任。

[4] 证监会网站 http://www.csrc.gov.cn/pub/zjhpublic/G00306201/201407/t20140711_257649.htm,最后访问时间 2016 年 4 月 20 日。

[5] 证监会网站 http://www.csrc.gov.cn/pub/newsite/smjjjgb/smjjjgbzcfg/201410/t20141013_261673.html,最后访问时间 2016 年 4 月 20 日。

[6] 更多分析评论见缪因知:《治股市任性 别仅靠"急刹车"》,载《法制晚报》2016 年 1 月 6 日法家论坛版。

断机制,这场耗时数月,号称征求了几千条意见的制度试验夭折。但证监会从未公布当初什么人和机构提出过什么样的方案,谁又能保证这场实验实际上不是个别领导拍脑袋的产物呢?

证监会一些具体的行为,尽管涉及上万亿元的资金,仍然透明度很低。最近的一个事例是2015年7月的救市后遗症一直未了。招商银行总行副行长赵驹在亚布力中国企业家2016论坛上表示:2015年7月股市从高点下来以后监管层到底拿了多少资金,通过哪些渠道去救市场,现在并不是非常清楚,而招行借给国家队中证金公司的资金也在展期。

此前2015年7月3日,中证金公司拟增资扩股,注册资本从240亿元增至1000亿元。7月6日,中证金账户上迎来第二批救市资金1280亿元。这是21家券商高管7月4日齐聚证监会所商讨的救市方案之一,参会券商按照2015年6月底净资产15%出资,由中证金统一调配。但证券公司并不能真正拿出相当于净资产这么高比例的现金,所以实际上是以银行的贷款为主。由于之后大半年股指低迷,各大银行合计借入的资金12859亿元何时能解套都没个说法。此外,国家队买入了不少非蓝筹的亏损股(如梅雁吉祥)和在大跌中创出新高的股票(如三聚环保)。而且这些投资对象被发现,还是因为国家队用力过猛,成为大股东而被披露出来,才令公众得知的。是否会适时公布购买标准,令人关注。相比之下,美国救市资金的来源、去向和损益就较为清楚。[1]

2016年3月上交所战略新兴产业板被忽然叫停,更是令市场人士错愕不已。2013年9月起,上海证券交易所就开始研究设立战略新兴产业板,以进一步提升本土资本市场服务新兴产业企业的能力。2015年初上交所提出当年6项核心工作之一包括"完善战略新兴产业板方案,推动战略新兴产业板建设,切实增强上交所服务产业发展、服务实体经济的能力"。[2] 2015年5月上海市《关于加快建设具有全球影响力的科技创新中心的意见》成为第一份对该板背书的官方文件。6月国务院也通过《关于大力推进大众创业万众创新若干政策措施的意见》首次表示支持上交所建立战略新兴产业板。2015年12月25日,证监会副主席方星海在国

---

[1] 弥达斯:《招行副行长公开喊话证监会 敦促其赶紧还钱》,财经网 http://stock.caijing.com.cn/20160225/4074414.shtml,最后访问时间2016年4月20日。

[2] 上海证券交易所网站 http://www.sse.com.cn/aboutus/hotandd/ssenews/c/c_20150119_3873956.shtml,最后访问时间2016年4月20日。

务院政策吹风会上透露,推出战略新兴板为2016年发展资本市场的五项重点工作中的首要任务。不料2016年3月全国人民代表大会审议《国民经济和社会发展第十三个五年规划纲要》时,根据证监会的意见,删除了"设立战略性新兴产业板"。

主管部门当然有权决定是否支持新兴产业板,但在酝酿三年、官方多次表态的背景下,骤然删除,打乱了很多企业的规划,特别是已经从美国股市启动私有化退市、拆除VIE合同控制结构的中国概念股公司。而且对于新兴板是取消还是暂缓,一直没有明确说法,给业界很多困扰,也为今后政府规划能否取信于市场,并令后者愿意投入大量人力物力成本响应,打上了问号。

(三)事前管制琐碎,但未能防止弊案丛生

我们不能说没有违法行为或违法行为发生的极少才算是有效的证券监管。但是如果管制成本很高,违法行为却频频发生,甚至情节极为严重,则监管的正当性就值得考究。

传统体制下,中国证券监管的一大重点是事前的发行管制。《证券法》第179条赋予了证监会对证券市场活动进行审批或核准的权力。《行政许可法》实施后,《证监会行政许可目录》相关项目仍然有六十多种。一方面证监会通过发行部工作人员、专家组成的发行审核委员会审查,另一方面又通过承销商、保荐商、律师、会计师乃至社会公众(通过预披露)进行监督。企业发行周期漫长,成本高。但即便如此,在多轮制度强化后,还是出现了较为严重的欺诈发行,如2013年被法院判决认定欺诈发行股票罪的云南绿大地生物科技公司案。该公司2006年第一次申请上市时"因招股书破绽百出而失败"后,还能在2007年上市,乃是因为其有针对性地根据上市要求,在会计师事务所协助下进行了"反向工程"包装,如把公司粉饰为"发审委喜欢的"高科技公司,做假账、伪造销售合同。[1] 类似的,号称创业板财务造假第一案的湖南万福胜科股份公司2013年浮出水面,公司2011年上市,被曝光2008—2011年间财务造假,虚构了90%的营业利润,虚增度达1.8亿元,虚增营业收入则为7.4亿元,上市当年的虚增利润达到五十多倍。[2]

---

[1] 《绿大地破发审委上市密码过程:答案背得滚瓜烂熟》,凤凰网财经 http://finance.ifeng.com/stock/special/ldd/20120316/5761074.shtml,最后访问时间2016年4月20日。

[2] 金彧:《创业板造假第一股遭警方调查》,载《新京报》2013年3月12日经济新闻—公司版。

诚然，道高一尺魔高一丈，"防不胜防"也情有可原。但高成本的事前管制流程到底是有效遏制了其他潜在的弊案，还是更多地徒具文牍意义，值得反思。新《证券法》实现了发行审核制向注册制的转化，效果如何，包括是否换汤不换药，有待考察。

（四）事后执法力度和明晰性不足

证券监管严格地说可分为事前监管和事后执法。前者指在市场交易行为发生前进行预先的控制、批准、审查，如发行审核、收购审核等，而后者指对已然发生的违法行为的责任追究。市场化程度较高的国家如美国证交会的事前审批很少，但事后执法相当突出。[1] 而证监会却把事前监管作为工作重点。如直至今日，证监会仍然没有放弃对股票发行价格的控制。[2]

相比之下，证监会的事后执法却在很长一段时间内相当缺乏。这一是表现在案件查处力度偏小，从而大大降低了执法的震慑力。[3] 根据2012年1月证监会官网通报的数据，2008年至2011年四年间，共立案调查内幕交易案件154起，行政处罚31起、移送公安47起。平均每年只有10多起。[4] 其中证监会2000年在北京只查处了5起内幕交易案件，大概是实际案件数的5%。[5]

就总体执法情况而言，各家统计数据出入较大。刘燕教授根据证监会发布的行政执法措施公告与合作者认为自1993年1月1日至2012年12月31日，证监会共计对685起案件采取了行政执法措施。[6] 郭锋、蒋大兴教授等根据证监会网站的统计认为2001年至2012年5月3日，证监会共作出463份处罚。[7] 证监会2013年3月则自称近五年来，共作出

---

[1] John C. Coffee Jr., "Law and The Market: The Impact of Enforcement", 156 *U. Pa. L. Rev.* 229 (2007), pp. 269—276.
[2] 见本书第四章第二节。缪因知：《从众信旅游看新股监管》，载《新产经》2014年第3期。
[3] See Gary S. Becker, "Crime and Punishment: An Economic Approach", *J. Poli. Econ*, 1968(76), pp. 169—217.
[4] 转引自陈锋、葛爱峰：《证监会内幕交易重案被地方法院意外轻判》，载《华夏时报》2013年7月6日。
[5] Stephen Green, *The Development of China's Stock Market, 1984—2002*, RoutledgeCurzon 2004, p. 211.
[6] 刘燕、吕玉梅：《我国上市公司财务造假行政处罚实践(1993—2012)述评》，载中央财经大学金融服务法研究中心编：《金融服务法咨询报告》2013年第7期，第6页。
[7] 郭锋、蒋大兴、戚云辉：《中国证券法学三十年》，载郭锋主编：《金融服务法评论》第五卷，法律出版社2013年版，第14页。

行政处罚决定 276 件。[1]

学者张舫、李湘的统计是 2006 年 1 月 1 日(《证券法》修订生效之日起)至 2014 年 12 月 31 日期间,证监会适用现行《证券法》(2005 年修订)作出的所有《行政处罚决定》315 份,《市场禁入决定书》79 份。他们认为这个数据说明"证监会的执法强度很弱,不足以对违法者产生戒惧的效果"。[2]

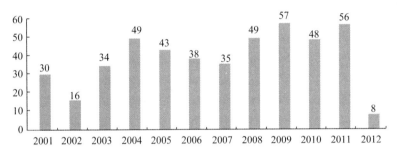

图 3.1 证监会作出的行政处罚书数量(2001—2012 年)

出处:郭锋、蒋大兴、戚云辉:《中国证券法学三十年》,第 14 页。

北京大学中国企业法律风险管理研究中心根据证监会网站公布的处罚信息,统计出其 2001—2011 年作出的涉及信息披露违法、市场操纵、以及内幕交易的行政处罚决定和时间分布如表 3.1。[3]

类似的是黄辉教授根据证监会网站信息的统计认为 2002—2011 年间,共有 192 起关于虚假陈述的行政处罚决定。[4]

不难发现,在弊案连连的证券市场中,竟然多年操纵市场、内幕交易的执法数量为 0 或者 1,这显然不是"天下太平"所致。尽管信息披露违法的处罚在技术上难度不大,其执法数量也不令人满意,2007—2011 年更是处罚数量年年下降。虽然一种解释是证监会自 2007 年后开始以打

---

[1] 《给中小投资者提供更大实惠——证监会有关负责人谈改善投资者维权环境》,载《人民日报》2013 年 3 月 15 日。

[2] 张舫、李响:《对证监会执法强度的实证分析》,载《现代法学》2016 年第 1 期。不过该文在测算执法强度时,把满分指标设为罚则的法定上限,忽视了按照法定情形予以从轻处罚的合理性,似对证监会的执法强度要求过苛。

[3] 北京大学中国企业法律风险管理研究中心(沈晖执笔):《证监会对证券市场违法行为行政处罚的实证分析》,载《2011 年中国上市公司风险管理高峰论坛文集》(2011 年 7 月 9 日)。

[4] 黄辉:《中国证券虚假陈述民事赔偿制度:实证分析与政策建议》,载《证券法苑》第九卷,法律出版社 2013 年版,第 972 页。

击内幕交易为主要精力所在,但造成"顾此失彼"总非佳事。从总数看,有研究者发现1998—2004年期间,证监会执法案件数有"一个不断下降的趋势"[1]。而上表也显示2008以来由此趋势。另一项根据证监会官方网站作出的2001—2006年间行政处罚措施的统计,也认为其数量和市场实际违法行为的严重程度相比过于温和(modest)。[2]诚然,近年来证监会执法数量大为增加(见第四章第一节),但这多少也反证了之前执法的不足。

表3.1　2001—2011部分行政处罚决定统计表

	2001	2002	2003	2004	2005	2006	2007	2008	2009	2010	2011	合计
信息披露违法	14	10	21	33	18	26	26	23	17	16	3	207
操纵市场	2	0	0	0	0	0	1	3	4	1	0	11
内幕交易	0	0	0	2	0	0	1	3	6	9	0	21
合计	16	10	21	35	18	26	28	29	27	26	3	239

注:2011年仅包括上半年公布的数据。

二是体现在查处速度迟缓。大量的案件停滞在繁琐的调查取证中。[3]1998年5月大庆联谊职工举报公司内部职工股发行中的问题,尽管"材料非常翔实"、经调查发现"问题基本属实",证监会仍然以"查处力量"有限为由,而让"事情一时搁了起来",直到举报者上访到中纪委书记尉健行才得以反转。[4]对于市场操纵案件,证监会只有股价在六个月内升幅超过200%时,或其被其他政府部门要求之后才会展开调查。常见的做法是发布一个内部通知,表示证监会已经了解了问题的状况,并要求对方在限期内改正。[5]2009年媒体曝光融通基金"老鼠仓"案后一个多

---

[1] Katharina Pistor、许成钢:《转轨经济中证券市场的治理:来自中国的经验》,徐菁译,载《比较》第19辑,中信出版社2005年版,第112页。
[2] Benjamin L. Liebman, Curtis J. Milhaupt, "Reputational Sanctions in China's Securities Market", 108 Colum. L. Rev. 929(2008), p.942.
[3] Ibid, p.942.
[4] 《大庆联谊:内部职工股的泛滥》,载《国际金融报》2010年12月16日。
[5] Stephen Green, The Development of China's Stock Market, 1984—2002, RoutledgeCurzon 2004, p.211.

月,证监会才公开称该案"调查已经完成,进入后续审理阶段,但是还不能公布处罚决定",反而是财经网首先指明了涉案者。

交银施罗德基金管理有限公司原基金经理李旭利的违法线索早在2010年6月就由稽查人员发现。2011年8月,李旭利被刑事拘留;11月,中国证监会正式通报李旭利的老鼠仓行为。2012年11月法院作出一审有罪判决,2013年10月二审维持,但证监会直到2014年10月才作出〔2014〕14号处罚书,仿佛是遗忘了此事。

证监会对财务造假案件的调查期限一般为26个月左右,有的甚至耗时五六年,如成都聚友网络股份公司财务造假案从2005年1月立案调查,至2010年2月方最终作出处罚决定。[1] 又如2014年2月证监会网站公布的2013年12月作出的《行政处罚决定书(吴伟、谢霞琴)》显示,被处罚人2007年1—2月间从事违法行为,2007年9月就向公安缴纳了赃款。显然那时公权力部门已经开始调查违法行为。2014年7月,证监会发布了对河北宝硕股份有限公司的处罚决定书,处罚听证则在2014年3月,但涉案的信息披露违规事项均发生在2001—2006年间。[2] 而且与宝硕股份与之有着互保关系的"河北圈"重要成员之一东盛科技股份有限公司(后为ST东盛)虽然也在2002年至2006年期间有类似信息披露违规事项,却至少在2010年就已经被行政处罚。[3]

三是处罚力度偏轻。例如,2006年《证券法》第193条规定:发行人、上市公司或者其他信息披露义务人未按照规定披露信息,或者所披露的信息有虚假记载、误导性陈述或者重大遗漏的,由证券监督管理机构责令改正,给予警告,处以30万元以上60万元以下的罚款。这个罚则实际上还是1998年制定《证券法》时定下的(原第177条),经济总量多年高速增长后,当然已经显得很低,却还经常不被顶格执行。如大唐电信公司自2003年起就因为年报不实而被证监会和上交所屡屡批评和要求整改,2007年又在年报中虚增利润3719万元,却只被按照下限罚了30万元。

---

[1] 刘燕、吕玉梅:《我国上市公司财务造假行政处罚实践(1993—2012)述评》,载中央财经大学金融服务法研究中心编:《金融服务法咨询报告》2013年第7期,第15页。
[2] 证监会行政处罚决定书(河北宝硕股份有限公司、周山、闫海清等10名责任人)(〔2014〕69号)。
[3] 证监会行政处罚决定书(东盛科技股份有限公司等)。证监会网站 http://www.csrc.gov.cn/pub/zjhpublic/G00306212/201007/t20100728_182996.htm,最后访问时间2016年4月20日。

北大荒2011年年报虚增利润5125万,2013年11月开始被立案调查,到2015年6月被证监会罚款50万元。南纺股份连续五年虚构利润3.4亿元,也只是被罚款50万元,导致这些处罚决定被业界讥为"利好"消息。

值得关注的是,即便是这种象征性的罚款,有时也还是不会到位。对一项含有119起可获处罚信息之上市公司财务造假案件样本库的研究显示,从2000年到2012年间有10起被证监会立案的上市公司财务造假案未受到任何行政处罚,也未被责令改正违法行为,证监会也未在处罚决定书中指出上市公司得以免责的理由;从处罚决定书的案情描述看,也没有任何证据显示公司有免责的理由;有15起案件的董事高管未受处罚,包括银广夏在内的5起重大财务造假案件。[1]

在其他违法行为领域也存在类似情形。操纵市场依法应没收违法所得,并处以违法所得1倍以上5倍以下的罚款,亿安科技案涉案数额和市场影响巨大,又另有法人以个人名义设立账户买卖股票的情节,但还是只按照其非法盈利额的一倍罚款。

处罚不具威慑力往往导致公司违法行为的持续进行和升级违法行为,如蓝田公司早在1999年就被查出上市时存在多种严重造假行为,被警告并罚款后,2001年爆出了更大的造假丑闻。[2] 2001年至2011年期间,因虚假陈述而受到证监会处罚的有361家上市公司,受到两次处罚的上市公司有73家,占20.22%;受到三次处罚的有26家,占7.20%;受到四次处罚的有15家,占4.16%;受到五次处罚的有6家,占比1.66%。[3]

值得注意的是,上述问题发生的制度背景是证监会拥有广泛的可监管执法范围和相应的调查权能。因此,正如郭锋教授所指出的:"问题不是证监会权限不够,而是监管不到位"。[4] 对大量的证券市场违法违规,特别是确已发生但未被查处的所谓"违法暗数"的打击,仍有力度不够的

---

[1] 刘燕、吕玉梅:《我国上市公司财务造假行政处罚实践(1993—2012)述评》,载中央财经大学金融服务法研究中心编:《金融服务法咨询报告》2013年第7期,第16—17页。
[2] 张炜:《蓝田,假货中的精品》,载《中国经济时报》2002年1月28日。
[3] 张舫、李响:《对证监会执法强度的实证分析》,载《现代法学》2016年第1期,第178页。
[4] 参见刘欣:《证券法修改:为何赋予证监会准司法权》,载《21世纪经济报道》2005年4月9日。

问题。[1]

在很长一段时间内,证监会"在查处股价操纵案或者内幕交易案时,从来都是查处完毕一年半载之后才会发布一个格式化的通告。涉案人员的审理到底进行到了哪一步,除了猜测,无从获悉","给市场带来了大量信息不对称"。[2]执法结束后往往只公布一页纸的调查处罚决定,未能充分说明事实和法律适用认定的过程和依据,为何追究和不追究具体涉案主体的责任等。故而其执法决定不仅没有提供充分的指引和透明度,反而让人对其合理性和合法性疑窦丛生。[3]证监会自己也承认监管有效性和执法效率有待提高。[4]

当然,公允地说,近年来,证监会的执法力度明显加大,但执法的随意性却同时也加大了(参见第四章第四节对光大证券案的分析)。

(五)过大的行政权妨碍了市场自律机制发挥

如前所述,证券市场自律组织监管有着独到的、政府监管不可替代的作用,但中国证监机构牢牢控制了证券交易所、证券业协会,这些自律组织的功能发挥受到了极大的限制。即便是证监会下属的深圳证券交易所的研究部门也曾发布报告称:"行政权力对证券市场的全面干预,不仅使上市公司成为中国最为稀缺的资源,也造就了现有的股市文化及种种负面的股市行为","监管机构对市场的干预无限扩张,超出行政力量应该调控的范围、层次和力度,不仅没有弥补市场机制缺陷,反而妨碍了市场机制作用的正常发挥","自律监管缺乏层次,监管独立性、刚性和主动性不足"。[5]即便是协助指导证券交易所的博士后这样本来与监管机构职权

---

[1] 北京大学法学院—世纪证券联合课题组:《证券违法违规惩戒的实效和制度成本分析》,载上海证券交易所联合研究计划第13期法制系列课题报告(2005)。

[2] 李德林、尹锋:《黄光裕真相》,第5节,经济日报出版社2009年版。

[3] 参见 Gongmeng Chen, Michael Firth, Daniel N. Gao, and Oliver M. Rui, "Is China's Securities Regulatory Agency a Toothless Tiger? Evidence from Enforcement Actions", 24 J. Acct. & Pub. Policy (2005), at 479—480. 对一个典型执法个案的细致分析,见袁明圣:《合法性质疑:评"亿安科技"处罚决定》,载《法学》2001年第10期。

[4] 证监会:《中国资本市场发展报告》,中国金融出版社2008年版,第124页。

[5] 深圳证券交易所综合研究所法律研究小组:《2007年证券市场主体违法违规情况报告》(2008年6月2日,深证综研字第0165号)第37页(深圳交易所网站,http://www.szse.cn/main/files/2008/07/16/767081321333.pdf,最后访问时间2015-01-18)。

无关的事情,也出现了交易所不堪其扰的状况。[1]

(六)偏离监管者中立本位,直接干涉市场运作

中国的证券监管者时常会干预市场的运作,特别是通过对基金的干预。这种干预有的是针对集体的,如在市场低迷时,告诫基金不得砸市[2],或要求基金提高持仓比例。有的是针对规模较大的基金公司,如在特定时期要求它们只能在上午进行交易,或在下午收盘前15分钟不能交易,以避免大笔资金在尾市拉盘或者砸盘。更有甚者,监管者还会选择性地向一些大基金公司暗中发布政策意向。2007年10月,上证综指创下历史新高。有关监管部门召集了一些资产管理规模较大的基金公司举行会议(业内称此为"小事开大会,大事开小会,特别重要的事不开会"),会上指出:有些基金持有的蓝筹股过于集中,应当减持,以免因持股过于集中引发相关投资风险。结果大基金公司突然减持,股指大跌,而中小基金公司没有到会,不知道证监会有此意图,大量被套牢。[3]

2015年上半年监管部门有意无意地配合其他官方组织鼓吹"国家牛",推动股价快速大幅增长,结果股灾后四处找替罪羊,反而叫停了一些较成熟的市场交易手段如股指期货(参见第四章第五节)和计算机辅助软件(参见第四章第六节)。

三、中国政府性证券监管存在不足的原因

中国证券监管中之所以存在种种不足,当然有一些客观的发展阶段性上的原因。如证券监管本身对技术和资金投入水平要求较高,证券监管人员也需要时间来积累经验。板子不能都打在证监会及其工作人员身上。但结合中国的实际情形,如下体制方面的原因值得重视:

(一)证券监管目标时常受到其他政策目的的影响。

虽然证监会名义上以证券监督管理为唯一使命,但实际上其还多少

---

[1] 上海证券交易所一名博士后称,该所近年因为"嫌麻烦",不再请证监会官员充当博士后合作导师,其中一个原因是这些人每次到上海都"劳师动众"。肖铮:《李量"落马":爱金条的证监会诗人》(2014年12月2日),腾讯财经 http://finance.qq.com/original/lenjing/prism29.html,最后访问时间2016年4月20日。

[2] 如《证监会两主席:拟推七措施救市 警告基金勿砸市》,雅虎财经 http://biz.cn.yahoo.com/050606/16/a9y3.html,最后访问时间2016年4月20日。

[3] 付刚:《大跌真相:监管部门要求基金减持蓝筹减少交易》,载《华夏时报》2008年3月22日。

扮演着证券市场的主管者、发展者、保护者的角色。证监会并不随着市场的成熟而积极认可与培育其相应的自治力,而是通过"大包大揽的方式"来对"资源进行倾向性的分配",有着一种对市场不信任的专制家长式的管理理念。[1]

与此同时,其他国家机构也对证券市场有着强烈的利益需求,而不容证监会扮演一个纯粹的监管者的角色。在证券市场建设初期,中央和地方政府都明显希望让证券市场帮助国企融资脱困,这不仅意味着在一级市场制定有利于国企上市的宽松政策,也意味着政府有意识地保持一个活跃的二级市场,让高股价和交易量抬高证券发行价格[2],从而吸引投资者。在证券日常交易中,严格执法会减除股价中不合理的泡沫、降低市场活跃度,也会抬高证券发行人的合规成本,从而被有关部门认为是"打击市场"。

一个典型的例子是 1993 年 12 月证监会《关于上市公司送配股的暂行规定》规定了一系列严格要求,包括配股之间必须间隔 1 年,当年配股数量不得超过上一年公司股本总额的 30%,引发上证指数上涨 7%。1994 年 9 月《关于执行〈公司法〉规范上市公司配股的通知》重申前一次募足股份后的工商注册登记日或变更登记日至本次配股说明书的公布日其间隔不少于 12 个月,又规定上市公司必须司在最近三年内连续盈利、净资产税后利润率三年平均在 10%以上才能配股。这使得之后几年配股相对于初次发行股票的比例大大下降。

但问题在于,中央政府出于宏观调控目的,往往不能坚持其政策。1997 年后,为配合促进股票市场为国企融资的新形势,配股标准被降低,上市公司只要三年中每年有 6%的资产回报率,三年的平均值超过 10%即可。于是配股数量又猛增。甚至在地方证管办的配合下,很多财务指标不合格的企业也从事了配股活动。其方式包括直接伪造利润,或是声

---

[1] 黎四奇:《对我国证券监管理念的批判与反思》,载漆多俊主编:《经济法论丛》2009 年下卷,第 318 页。不过,对证券监管的"多功能"期待也是早期法学界的常见观念,如 2003 年的《中国法律年鉴》认为证券监管法包括四个方面的任务:制裁证券市场的违规违法行为;增强投资公众的投资信心,保护投资者的合法权益;宏观引导社会资金和资本合理分流,以实现资本金的优化配置;营造良好的证券市场秩序,实现维护公共利益的目的。参见中国法学会:《中国法律年鉴》,法律出版社 2003 年版,第 1137 页。但严格地说,后三种任务界定较为模糊,也是促使"救市""托盘"等"调控"行为产生的诱因。

[2] Stephen Green, *The Development of China's Stock Market*, 1984—2002, RoutledgeCurzon 2004, p.211.

称资产回报率是在10%—11%之间,既符合配股要求,又不太引人注目。[1]

2004年证监会曾收到上千份揭发"基金黑幕"的举报,并对部分较严重的立案调查。但由于当时上证指数正处于1300点的近5年最低点,为避免对证券市场造成过大负面影响,侦查工作相当低调,也没对外公布调查处理结果。2005年基金公司以公众基金为社保基金利益输送的丑闻也引发市场哗然,但证监会调查结果依旧息事宁人。[2] 2010年底,时任证监会山东证券监管局副局长坦言:尽管国际证券委员会组织等提出通行的证券监管的目标和原则只包括保护投资者,维护公平、高效、透明的市场和减少风险。"但在我国,维护社会稳定,培育发展市场,支持经济发展,支持国家新兴产业等等都是监管目标,目标多了势必会给执法带来难度。"[3]

(二)国有经济主体有较强的政治经济游说能力和抗拒严格监管执法的能力。

当利益集团试图影响政府执法决策时,容易出现公共执法不力,执法强度小于社会最优水平的问题。[4]证券市场中大量的国有经济主体给证券监管(包括公安部门的经济侦查)带来了难度,也降低了监管者的执法积极性。2013年,时任证监会主席肖钢称:"资本市场案件查实率只有60%—70%,主要就是因为执法手段不足,调查困难。当事人往往不配合调查,暴力抗法事件时有发生。"他认为地方保护主义、"人情世故""不敢碰硬""不坚持原则"等因素长期存在,"致使相当一部分责任追究不了。近年来证监会每年立案调查110件左右,能够顺利作出行政处罚的平均不超过60件。每年平均移送涉刑案件30多件,最终不了了之的超过一半。"[5]

中国大多数上市公司的终极控制人是政府,国企与政府部门属于同一个共同体。一方面,作为被监管者的上市公司本身拥有丰富的行政和人脉资源,能调动与其利益相关的官员一起为证券发行重组寻租和阻碍

---

[1] Stephen Green, *The Development of China's Stock Market*, 1984—2002, RoutledgeCurzon 2004, p.77.
[2] 陆一:《闲不住的手:中国股市基因体制演化史》,中信出版社2008年版,第123页。
[3] 周荣祥:《陆泽峰:证券监管执法面临三大困境》,载《证券时报》2010年12月6日。
[4] 参见李波:《公共执法与私人执法的比较经济研究》,北京大学出版社2008年版,第37页。
[5] 肖钢:《监管执法:资本市场健康发展的基石》,载《求是》2013年第15期。

证监会有效执法。如湖北康赛股份公司上市造假被查处后,湖北省副省长李大强、国防科工委副主任(国家经贸委前副主任)徐鹏航和中国纺织总会会长吴文英等三名部级官员也由于在康赛公司上市中的不当助力和收受内部职工股而被处分。证监会前成都证管办副主任、贵阳特派办主任高勇受贿则和四川、贵州及证监会的一些干部从中积极斡旋和施加压力颇有关联。[1]对 2000 年至 2010 年我国受到监管部门处罚的上市公司为样本的检验结果发现,监管部门对具有政治和社会关联因素的公司的违规查处存在时滞效应,其处罚周期显著长于关联因素公司;此类公司高管的被迫离职率亦显著低于无关联因素公司。[2]

另一方面,作为机关的政府部门在证券市场中更是重要利益相关者和间接参与者。长期以来,许多依照《证券法》早应该摘牌的上市公司不能退市,在本于《证券法》无据的 ST、PT 制度下苟延残喘,后来又能通过所谓资产重组的"卖壳"行为净赚一票。这和退市会严重危及这些强势国有经济主体及其背后的政府利益息息相关。时至今日,除了幕后的运作外,政府还公然以高额财政补贴的形式令很多上市公司在财务报表中扭亏为盈,颠覆了股市对上市公司进行评价的基本依据。例如。2014 年上半年的各公司年报显示,2244 家上市公司累计获得 323 亿元政府补贴,其中央和地方国企获得的补贴分别占 32% 和 30%(政府愿意补贴当地民营企业,同样考虑到此等全国性融资工具的维系对地方带来的经济和政绩利益,这在欠发达地区尤为突出)。[3] 2014 年上半年净利润排前十名的上市公司所获得的补贴达到 32 亿元,第一名中石油获得 14 亿元。32 家 ST 公司获得补贴 2 亿元。422 家公司的补贴额大于净利润额,包括央企 91 家、地方国企 133 家,数量过半。[4]

---

[1] 康庄、何忠平:《高勇案庭审目击记 少年高官在资本运作中堕落》,载《21 世纪经济报道》2005 年 4 月 17 日。《受贿千万被判死刑 前证监会官员高勇的坠落轨迹》,人民网 2005 年 4 月 21 日,http://legal.people.com.cn/GB/42733/3337641.html,最后访问时间 2016 年 4 月 20 日。

[2] 许年行、江轩宇、伊志宏、袁清波:《政治关联影响投资者法律保护的执法效率吗?》,载《经济学(季刊)》,2013(12):373—406。

[3] 例如,创业板造假第一股的湖南万福生科公司是被当地市政府"反复动员十多次"、接受财政补贴数千万元后才最终"被上市"的。吴敏:《万福生科龚永福:从被上市到被刑拘》,载《新京报》2013 年 8 月 26 日 B03 版。

[4] 王叔坤:《上半年上市公司获补贴增速超盈利增速》,载《新京报》2014 年 10 月 10 日 B07 版。

2011年10月郭树清就任证监会主席后,力推了诸多市场化和自我限权的改革,如审批部门和非审批部门处长的轮岗[1]、发行定价机制改革、促进公司债券发行,甚至提出了初次公开发行(IPO)审核能否取消的设想,改革色彩鲜明。结果2013年3月被撤任,任期不过一年半,几乎是最"短命"的证监会主席。国际货币基金组织前中国研究专家、康奈尔大学教授Eswar Prasad表示,郭树清可能威胁到了大型国有银行、省级政府部门以及国有企业等一贯偏爱政策性垄断的既得利益者。[2]

(三)证监会权力行使的受制约度和被问责度较低,掌控的市场资源却很大。

在行政体系内,证监会独家负责对证券事务的集中统一监管;在行政体系外,人大、法院及自律组织对证券市场可实施的权力也不多。从行业准入、业务审批、发行审查,到交易监管、违法查究、风险处置,乃至投资者教育保护、市场发展,证监会都处在领导地位。从法理上看,并无哪个部门能监管证监会。[3] "证券市场执法难的关键不在于人才的缺乏或技术的制约","缺乏对监管者的有效监督是中国证券市场执法体系的最大漏洞"。[4]

由于权力运作透明度和问责性有限、受到外部审查的可能性也较低,证监会往往不需要对自己的行为作出必要和合理的解释,而可径行为之。例如2007年太平洋证券公司换股上市模式与法律法规通常认可的模式大相径庭,只凭证监会办公厅的一纸公文即为之,虽然市场议论汹汹,证监会却安之若素。据称,此事和已被判刑的证监会前副主席王益有关。[5]

证监会主管的直接融资市场领域牵涉的利益甚多甚大,寻租空间可

---

[1] 2012年3月开始,证监会拥有行政审批权的发行部、创业板部、上市部等9个部门工作5年以上的处级干部将与没有行政审批权的部门相关岗位干部进行对调。不过,业内一种消极的观点认为,在证监会过大的审批权限的制度背景下,单纯定期更换具体的审批人员,不仅降低了办事效率,还可能增加法纪观念不强者越轨的可能性。

[2] 《传郭树清将调任山东 调职或因触动利益集团》,载《中国经营报》2013年3月14日。Lingling Wei And Bob Davis, Beijing to Sideline Top Securities Regulator(March 13, 2013), http://online.wsj.com/article/SB10001424127887324392804578358303154198298.html,最后访问时间2016年4月20日。

[3] 贺小勇等:《关于〈证券法〉的缺陷分析》,载《法学》1999(4),第47页。

[4] 上海证券交易所原副总经理、时任上海市金融办公室副主任方星海语,见安明静:《证券执法检查应建立人大监督制度》,载《国际金融报》2006年1月18日。

[5] 《音乐家的另一面 王益二三事》,载《经济观察报》2008年6月15日经济版。

观,证券监管中一方面事前审批核准要求依然繁多,另一方面事后执法却不足。迄今,证监会已有约十名的前官员被判刑。2014年12月,证监会创业板发行监管部前副主任李量又被立案调查,据称可能还只是"冰山一角"。[1]不到一年后,2015年8月曾任证监会稽查局局长、行政处罚委员会主任的欧阳健生涉嫌内幕交易被立案调查。2015年9月证监会主席助理张育军被立案调查。11月执掌发行实务多年的证监会副主席姚刚被立案调查。同年证监会发行监管处还有两名处长因违法股票交易被采取刑事司法措施。

作为一个成立不到二十年的机构,落马官员的数量和级别无论是在金融监管还是整个经济管理机构中都是很突出的。其中证监会前副主席王益是整个金融监管部门中级别最高的被判刑领导人。

中国证券监管不力的一个重要方面还在于证券监管官员和证券公司的高官关系过于密切,甚至对流频繁。目前,曾在证监会任职的证券公司和证券基金管理公司的高管数以十计,不少甚至在证券公司与证监会之间不断来回调动。这可以说是我国证券业的高国有经济比例的必然现象,也可以说有其工作需要,但加剧了被监管者事后游说公关、杯葛执法,甚至事前与监管者合谋违规的问题。如曾任证监会上市公司监管部副主任的银河证券总裁肖时庆2009年被捕时,有关部门还在拟议让他回任证监会原职。其案涉嫌违规批准国金证券公司借壳重组及自我保荐,而国金证券董事长雷波又是王益的前秘书。

此外,如同国企普遍存在的内部人控制现象,证监会治下的证券公司同样有此问题,如华夏证券公司前总经理赵大建2004年在离任审计中被认定对公司的违规活动和巨额亏损具有9项重要责任,但2005年还是被任命为民族证券公司党委书记,后任董事长。其权力还很大,为了保住自己的位置,成功抵制了首都机场对民族证券的合并方案,最终由于卷入政泉控股和方正证券的恶斗而被立案调查。[2]

---

[1] 李德林:《证监会李量被查或案涉令完成 就是冰山一角》,新浪财经 http://finance.sina.com.cn/zl/stock/20141202/112820975352.shtml,最后访问时间2016年4月20日。
[2] 朱星:《民族证券前董事长赵大建"失联"》,载《新京报》2015年9月28日经济新闻版。

第二节　政府性监管的关键领域分析：证监会信息披露规则评述

在对中国政府性证券监管进行一般性评述后,本节拟对其中一个至关重要的领域信息披露进行分析。在主要国家,信息披露的细则均是由证券监管机关而非立法机关主导。故而,本节虽然主要探讨规则制定,反映的却仍然是政府监管的面貌。

近二十年来,中国证券市场的信息披露制度主要是证监会负责构建的。围绕着《证券法》的十几个条文,证监会进行了繁复的建章立制工作,并卓有成效。但证监会制定的信息披露规则在指导思想上未能准确定位信息披露的丰富性和有效性之间的关系,过于追求过多的披露,既给上市公司带来了较重的负担,也在效果上有所不足。在此制度环境下,上市公司被动披露现象较严重,主动披露积极性不足,信息披露差异性不足。这些不足在本届政府大力提倡简政放权、减轻企业负担的背景下,尤其值得重视。

本节认为,信息重大性的主客观标准应加统一,对子公司关联公司应加强披露,但对市场异动应降低披露要求。证监会和银监会的合作应当加强。披露执法规章应严守法律授权范围,避免不当限制一般主体的信息发布权和公司内部治理。

对这些实践经验和相应的不足的总结,不仅可为《证券法》的修订提供参考,也应当在《证券法》修订的顶层设计完成后,成为重新定位和调整信息披露这一证券法律核心制度的重要参照。

一、总体问题:披露要求过多,差异性不足

(一)指导思想存在误区,将更多的披露简单等同于更好的投资者保护

信息披露制度丰满化的本意是为了完善信息披露制度、增加投资者的信息获得量。但在实践中有些异化。监管层的目前立场倾向似乎是:(1)披露得越多越好;(2)只要投资者提得出,就要满足。

这样的思路当然有可以理解的背景,如一般理论对信息披露之价值的重视、我国"新兴加转轨"的市场发展历程。但在实践中,可以说信息披

露规则的叠加已经出现了过犹不及的局面。监管者一味求多求全,实际上是在缺乏成本收益考量的情况下,试图通过不断增加信息披露义务人的成本,来减少自身的责任。而信息披露义务人在披露任务逐渐增加的背景下,也会有越来越重的应付心态。

具体来说,一是披露规则在实践中的层层加码、有增无减。监管者本身是由流动的自然人构成的,在这个过程中,新来的监管者加入了自身偏好的特殊要求,旧的监管者的偏好所施加的特殊要求、基于特定的历史背景形成的规则却不会被删除。导致信息披露项目过多、规范日益繁复、语义近似但又不同。一些具有特殊的历史和制度背景的规范没有及时删除、简化。在此基础上,证监会提出的披露规则交易所自然要全盘吸收,交易所本身又以增加披露规则为能事,以至于各种披露规则层层堆积。

另一点则反映为全天候的上市公司投资者互动平台等多样化尝试进行得如火如荼。我国的证券市场中,上市公司既缺乏真正自主、为自己争取权益的行业组织(如美国商业圆桌会那样的),又缺乏在不同交易所、不同板块之间用脚投票的迁移自由,而投资者的迁移自由则更大。同时,上市公司是交易所的监管对象,而投资者不是。故而,投资者对交易所有一定的制约力,而上市公司则处于更为被动的境地。这就体现为交易所在投资者和上市公司的立场出现对抗时,更愿意倾向于投资者的要求如增强信息披露,而较少考虑上市公司为应付投资者对所谓信息的需求而要付出的精力与成本,甚至有商业秘密、商业诀窍被拼图式的纠问而有所泄露的风险。而这些成本则最终需要由上市公司全体股东来承受。不少上市公司反映由于必须"有问必答"而牵扯了很多的精力、疲于应付,而投资者很少在上面提出有价值的问题。[1]深圳交易所中小企业板强制性(而非鼓励性)上市公司每年在年报发布后举行网上业绩说明会,也存在真正感兴趣的投资者人数极少的问题,效果不彰,反而成了无赖型投资者挑事的场所。

我们认为,如果此类交流机制确实可以令公司增强与股东的联系、展现公司愿景和规划、促进投资者关系管理等,公司应该是有激励自主开展的,而不必通过强制来实行。交易所即便具有自己的价值观,也宜更多通过引导性的方式来促进此类交流平台的建设。

---

[1] 依据笔者 2014 年 4 月 28 日证监会上市公司信息披露投资者需求杭州座谈会会议笔记(以浙江上市公司为主),6 月 19 日在北京市人大常委会证券法修改座谈会中的调研笔记。

(二)披露规则存在重叠性和冗余性、形式统一性不足

证监会发布的规范性文件,特别是"内容与格式准则"系列,存在号码编排不合理、设计不科学、使用不严谨的问题。[1]

就内容而言,往往对同一事项的规定分散各处,强制性规范和任意性规范(包括名义上的任意性规范、实际上的强制性规范)定性不确定。对上市公司和投资者都造成了阅读、查找和适用上的负担。

例如,《证券法》要求年报披露公司概况、经营情况,《上市公司信息披露管理办法》规定年报披露公司基本情况、主要会计数据和财务指标,则这些范畴是否等同,值得疑问。诚然,实践中,主板和中小企业板上市公司一般执行《公开发行证券的公司信息披露内容和格式准则第2号:年度报告的内容与格式》,但其中规定的又是"公司简介"。

再如,季报并非《证券法》的要求,而是由证监会创制。2007年《上市公司信息披露管理办法》(下称《披露办法》)规定年度报告应当在每个会计年度结束之日起4个月内,季度报告应当在每个会计年度第3个月、第9个月结束后的1个月内编制完成并披露。第一季度报告的披露时间不得早于上一年度报告的披露时间。这就导致实践中一季度季报和年报几乎总是在每年4月甚至4月下旬接踵而至,而内容重合度又不低。

且有研究指出:当一家公司年报亏损但次年第一季度报告盈利时,短期内先公布年报再公布一季报可能会给内幕交易提供机会。因为内部人可以在年报公布后低价买入,一季报公布后高价卖出。定期公布报告后,交易量通常较大,便于掩盖内幕交易。[2]

故建议除了财务指标发生较大变化的情形外,可大幅度简化第一季度季报的内容,至少可以比第三季度季报简化。在公布时点要求上也可以斟酌。

又如,一些抽象性内容如公司治理状况报告在实践中沦为空洞的八股文。对非污染型公司的环保信息披露要求则不具有必要性。

(三)规章对信息披露事项规定过多,侵夺了证券交易场所的自治权限

各国实践经验表明:上市公司的持续信息披露更适合由证券交易场

---

[1] 参见郑彧:《我国证券市场信息披露制度的法律分析》,载《证券法苑》第十三卷,法律出版社2014年版,第360—370页。

[2] 薛爽、蒋义宏:《会计信息披露时机与内幕交易——基于年报首季报披露时差与异常超额交易量的实证研究》,载《中国会计评论》2008年第2期,第207—222页(该文针对2001—2003年年报亏损的上市公司)。

所监督负责,并在竞争中不断优化(详见本书第二章第三节)。在沪深证券交易所运营了二十多年、日趋成熟的今天,政府应当对证券交易所保有信心,而不必过多的对持续信息披露(定期报告、临时公告)的内容和格式作出规定。相关的信息披露标准可以由交易场所制定后向证监会核准或备案,以作为日后证监会对信息披露违法行为行使调查、处罚的标准。

此外,若要推行交易所内部的板块区分化、不同产业的信息披露差异化,责任更应当落到证券交易所身上。

(四)信息披露规则的差异性思考不足

一是不同交易所、不同板块的信息披露规则在有的事项上差异性不足,有的事项的差异性没有必要,反而对投资者比较上市公司带来了困难。

二是对不同行业、不同经营模式的差异性认识不足,行业化的信息披露规则亟待发展。现行规则对财务数据较为重视,对能体现公司个性、真实竞争力和利润增长能力的因素重视不够,特别是创业型企业、新兴产业、第三产业和依赖人力资本的产业。例如,中小型科技企业或金融企业中,并不担任董事、高管的核心员工的加入或离职可能会对企业发展产生较大的影响。但现在的信息披露规则并不能对此予以反映。不过,深交所等已经开始鼓励汽车、房地产、港口类上市公司自愿披露每月汽车产销量、房地产销量、港口吞吐量等特有的可量化信息。

三是对于信息披露的豁免尚缺乏明确制度安排。现实中,已有军工企业以涉及国防机密为由不实施全面的信息披露。证券法和国家保密法律法规,信息公开与国家秘密、商业秘密如何平衡,需要解决。这包括相关信息披露应该是自动豁免还是依照程序进行审批或备案。在有关信息人已经造成泄密的情形下,是否应当及时公开披露等。

四是自愿性披露制度尚需完善。对非可客观量化的信息披露的"安全港"责任豁免制度有待深化。而在发行人、上市公司及其控股股东、实际控制人、董事、高管等作出额外承诺时,也没有良好的对公开承诺的强制履行制度。

(五)应予披露的信息配比不合理

一是要求披露的财务信息多,非财务信息少。缺乏细化的从行业经营特点角度披露非财务信息的要求。财务信息具有一定的时滞性,不能全面反映有利于企业价值评估的所有重要因素。重要的非财务信息,例如品牌商誉、研发、人力资源管理、客户关系、商业模式、内部控制等难以计量化的因素虽然对投资者的投资决策又有着很大的参考价值,但在当年的披露体制下,作为"自选动作"出现,反而可能加大披露人的法律和监管风险。

二是披露的风险因素信息多、投资价值信息少。上市公司往往复制和照搬规则指引中有关行业风险的原则性的格式性描述,唯恐遗漏地罗列公司可能遇到的风险,而令特定公司所真正面临的风险无法凸显。这种风险披露缺乏投资实用价值,只是作为一种"万能险"来令公司免责。中国上市公司股价的同步性(同涨同跌)较为明显,这在一定程度上也是由信息披露结果的同质性、类似性造成的。[1]

(六)大量事项反复需要当事人承诺、确认,徒具形式

让公司高管进行确认是美国2002年萨班斯法增加的新内容,但美国文化中对签字本身较为重视,法定代表人的签字在效力上有时可以代替公章。而中国文化较为看重公章,签字本身就不具有神圣性,当事人签字也是敷衍为主。

而且,对于何种当事人对何种事项具有法律责任,法律本身是明确的,权利义务并不是通过承诺书、确认书来建立的。除了涉及董事会决议等少数实施合议制的事项,当事人并不由于不承诺、不签字而产生法律责任。指望董事、高管会利用签字的场合再做三思,只是一种良好的愿望。

例如,现在的各类信息披露均要求董事会、监事会及董事、监事、高级管理人员签字保证本报告所载资料不存在任何虚假记载、误导性陈述或者重大遗漏,并对其内容的真实性、准确性和完整性承担个别及连带责任云云。但这其实主要是为了增强"仪式感",而并不增强法律的约束性。

二、信息披露的内生机制:尚待强化

(一)尚未通过外部强制性制度安排形成对公司信息提供的有效倒逼机制。

2007年《上市公司信息披露管理办法》(下称《披露办法》)规定公司应当为董事会秘书履行职责提供便利条件,财务负责人应当配合董事会秘书在财务信息披露方面的相关工作。但实践中,负责组织和协调信息披露的董事会秘书办公室在公司职能部门面前尚不能较为有力。有关访

---

[1] L., Jin, S. Myers, "R^2 around the World: New Theory and New Tests", *J. Fin. Econ.*, 2006, 79(2), pp.257—292(在四十个样本国家中,中国股市的同步性位居第一)。

谈中,董事会秘书多表示董秘办和其他部门的工作人员仍然有"董秘办是在给其他部门添麻烦"的感觉。

从根本上说,这一方面是由于信息披露事项流于琐碎,令各部门觉得无用繁冗;另一方面,也与信息披露执法力度不足,其他部门感觉不到信息披露的重要性有关。倘若公司上下都认识到信息披露的严肃性、重要性,则自然不敢对董秘办的要求掉以轻心。

(二)公司高层和董事会秘书在重大事项的信息披露权限尚待厘清。

《披露办法》规定董事会秘书负责办理上市公司信息对外公布等相关事宜。除监事会公告外,上市公司披露的信息应当以董事会公告的形式发布。实践中,董事会秘书在不同公司的地位或高或低,甚至不必然是董事或高级管理人员。其一方面作为信息披露的"出口"的把关人,地位关键,但另一方面在公司权力体系中并不必然处在重要的位置。对于重大信息披露的事项,实际上必须等待公司高层领导的意旨。

故而,法律规则的改进中可以考虑是否明确董事会秘书的地位,如必须由执行董事或副总裁/副总经理级别的人士担任,同时厘清董事会秘书的责任,即究竟只是公司的职员,还是在一定程度上是市场投资者利益的受托人,在董事会秘书和董事会、董事长意志龃龉的极端情形中,董事会秘书有无权限为了市场投资者利益直接决定进行信息披露,这都需要法律法规予以澄清。

三、具体操作:若干环节衔接性有待提高

(一)信息重大性的主客观标准不统一、不明晰

重大性是决定有关信息是否应当被披露、不披露是否会造成法律责任的标准。《证券法》第67、75条在界定重大事件和内幕信息时,采用的是客观标准,即可能对上市公司证券交易价格产生较大影响。

与之类似采用客观标准的是:2007年《披露办法》第30条对临时报告的要求;2007年8月证监会《关于规范上市公司信息披露及相关各方行为的通知》第一点:上市公司及相关信息披露义务人应当"公平地向所有投资者披露可能对上市公司股票交易价格产生较大影响的重大事件,以使所有投资者均可以同时获悉同样的信息,不得有选择性地、提前向特定对象单独泄露。特定对象包括(但不限于)从事证券投资、证券分析、咨询及其他证券服务业的机构、个人及其关联人等"。《上市公司重大资产重组管理办法》(2011年最新修订,下称《重组办法》)第38条:"上市公司

筹划、实施重大资产重组,相关信息披露义务人应当公平地向所有投资者披露可能对上市公司股票交易价格产生较大影响的相关信息(以下简称股价敏感信息),不得有选择性地向特定对象提前泄露"。

但其他一些证监会规章却采用的是影响投资者决策的主观标准。如2006年《首次公开发行股票并上市管理办法》第54条、2006年《上市公司证券公开发行管理办法》第52条、2007年《披露办法》第11条、19条、2008年《首次公开发行股票并在创业板上市管理办法》第33条均规定:凡对投资者投资决策有重大影响的信息,上市公司均应充分披露。2011年《信息披露违法行为行政责任认定规则》第9条:信息披露义务人在信息披露文件中或者通过其他信息发布渠道、载体,作出不完整、不准确陈述,致使或者可能致使投资者对其投资行为发生错误判断的,应当认定构成所披露的信息有误导性陈述的信息披露违法行为。第12条:认定信息披露违法行为的客观方面通常要考虑所涉及事项对投资者投资判断的影响大小。《公开发行证券的公司信息披露内容与格式准则》《非上市公众公司信息披露内容与格式准则》系列也是以对投资者投资决策有重大影响为披露标准。

有学者认为,影响投资者决策标准适用于所有信息的正面披露,影响市场价格标准则适用于是否发布临时报告。[1]换言之,在日常交易中,信息披露的目的是为投资者提供决策依据,故信息的重大性应取决于其对投资者买卖判断的作用力,但在市场交易受到特殊事件影响时,内幕信息的知情人等公司内部人在决定是否需要及时公布信息或戒绝交易时,不必考虑自身如果是理性投资者时,投资决策是否会被影响,而是应当考虑外部市场价格是否会在此等信息公开时受到重大影响(包括非理性投资者的恐慌性抛盘造成的影响)。在此,法条的重点是通过内外部人信息占有上的平等来体现法律的公平性。在判定内幕交易者等的违法所得或民事赔偿责任时,市场价格标准也更为方便用于计算。

不过,总体而言,主观标准和客观标准的差异不必被绝对化。所以,在适用时还是可能造成混淆和产生不确定性,故值得注意。相对来说,由于中国的证券市场尚不够成熟,市场价格信号并不准确,"对上市公司股票交易价格产生较大影响"如何认定更为困难,也容易在执法中造成行政肆意。故本书更赞同主观标准。

---

[1] 曾洋编著:《证券法学》,南京大学出版社2008年版,第219页。

但是，对"对投资者作出投资决策有重大影响"标准的含义需要明确。因为对此可以至少有两种解释。一种是对普通、理性的外部投资者根据公开的对证券发行人和行业的一般理解而认为的对投资决策有重大影响的信息。美国最高法院1976年在著名的 TSC 案判决中已明确了正确的标准是：就一个"理性的投资者"看来，"该信息的存在极有可能将会对市场上已有的总体公开信息带来重大改变"。[1] 此规则也已经成为主流国家共识。

但从文义看，也不能排除另一种解释，即特定投资者结合自身知识水平、心态而认为的对投资决策有重大影响的信息。为了避免无知投资者据此条来"维权"生事，似宜通过更清楚的法条来表述。在自作聪明的市场维权者开始惯于通过寻章摘句地解读规则文本来主张自身的权利的今天，非专业人士可以看得似懂非懂，而且确实能作出两种以上解读的状态是最不适宜、最易于引发纠纷的。

（二）过于重视股价异动的影响，为上市公司施加了不必要的披露义务，反而可能加剧市场波动

一般认为，通过临时报告等制度，信息披露法已经确立的一项原则是"证券重大相关信息应该及时披露"。在法理上，对证券信息的重大性、相关性之判定标准已经有了较为成熟的认识。但实践中，证监会通过《披露办法》《上市公司重大资产重组管理办法》（2011年最新修订，下称《重组办法》）等规章又发展出了另一条标准（由之也影响了交易所制定的规则）。其原则上要求股票交易价格有异常波动就披露，不论股价异动的原因是否为公司所知，不论相关信息是否成熟、确定。这不符合 Texas Gulf Sulphur Co. 案等境外经典判例确立的对应当披露的信息重大性判定标准的一般法理认识，也加大了我国上市公司的披露负担，并由于释放了不确定、不成熟的信息，而可能增加市场波动。对于未达到重大性披露标准的信息，公司应有更多权利来自主决定是否披露，而不应受外部交易有无异动的影响。对股价异常波动的治理应通过其他综合途径。[2]

（三）对公司子公司、关联公司的披露不充分

《披露办法》第33条规定：上市公司控股子公司、参股公司的重大事

---

[1] TSC Industries, Inc. v. Northway, Inc., 426 U.S. 438, 449 (1976). 有关评述见 Jeffrey Davis, "Materiality and SEC Disclosure Filings", 24 SEC. Reg. L. J. 180 (1996).

[2] 详见缪因知：《论股价异动时不必强求公司披露》，载《证券市场导报》2015年第7期。

件,可能对上市公司证券及其衍生品种交易价格产生较大影响的,上市公司应当履行信息披露义务。但实际调研中,不少投资者指出即便是在定期报告中,对子公司、关联公司、特别是属于利润、收入主要来源的公司披露不充分,导致对上市公司的价值难以作出判断。

例如,2010—2013年中央企业下属上市公司长航油运连续四年亏损,其业绩一直受到新加坡子公司长航油运(新加坡)有限公司的大幅拖累。长航油运《2013年度非经营性资金占用及其他关联资金往来情况汇总表》显示,长航油运(新加坡)有限公司2013年年末占用母公司资金余额高达31.24亿元,核算的会计科目为"其他应收款"。但新加坡子公司历年都没有公开过账目,其实是笔"糊涂账",可能存在利益输送嫌疑。[1]

(四)和银行业监管机构的联动不够有效,对上市公司对外担保等事项难以有效掌控

上市公司特别是经营业绩较差的公司隐瞒对外担保和互相担保的情形是证券市场中的一个痼疾。例如,2006年10月,上市公司河北宝硕股份公司债务危机爆发,后被查实在2001—2006年间有数十起未按规定披露控股股东及关联方占用资金事项,未按规定披露为其他公司提供担保事项。[2]与之有着互保关系的"河北圈"公司纷纷爆出侵占公司资产、巨额担保等治理丑闻。如河北圈的重要成员之一东盛科技股份有限公司(后为ST东盛)被证监会确认2002年至2006年期间未按规定披露将资金提供给控股股东及其他关联方使用,未按规定披露对外担保事项达十几亿元。[3]证监会2013年年报披露工作检查中,上市公司未按规定披露担保事项仍然是一个突出问题。[4]

不披露对外担保事项是较为明显的违法行为,《证券法》第67条规定"公司订立重要合同,而该合同可能对公司的资产、负债、权益和经营成果产生重要影响"的,应当进行重大事件临时公告,这实际上已经把重大担

---

[1] 劳佳迪:《长油死局 一家A股央企的"意外死亡"》,载《中国经济周刊》2014年5月6日。
[2] 证监会行政处罚决定书(河北宝硕股份有限公司、周山、闫海清等10名责任人)(〔2014〕69号)。
[3] 证监会行政处罚决定书(东盛科技股份有限公司等)。证监会网站 http://www.csrc.gov.cn/pub/zjhpublic/G00306212/201007/t20100728_182996.htm,最后访问时间2016年4月20日。
[4] 证监会:《上市公司2013年年报披露相关情况》,证监会网站 http://www.csrc.gov.cn/pub/newsite/zjhxwfb/xwdd/201405/t20140529_255110.html,最后访问时间2016年4月20日。

保涵盖在内。2005年11月银监会和证监会《关于规范上市公司对外担保行为的通知》(下称《担保通知》)第一点则明确规定"上市公司董事会或股东大会审议批准的对外担保,必须在证监会指定信息披露报刊上及时披露,披露的内容包括董事会或股东大会决议、截止信息披露日上市公司及其控股子公司对外担保总额、上市公司对控股子公司提供担保的总额"。[1]

但担保主要发生在公司之间的一对一关系中,担保信息的外部可查性较弱。特别是信用担保,不涉及当期的资产和负债、不会形成会计记录,近乎"无形"。其他类型的担保也只是被认定为"重要事项",以财务报表附注的形式由公司财务报告在表外披露。[2]即便上市公司(特别是不经过股东大会时)作出了担保,如果有意进行信息隐瞒,则证监会和交易所也难以发现,这导致违规担保造成的信息披露违法行为居高不下。

表3.2 中国证监会行政处罚上市公司担保信息披露问题统计表[3]

年份	2002	2003	2004	2005	2006	2007	2008	2009	2010
X_1	17	36	49	43	38	35	49	56	39
Y_1	4	7	12	9	11	7	12	4	4
$Z_1(\%)$	23.53	19.44	24.49	20.93	28.95	20	24.49	7.14	10.26

注:X_1,证监会行政处罚总数;Y_1,因担保信息披露问题被行政处罚数;Z_1,因担保信息披露问题被行政处罚数占证监会行政处罚总数的百分比。

从制度上讲,证监会已早就开始探索和银监部门进行合作,以改变面对担保信息掌握不全的被动局面。银行业金融机构在放贷时掌握了较为详尽的关于借款人和担保人的信息,并进行了登记和数据库建设。1997年中国人民银行《银行信贷登记咨询管理办法(试行)》开始建立全国"银行信贷登记咨询系统",由借款人在所在地人民银行分支机构建立信贷档案,登记财务状况和其他资信内容,并统一颁发贷款卡;金融机构凭贷款卡向人民银行查询借款人的资信情况,将信贷信息输入人民银行数据库。这一数据库包含了所有借款人的财务状况、诉讼状况、对外担保状况、欠息状况等资信信息。2005年12月,中国人民银行《关于企业信用信息基

---

[1] 后来颁布的2007年《披露办法》也明确把"对外提供重大担保"列为应当披露的重大事项。
[2] 参见贾婷婷:《浅议我国上市公司担保信息披露制度的完善:以证监会与银监会的协作为视角》,载《金融法苑》第83辑(2011),第70页。
[3] 同上书,第68页。

础数据库试运行有关问题的通知》将银行信贷登记咨询系统逐步升级为全国统一的"企业信用信息基础数据库"(2006年完成新老系统切换),规定"境内借款人和担保人向金融机构申办非个人信贷业务时,应当先在当地的人民银行分支机构申领贷款卡"。"经人民银行许可的金融机构可以同时使用企业信用数据库和银行信贷登记咨询系统查询借款人信用信息。金融机构查询借款人信用信息必须得到借款人的授权。金融机构查询的借款人信用信息主要应以在银行信贷登记咨询系统中的查询结果为主。""人民银行及其分支机构可以同时查询企业信用数据库和银行信贷登记咨询系统中借款人和金融机构的相关信息。"

《担保通知》规定:"上市公司在办理贷款担保业务时,应向银行业金融机构提交《公司章程》、有关该担保事项董事会决议或股东大会决议原件、刊登该担保事项信息的指定报刊等材料"。银行"及时将贷款、担保信息登录征信管理系统",审核"上市公司对外担保履行信息披露义务的情况"。"证监会及其派出机构与中国银监会及其派出机构加强监管协作,实施信息共享,共同建立监管协作机制,共同加大对上市公司隐瞒担保信息、违规担保和银行业金融机构违规发放贷款等行为的查处力度,依法追究相关当事人的法律责任。"

但实践中,似乎证监会对银监会掌握的系统的使用效率并不高,其发现上市公司隐瞒对外担保信息的办法一般只包括[1]:

(1)通过年报披露的情况倒推临时报告的披露是否及时。但公司刻意隐瞒时,临时报告和定期报告会均不披露对外担保。

(2)根据平时掌握的资料审查年报有无遗漏。但上市公司日趋繁多、定期报告提交时间集中、临时报告层出不穷,监管部门要以此"大海捞针",人力物力不敷使用。

(3)通过证监会派出机构约谈审计师以及时发现上市公司对外担保未及时披露的情况。但这有一定的随机性、盲目性。

(4)在相关公司出现问题之后对为其提供担保的公司展开详尽调查。这为时已晚,与上市公司对外担保信息披露制度设立的初衷大相径庭,处罚可以起到惩罚和一定的威慑作用,但对于违规担保的防范的作用却十分有限。其作为被动的事后追究机制,最多只能亡羊补牢,而不能事

---

[1] 参见贾婷婷:《浅议我国上市公司担保信息披露制度的完善:以证监会与银监会的协作为视角》,载《金融法苑》第83辑(2011),第70—71页。

前防范正在累积的金融风险甚至是局部性的系统风险。

究其原因,可能在于银行和银监会并不太重视如何防范上市公司对外担保债务过多。银行在对上市公司放贷时,可能会关注公司对外担保的情况。但上市公司违反本公司章程的规定对外进行担保时,债权人银行并不一定有义务对担保人自身章程中的限制有所了解。即便担保合同被认定为无效,其过错和责任分担程度总是要低于担保人。银行和银监会关心维护银行债权人利益,避免坏账风险,故不会热衷于剔除不合格的担保人,而总是希望可以扩大担保人范围。即便上市公司章程设定的担保总额、单项担保限额、担保审批权限(属于股东大会还是董事会)等被输入信用基础信息数据库,也很难令银行和银监会予以太大的重视。

故而,为了维护证券市场的安全,同时也减少信贷市场的风险,在推动证监会与银监会对上市公司对外担保加强协作、信息共享的基础上,应当允许证监会扮演更为积极主动的角色,使《担保通知》落到实处。如在担保人为上市公司时,信息系统自动抄报给证监会和证券交易所[1];或授权证监会及其分支机构可以和人民银行及其分支机构一样同时查询企业信用数据库和银行信贷登记咨询系统中担保人等的信息(获取的借款人信用信息,当然也不得向第三方透露)。2009年《中国人民银行、中国银行业监督管理委员会关于开放企业信用信息基础数据库查询服务的通知》已经对银监会及其分支机构开放了查询服务,并规定了合规和保密的义务,包括"银监会及其分支机构查询企业征信系统获得的信息和汇总数据,不作为对监管对象的处罚依据,不构成对抗第三方的证据,不对外泄露、引用和公布,不得向第三方提供"。"人民银行定期向银监会逐笔提供银监会及其分支机构的查询记录,为银监会加强查询管理工作提供帮助。"类似便利也可以考虑向证监会及其分支机构提供。

这样,证券监管部门对担保超限的上市公司不仅可以迅速地进行调查。对于累计对外担保额及比例未超过公司章程的规定,但是对外担保比例较高的公司(这一比例可以由证监会确定),信用信息数据库维护者也可提醒证监会,以便重点关注此公司的信息披露文件。作为利益交换,

---

[1] 有研究者提出了内容更为繁杂的信息分享机制,贾婷婷:《浅议我国上市公司担保信息披露制度的完善:以证监会与银监会的协作为视角》,载《金融法苑》第83辑(2011),第74页。但笔者认为证券监管部门需要的信息只是上市公司有无发生对外担保的事实,其他信息如债权人方面的信息不宜过多开放给证券监管部门。

证监会和交易所也可将对上市公司的处罚和公开谴责信息输入人民银行数据库。

(五)纸质披露媒体刊载的信息量大、字体小,流于形式。对互联网技术日常化的大背景下的信息披露渠道安排尚缺乏系统的思考

现在上市公司日趋增多,各类公告日趋繁多。一方面,作为传统披露载体的"四大报"[1]不堪重负,只能通过增加版面、缩小字体来应对;另一方面,由于阅读便利性、便捷性的降低,一般投资者和机构投资者都不再将之作为主要的信息获取渠道,而更多地借助互联网方式来获取信息。

事实上,《证券法》只规定"依法必须披露的信息,应当在国务院证券监督管理机构指定的媒体发布",并未明确一定得是纸质媒体。进行相关的转变并无法律上的障碍。现在证监会已经有"摘要上报,全文上网"的做法,如《重组办法》第21条"上市公司应当在至少一种证监会指定的报刊公告董事会决议、独立董事的意见和重大资产重组报告书摘要,并应当在证券交易所网站全文披露重大资产重组报告书及相关证券服务机构的报告或者意见",下一步可以过渡到报纸上仅刊登目录或有关意见的结论。

四、权限划分:部分执法规则涉嫌越权

(一)将对特殊主体的罚则泛化为针对一般主体

《披露办法》第66条规定:"任何机构和个人泄露上市公司内幕信息,或者利用内幕信息买卖证券及其衍生品种,证监会按照《证券法》第二百零一条、第二百零二条处罚。"

这一条和《证券法》相关条文其实都是内幕交易禁止制度,删去并不影响信息披露执法,而保留却会引发争议。清华大学课题组明确批评此条扩大了内幕交易主体的范围,在文义上把无意中获得内幕信息交易者也列入了处罚范围,在法理上缺乏依据。[2]《披露办法》不存在不当扩大

---

[1] 传统上,深交所承认的指定披露媒体是三大报(《中国证券报》《上海证券报》《证券时报》),而上交所承认的指定信息披露媒体是四大报(包括《证券日报》),见上交所《上市公司日常信息披露工作备忘录第二号》。但证监会也明确四大报及其下属网站是创业板的信息披露指定平台,http://www.csrc.gov.cn/pub/newsite/zjhxwfb/xwdd/200909/t20090921_164641.html,最后访问时间2016年4月20日。

[2] 清华大学课题组:《证券交易法律制度完善研究》,载《证券法苑》第十卷,法律出版社2014年版,第245页。

上位法适用范围的问题。

《证券法》第201条的规定："为股票的发行、上市、交易出具审计报告、资产评估报告或者法律意见书等文件的证券服务机构和人员，违反本法第四十五条（证券服务机构和人员在特定时期内禁止买卖股票）的规定买卖股票的，责令依法处理非法持有的股票，没收违法所得，并处以买卖股票等值以下的罚款。"《证券法》第202条的规定："证券交易内幕信息的知情人或者非法获取内幕信息的人，在涉及证券的发行、交易或者其他对证券的价格有重大影响的信息公开前，买卖该证券，或者泄露该信息，或者建议他人买卖该证券的，责令依法处理非法持有的证券，没收违法所得，并处以违法所得一倍以上五倍以下的罚款；没有违法所得或者违法所得不足三万元的，处以三万元以上六十万元以下的罚款。单位从事内幕交易的，还应当对直接负责的主管人员和其他直接责任人员给予警告，并处以三万元以上三十万元以下的罚款。证券监督管理机构工作人员进行内幕交易的，从重处罚。"

《证券法》第201条是对证券服务机构和人员的规制，而第202条是需要认定内幕信息和内幕信息知情人的存在后才可执法，《披露办法》第66条规定"任何机构和个人"都可"按照《证券法》第201条、第202条处罚"，是把针对特殊主体的《证券法》规定直接扩展为对一般主体了，明显越权。

类似的，《重组办法》第57条规定："任何知悉重大资产重组信息的人员在相关信息依法公开前，泄露该信息、买卖或者建议他人买卖相关上市公司证券、利用重大资产重组散布虚假信息、操纵证券市场或者进行欺诈活动的，依照《证券法》第二百零二条、第二百零三条、第二百零七条予以处罚；涉嫌犯罪的，依法移送司法机关追究刑事责任。"

但《证券法》第202、203条是针对的内幕交易、操纵市场的责任，第207条是针对第78条第2款的责任条款，即证券交易所、证券公司、证券登记结算机构、证券服务机构及其从业人员，证券业协会、证券监督管理机构及其工作人员，在证券交易活动中作出虚假陈述或者信息误导的责任，用来比照"任何知悉重大资产重组信息的人员"的活动，不甚妥当。

《披露办法》第67条规定："任何机构和个人编制、传播虚假信息扰乱证券市场；媒体传播上市公司信息不真实、不客观的，证监会按照《证券法》第二百零六条处罚。

在证券及其衍生品种交易活动中作出虚假陈述或者信息误导的，证监会按照《证券法》第二百零七条处罚。"

此条也有过分扩权之嫌,《证券法》第 206、207 条分别针对第 78 条第 1、3 款和第 2 款。《证券法》第 78 条规定:"禁止国家工作人员、传播媒介从业人员和有关人员编造、传播虚假信息,扰乱证券市场。禁止证券交易所、证券公司、证券登记结算机构、证券服务机构及其从业人员,证券业协会、证券监督管理机构及其工作人员,在证券交易活动中作出虚假陈述或者信息误导。各种传播媒介传播证券市场信息必须真实、客观,禁止误导。"所涉及的都是特定主体。尽管现实生活中,由于互联网的发展,普通人也能够发出对市场具有误导作用的陈述,但毕竟一来此类案例还为数甚少,二来法条本身限定得较明确。故证监会不宜轻易把处罚对象扩充为"任何机构和个人",也不宜把《证券法》中的"传播媒介"扩充到所谓自媒体身上。

此外,有的监管措施实际上较为严重,如《披露办法》第 59 条规定的董事、监事、高管为不适当人选之认定,近似于吊销执业资格,应当由法律法规而不是规章来明确。

(二) 越权干涉新闻业

《披露办法》第 56 条规定:"媒体应当客观、真实地报道涉及上市公司的情况,发挥舆论监督作用。任何机构和个人不得提供、传播虚假或者误导投资者的上市公司信息。违反前两款规定,给投资者造成损失的,依法承担赔偿责任。"第 68 条规定:"涉嫌利用新闻报道以及其他传播方式对上市公司进行敲诈勒索的,证监会责令改正,向有关部门发出监管建议函,由有关部门依法追究法律责任。"

这两条严重不妥。媒体报道是关于言论自由、新闻自由的宪法性权利。媒体监督对于揭发中国资本市场弊案功不可没,在不少场合中,专业媒体曝光先行于证监会的调查。一般法理亦认为:为了保障舆论监督的及时性,只要媒体报道时不具有恶意或放任的心态,即便报道内容有所失实,也不必承担法律责任。

根据《证券法》第 206 条,证监会固然有权对包括媒体在内的相关主体"编造、传播虚假信息,扰乱证券市场"(《证券法》第 78 条第 1 款)的行为进行处罚,但证监会并非新闻主管机构,既无专业能力、也无权限代替法院或有关部门对媒体是否"客观、真实地报道"、是否"涉嫌""进行敲诈勒索"作出判断和管理。

传媒的主要功能是令社会对某一事项发生关注,且媒体只能从外部进行观察推断,而不可能掌握对报道主体所有真实准确的信息,故媒体报道无法100％准确是非常正常的。新闻应当追求的"客观、真实"就像民事诉讼中的"法律真实"一样,只应当是受到初步证据支持的、表现出来的真实,而非全能上帝之眼下的"客观真实"。如对此缺乏深刻理解,就容易误判"虚假信息"。证监会在此问题上并无特殊的鉴别力,允许其提出监管建议函,只会造成变相的以权势压人,甚至成为掩盖证券市场弊案的合谋人。

故第56条第1款可以直接删去,虽然其表述并无不当,但不属于证监会的职权范围。第3款中的赔偿责任是民事责任,证监会无权设定。如果证监会的理解是"依照有关法律等来确定",则纯属叠床架屋、多此一举。第68条应删去,其在逻辑上本身就有问题,既然只是"涉嫌",则应当调查,而不是径行"责令改正"。如该条确需保留,则至少应当明确只有经证监会主席签发同意,才可以向中宣部、新闻出版总署等发出监管建议函,而非任意下属部门和派出机构均有权发函袭扰。

(三) 干涉公司内部治理

证监会《上市公司收购管理办法》(2014年修订,下称《收购办法》)第60条规定:"上市公司实际控制人及受其支配的股东未履行报告、公告义务,拒不履行第五十八条规定的配合义务,或者实际控制人存在不得收购上市公司情形的,上市公司董事会应当拒绝接受受实际控制人支配的股东向董事会提交的提案或者临时议案,并向证监会、派出机构和证券交易所报告。证监会责令实际控制人改正,可以认定实际控制人通过受其支配的股东所提名的董事为不适当人选;改正前,受实际控制人支配的股东不得行使其持有股份的表决权。上市公司董事会未拒绝接受实际控制人及受其支配的股东所提出的提案的,证监会可以认定负有责任的董事为不适当人选。"

类似的规定"收购人不得对其持有或者实际支配的股份行使表决权"的还有第75、76、77条。这些条文的制定可谓用心良苦,为的是督促上市公司实际控制人及受其支配的股东配合上市公司进行披露。但如此执法的合法性却似乎有所不足。即便证监会有权认定上市公司董事是否为适当人选,其也无权直接对董事会和股东之间的关系作出指令,如是否接受股东提案或者临时议案。因为这涉及民事主体之间的关系,而非行政管理关系。即便认为信息披露不只是行政管理性的义务,而是民事性义务,大额权益变动的披露义务也最多只是股份购买中的附随义务,很难推导出由此获得的股份不应当具有表决权的结论。

故受实际控制人支配的股东在实际控制人改正前行使其持有股份的表决权的,证监会无权认定该权利行使不产生民事法律效力。如果该股东诉法院,要求确认其股份表决权有效,法院不可能依照《收购办法》等规章而驳回其诉讼请求。虽然实践中,上市公司股东畏于证监会的权势,而不太会将纠纷诉至法院,但其中的法律原理并没有发生变化。故对相关不披露情形应当只限于通过加大行政责任追究来解决,如对相关股东进行处罚,或仅通过认定相关董事为不适当人选来倒逼其抵制未履行披露义务的股东。

再如,《重组办法》第 16 条规定:"上市公司及交易对方聘请证券服务机构的,应当立即与所聘请的证券服务机构签署保密协议。"此条的用意自然是好的,但却有管得过细之嫌。保密协议的签订属于民事法律行为,不必由行政机关来规定。证监会可以自行规定上市公司、交易对方和证券服务机构的保密义务,并在其不履行义务时追究其行政责任。但民事主体之间是否签订保密协议、签订之后是否依约履行,不需要行政机构批准,违反此约定时也难以由行政机构来追究其合同责任。事实上,《重组办法》也未曾规定不签署保密协议的法律后果,使得此条沦为号召性条款。

(四)越权就民事权利行使作出规定

《收购办法》第 58 条规定:"上市公司实际控制人及受其支配的股东,负有配合上市公司真实、准确、完整披露有关实际控制人发生变化的信息的义务;实际控制人及受其支配的股东拒不履行上述配合义务,导致上市公司无法履行法定信息披露义务而承担民事、行政责任的,上市公司有权对其提起诉讼。"

上市公司是否有权对不履行配合信息披露的实际控制人提起民事诉讼,并不可由证监会规定。规定公司可起诉实际控制人,在实践中也并不太可行。

总之,证监会多年来工作成就卓著,但客观上也难免有种种"发展中的问题"。论述证监会信息披露规则的不足,主旨并非在于责备,而是希望能通过规则的改进,优化监管、促进市场发展,实现监管者、被监管者和投资者的和谐共生。

第三节　民事诉讼的现状与前景

与证监会和行政机构庞大的权限相对照的,正是多少被压制的司法力量。总的来说,我国的法律整体实施机制有着"重行政、轻司法"的特色,所以在证券法律实施上也是"重监管、轻诉讼"。民事诉讼机制在证券市场法律实施中的潜能还有待通过制度革新来发挥。

一、受束缚的现实、可有为的前景

前一章述及了证券民事诉讼机制的诸多优点,但在我国,这种在不少国家颇为重要的证券法律实施机制还处在较为边缘的地位。据不完全统计,从1996年刘中民诉渤海集团案(该案以原告无法证明损失与虚假陈述之间的因果关系为由而判决其败诉)开始到2013年秋,约有16000多名投资者成为虚假陈述民事赔偿案的原告,涉案标的约在17亿元左右,约有96家上市公司被诉。但主动提起证券民事赔偿诉讼的投资者不会超过受损并符合起诉条件的投资者总人数的10%,起诉总标的不会超过可计算损失总额的5%。[1]

而其原因与第二章所述的证券民事诉讼机制的一般性缺点的关联不是太大。主要的阻力还是在于我国司法机构的实际层面。高层决策者或许更愿意由行政部门来执掌证券市场这个事关经济生活核心并日渐占据舆论关注焦点的领域,而对自治性相对较强的民事诉讼机制发挥作用心存疑虑,唯恐事态"失控"。但司法机构对自身定位和能力也有着颇为消极的评估。例如,2001年9月21日最高法院曾发布《关于涉证券民事赔偿案件暂不予受理的通知》,至今也只有已被刑事判决或行政处罚裁定确认为虚假陈述的行为可被提起证券民事诉讼。[2]此等要求有行政前置程序的司法门槛设置不仅限制了当事人应有的民事权利,而且认为法院只

---

[1] 刘雯亮:《律师维权在荆棘中前行》,载《证券时报》2013年10月9日。
[2] 参见2002年1月最高法院《关于受理证券市场因虚假陈述引发的民事侵权纠纷案件有关问题的通知》,2003年1月最高法院《关于审理证券市场因虚假陈述引发的民事赔偿案件的若干规定》(《规定》)。且根据《规定》第11条,法院受理虚假陈述证券民事赔偿案件后,受行政处罚当事人对行政处罚不服申请行政复议或者提起行政诉讼的,可以裁定中止审理。法院受理虚假陈述证券民事赔偿案件后,有关行政处罚被撤销的,法院被要求裁定终结相应的民事诉讼而不是独立继续审判。

有在对行为人确认了举证标准较高的刑事责任后才能追究其举证标准较低的民事责任,也存在着逻辑上的缺陷。

实践中,法院超越制度要求作出的对证券诉讼的消极应对、有意拖延更是屡见不鲜。证券民事赔偿经常出现起诉不收案、收案不立案[1]、立案不审理[2]、审理不判决[3]、判决难执行、对共同诉讼设置种种障碍等情况。这不仅增加了原告的讼累,还会带来被告上市公司在财务造假等负面因素曝光后市场信誉下降、资产不断缩水的风险,导致投资者追诉证券违法行为的热情被大大地压抑了,原告群体规模大大缩小。[4]

而在虚假陈述以外的证券诉讼领域,情境可能更不乐观。尽管 2007 年时任最高法院副院长奚晓明曾表示"修订后的证券法进一步明确规定了内幕交易和操纵市场侵权行为的民事责任。当前,对于投资人对侵权行为人提起的相关民事诉讼,有关人民法院应当参照虚假陈述司法解释前置程序的规定来确定案件的受理,并根据关于管辖的规定来确定案件的管辖"[5],南京、北京等地也有了司法受理相关案件的实践[6],但直到 2015 年 9 月光大证券公司内幕交易案才有民事诉讼原告胜诉的案例。

不过,中国也已经有了不少较适合证券诉讼进一步展开的现实条件。

首先,如何完善中国证券诉讼制度一直是法学研究的一个热点,相应的知识储备已经颇具规模。相关主题的论文已经有千余篇。

其次,2002 年以来大庆联谊虚假陈述案等司法实践的艰难推进,已经为法院界、律师界和学界积累了宝贵的实践经验。不少人士已经总结

---

[1] 如大成基金管理公司于 2004 年 8 月向银川市中级法院对广夏(银川)实业股份有限公司提起虚假陈述损害赔偿诉讼,却到 2007 年 2 月才收到受理通知书。有的案件甚至要靠律师个人的人脉关系才能立案。黄辉:《中国证券虚假陈述民事赔偿制度:实证分析与政策建议》,载《证券法苑》第九卷,法律出版社 2013 年版,第 977 页。
[2] 法院通常要等到两年诉讼时效用尽、不会再产生新的原告后才开始统一安排审理。东方电子案有的原告从立案到判决等了五年。对 2002—2011 年的 65 件民事诉讼的分析发现平均审理时间为 13.5 个月。黄辉,同上注,第 971、977、978 页。
[3] 如上市公司东方电子虚假陈述赔偿案历经六年多方审结。参见《东方电子民事诉讼案审结完毕》,载《中国证券报》2009 年 5 月 26 日。
[4] 参见章武生:《类似案件的迥异判决:银广夏虚假陈述证券民事赔偿案评析》,载《华东政法大学学报》2010 年第 2 期,第 41—43 页。
[5] 《最高人民法院副院长奚晓明在全国民商事审判工作会议上的讲话——充分发挥民商事审判职能作用为构建社会主义和谐社会提供司法保障》(2007 年 5 月 30 日)。
[6] 宋一欣:《股市维权》,上海社会科学院出版社 2009 年版,第 10 页。

出了相当有针对性的认识。[1]

中国法律和社会对律师风险代理容忍度相对较高。司法部 2004 年《律师事务所收费程序规则》第 4 条明确允许协商收费、计时收费；中国律师协会 2004 年《律师执业行为规范(试行)》第 93 条、96 条许可律师根据标的比例、诉讼结果等协商收费。1997 年的《律师服务收费管理暂行办法》、发改委、司法部 2006 年《律师服务收费管理办法》许可风险代理，最高可达到标的额的 30%，但禁止对群体性诉讼案件实行风险代理收费。这可能是防止律师为了逐利而煽动群体性诉讼。

不过在证券民事诉讼领域，2004 年审结的大庆联谊虚假陈述案中，原告代理人国浩律师事务所较早成功开启了为投资者实行了"不胜诉、不收费"、垫付诉讼费用的风险代理安排。[2]而且由于现在证券诉讼实行的是"分别立案、集中审理"，形式上都是 20 人以下的小型诉讼，所以实践中，律师广泛甚至公开将胜诉酬金制度用于证券虚假陈述损害赔偿案件中，并摸索出了多个律师联合征集诉讼、一个律师同时就多个诉讼打包征集代理的做法，提高了征集效率。[3]

二、证券民事诉讼机制在实际运行中受到的两大现实阻力

证券民事诉讼机制在中国现实中受到的束缚，一方面受主政者宏观决策考虑的影响，另一方面也受微观制度生态的制约。证券民事诉讼机制在实际运行中受到了两大现实阻力，构成了下一步改革必须解决的问题。

(一) 共同诉讼制度使用中的低效

我国《民事诉讼法》规定了两种共同诉讼，一是第 52 条(2012 年修正前为第 53 条)规定的"当事人一方或者双方为二人以上，其诉讼标的是共同的，或者诉讼标的是同一种类、人民法院认为可以合并审理并经当事人

---

[1] 如郭锋:《从大庆联谊股东诉讼案谈中国证券民事赔偿制度的构建》，载《法学杂志》2006 年第 1 期。吴飞:《论我国证券民事诉讼制度的完善:从大庆联谊虚假陈述共同诉讼案谈起》，载《金融法苑》第 68 辑，中国金融出版社 2005 年版。
[2] 王璐:《迟来的正义 大庆联谊案画上句号》，载《上海证券报》2006 年 12 月 5 日。该案于 2004 年 8 月一审判决，12 月二审判决，由于被告大庆联谊公司和大庆联谊石油化工总厂推诿履行，直到 2006 年 12 月执行款才到位。
[3] 黄辉:《中国证券虚假陈述民事赔偿制度:实证分析与政策建议》，载《证券法苑》第九卷，法律出版社 2013 年版，第 975、976 页。

同意的,为共同诉讼"。另一种是第 54 条(2012 年修正前为第 55 条)规定的"诉讼标的是同一种类、当事人一方人数众多在起诉时人数尚未确定的,人民法院可以发出公告,说明案件情况和诉讼请求,通知权利人在一定期间向人民法院登记"。即起诉时人数确定和不确定的共同诉讼。

换言之,即使审理甚至判决生效时起诉人数尚未确定,诉讼流程也不受影响。反正"法院作出的判决、裁定,对参加登记的全体权利人发生效力。未参加登记的权利人在诉讼时效期间提起诉讼的,适用该判决、裁定"(《民事诉讼法》第 54 条)。

不过,在证券民事诉讼的实践中,至少就最常见的虚假陈述赔偿案件中,法院往往会等到诉讼时效届满,即证监会行政处罚作出两年时,才开始进行诉讼。例如五粮液公司因虚假陈述而于 2011 年 5 月被证监会处罚,2013 年 5 月诉讼时效届满当天,成都中级法院最终受理了 154 名原告提起的民事赔偿案,2014 年 10 月五粮液向 141 名原告一次性支付人民币 1344 万元,调解结案。有的投资者称正是"由于法院在近两年时间一直没有正式受理案件,对打官司没有太大信心,因此错过索赔机会"[1]。

《最高人民法院关于审理证券市场因虚假陈述引发的民事赔偿案件的若干规定》规定"法院应当采取单独或者共同诉讼的形式予以受理,不宜以集团诉讼的形式受理",但因为我国法律本来就没有规定集团诉讼,所以这里说的不宜采行的对象就颇为可疑,大概是指第 54 条规定的人数不确定的共同诉讼。其之所以不被采纳,主要理由首先是狭隘的国家利益观念,即"国有股超过了市场总股本的一半,几乎任何一家上市公司都包含了相当的国有资产。虽然国家采取措施进行国有股减持,但国有股的减持刚刚起步并且远未结束,采用私有制前提下的集团诉讼方式进行民事赔偿,很可能动摇社会主义市场经济的基础"[2]。其次是在此理论预设下硬找的技术原因:此类案件受害者人数众多、登记耗费时间长、不经济;且投资者人数庞大,起诉对象不尽相同。我国目前没有类似美国的中介机构来对数以万计的投资者及其损失进行登记和计算,仅靠法院完

---

[1] 刘雯亮:《五粮液 141 投资者诉其虚假陈述 历时 5 年获赔千万》,载《证券时报》2014 年 10 月 12 日。

[2] 李国光、贾纬编著:《证券市场虚假陈述民事赔偿制度》,法律出版社 2003 年版,第 207 页。李国光曾任最高法院副院长。

成这些工作不现实。[1]

上述政治理由姑且不论,技术理由则明显不充分。因为要求投资者分别提起诉讼、法院分别审理而非统一登记受理,显然更不经济。投资者的损失登记和计算的工作也可由代理诉讼的律师事务所等中介机构去完成。美国亦不是先成立这类中介机构,才适用集团诉讼方式的。[2] 事实上,接受我国第一起证券虚假陈述诉讼案件的宣伟华律师团早在开始接受投资者委托登记之日起,就着手运用计算机编程建立了投资者全息数据库,以记载原告所有基本信息,确保工作多而不乱,并根据诉讼进程中不断发生的情况变化自动生成各种数据及信息;首创设计了专门用于计算投资者损失的程序,使通常需要花费数十日甚至数月的损失计算时间缩短为几个工作日。[3]

此外,当下中国的法院"在制约非常严厉的我国证券集团诉讼运行机制所许可的框架内,也并没有充分利用现有法律与相关司法解释许可的程序制度空间"[4],还出于多收诉讼费的逐利动机[5],在原告已经不经法院通知就自动现身的情形下,还坚持分拆受理。换言之,即便对于人数确定的共同诉讼,法院也没有充分利用其制度平台。

如大庆联谊案中,哈尔滨中级法院本来要求数百人的起诉团用单独诉讼的方式起诉,这意味着诉讼费会高达60多万元。后来在上海方的原告已经从679名筛减到381人后,还是要求他们以15至20人为一个共同诉讼,否则不予开庭。[6]这增加了诉讼费用和诉讼代表人,也不利于提高案件审判效率,所以原告律师据理力争,最终改为只分为五组进行诉讼。银广夏案中,法院共分拆受理案件103件,涉及投资人847人。[7] ST科龙、杭萧钢构等案件也采取了单独立案、合并审理的方式。[8] 这些

---

[1] 李国光主编:《最高人民法院关于审理证券市场虚假陈述案件司法解释的理解与适用》,人民法院出版社2003年版,第174—175页。类似观点见金泽刚:《证券市场监管与司法介入》,山东人民出版社2004年版,第190页。

[2] 彭冰:《中国证券法学》(第二版),高等教育出版社2007年版,第376页。

[3] 宣伟华:《五年博弈 艰难棋局终告收官》,载《中国证券报》2006年12月21日。

[4] 罗斌:《我国证券群体诉讼实践形式的理论分析:大庆联谊案》,载《法学杂志》2010年第2期,第119页。

[5] 参见杨立新:《我国的集体诉讼不应缓行》,载《新京报》2005年4月18日。

[6] 王丰:《大庆联谊案艰难推进》,载《南方周末》2003年8月14日。

[7] 章武生:《中国群体诉讼理论与案例评析》,法律出版社2009年版,第319页。

[8] 徐畅:《ST科龙虚假陈述证券民事赔偿案 绝大部分案件调解结案》,载《中国证券报》2009年6月12日。

复杂的做法降低了法院直接一次性面对数百名愤怒的原告的压力,但造成了当事人讼累,还可能形成同一法院、同一案件裁判不统一的问题。[1]如 2004 年 12 月银川中院判决了柏松华诉银广夏案,基本支持了原告的请求。但此后同一案由的其他案件长期陷入了停滞。2006 年股权分置改革启动后,银广夏提出了以非流通股赔偿原告股东的方案,赔偿比例约为 37%,但数百名原告均未曾接受。在原被告并未达成调解意见时,银川中级法院居然于 2006 年 12 月以"银广夏公司亏损额巨大,无有效资产进行赔付"为由直接判决由所谓自愿加入的第三人以所持有的银广夏股份对原告进行赔偿,赔偿比例为 37%,并在 2007 年 4 月被宁夏回族自治区高级法院所支持。[2]

(二)地方法院对证券案件的畏难情绪和保护主义

当前不少地方法院对证券诉讼的受案和审理存在一些主客观条件的不足而造成的畏难情绪。一方面,客观上不少地方的法官法律背景薄弱、金融知识欠缺,对审理新型证券案件会有知识储备不足的问题。毕竟此类案件"至少涉及加权平均法或算术平均法的运用,先进先出的会计计算方法,K 线图的理解和熟练运用证券之星等软件,电脑程序的编制等知识。显然,承办法官不可能全部具备这些知识和技能,以至于有的案件在审理过程中法庭竟然回避了这些问题"。[3]另一方面,证券案件经常涉及对地方利益如对税收、就业有较大影响的上市公司,这些公司的实际控制人很多是地方政府,诉讼请求额又往往巨大,行政部门对司法的干预和法院主动"趋福避祸"的地方保护主义念头时常会较大的影响案件受理与审理。

例如银广夏股份公司 2002 年 5 月因为虚假陈述被证监会处罚后,多名原告提起了民事赔偿诉讼。尽管 2003 年起最高法院已经允许受理虚假陈述民事赔偿案件,但银川中级法院还是以银广夏有关高级管理人员的刑事案件尚未终结为由拒不受理民事案件,直到 2004 年 4 月。由于此时诉讼时效只剩 1 个月,所以银川中院不得不宣布延长诉讼时效 3 个月、

大成基金管理公司也根据同一案情于 2004 年 8 月对银广夏提起了

---

[1] 罗斌:《我国证券群体诉讼实践形式的理论分析:大庆联谊案》,载《法学杂志》2010 年第 2 期。
[2] 详见章武生:《类似案件的迥异判决:银广夏虚假陈述证券民事赔偿案评析》,载《华东政法大学学报》2010 年第 2 期。
[3] 宣伟华:《五年博弈 艰难棋局终告收官》,载《中国证券报》2006 年 12 月 21 日。

诉讼,索赔2.4亿元。2007年2月银川中级法院受理案件,7月一审确认了大成基金损失的存在,但认为大成对银广夏的投资属于恶意,而判决驳回了大成的诉讼请求。其理由竟然是大成基金不能像普通投资者一样对虚假陈述产生信赖;大成曾经不下十次地去银广夏实地考察,但却没有发现其中的欺诈,可见基金管理人违反了注意和勤勉义务。2008年3月宁夏回族自治区高级法院二审维持原判。这一审判逻辑不仅是荒谬的,也混淆了大成与银广夏的投资关系和大成基金管理公司与基金份额持有人之间的基金管理关系。

2008年散户股民颜红起诉上市公司江钻股份有限公司的大股东中石化江汉管理局违背股改承诺,试图在武汉东湖高新技术开发区法院立案。但第一次,该院以江钻股份注册地和办公地不一致、管辖权不在该院为由拒绝受理;第二次,确认管辖权在该院后,该院又要求原告本人而非代理律师前往;第三次,颜红亲自前往,但该院还是没有受理,后直接用特快专递退回起诉材料且未有任何说明。颜红向当地中级和高级法院申诉,也没有结果。江汉管理局则根本不理睬颜红,而是直接给湖北司法厅发函,称颜红的代理律师违规。[1] 如此,就算东湖法院能开庭审案,又如何能确保审判公正?[2]

又如云南绿大地生物科技公司因为欺诈发行而被证监会查处和提起公诉,其通过伪造银行票证、采取阴阳合同等方式,上市前虚增资产7011万元,虚增收入2.96亿元,上市后虚增资产2.88亿元,虚增收入2.5亿元。按照《刑法》,欺诈发行股票后果严重或者有其他严重情节的,处五年以下有期徒刑或者拘役,并处或者单处非法募集资金金额1%以上5%以下罚金。但2011年被告住所地的昆明官渡区法院对此案一审审理时拒绝媒体入内,后只对公司判处罚款400万元,个人被告均被判处缓刑。量刑畸轻导致该案最终被昆明市检察院抗诉,后改由昆明市中级法院重审,2013年2月判决认定绿大地和公司原实际控制人何学葵等人构成欺诈

---

[1] 初一:《法院打哑谜 江钻股份小股东欲告无门》,载《中国证券报》2008年7月4日。2011年,江钻股份将曾受交易所处罚的不合格人士提名为独立董事,颜红又表示将向证监会投诉。《江钻股份"污点独董"火线下课 投资者呼吁严肃处理》,载《中国证券报》2011年1月7日。

[2] 其他研究者在述及银广夏案件中为何只有约百分之一的投资者参与诉讼时,也把地方保护主义列为第二重要的因素,见章武生:《类似案件的迥异判决:银广夏虚假陈述证券民事赔偿案评析》,第42页。

发行股票罪,非法募集资金 3.46 亿元,对公司判处罚金 1040 万元;何学葵被判处有期徒刑 10 年并处罚金 60 万元。

第四节 证券交易场所监管的历史与现状

历史事实和理论都证明了证券交易所只有在一个竞争环境中,才会产生有效的自我监管激励,从而保护投资者利益,并进而推动自身发展。如果处在垄断环境中的话,则意味着只能依靠政府监管来维持其品质,而这又往往是不足恃的。那么,中国的证券交易所的境况又如何呢? 在本节,笔者将用较大的篇幅回顾我国证券交易场所之间的分合、它们之间竞争的兴衰,以探究这一命题,因为历史就是未来,历史代表着不同于今天的运作模式,也可以成为未来的运作模式。

一、地方主导时代的证券交易所竞争及其监管

(一) 1997 年前:地方政府主导下的证券交易所

中国大陆的证券交易所在 90 年代初的重建是中央政府给政策,而由地方政府直接推动的产物。交易所虽然在彼时名义上属于地方和证监会的双重领导。但交易所人事方面的管理以地方政府为主,业务方面的监管才以证监会为主。[1] 1993 年国务院《证券交易所管理暂行办法》规定:交易所由所在地的市政府管理,证监会监管。理事长、副理事长、常务理事、总经理由所在地政府会同证监会提名、报国务院证券委员会备案。

上海作为极为重要的直辖市,其地方领导对证券事务的发言权更大。上海交易所的领导人直到 1997 年中国证券市场整体性变革前实际上都是由上海市政府委任的。而深圳只是个副省级城市,1993 年和 1995 年证监会先后将其官员夏斌和庄心一安排为深交所总经理。但这两人治下的深交所仍然受地方取向主导,特别是后者治下的深交所表现得非常活跃进取。

1992 年 12 月国务院决定让各省市的企业都能上市后,各地设立了证券管理委员会及其执行机构证券管理办公室,负责相关事务。如上海证券管理委员会可以为上海证券市场制订各种宏观方针和微观政策,对

---

[1] 王超:《中国证券监管体制的立法再造》,载吴志攀、白建军主编:《证券市场与法律》,中国政法大学出版社 2000 年版,第 27 页。

股票的发行和上市有事实上的决定权,并掌握了上海证券交易所的人事权。[1]但与后来的证监会设在各地的直属派出机构(监管局)不同,证管委和证管办实际上是地方机构,受到地方政府的"行政领导",而只受中央证券管理机关的"业务领导",这意味着地方政府有着财政、人事方面的关键性管理权,而中央证券管理机关只有相当有限的活动监督权。[2]类似于国务院证券委的组成模式,证管委往往由地方领导充任,如上海市证管委由市长兼任主任,其他市属部门领导13人组成。[3]证券管理办公室领导人也往往由省级政府任命地方高级经济官员兼任(通常是当地经济体制改革委员会的领导人),工作人员的工资、福利、提拔前景等都由省级政府决定。这一阶段的证券交易所在证管委、证管办的直接约束下,实际上主要的功能也是帮助地方利益最大化,[4]而不太在意证监会的统一性监管政策,特别是有可能和当地市场成长目标相悖的。在"双委托人"的模式下,代理人为自己的利益而选择性地接受一方委托人/上级政府的指令,不足为奇。[5]

国务院证券委和证监会不仅对交易所在管理权上存在不足,缺乏对交易所活动可靠的信息来源的问题同样困扰着它们。尽管1993年国务院证券委发文规定了交易所的报告义务,但实践中中央监管者只能依赖于交易所不多的汇报来了解信息,[6]并不时受困于后者故意的信息封锁,如在推动转配股上市时(详见后文),证管委和交易所就试图在证监会处掩盖此事。[7]

(二) 1993—1996年:交易所在政府助推下为扩大市场而竞争

交易所对于沪深地方政府来说意味着印花税收入等带来的财政好处和促进打造金融中心地位的无形价值,沪深交易所在地方政府推动下出现了竞争格局。双方都提出了不少常规或非常规、合法或不合法的市场发展与扶植政策。

---

[1] 马庆泉主编:《中国证券史 1978—1998》,中信出版社2003年版,第320页。
[2] Stephen Green, *The Development of China's Stock Market, 1984—2002*, RoutledgeCurzon 2004, pp. 44—46.
[3] 马庆泉主编:《中国证券史 1978—1998》,中信出版社2003年版,第320页。
[4] Stephen Green, supra note[2], pp. 73—74.
[5] Huang Yasheng, "Central-Local Relations in China during the Reform Era: The Economic Institutional Dimensions", *World Development*, 24, 4, 1996, pp. 9—10, 310.
[6] Stephen Green, supra note[2], p. 107.
[7] Ibid., p. 82.

证券市场初生的1991—1992年间,虽然沪市在上市公司数量和股本方面更有优势,深市却有更多的交易量和投资者开户数。[1] 但从1993年开始,上海发力推出多种改革措施吸引投资者,可谓两市竞争的第一阶段。最初沪深交易所都是立足于满足本地公司的上市需求,1992年底中央允许全国公司都可寻求上市后,1993年上海市委市政府提出打开大门、服务于全国、面向全国发展的方针,交易席位分配、交易员培训以及卫星通信设施等资源优先满足外地证券经营机构的需要,并对西藏等落后地区在技术和物资方面给予无偿支持;建立了专事为会员服务的上证服务发展公司,重点加强服务外地会员公司;采取措施方便外地投资者开户登记;优先满足外地公司的上市申请;大幅降低了佣金和交易所经手费收取标准,基本消除了外地投资者和当地投资者的投资成本差异。[2] 1993—1995年间,沪市各项股市指标均强于深市。[3] 1994年本安排在深圳上市的广东梅雁公司在招股计划完成后,因深市低迷,经股东强烈要求,改到上海上市。

但第二阶段又以深交所大量促进市场发展的改革举措为特征。1995年8月,深圳市高层表态要通过做好基础性工作来增强市场吸引力,次年春又在市人大会议上重申此点。8月—11月,交易系统和资讯传播系统得到了优化,深圳证券登记公司逐步被改制为深交所全资附属的深圳证券结算公司,交易所和证券登记机构的协作效率得到了提高,多种市场指标在1996—1997年间大为改善,扭转了之前三年连续落后于沪市的颓势。[4] 在此时期,又发生了本来被安排在上海上市的长春一汽公司被说动去深交所上市的事情。[5]

在1995年深市明显加大竞争力度之际,上交所较为被动,这既有其领导人自身的因素,也和上海在327国债期货事件后更严的监管气氛有关。1995年秋天开始,上海股指一路下滑。但1996年4月,上交所在第五次年会上宣布要加快上市速度、引入可转换债券、促进保险基金入市、

---

[1] 数据见胡继之:《中国股市的演进与制度变迁》,经济科学出版社1999年版,第211—212页。
[2] 胡继之:《中国股市的演进与制度变迁》,经济科学出版社1999年版,第222页。
[3] 同上书,第211—213页。
[4] 同上书,第211、213—214页。
[5] Stephen Green, *The Development of China's Stock Market*, 1984—2002, RoutledgeCurzon 2004, p. 86.

扩张国债市场等。证监会副主席李剑阁也表示中央要让股市服务于工业,扩大股票发行。[1]6月上海市证管委组织讨论如何增强市场活力后,上交所和证管委一起向业内征询行业发展建议,出现了不少明显带有回应性的有益竞争。如1996年3月和5月,深交所发布了基金指数和绩优股价格走势指标,上交所就在7月也公布了成分指数。[2]1996年5月,深市向外地上市公司提供短期融资,9月沪市也予以提供。10月,沪市下调交易佣金和经手费,使两市经手费都变为0.35%。同时仿效深市开始实行无形交易制度,并同样开始了一系列市场推介活动。[3]

两地交易所的市场扶植措施也受到了当地政府的影响而有所不同。深圳的措施市场化略强;而上海的措施中更明显地体现了国家从资产所有人和经济管理者的双重角度的发力,如1996年9月系统推出的多项措施如降低上市公司所得税税率、将国家股比例的所得税和国家股红利部分用于国家股配股、对支柱或绩优上市公司包括外地公司实行贷款贴息和贷款支持、对上市公司注入优质资产等手段,显然超出了市场本身能提供的。而促进上市公司资产并购重组不仅为深市所无,也体现了沪市本地公司多、老企业多、传统行业公司多、重组资源丰富的特点,这不仅要有政府的威权来推进,也体现了政府将国企改造政策和股市发展政策配套使用的特色。[4]

(三)地方交易所对中央监管的冲击:以转配股上市为例

交易所的交易量所带来的印花税等收入对地方产生了显著收益,如1996年沪深两地从印花税和手续费共收入约67亿多元。[5]股票又在发行管制下常年处于供不应求的状态,同时也没有发生明显的市场不稳定状况,故沪深交易所都实行了发展优于规范的策略,没有积极从事监管,甚至一定程度上出现了竞相放松监管标准的"触底竞争"的趋势。如世界银行指出,沪深交易所尽管竞争激烈,但只是规定了上市和交易规则,但由于人手不足,没有对会员的交易和其他活动进行合规检查和信息披露

---

[1] 胡继之:《中国股市的演进与制度变迁》,经济科学出版社1999年版,第247页。
[2] 马庆泉主编:《中国证券史1978—1998》,中信出版社2003年版,第229页。
[3] 胡继之:同前注[1],第230—231、234—235页。
[4] 同上书,第233—236页。
[5] 同上书,第237页。

检查。[1] 很多时候,证券市场监管变成地方交易所和中央监管者之间的博弈,而不是监管者和被监管者之间的博弈。这比较突出的体现在法人股流通问题上。

按照2005年股权分置改革前的股权结构,国有股和法人股是不可流通的,按照法理,原股东根据其原持股份额所认购的新股份(配股)和根据其原持股份额享有的从公司未分配红利转化而来的新股份(红股)自然也不可流通。所以在上市公司计划配股时,法人股股东并无积极性去认购(同时也没有足够的现金去认购),但倒是有兴趣把它们可以配股的这种权利本身出售给其他主体。证监会承认了配股权转让的合法性,1994年《上市公司办理配股申请和信息披露的具体规定》规定"应当保证股东同时享有受让或不受让他人所转让的配股权的权利"。上市公司也有意支持法人股股东的这种设想,因为这意味着配股能够实现,从而给公司带来更多现金。为了吸引上市公司,沪深交易所也都有意帮助它们转让配股权行为,由此形成的股份就是所谓的"转配股"。它们可能持有在个人手中,但性质上根据法律法规却是不可流通的。试图令这些股份变得流通的交易所便和证监会展开了一轮轮"争斗"。

1993年4月,经上海市证管办批准,上交所公司陆家嘴发展公司的国家股股东将3000万股定向发行给个人股东,上证指数为此大涨。陆家嘴的个人股调整为4500万股,其中3600万股6月上市。5月,上交所试图将广州珠江实业公司作为红利配发的3亿法人股上市,但在证监会反对下放弃了此计划。[2] 因为这变相导致了非流通的法人股变成了可流通股,会损害已有的流通股股东的利益。

1994年3月4日,深圳市证券管理办公室规定1993年发行的国有股和法人股可以上市。次日证监会宣布深圳市证管办是越权行事,并在10月颁布《上市公司办理配股申请和信息披露的具体规定》,指出在国务院作出新规定以前,"由国家拥有和法人持有的上市公司股份、配股权和红股出让后,受让者由此增加的股份暂不上市流通"。11月证监会重申了禁令。但到1994年4月为止,仍有浦东金桥等四家计划出售法人股的公

---

[1] World Bank, China: The Emerging Market (vol. 2 of 2): Detailed technical Analysis, 1995/11, No. 14501, p. 38. 世界银行网站文件与报告库 http://www-wds.worldbank.org/external/default/WDSContentServer/WDSP/IB/1995/11/03/000009265_3961029205924/Rendered/PDF/multi_page.pdf, 最后访问时间2016年4月20日。

[2] 陆一:《闲不住的手:中国股市基因体制演化史》,中信出版社2008年版,第244页。

司在交易所上市。整个 1994 年约有 6.6 亿元的国有股和法人股在配股中卖到了个人和非国有公司手中,这些股票不能上市流通,但购买者认为这只是个时间问题。1995 年 5 月,深交所下属的深圳证券结算公司宣布一家电子公司的国有和法人股很快就能流通。[1]而上交所则更为激进,浦东强生出租汽车公司转配股的红股 5 月上市流通,且没有公告披露。7 月,广州珠江公司将法人股红股转让产生的配股与个人股配股列入了已流通股本,但未作公告。8 月,新世界公司转配股所送的红股也与个人股红股一并上市流通。8 月 15 日,四川长虹公司公告送股派息当天,上交所擅自批准长虹三千一百多万股的法人股转配红股于除权交易日(8 月 21 日)与个人流通股的红股混在一起悄然上市流通。21 日—23 日,长虹的两家承销商中经开公司和上财证券公司分别利用自营账户抛出因包销余额持有的转配红股四百多万股和八十多万股。这件事情引起了极大的轰动。23 日,《中国证券报》头版刊登了 12 位股民联合署名的质问信。[2]但上交所认为这是在法律范围内行事,理由是这些红股是被那些已经购买法人股之配股权的个人投资者购买的。[3] 25 日,证监会认定此事件违规,将上交所的作为定性为"工作失误",但由于没有主管权,最后通报批评了事。同时"为了不产生新的不公平,尊重既成事实",由于其他投资者所获转配红股已有部分上市流通,剩余部分可继续上市流通。[4]

二、1998 年前场外交易市场的监管与竞争

证券交易场所一般可以区分为场内市场与场外市场。场内市场即交易所市场。场外市场则泛指在交易所以外的交易场所。在过去的技术条件下,两个市场的不同主要在于交易方式不同。交易所由于资金技术力量雄厚并且采用会员制,可以支持集中交易的方式,多个高层次买者和卖者得以同时进行磋商,发现最优价格;而场外交易市场则只能多采取一对一的交易磋商机制。参与者们分头行事、各个谈判,对同一证券在每一时刻存在多个价格,故而明显劣于证券交易所的价格发现机制。

---

[1] Stephen Green, *The Development of China's Stock Market*, 1984—2002, RoutledgeCurzon 2004, pp. 107—109.
[2] 马庆泉主编:《中国证券史 1978—1998》,中信出版社 2003 年版,第 326 页。
[3] Stephen Green, supra note[1], pp. 112—113.
[4] 综合刘冬:《机构中经开十年赌四命——长虹事件篇》,载《21 世纪经济报道》2001 年 8 月 28 日和多处报道。

在证券交易所雏形时期的 17 世纪末,英国约有 140 家合股公司,大部分交易会在伦敦的两家咖啡屋——盖拉维和乔纳森进行。例如,在证券交易所雏形时期的 17 世纪末,英国约有 140 家合股公司,大部分交易在伦敦的两家咖啡屋——盖拉维和乔纳森进行。商人们在那交换最新投资及股票信息。咖啡屋内逐步形成了一张写有商品和股票价格的纸张,这张纸被称作"交易和其他物品的报价单",后来发展成每日市场行情表。[1] 在每一时刻,场内单一的最佳价格能够被大家公认。18 世纪中期,经纪人们迁到了新乔纳森咖啡屋,该地设置了准入门槛,每日入场费为 6 便士。不久,门上贴上了标记:证券交易所。[2] 今日技术设施先进、结构复杂的伦敦交易所由此浮现。类似地,华尔街的形成也经历了从街头经纪人们的梧桐树协议到唐提咖啡屋,交易搬进"场内"的历史过程。

不过随着技术进步,场内市场和能够搭建高效的证券信息沟通与交易平台的场外市场的实质区分已经越来越不明显。如电子化的美国纳斯达克(NASDAQ)市场虽然是场外市场,却与场内的纽约交易所无本质差异。来自场外市场的挑战也是发达市场交易场所之间竞争的重要源泉。

(一)证券交易中心

在交易所受地方政府控制的岁月里,没有交易所的省份也有着不少类似于交易所的交易场所。这些场外交易场所特别是所谓"证券交易中心"是由省级和副省级政府在未经中央政府明文授权(但得到了默认)的情况下,自发牵头办理以促进地方经济发展的,具有技术密集和资金密集特质的一种非正式机构。

证券交易中心之所以兴起,是因为随着 1990 年代初股份化改造的推进,各地都大量出现了股份有限公司,但当时体制下只有极少量的公司能够上市融资,远远不能满足地方的融资需求。故学商政界都有呼声要求增开新的证券交易所,如辽宁省 1994 年政府工作报告表示要"为建立沈阳证券交易所创造条件"[3],但由于国务院对此政策把握极严,使得地方政府转而投向开办变相的证券交易所:证券交易中心。

1991 年 9 月,第一个证券交易中心在成都建立。[4] 1992 年起,很多

---

[1] 参见科林·查普曼:《股市的奥秘——国际股票市场指南》,上海证券交易所发展研究中心译,上海人民出版社 1999 年版,第 9 页。
[2] 同上注,第 15 页。
[3] 马庆泉主编:《中国证券史 1978—1998》,中信出版社 2003 年版,第 237 页。
[4] 文宗瑜:《证券场外交易的理论与实务》,人民出版社 1998 年版,第 132—133 页。

地方把当地的国债交易柜台市场升格为了证券交易中心。企业和地方政府债券、股票和当地的投资基金都在那边挂牌交易。这一浪潮在1994年达到了高潮,因为那一年的国债发行大为增加。1991—1997年间,未经中央明文批准而设立的场外证券交易场所有四十多个,其中半数以上有专门的营业场所和机构、电脑化的集中交易系统,这种较为高级的场所即被称为证券交易中心。[1] 事实上,之所以叫证券交易中心而不是交易所,只是因为《证券交易所管理办法》禁止未经国务院许可设立新的证券交易所,但实际上由于集中登记和清算体系的运作,这些场所和交易所并无技术上的实质区别。[2] 其中北京、沈阳、天津三地的交易中心最大,一时间业内有"两所、一网(STAQS)、三中心"之说。[3] 除了天津和武汉的交易中心,到1996年,其他23个交易中心都已经通过光纤和卫星与两个正式的交易所相连。

交易所也乐于和证券交易中心合作。因为首先,与交易所相接的证券交易中心可以帮助扩大交易量。1997年证券交易中心的交易量占到了上交所总交易量的30%和深交所的10%。交易中心的大部分印花税收入也上交给交易所。其次,交易中心可以帮助交易所处理股票和资金的结算。当时由于银行跨省协调效率低下,沪深以外的交易结算有时要耗去数周,证券交易中心提供的服务可以大大加快这一进程和降低交易成本。[4] 故交易所对证券交易中心的发展也投入了不少资金,如交易中心购买上交所会员资格的费用会有一半被返还用于其自身发展。[5]

地方证券交易中心的法律地位并不清晰,中央法规规章很少提及它们。地方上的人民银行分支机构和证管委、证管办也很少对之监控。[6] 其在监管层面普遍存在"自由发挥"的问题[7],处事风格往往比较激进大

---

[1] Stephen Green, *The Development of China's Stock Market*, 1984—2002, RoutledgeCurzon 2004, pp. 118—119.
[2] 另外,许多城市还建立了产权交易市场,在法人主体之间进行交易法人股和国有股。它们实质上是国企和政府机关的股票交易所。Stephen Green, *The Development of China's Stock Market*, 1984—2002, RoutledgeCurzon 2004, p. 123.
[3] Ibid, p. 134.
[4] 1995年后,交易所由于技术发展,可以让证券公司将指令直接输入交易所系统,不再在交易和清算上需要交易中心的协助,也是后者在1997年后被停办的原因之一。
[5] Stephen Green, supra note[1], pp. 124—125.
[6] Ibid.
[7] 马庆泉主编:《中国证券史 1978—1998》,中信出版社2003年版,第244页。

胆。如海南证券交易中心最初不到十家的挂牌公司中，竟有一家是刚刚成立的。[1] 许多未经人行或证监会批准、在两大交易所尚未实行的金融工具也被引入。如可转换债券 1998 年才在上交所出现，而海南 1993 年就开始实践了。同年，海南还尝试了上交所股指期货[2]，而同类操作至 2010 年才正式合法化。[3]

很多违法情形在其中发生，如湖南证券交易中心给张家界公司违法融资买卖自家股票。[4] 在国债回购市场中，违规问题则特别明显。由于证券公司参与证券交易中心时不受地域限制，所以各个证券交易中心出现了竞相放松监管以吸引证券公司的趋势。除了降低费用外，证券交易中心还给会员提供融资，故会员公司出现债务麻烦时，它们也一并受累。交易中心还纵容参与证券公司和信托投资公司在保证金不足的情况下从事交易，甚至把资金用于股票投机和房地产业。如上交所通常要参与者提供 100% 的保证金，而天津和武汉的证券交易中心允许只提交相当于所借资金 10% 的债券作为保证。不仅如此，这些国债回购交易还往往在作为担保的债券凭证没有真正在证券交易中心提交的情况下发生，这种没有质押品的回购交易导致许多证券交易中心和证券公司一样陷入负债累累。[5] 另外，交易中心管理层也利用内幕信息进行交易。而监管者特别是证监会则缺乏必要的信息渠道来了解市场中的各种情况。

国债回购交易最活跃的武汉和天津的交易中心也亏损最大。1995 年 8 月，人民银行、财政部和证监会联合发布通知禁止未经授权的交易所从事回购交易。10 月，这几个部门迫使武汉交易中心重新登记所有的回购合同，以做到名实相符。人民银行还提高了债券保证要求的数量、限制了一些证券公司的回购交易。但 1996 年末 1997 年初，由于沪深地方政府推动股市的努力，交易中心的国债回购市场又得到了膨胀。[6]

---

[1] 曹建文：《中国股市》，中华工商联合出版社 2000 年版，第 29 页。
[2] Stephen Green, supra note[1], p.126.
[3] 2010 年 3 月证监会发布《关于同意中国金融期货交易所上市沪深 300 股票指数期货合约的批复》。
[4] 详见阿奎：《喧哗与骚动：新中国股市二十年》，中信出版社 2008 年版，第 165—166 页。
[5] 格林(Stephen Green)：《中国股市：玩家、制度与未来》，郑建明译，东方出版社 2004 年版，第 173 页。
[6] Stephen Green, *The Development of China's Stock Market*, 1984—2002, RoutledgeCurzon 2004, pp.128—131.

(二) STAQ 和 NET 市场

除了相对有形的交易所和交易中心外,我国还曾有过两个基于计算机网络进行有价证券交易、主要为定向募集公司法人股提供挂牌交易的系统实质上参与着公司股份平台的提供、监管和竞争。一个是"证券交易自动报价系统"(Security Trading Automatic Quotations System,STAQ),由中国证券市场研究设计中心组建,挂靠国家体改委,1990 年12 月开通国债交易,1992 年 6 月开始法人股流通。[1] 该系统是一个综合性场外交易市场。中心设在北京,连接国内证券交易比较活跃的大中城市,为会员公司提供有价证券(包括法人股、国债、金融债、企业债等四类十五种)的买卖价格信息以及结算等服务,使各地证券机构能便于沟通、高效、安全地开展业务。

另外一个是"全国电子交易系统"(National Electronic Trading System,NET),成立于 1993 年 4 月,由中国证券交易系统有限公司组建,该公司由多家银行和券商共同出资组建,中心设在北京,挂靠人民银行。其利用覆盖全国一百多个城市的卫星数据通讯网络连接起来的计算机网络系统,提供证券的集中交易及报价、清算、交割、登记、托管、咨询等服务。NET 系统由交易系统、清算交割系统和证券商业务系统三个子系统组成,只交易不能在交易所自由流通的法人股。在交易方式上由计算机自动撮合成交。境内企业、事业单位、社会团体,均可用其依法可支配的资金,通过一个 NET 系统证券商的代理,参与交易。

这两个市场当年曾在中国资本市场占有一席之地,与两大交易所合称"两所两网"。其中挂牌交易的一些公司也质量较高,海南航空、广州电力等 6 家最终在交易所成功上市,占其总数的 35%,其中蜀都公司直接将 STAQ 法人股转换为 A 股后在主板上市,而其他一些挂牌公司如大自然公司也呼声较高,在主板上市受挫时还引起了市场惊诧。

更重要的是,这两个系统代表了不同的经营思路,是对美国最重要的场外交易市场纳斯达克市场(全国证券交易商协会自动报价系统,National Association of Securities Dealers Automated Quotation System,NASDAQ)而非传统证券交易所的仿效。在组织结构上,STAQ 属于非营利性的会员制组织,会员大会是系统的最高权力机构。在市场组织上采取了严格自律性管理方法,在交易机制上普遍采用了做市商制度。而

---

[1] 马庆泉主编:《中国证券史 1978—1998》,中信出版社 2003 年版,第 138—139、235 页。

NET 系统采取公司制形式,境内企业、事业单位、社会团体必须通过取得了系统券商资格的金融机构才能参与证券买卖。

外国专家考察时曾认为这两个系统具有了类似于纳斯达克市场的中国二板的雏形。[1] 但这样一种探索中国的证券交易场所发展之道的尝试由于背后牵扯到的种种政治经济因素(如主管机构的不同)[2]而发展极为不顺。1993 年 5 月中国证券业协会向两个系统发出了"暂缓审批新的法人股挂牌流通"的通知后,这两个市场一蹶不振。

另外,在早期,民间曾自发形成不少股票流通市场,如著名的成都红庙子市场尽管是"自发的、自由的、火爆的场外交易市场,却没有发生过不安定事件,秩序之好令人吃惊"。[3] 但这些市场一向受到监管者的严厉打击,在此不多作介绍。

三、证券交易场所的集中化和证监会统一监管模式出现

1996 年 8 月国务院证券委《证券交易所管理办法》取消了地方政府对交易所的管理权,改为证监会提名交易所正副理事长、正副总经理,商证券交易所所在地政府后产生,不再会同地方政府提名。1997 年 7 月 2 日,受亚洲金融危机和之前一些乱象[4]的推动,国务院办公厅发布了《关于将上海证券交易所和深圳证券交易所划归中国证监会直接管理的通知》。10 月证监会的监督人员开始入驻证券交易所和期货交易所,后来交易所中层领导的任命和罢免也要经过证监会同意。《证券交易所管理办法》在当年 12 月再次修改,正副理事长变成由证监会单独提名、理事会选举产生。正副总经理则由证监会任命。地方政府在其中再也没有角色了。

---

[1] 搜狐财经 http://business.sohu.com/85/28/article200282885.shtml,最后访问时间 2016 年 4 月 20 日。
[2] 一些市场人士对此大有感言,姑妄听之,可见《从大自然事件看中国的经济和政治》,世界经理人管家网 http://my.icxo.com/248941/viewspace-4897.html,最后访问时间 2016 年 2 月 1 日。
[3] 详细可见杨晓维:《产权、政府与经济市场化——成都自发股票交易市场的案例》,载张曙光编:《中国制度变迁的案例研究》(第 1 集),上海人民出版社 1996 年版,第 1—23 页。周友苏、张杰:《成都市股票自发交易市场的现状及建立合法场外交易市场的建议》,载《经济体制改革》1998 年第 6 期,第 94—95 页。
[4] 1997 年 6 月 13 日,国务院调查组处罚了海通、申万、广发等知名证券公司和沪深证券交易所、当地银行等合作操纵股价的托市行为。

1997年12月,中共中央、国务院发布了《关于深化金融改革,整顿金融秩序,防范金融风险的通知》,指责"有些地方和部门设立大量非法金融机构","股票、期货市场违法违规行为大量存在,一些地方擅自设立股票(股权证)交易场所,隐藏着很大的金融风险"。1998年3月,证监会《清理整顿场外非法股票交易方案》被国务院办公厅转发,清理整顿的范围包括场外股票交易市场、证券交易中心、证券经营机构、期货市场、原有证券投资基金。到1999年底,41个场外股票交易场所包括26家证券交易中心都被关闭。STAQ和NET市场也以"国庆彩排交通管制"和"设备检修"为由被国务院无限期关闭。当时这两家市场已有17家挂牌公司。2001年,这些公司和两大交易所的退市公司一起被纳入证券公司代办业务股份转让市场。

1998年4月,国务院证券委员会与证监会合并组成国务院直属正部级事业单位。9月,国务院办公厅《中国证券监督管理委员会职能配置、内设机构和人员编制规定》("三定方案")进一步明确证监会是全国证券期货市场的主管部门。从1998年9月开始,证监会相继与各地政府签署了证券监管机构交接备忘录,各地证券期货监管办公室至此成为证监会的派出机构,接受直接领导。为了降低省级政府的影响,证监会仿照人民银行实行了跨区域监管体制;人民银行等机构原有证券监管职能统一移交给证监会行使。1998年12月,《证券法》颁布,对"国务院证券监督管理机构"的职权作了详细列举。1999年7月,《证券法》实施之际,证监会在各地的派出机构正式挂牌,中国证券市场集中统一监管体系正式形成。地方证管办不再在证券发行中扮演关键角色,而只是负责把材料转送给证监会发行部。1998年后,违法行为调查和执法都由证监会直接负责,证管办工作人员更多地被证监会派往上市公司进行现场检查。[1]

中央政府对交易所主管权的接手的背后是其坚定了发展证券市场为经济服务的决心,而不再视之为地方性试验。国家改变了之前对证券市场的管控模式,开始实行集权化。这其后的背景是90年代中期以后,银行对于金融资源的配置不力成为了共识。[2] 大量银行信贷资金以超过

---

[1] Stephen Green, *The Development of China's Stock Market*, 1984—2002, RoutledgeCurzon 2004, pp. 151—154.
[2] 银行给国企的借贷习惯在1990年代并无明显变化,Park and Sehrt, "Tests of Financial Intermediation and Banking Reform in China", *J. Comp. Econ.*, 29, 2001, pp. 636—637.

经济增长速度的水平持续流向国企,但 1996 年第一季度国企部门首次出现整体净亏损[1],国家给国企的补贴超过了国企对财政预算的贡献。这促使国务院开始实行抓大放小的国企改革政策。可政府收入在 1995 年正值低谷,税收收入只有 GDP 的 10.7%,其中央政府税收收入在其中的比重是 29.3%(1979 年这两个数字分别是 28.4% 和 46.8%)。政府必须从预算外途径寻找资金帮助国企改革。发展证券市场显然是一个合适的选项,因为当时居民个人收入和私人储蓄都有了明显增加,如 1996 年 6 月中国的银行存款已经高达 35000 亿元。[2] 证券市场对金融全局稳定性的潜在影响也日益突出,在地方控制下由中央政府间接调控的路径受到了怀疑。1997 年亚洲金融危机则促使中央政府下定决心获得证券交易所的控制权。

由此,以证监会为主导的证券市场监督和法律实施体系开始形成,但也带来了对其他渠道的法律实施机制的压制。随着交易所日益陷入监管者的微观管理,1997 年前常见的市场动力和创新自此消失了,市场被政府用于自身的政治目的。[3] 高度追求金融稳定、可控的证券市场的思路和低层次资本市场的萎缩造成对中小企业融资需求和市场创新与竞争的压抑。

四、证券交易场所体系的竞争现状

主要市场经济国家的证券市场体系大都为自发形成,所以其历史发展逻辑是从简单到复杂,从低级到高级,随着经济和金融发展自然形成、逐步复杂化。在交易场所设立较自由的国家如英国、美国,不同的证券交易场所在不同的时空下先后浮现,功能、各不相同,逐渐形成了错落有致、可满足不同层次融资需求的格局,层次性和竞争性并存。但在当代中国,证券交易场所是由政府直接兴建和管理的,而且一开始就是自上而下地、以最高级别的证券交易所主板为中心,然后再推行到中小板、创业板。期间各种场外市场此起彼伏,但一直处于被"清理整顿"的状态。证券交易

---

[1] 格林(Stephen Green):《中国股市:玩家、制度与未来》,郑建明译,东方出版社 2004 年版,第 25 页。
[2] 参见李剑阁:《中国企业改革和股票市场发展》,载《改革》1996 年第 6 期。李剑阁时任证监会副主席。
[3] Stephen Green, *The Development of China's Stock Market*, 1984—2002, RoutledgeCurzon 2004, p. 103.

所明显"独大",其他证券交易场所处在只是对证券交易所"拾遗"的局面。这造成了许多不利于证券市场治理的问题。

(一)交易所主板、中小企业板和创业板层次性、竞争性不足

我国现在存在着上海和深圳两个证券交易所,两者初为不同的地方政府所设立,为不同的地方政府控制,是当地经济发展业绩的一部分,故存在着相当的竞争关系。如前所述,虽然总体上证监会通过轮流安排的方式来分配上市公司资源,但偶尔交易所也能自行作出争取。

1997年沪深交易所被中央收管,形成并行的结构,经过证监会批准和核准公开发行的企业基本上是轮流到两地上市。2000年后深交所停止在主板挂牌新的上市公司,2004年转型为面向中小企业板和后来的创业板(2009年开始)证券上市的专门场所,两家交易所之间已经出现了错位格局,形式上展开竞争的潜在可能性大为减少。

不过耐人寻味的是,尽管主板、中小企业板、创业板的上市条件和上市规则在经济指标(如上市和退市标准)略有不同,但是沿用了证监会核准公开发行然后在交易所上市的联动模式,监管架构也基本雷同。证券公开发行申请人在申请时就必须明确是在主板中小企业板,还是在创业板上市。

就主板和中小企业板的关系看,到二者上市的企业完全在一个流程、一个标准下进行公开发行审核,区别只在于一般发行股本数额的高低。其各种权利义务、接受的监管标准基本一样。无论是在交易所主板还是中小企业板上市的企业,都必须在财务方面遵循法定的最低上市标准(股本总额、最近三年净利润、现金流净额或营业收入、有形资产的比例等)。普通中小企业包括高科技、增长型企业能达到"中小企业板"的上市门槛的,已经是现实中的大公司了。上市公司的最初来源也是直接来自已经在主板排队的拟上市公司。[1] 而对中小企业来说更为重要的一些特质,如快速审批的融资渠道等,中小企业板却没有提供。

证监会2009年《首次公开发行股票并在创业板上市管理办法》对这一新设板块作出了不同的、更为灵活的规定。创业板的法定宗旨是"促进自主创新企业及其他成长型创业企业的发展",基于此类企业在发展初期的利润和管理者的不稳定性,创业板放松了发行人发行前的连续盈利年度、净利润、营业收入、发行前股本总额要求,并通过增加净资产要求来

---

[1]《主板内的中小企业板》,载《中国财富》2004年7月15日。

"对冲"风险。但这种放松的依据并非交易所的自主行为、由动态竞争产生的结果,实际上只是政府监管者有意开的一个口子。在实践中也反而成为一些不良现象的渊源所在,如大量低质量的中小型公司通过财务造假来实现上市。

就上市企业看,创业板本来标榜挂牌企业的"两高六新",即成长性高、科技含量高,新经济、新服务、新农业、新材料、新能源和新商业模式。[1] 然而实际上,符合监管层要求的"两高六新"上市公司寥寥无几。它们大都已进入成长期或成熟期,早已过了创业期。[2] 有不少是在传统行业,研发投入比例也较低。首批招股的10家创业板公司的业绩均达到了中小板的标准,如乐普医疗三年净利润高达4.2亿元;首批招股的10家创业板公司的募资额也均达到了中小板的标准,平均每家公司融资约7亿元,其中神州泰岳募资额高达18.3亿元。[3] 总体而言,在公认的创业企业集中的行业如互联网、新能源、生物医药等,境外上市的公司远多于在境内上市的。

此外,上市后,无论公司规模业绩有何变化,也基本不存在退出并转到另一个板块或交易所上市的可能性。当然,由于中小企业板、创业板实际上只是统一的全国性大主板中的一部分,而非成熟市场中的所谓二板,转板的必要性也不大。

(二)"新三板"

我国现行《证券法》规定"依法公开发行的股票、公司债券及其他证券应当在依法设立的证券交易所上市交易或者在国务院批准的其他证券交易场所转让"。但实践中,并不允许公开发行的证券在非交易所上市。现行的证券登记结算制度下,上市公司股票全部采用无纸化电子形式托管

---

[1] 《证监会新闻发言人就发布创业板申请文件准则和招股说明书准则并受理创业板发行申请答记者问》(2009年7月20日)指出:"多数市场人士认为,创业板应突出市场定位和板块特色,多吸纳新能源、新材料、生物医药、电子信息、环保节能、现代服务等领域的企业及其他领域成长性特别突出的企业,以及在技术、业务模式上创新性比较强、行业排名靠前和市场占有率较高的企业上市。对此我会将予以关注。"证监会网站 http://www.csrc.gov.cn/pub/newsite/bgt/xwdd/200907/t20090727_119086.htm,最后访问时间2016年4月20日。

[2] 有意思的是,2014年上海证券交易所虽然提出要建设新的战略新兴产业板,仍然定位于规模although大、已越过成长期、相对成熟的企业,而非尚未跨越创业阶段的企业。杜卿卿:《沪深交易所"加力"争夺战略新兴产业板》,载《第一财经日报》2014年11月3日。

[3] 李燕娜:《聚焦创业板创富路线 创业板企业的四不像》,载《投资快报》2009年9月29日。

在中国证券登记结算有限责任公司,股东不再持有纸质的股票,其股份持有与变动的事实均表现为登记结算公司为其开立的证券账户中的记载。因此,任何股票的报价、交易、交割交付都必须通过在登记结算公司证券账户的过户来实现。证监会通过证券登记结算公司限制股票过户,在技术上最后排除了场外自发组建柜台交易市场的可能性。除了大宗收购非流通股票之外,所有上市股票只能在"场内"交易。[1]

不过,随着退市公司的出现,自然也出现了不在交易所上市的公开发行公司。根据2001年中国证券业协会《证券公司代办股份转让服务业务试点办法》,它们逐渐进入所谓代办股份转让试点范围,形成了证券公司代办股份转让市场。该市场俗称"三板市场"(尽管当时和现在,中国都没有明确的二板市场)。2006年开始,中国证券业协会在此基础上为北京中关村科技园区非上市股份有限公司股份开设了报价转让服务。因为这些公司股份相对价值较高,而不像之前只是退市公司的"回收站"。所以代办转让市场也由此被称为"新三板市场"。

2012年5月通过、9月公布、2013年1月1日起施行的证监会《非上市公众公司监督管理办法》(2013年12月修改)在法律制度上初步建立了公开发行不上市制度。1月16日,在证监会支持下,证券公司代办股份转让系统升级而来的"全国中小企业股份转让系统"(以有限公司的形式组织)在北京揭牌,开始形成非上市公司股份转让的全国性证券交易场所,旨在为创新型、创业型、成长型中小微企业直接融资服务。令人啼笑皆非的是,这个市场又被称为"新三板市场"。

2012年9月成立的全国中小企业股份转让系统有限责任公司是这个转让系统的运营管理机构,公司股东涵盖了国内主要的全国性交易所,包括上海证券交易所、深圳证券交易所、中国证券登记结算有限责任公司、上海期货交易所、中国金融期货交易所、郑州商品交易所、大连商品交易所。

2013年2月证监会颁布的《全国中小企业股份转让系统有限责任公司管理暂行办法》和证监会批准的《全国中小企业股份转让系统业务规则(试行)》(2013年12月修改)规定:经证监会核准挂牌的非上市公众公司股东可以超过200人。挂牌前,应当与中国证券登记结算有限责任公司

---

[1] 方流芳:《证券交易所的法律地位——反思与国际惯例接轨》,载《政法论坛》2007年第1期,第65—68页。

签订证券登记及服务协议,办理全部股票的集中登记。

2013年2月,已在原代办股份转让系统报价转让股票的204家挂牌公司递交了关于公司股票在全国股份转让系统公开转让并纳入非上市公众公司监管的申请,并于2013年4月取得证监会核准,成为非上市公众公司。

5月,按照中小企业股份转让系统新业务规则核准公开转让的首批企业即经证监会同步核准、纳入统一监管的首批新增公司挂牌,挂牌后其股票可以公开转让和定向发行,股份可以实现标准化流通和连续交易。此时全国股份转让系统实有挂牌公司212家。[1] 值得注意的是,其《业务规则》明确许可挂牌公司可以向证监会申请首次公开发行股票并上市,或向证券交易所申请股票上市,期间暂停转让。证监会核准其首次公开发行股票申请或证券交易所同意其股票上市的,全国中小企业股份转让系统公司终止其股票挂牌。

2013年6月国务院常务会议决定将中小企业股份转让系统试点扩大至全国,以鼓励创新、创业型中小企业融资发展。2013年12月国务院发布《关于全国中小企业股份转让系统有关问题的决定》("国六条"),明确了股转系统"主要为创新型、创业型、成长型中小微企业发展服务"的市场定位(第一点)。挂牌公司达到股票上市条件的,可以直接向证券交易所申请上市交易(第二点)。股东人数可以超过200人,挂牌时或挂牌后定向发行后股东累计未超过200人的,证监会豁免核准(第三点)。

2014年12月证监会《关于证券经营机构参与全国股转系统相关业务有关问题的通知》提供了更多政策扶持:(1)鼓励证券公司为新三板公司的推荐挂牌与持续督导服务工作,全面提升服务中小微企业的能力;允许主办券商探索股权支付、期权支付等新型收费模式;允许基金管理公司子公司、期货公司子公司、证券投资咨询机构等经备案后,开展推荐业务。(2)做市。鼓励证券公司积极开展做市业务,充分发挥市场组织者与流动性提供者功能,提升销售交易专业能力,持有的做市股票市值与其总市值比例可超过5%(但需扣减净资本);试点开展股票借贷业务、对冲做市业务持仓风险;支持符合条件的基金管理公司子公司、期货公司子公司、

---

[1]《全国股份转让系统首批企业挂牌仪式在京举行》,全国中小企业股份转让系统 http://www.neeq.com.cn/xwdt/xwdt/201305/t20130528_445576.htm,最后访问时间2016年4月20日。

证券投资咨询机构、私募基金管理机构等经备案后,开展做市业务。(3)探索和支持机构投资者进入,试点开展股票质押式回购等创新融资业务。(4)支持证券期货经营机构利用全国股转系统补充资本,提升抗风险能力;支持证券期货经营机构挂牌,挂牌只需向证监会备案;证券期货经营机构可通过全国股转系统发行普通股、优先股、私募债、可转债等产品,探索股权激励。

新三板起初发展得不疾不徐,2014年起新挂牌公司快速增长。各地政府也纷纷强化了挂牌奖励政策。其被很多人视为一个门槛低的证券交易所,大致只需要"业务明确、产权清晰、依法规范经营、公司治理健全,可以尚未盈利,但须履行信息披露义务"(《关于全国中小企业股份转让系统有关问题的决定》第一点),具体包括存续期满两年、主营业务明确且具有持续经营记录、公司治理结构健全运作规范、股份发行转让合法合规且有主办券商推荐。对企业盈利记录不作要求的特点则尤为突出(不过根据股转系统公司2014年年报披露,当年有2320家挂牌公司盈利,占总挂牌公司比为86%)。

新三板的基本治理思路是信息披露基础上的自由交易。由于发行的次数、价格和锁定期等方面限制非常宽松,新三板的定向增发极为火热,2015年上半年新三板挂牌公司实现的融资金额超过300亿元,甚至高于中小板和创业板。而新三板的二级市场也出现了与沪深股市类似的炒作和价格虚高现象,新三板投资者并未由于进入门槛高而有更明显的价值投资、长线投资风格,做市商制度的作用也很有限。2015年4月新三板指数触顶回落,后来沪深股市开始坍塌,新三板的交易也随之陷入沉寂。

不过新三板挂牌公司数量继续高涨,其在2012年底挂牌公司仅不到200家,2013、2014年底分别为356家、1572家。2015年则迅速发展,7月22日挂牌公司达到2811家,一举突破沪深交易所股票之和,后来又超过了美国纳斯达克市场。2016年6月底新三板公司已经超过7600家(不过九成以上是股本不到一亿元的中小微企业,同期创业板股本不到一亿元的公司只有一成多),其中做市转让的超过1500家,其余则通过协议转让。由于门槛较低,其挂牌公司覆盖的行业包含了居民服务、修理和其他服务类,总门类达到了19个,超过了交易所上市公司的18个和创业板公司的12个。

到2015年新三板已经开始出现需要排队数个月甚至近一年才能挂牌的情形。根据2015年10月的一项统计,挂牌公司上一年总营收在10

亿元以上的有约 20 家,上一年营收 1 亿—5 亿元之间的企业能够占到 41% 的比例。金融企业挂牌数近 70 家,包括券商、银行等。投资机构也大量挂牌,如作为首家挂牌新三板的投资机构九鼎公司市值由 2014 年 4 月挂牌初的 100 多亿元,在一年内发展到 1000 多亿元。[1]

有鉴于此,新三板管理者股转系统公司开始收紧挂牌标准,不再限于信息披露要求。2015 年 9 月,股转系统发布了关于企业挂牌条件试用问题的解答,就申请人的子公司、环保、持续经营能力、财务规范性等问题做了进一步明确。

新三板尽管挂牌门槛低,仍然出现了卖壳市场,壳金额最高可达两三千万元。借壳的原因各不相同:有的是为了减少排队等待时间,主要是私募基金为投资对象买壳;有的是一些民营企业由于账目不规范,所以尽管有盈利能力,但在合规上难以满足存续期满两年、主营业务明确且具有持续经营记录等形式要求,借壳后,则只要从此账目规范即可;有的是海外上市公司拆除 VIE 结构后回归,股权结构也很复杂,所以需要借壳;还有的涉及外籍人士代持股份的情形。而为了规避借壳时的严格审查,资产注入过程有的会长达一年。另外,新三板实行分层制,优质公司可获得更多融资便利的前景,也成功吸引了不少在海外上市的大型中国概念股的回归。[2]

但新三板的发展瓶颈是交易量低。截至 2015 年第三季度末,只有 163 家公司的股东超过 200 户,三千五百多家公司平均股东为 48 户。故挂牌公司中,只有 30% 曾发生过交易。每天的交易个股不超过 200 家。其中,累计换手率不足 1% 的高达 15%。不过,也有基金界人士认为新三板的本质是一个长期价值投资的市场,主要功能应该是融资和助推企业成长规范,而不是交易。纳斯达克成立的头十年也没有多少交易。微软、英特尔等后来的蓝筹公司在纳斯达克挂牌的头十年也几乎没有交易记录。[3]

为推动新三板发展,2015 年 11 月证监会发布《关于进一步推进全国中小企业股份转让系统发展的若干意见》,在市场定位上提出"公司挂牌不是转板上市的过渡安排,全国股转系统应逐步完善服务体系,促进挂牌

---

[1] 陆玲:《新三板拐点》,载《财经》2015 年 10 月 19 日。
[2] 参见罗超:《新三板借壳调查:壳费 2000 万起步》,载《新京报》2015 年 9 月 16 日 B08 版。
[3] 陆玲:《新三板拐点》,载《财经》2015 年 10 月 19 日。

公司成长为优质企业,同时着眼建立多层次资本市场的有机联系,研究推出全国股转系统挂牌公司向创业板转板的试点,建立全国股转系统与区域性股权市场的合作对接机制","现阶段不降低投资者准入条件,不实行连续竞价交易"。

(三)区域性股权交易市场

1. 现行法律框架

地方性资本市场能够促进地方性的中小微企业融资和经济发展、改善全国金融生态。1998年对场外证券交易场所的大整顿后,2003年中共十六届三中全会《关于完善市场经济体制若干问题的决定》首次提出"建立多层次资本市场体系,完善资本市场结构,丰富资本市场产品"。2004年《国务院关于推进资本市场改革开放和稳定发展的若干意见》提出"建立多层次股票市场体系。在统筹考虑资本市场合理布局和功能定位的基础上,逐步建立满足不同类型企业融资需求的多层次资本市场体系"。2010年中共十七届五中全会《关于制定国民经济和社会发展第十二个五年规划的建议》再次提出:"加快多层次资本市场体系建设,显著提高直接融资比重","稳步发展场外交易市场"。

不过最近十年场外证券交易场所还是处在了地方兴建和中央整顿之间的轮回中。最近以2011年11月《国务院关于清理整顿各类交易场所、切实防范金融风险的决定》(国发[2011]38号,以下简称38号文)为核心的一轮清理整顿风暴之后,区域股权交易所(中心)有二十多家[1],但到2015年7月底又增长到了37家,遍布除了河南、云南、宁夏的每一个省级区域。[2]

当前关于区域性股权交易市场或者说整个场外证券交易市场的最高层级规定主要是国务院38号文,该决定指出:一些地区为推进权益(如股权、产权等)和商品市场发展,陆续批准设立了一些从事产权交易、文化艺

---

[1] 根据2013年4月的一项统计,全国范围内设有天津股权交易所、上海股权托管交易中心、齐鲁股权托管交易中心、武汉股权托管交易中心、广州股权交易中心、深圳前海股权交易中心、浙江股权托管交易中心、福建海峡股权交易所、广西北部湾股权托管交易所、江西省股权交易所、湖南股权交易所、吉林股权交易所、贵州股权交易中心、安徽股权交易所、滨海国际(苏州)股权交易所、大连股权交易中心、北京股权交易中心、辽宁股权交易中心、甘肃股权交易中心、新疆股权交易所、重庆股份转让中心等区域股权交易所。

[2] 孙菲菲:《区域性股权交易市场的运行特征与发展建议》,载《证券市场导报》2016年第4期,第56页。

术品交易和大宗商品中远期交易等各种类型的交易场所（以下简称交易场所）由于缺乏规范管理，在设立和交易活动中日益突出的违法违规问题和不断暴露的风险，随即引发各类交易场所的清理整顿"风暴"。

国务院限制风险的措施，主要是限制普交易场所组织准交易所式的交易：

除依法设立的证券交易所或国务院批准的从事金融产品交易的交易场所外，任何交易场所均不得将任何权益拆分为均等份额公开发行（即股权只可整体转让），不得采取集中竞价、做市商等集中交易方式进行交易；不得将权益按照标准化交易单位持续挂牌交易，任何投资者买入后卖出或卖出后买入同一交易品种的时间间隔不得少于 5 个交易日，此即业界所谓的"非公众、非标准、非连续"标准，目的旨在杜绝变相搞股票期货交易。除法律、行政法规另有规定外，这些被交易的权益持有人累计不得超过 200 人。

为规范交易场所名称，凡使用"交易所"字样的交易场所，除经国务院或国务院金融管理部门批准的外，必须报省级政府批准；省级政府批准前，应征求清理整顿各类交易场所联席会议意见。

2012 年 7 月国务院办公厅发布《关于清理整顿各类交易场所的实施意见》（国办发[2012]37 号，以下简称 37 号文）。该文除了重申 38 号文外，重点是细化了有关规定。不过 37 号文同意各省级政府应按照"总量控制、合理布局、审慎审批"的原则，统筹规划各类交易场所的数量规模和区域分布，制定交易场所品种结构规划和审查标准，审慎批准设立交易场所，使交易场所的设立与监管能力及实体经济发展水平相协调。

证监会 2012 年 8 月《关于规范证券公司参与区域性股权交易市场的指导意见（试行）》是目前为数不多的正面对区域性股权交易市场进行规定的规章。其规定，区域性股权交易市场（以下简称区域性市场）是为本省级行政区域内的企业提供股权、债券的转让和融资服务的私募市场，功能在于促进企业特别是中小微企业股权交易和融资，鼓励科技创新和激活民间资本，加强对实体经济薄弱环节的支持，接受省级政府监管。在区域性市场挂牌且符合相应条件的公司申请公开发行证券及到其他依法设立的证券交易场所转让交易的（"转板"），证券公司可以依法为其提供服务。

延续其对区域性的限制要求，2015 年 7 月《区域性股权市场监督管理试行办法（征求意见稿）》也要求"出于防范风险的考虑，区域性股权市场不得为其运营机构所在地省级行政区划外的企业提供服务"。不过实践中,不少区域市场照样接收外省企业,而挂牌企业所属地政府从企业利益出发,也并不对此加以限制。

2. 主要的区域性股权交易场所

目前绝大多数区域性股权交易场所由省级政府批准和控制,多数自我定位为OTC柜台市场。所谓柜台市场,按照中国台湾的"财团法人中华民国证券柜台买卖中心"的界定,指有价证券不在集中交易市场上市以竞价方式买卖,而在证券商的营业柜台以议价方式进行的交易行为所形成的市场,英文为Over-the-Counter,简称OTC。[1] 比较主要的区域性股权交易场所包括:

北京产权交易所(China Beijing Equity Exchange)。这是一个综合性产权交易场所,可挂牌交易非上市股权和其他财产权。北交所围绕各个交易品种建立或合作建立了一系列下属中心,如北京国际矿业权交易所有限公司、北京黄金交易中心、文化创意企业投融资服务中心、北京石油交易所、北京环境交易所、中国技术交易所、中国林业产权交易所。**北京股权交易中心**有限公司于2013年1月在北京市工商局完成注册登记,注册资本2亿元,由北京市金融局负责管理。最大股东为北京国有资本经营管理中心(国管中心,北京国资委下属全民所有制企业,持股35%)、深交所、北京产权交易所(持股各15%)。

天津股权交易所。作为天津滨海新区综合金融配套改革的试点,国务院2008年提出"要为在天津滨海新区设立全国性非上市公众公司股权交易市场创造条件",同年天津股权交易所成立,定位于不超过200个股东的非公众公司市场,实行集合竞价+做市商双向报价+协商定价的混合交易定价模式。截至2014年7月,挂牌企业494家,以河北、山东的为主(官网未公布之后的挂牌企业数据)。[2]

作为一个明显的跨区域股权交易场所,天交所在地方资本市场中曾显然是领跑者。其甚至还有过充当全国三板乃至二板的雄心,2009年曾与台湾二板市场"财团法人中华民国证券柜台买卖中心"签订了战略合作

---

[1] http://www.gretai.org.tw/ch/about/introduction/history.php,最后访问时间2016年4月20日。

[2] 天交所网站 http://www.tjsoc.com/web/data1.aspx#gpqysl,最后访问时间2016年3月6日。

协议。2012年6月天津交易所总裁称已经有82家企业主要财务指标达到了中小板和创业板上市的要求,占挂牌企业总数的46%。有13家企业已经摘牌,现在正在启动上市的程序;有2家企业被上市公司并购,实现了间接上市。[1]

上海股权托管交易中心(Shanghai Equity Exchange)。2012年由上海市政府批准成立,明确自我定位为OTC柜台市场。现股东分别为上海联合产权交易所、上海张江高科技园区开发股份有限公司、上海国际集团有限公司。申银万国和国泰君安证券公司曾以财务顾问方式参与首批挂牌企业的挂牌推荐。其分为实行审核挂牌的非上市股份有限公司股份转让系统(E板)和实行注册挂牌的中小企业股权报价系统(Q板)。E板挂牌费用较高,接近新三板水准。截止到2016年2月24日,E板企业564家,Q板企业8003家,股权融资总额107亿元。[2]挂牌企业来自超过十个不同的省级区域。值得对比的是,截止到2013年4月30日,挂牌企业才实现股权融资8.52亿元。[3]

深圳前海股权交易中心(Qianhai Equity Exchange)。2012年5月,安信证券、中信证券、国信证券三家券商是三大股东(合计持股三分之二以上)、深圳证券信息有限公司(深交所下属企业)为第四大股东(持股9.9%)的前海股权交易中心(深圳)有限公司成立。首批39家深圳企业与其签订挂牌意向协议,广东省副省长到会祝贺。但耐人寻味的是一个月前证监会主席还否认了此信息。[4]

该中心股权交易不集中竞价,只在特定对象间进行,股东不超过200人,不引进做市商,投资者买卖时间间隔不少于五个交易日。主要交易产品为非上市公司股权、债权及相关理财产品,主要为非上市股份公司提供股权托管、登记、交易、定向增资、清算、交割和其他金融增值服务,为挂牌企业实现主板、中小板、创业板上市和到新三板挂牌发挥培育、辅导和促

---

[1]《钟冠华:天津股权交易所取得四大成绩》,和讯网 http://news.hexun.com/2012-06-28/142979663.html,最后访问时间2016年4月20日。
[2] 上海股权托管交易中心网站 http://www.china-see.com/index.do,最后访问时间2016年4月20日。
[3]《上海股交中心市场影响力不断扩大》,上海股权托管交易中心网站 http://www.china-see.com/my_con.jsp?aid=1572&cid=146&fid=134,最后访问时间2016年4月20日。
[4] 曹磊:《深圳前海股权交易中心揭牌 郭树清上月曾否认》,http://finance.sina.com.cn/stock/y/20120515/233012071620.shtml,最后访问时间2016年4月20日。

进作用。前海股交中心的前身为深圳新产业技术产权交易所。截止到2016年2月24日,标准版挂牌企业7334家,孵化板2126家,将近一半企业注册资本在1000万元以上,知名者包括国内成交金额最大的P2P平台深圳红岭创投公司。其网站上公示的自我定位是"地方政府监管的新型交易所,也是全方位服务中小企业的新型市场化投融资平台,打造独特的新四板"。[1]

重庆股份转让中心。 2009年1月《国务院关于推进重庆市统筹城乡改革和发展的若干意见》提出适时将重庆纳入全国场外交易市场体系,同年该中心由重庆市政府批准成立。2013年2月,由西南证券控股、重庆政府投资平台渝富资产经营管理集团有限公司和深圳证券交易所旗下的深圳证券信息公司参股,重庆股份转让中心有限责任公司成立。明确自我定位为OTC柜台市场。截止到2016年4月,累计托管和挂牌企业达到1084家,累计融资额495.21亿元,有2家企业通过并购实现主板上市,3家企业进入主板IPO申报,20家企业进入新三板。挂牌企业来自多个省级区域。[2]

不少"草根"的交易场所由于面临着生存压力,表现相当不俗,销售收入增长率、净利润增长率都很可观。

(四)全国中小企业股份转让系统和区域性股权交易市场的关系

由于得到了国家政策和证监会的支持,全国中小企业股份转让系统明显后来居上,还颇有统率区域性市场的打算。该系统一方面强调自身的"高级性",如强调自身是"经国务院批准设立的第三家全国性证券交易场所",各区域股权交易市场是由省级政府批准设立的非公开市场,其挂牌公司是非上市非公众公司,应严格执行"非公众、非标准、非连续",以及股东人数不超过200人的要求。申请在新三板挂牌的公司须先停止其在区域股权市场的转让、发行等行为,完成摘牌手续。

另一方面,全国中小企业股份转让系统积极谋求与区域性场外市场的合作对接,"将根据全国各区域产业特点和企业实际情况,因地制宜做

---

[1] 前海股权交易中心网站 https://www.qhee.com/node/company/standard,最后访问时间2016年4月20日。

[2] 刘勇等:《区域股权市场暗战激烈两渝企上股交E板》,载《重庆商报》2016年4月19日B9版。

好发展规划,有针对性地在各地逐步开展各类服务培育工作"[1],而对于"资源培育的对接,各地应早谋划、早着手、早准备"。[2] 在天津股权交易所的重点区域市场中心山东潍坊、北京中关村,中小企业股份转让系统也积极进行了宣讲,并得到了当地主管政府部门的大力支持。全国中小企业股份转让系统公司董事长提出:"地方不仅仅要培育资源,还要承担起监管和规范的职能。"[3]

作为证监会"亲儿子"的中小企业股份转让系统成立后,对地方交易场所的政策性压制又似乎有所抬头。例如,作为主流证券市场中介但处在证监会直接管理下的证券公司可以在辅导推荐企业、组织交易、涉及产品、管理风险、促进市场方面起到很大的作用,但它们长期不参与地方性证券交易场所的活动。过去的代办股份转让系统也主要由几十家证券公司负责维持。但是在这一领域,"地方股权交易所可分得的蛋糕甚小,因为券商资源都垄断在证监会之下"。在 2012 年春上海股权交易中心挂牌仪式前夕,多家许诺参与的券商突然从推荐会员名单中消失。[4] 而中小企业股份转让系统成立伊始就有数十家证券公司申请成为主办券商。凡具有证监会批准的相应业务资格并在人员、技术上符合有关要求的证券公司无需经过审批,在全国股份转让系统备案后即可开展相关业务。

随后几年内,由于政策厚薄的区分作用,区域性股权市场逐渐成为四板市场。2014 年 10 月,在证监会前主席、山东省长郭树清等的推动下,8 家在齐鲁股权交易中心挂牌的企业正式集中转移对接全国中小企业股份转让系统。这是新三板扩容以来,区域性股权市场批量向新三板转移企业的首次尝试。为鼓励之,全国股转系统为齐鲁股交中心开创了"单独受理,优先审核,提前沟通,集中挂牌"的机制。到 2016 年 1 月已推动 4 批 26 家企业实现转板,27 家企业启动转板程序。[5]

---

[1]《全国股份转让系统全面启动市场培育工作》,全国中小企业股份转让系统网站 http://www.neeq.com.cn/xwdt/xwdt/201303/t20130314_418145.htm,最后访问时间 2016 年 4 月 20 日。

[2]《杨晓嘉调研三地 动员各方积极准备扩大试点》,全国中小企业股份转让系统网站 http://www.neeq.com.cn/xwdt/xwdt/201305/t20130529_446130.htm,最后访问时间 2016 年 4 月 20 日。

[3] 同上注。

[4] 龙飞:《北京交易所待出 承接新三板 7000 亿市场》,载《中国经营报》2013 年 5 月 11 日。

[5] 左永刚:《新三板与"四板"转板顺畅 齐鲁股交中心 4 企业将转板》,载《证券日报》2016 年 1 月 20 日。

2015年6月,重庆市政府和全国股份转让系统签订合作协议,重庆的区域性股权交易中心将实现和新三板系统互联互通。为吸引区域性股权市场,股转公司则提出了自动转板的设想,如挂牌区域性市场2年后,可以直接转新三板。

2015年11月证监会《关于进一步推进全国中小企业股份转让系统发展的若干意见》提出控股股东为证券公司、具备相应业务能力和风险管理水平的区域性股权市场运营管理机构,可以开展全国股转系统的推荐业务试点,推荐挂牌公司的持续督导和做市服务等工作由控股股东承担。进一步明确券商控股的区域性股权市场将充当新三板市场的孵化器,为新三板输送企业。

但一些昔日较为红火的区域性市场如天津股权交易所、云南股权交易所等由于不愿意缩限已有的交易能力,一直未通过国务院清理整顿各类交易场所部际联席会议检查验收,因此全国股转公司一直未受理其挂牌公开转让的申请。[1]

诚然,在今日看来,新三板挂牌公司的质量明显高于区域性市场。但这并非是市场竞争的结果,而是行政调拨资源的结果。如有业内人士认为:新三板扩容后,随着制度完善、交易活跃度提高、流动性增强,和券商的共生共荣关系会增强,新三板有望成为集合经纪、投行、直投、资管多项业务的综合业务平台。券商也可通过挂牌推荐、转板、定向增发、佣金和做市商价差、直投等获得收入。[2]但这并不是只能由新三板做的事情,新三板更多的制度呼吸空间变相地压制了地方证券交易场所的竞争力。新三板实践中已经出现了一定的畸形发展现象,如高挂牌公司数与低成交量、低市盈率并存,成交价忽高忽低,异常交易包括一分钱成交价出现的频次数以百计。这虽可以说是发展中的正常现象。但既然其并非一帆风顺,则给其他交易场所一些机会也就更具正当性。

另外,按照证监会相关规定,股东人数累计超过200人的非上市公司要么在新三板挂牌,要么不在任何市场挂牌,但就是不能在地方性证券交易场所挂牌,这导致地方市场受到了两方面的挤压,不甚合理。因为在一

---

[1] 谷枫:《天交所等四板场所未通过验收 股转系统暂不受理其挂牌企业》,载《21世纪经济报道》2016年4月15日。

[2] 王月:《悬崖边的中国券商》(2013年9月7日),腾讯财经 http://finance.qq.com/zt2013/focus/zgqs.htm,最后访问时间2016年4月20日。

个交易场所挂牌,总能带来更多的监督,增强公司治理。新三板的可扩容程度总是有限的。对地方性证券市场管制过严,会令它们重蹈中关村科技园公司股份转让试点的旧辙。当初中关村的挂牌公司虽然总体质量尚可,但挂牌公司、定向增资额、单次融资规模、市场交易量、换手率一直上不去。挂牌公司的成交价均未形成连续的价格曲线,其中不少公司全年无交易。交投清淡的原因中,股东人数不能超过200人、股权流动性差是其中重要一项。倘若区域性市场萎靡不振,为新三板输送优质企业的能力也就打了折扣。

五、证券交易所监管的现状

如第二章所述,在涉及证券交易所现行法律框架下,证券交易所有多种监管权。但由于上市和公开发行审核联动,"上市协议的签订对交易所和上市公司都是一种义务,具有浓厚的行政色彩"。[1]拒绝特定发行人上市和终止特定发行人的上市资格这一最根本的监管性权利并不被证券交易所享有。同时作为缺乏强制性执法权的非政府机构,证券交易所对公司的上市日常监管权的严厉性和约束性也相对不足。故而,在交易所由官方兴办、所有权归于官方、由官方行政管理[2]的情况下,不仅学者认为中国证券交易所的监管权只是源于政府的让渡和授予[3],市场投资者也不会把信心和依赖放在交易所身上。一个最直观的例子是,当市场出现了什么问题的时候,舆论都是直指证监会,而很少人会考虑交易所应当承担的职责。

公开谴责算是交易所使用得比较主要与严厉的手段。有研究者认为这是一种有效的监管手段,甚至认为两个交易所之间已经在公开谴责领域产生了一定的监管竞争。如深交所被认为对违规企业的公开谴责力度较大,在公司治理方面的规则制定力度也较大。[4] 不过,该研究者也承

---

[1] 徐明、李明良:《证券市场组织与行为的法律规范》,商务印书馆2002年版,第146页。
[2] 方流芳:《证券交易所的法律地位———反思与国际惯例接轨》,载《政法论坛》2007年第1期,第65—68页。
[3] 北大光华管理学院—上证有限公司联合课题组:《证券交易所管理市场职能的法律性质研究》,载《上证研究法制专辑》,复旦大学出版社2003年版,第45页。
[4] Benjamin L. Liebman &Curtis J. Milhaupt, "Reputational Sanctions in China's Securities Market", 108 *Colum. L. Rev.* 929(2008).

认,公开谴责似乎更多地偏向于非国有企业[1],从股价的实证研究角度看,这种机制也并不完美。[2] 以至于有的企业被谴责了两三次。[3] 而且对上市公司来说,作为惩罚措施的公开谴责缺乏必要的救济机制。[4] 另外的研究者则认为在上市公司高管做几年就换任的情况下,公开谴责收效甚微。[5]

除了公开谴责外,证券交易所实施的纪律处分措施还包括通报批评,公开认定不适合担任上市公司董事、监事、高级管理人员、董事会秘书,建议法院更换破产管理人或管理人成员。限定主体资格等,这些措施旨在对违规主体限制或取消其权利、规范约束其行为、或者对其形象及声誉施加不利影响。但是,根据深圳证券交易所综合研究所的统计,从 2005 年到 2012 年,排除明显属于个人行为的违规案件,深交所纪律处分委员会共对上市公司作出纪律处分 324 起,涉及公司 244 家,其中,有 80 起属于再次处分案件,涉及 60 家上市公司,再犯率高达 25%。其中甚至有 8 年内 5 次被纪律处分还未退市的,3 次违规的上市公司 10 家(占违规样本公司的 4%),连续 2 次违规的 46 家(占违规样本公司的 19%)。[6]

上市公司"屡罚屡犯"表明交易所监管可能更适合发现问题、初步处罚问题,但不能通过"严厉打击"予以根本遏制。不过,交易所为了增强监管威慑力,开始把谴责和上市资格挂钩。如深圳证券交易所 2007 年《中小企业板股票暂停上市、终止上市特别规定》将一定时期内受到公开谴责的情形与限制公司的股票交易直接挂钩。2012 年《深圳证券交易所关于改进和完善深圳证券交易所主板、中小企业板上市公司退市制度的方案》规定中小企业板上市公司最近 36 个月内累计受到本所三次公开谴责的,其股票直接终止上市,不再经过退市风险警示环节(针对沪深主板公司无

---

[1] Benjamin L. Liebman & Curtis J. Milhaupt, "Reputational Sanctions in China's Securities Market", 108 Colum. L. Rev. 929 (2008). 957, also see Gongmeng Chen et al., "Is China's Securities Regulatory Agency a Toothless Tiger? Evidence from Enforcement Actions", 24 J. ACCT. & PUB. POL'Y 451, 469 (2005).

[2] Benjamin L. Liebman and Curtis J. Milhaupt, "Reputational Sanctions In China's Securities Market", 108 Colum. L. Rev. 964 (2008).

[3] Ibid., 951.

[4] Ibid., 979.

[5] 吴志攀主编:《市场转型与规则嬗变》,北京大学出版社 2004 年版,第 97 页。

[6] 彭兴庭:《深交所纪律处分措施监管实效研究》,深交所综合研究所内部研究报告。转引自陈彬:《上市公司失信行为约束与诚信体系的建立》,载《中国证券法研究会 2013 年年会论文集》,第 462—463 页。

此规定)。

诚然,退市会导致包括上市公司小股东在内的广大群体严重丧失股份流动性而引发不安定因素。但在多层次证券交易场所体系建成,上市公司可以只是"逐层降级"的背景下,令证券交易所实质性地取得相应权能也就变得更为可行。

第四章　政府性证券监管的优化

在初步探究了三大证券法律实施机制在通常情况下的优劣与在中国实际制度环境下的运行后,我们将研究如何改进它们在中国的运作,以便最好地实现证券市场的发展和法治化。

较之民事诉讼等私人执行方式,公共执行是大陆法系普遍的占主导地位的法律实施机制[1],中国在很长一段时间内也必然继续如此。如何改进公共监管机构的运作,可谓是改善中国证券法律实施的第一个主要任务。

本章首先围绕如何优化政府性监管机制展开论述,提出了若干一般性的原则,如增强法治性、说理性等。但这么说不免失于空洞,有"知易行难"之嫌。故本章然后在此基础上,不惮啃硬骨头,通过对若干重大证券监管领域及典型案例的分析,来试图多维度的、从事前和事后两个层面对政府性证券监管的优化展开具体研剖。事前层面主要指新股发行管制,而事后层面主要指执法,这是证监会近年来逐渐形成的新工作重心。

第二节反思了历史上证券发行价格管制的演进和放手进一步的市场化定价改革的必要性。虽然此节引用的技术性规则较多,但围绕的却是一个基本命题:政府应当在多大程度上为证券价格及其后的涨跌负责?换言之,在新股发行和随手上市交易的大幅度价格起伏中,政府如何体现对投资者保护?我国可能很快就会随着《证券法》的修订推出新股发行的注册制改革,而尽快平稳地实现这一过渡、在不断"开闸放水"中实现市场稳健增长的健康的"慢牛"格局,并不能由证监会来操控,但如该节对一个失败的"调控"案例的剖解所揭示,证监会放弃对发行价格和额度有心无力的监控,乃是一个必要不充分条件。

第三节结合国外前沿理论与我国实际案例,讨论了对一种具有反欺诈功能的特殊内幕交易予以豁免所可能带来的市场正面价值如促进市场真实价格的形成,以及其为何在法律学说体系中能够自洽。这体现了有所为有所不为的制度创新,以及将经济分析运用于部门法律的努力,可谓内幕交易执法中"顶层设计"的一部分。

第四节回归具体,通过对法律规范教义和法理的步步严格推进来得

---

[1] Guido Ferrarini & Paolo Giudici, "Financial Scandals and the Role of Private Enforcement: The Parmalat Case", in John Armour & Joseph A McCahery eds., *After Enron—Improving Corporate Law And Modernizing Securities Regulation In Europe And The US* 159, 160, 2006.

出问题的结论。政府性监管的一般弱点包括了过强的刚性和相当的任意性,而我国高歌猛进的内幕交易执法正暴露了这些层面。该节结合轰动一时、余音未了(民事诉讼部分尚在进行中)的光大证券事件,分析的重点放在了反思我国对内幕交易过宽的执法范围上,这体现了法理基础的薄弱也可能导致扰乱证券市场的正常机能,在我国愈来愈复杂化的证券市场发展的环境下(如与期货市场连通性日益增强),其对金融深化、促进交易所造成的阻碍值得警醒。

第五节呼应了 2015 年 6—7 月发生的股灾,但又不直接围绕之作肤浅的政策分析、时事点评,而是就广受关注和非议的卖空型操纵包括裸卖空的合法与非法边界进行了探讨。特别是针对喧嚣一时的股票指数期货"裸卖空操纵"之说,进行了技术性解读。

第六节考察了证监会 2015 年 6 月起实施的证券场外配资的清理整顿工作,对证券市场的法治之道做了反思,并注意到了金融混业趋势下证券公司和信托公司争夺资产管理业务蛋糕的制度背景,检讨了证监会在此中的定位。

第一节 总体策略:增强执法的力度和法治度

以证监会为核心的政府性监管虽然存在着权力受制约度较小、行使不透明一类的问题,但中央层面的专业一元化监管机构的设置思路是应当坚持的。1998 年前的实践表明,地方政府监管者会更在意通过促进当地经济发展来获取更多的政治利益,而不惜令整个证券市场秩序和外地的市场参与者为之付出代价。中央政府实际上早在 1992 年、1995 年和 1996—1997 年的几次证券市场动荡中就开始承担最终的风险承担者的角色,故而当其对股市存废的根本问题作出积极判断后,自然就走到了前台。而确立唯一专属的监管机构可以集中执法资源,更好地贯彻政府的意图,事前厘清规则,事后高效、规模化地打击违法行为,这也至少在中期内将会是我国证券法律实施的主导机制。不过,正如 1998 年后证监会的实践显示的,实体的出现不能自动带来行为的完善,监管机构能有效地做"好事",但首先必须用制度约束确保它是"好人",没有做坏事的机会。下一步政府性监管执法的努力方向应当包括:

一、将工作重心从事前向事后转移,减少对市场涨跌的关注

2013年11月中共十八届三中全会正式提出要实现股票发行注册制,公开发行之行政审核的弱化与退出,公开发行与上市、挂牌的逐步脱钩是证券市场法治化的大方向。多层次证券交易场所的浮现,意味着企业挂牌标准的下限不断下移和多样化、符合挂牌企业的数量的激增,也意味着证监会维持以往的公开发行审核体制将成为不可承受之重的工作负担。

证监会将从审核审批向监管执法转型,将工作重心从事前把关向事中、事后监管转移。从无所不包的市场管理者(业界对证监会的俗称是"管理层"),转变为以监管执法为主的中立机构上来。减少政府动用公信力和自身资源来刺激市场发展的做法。现行法律架构如2006年《证券法》第179条(修订之前的第167条)第(二)项规定"依法对证券的发行、上市、交易、登记、存管、结算,进行监督管理",已经给人造成了错觉,似乎证券市场中发生的一切,都可以由证监会这个"青天大老爷"来管。事实上也有不少投资者在与证券公司发生了争议之后,要求证监会出面解决,如果证监会不答应,就以上述条款为依据提起针对证监会的行政诉讼[1],或是因为投资不利而在证监会门口请愿(甚至像2015年9月的泛亚有色金属交易所事件一样,明明是不受证监会管辖的事项,也有上千名投资者聚集到证监会门口[2]),以至于证监会总部所在的北京富凯大厦的一楼大厅从十年前的可以自由进入变成门禁森严,皆可谓监管者不可承受之重。

此外,一个必须解决的痼疾是令监管者减少对市场涨跌的关注。即使在市场化改革色彩较重的郭树清时期,证监会在表示不会在意股指的同时,也不免要鼓吹股市已经具有投资价值等,并通过暂停新股发行来应对熊市格局等(参见本章第三节)。这不只是证监会及其官员个人的选择,整个经济管理体制需要有所调整,而令证监会更多地具有中立监管者、规则执行者的地位。

---

[1] 参见高西庆、陈大纲主编:《证券法学案例教程》,知识产权出版社2005年版,第19页。
[2] 《泛亚投资人围堵证监会门口维权 高喊活捉单九良》,网易财经 http://money.163.com/api/15/0921/16/B423TH3O00254SUA.html,最后访问时间2016年4月20日。

二、确保证券执法力量的规模性和稳定性

业界资深人士尖锐地指出:"中国的执法者更多地需要靠个人觉悟进行自律,一旦执法机构的人员变更,则很难保证执法效果的持续性和有效性。"[1]所以,改进中国的证券监管需要强化监管队伍,以保证执法力量的规模性、独立性、稳定性和长期性。

证监会在这个方向上也有所努力,如 2007 年其合并了稽查一局和稽查二局扩充监管力量,成立了稽查局和稽查总队。稽查局专司管理,而稽查总队的编制达 170 人,是国务院系统近二十年来批准成立的最大新机构。稽查总队内设 20 个处室,包括 15 个调查处、2 个内审处、办公室(党委办公室)、技术支持处和纪委(监察室)。稽查部门厘清了权责后,很快显现出了作用,如用一个多月就查清了杭萧钢构案,两三个月了结中关村股价操纵案、ST 金泰股价异动案。

总体上执法工作也在逐年改善,2013 年披露的信息称:近五年来,证监会共新增案件调查 1 458 起,作出行政处罚决定 276 件,罚没款金额总计 6 亿元,移送公安机关案件 125 起,处理打非线索 1 325 起。2012 年共受理证券期货违法违规线索 380 件,新增案件调查 316 件,比 2011 年增长 21%,移送涉嫌犯罪案件 33 件,年增长 32%,对 195 名当事人作出了行政处罚,涉及罚没款共计 4.36 亿元,年增长 24%。[2]

2013 年全年作出的行政处罚同比增加 41.1%,市场禁入决定同比增加 162.5%,罚没款金额同比增加 67.4%,为证监会成立以来最高金额。被市场禁入人数大幅增加,同比增加 216.7%。针对内幕交易行为的处罚同比增加了 23 项,增幅达 164.3%。[3]

2011—2013 年,违法违规受理案件数为 290、380、611 件。2013 年审结案件 86 件,同比增长 11.7%;作出处罚决定 79 项,罚没款总额 7.3 亿元,同比增长 66.6%。[4]

2015 年,证监会系统共受理违法违规有效线索 723 件,较上年增长

---

[1] 上海市金融办公室副主任、上海证券交易所原副总经理方星海语,见安民静:《证券执法检查应建立人大监督制度》,载《国际金融报》2006 年 1 月 18 日。
[2] 《给中小投资者提供更大实惠——证监会有关负责人谈改善投资者维权环境》,载《人民日报》2013 年 3 月 15 日。
[3] 《去年证监会行政处罚工作呈现五大特点》,载《证券时报》2014 年 1 月 8 日。
[4] 《中国证券监督管理委员会年报(2013)》,中国财政经济出版社 2014 年版,第 43—44 页。

明显,新增立案案件共计 345 件,同比增长 68%(2013—2015 年立案案件数量见下图);新增涉外案件 139 起,同比增长 28%;办结立案案件 334 件,同比增长 54%。立案案件调查周期(自案件启动至移交处罚)平均为 86 天,较上年减少 40 天。累计对 288 名涉嫌当事人采取限制出境措施。冻结涉案资金共计 37.51 亿元,金额为历年之最。向公安机关移送案件 55 件,通报犯罪线索 50 余起。移交处罚审理案件 273 件,对 767 个机构和个人作出行政处罚决定或行政处罚事先告知,同比增长超过 100%,涉及罚没款金额 54 亿余元,超过此前十年罚没款总和的 1.5 倍。证监会还启动了委托上海、深圳证券交易所承担部分案件具体调查工作职责的试点工作,增加执法人员 160 人。

其中 4 月底启动"2015 证监法网"专项执法行动开创了案件成批快速处罚、移送、发布的稽查执法新格局。共计 8 批 120 起案件(占全年立案案件的 35%)中,已办结 102 件,移送公安机关 12 件,移交处罚审理 71 件,同时移送公安和审理 5 件,办结率达 85%,成案率近九成,平均调查周期 64 天。[1]

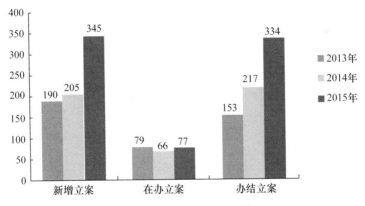

图 4.1　立案案件办理数量情况

毕竟如前所述,证监机构因为职责专属所在,还是会有动力监管好市场的。从证监会的历史和领导表态来看,其主观上也一直将实施良好的证券监管、发展证券市场列为基本目标之一。

---

[1]《2015 年度证监会稽查执法情况通报》,证监会网站 http://www.csrc.gov.cn/pub/newsite/zjhxwfb/xwdd/201601/t20160115_289929.html,最后访问时间 2016 年 4 月 20 日。

不过,根据证监会主席在 2013 年披露的数据,证监会系统专司执法的人员不到 600 人,不及职工总数的 20%。而美国证券和交易委员会经过 2011 年的部门重组,执法部门人员达到 1236 人,占总数的 32%。此外,他也坦诚证监会对执法科技投入还不足。[1]在年轻优质的法学院毕业生数量庞大的今天(青年律师也不无投身公共执法的意愿),强化执法队伍本质上并无技术障碍,而有赖于改革主政者的决心。

三、加强对证监会的体制制约,增加其运作透明度、说理度

对证监会自身保有高度期待的同时,也应该加强外部对其的监督,如全国人大常委会或其下属的专门委员会可以通过定期检查,令证监会向这些机构的定期报告等,从而确保证监会始终是以证券监管为本位。这种外部制约实际上既是给证监会压力,也让他们有了抵御不当干扰的后盾。

证监会在行使规则制定权力时,应当进行充分的成本收益分析,与被监管对象进行沟通、听取意见,坚持有所为有所不为,不是大包大揽,而是注重发挥市场自律。在执法时,应当优化审查分离、办案时限等制度,增加其行政处罚的说理性、责罚尺度统一性。较为成熟的美国行政法可资借鉴,如要求证券监管者制定行政性规则、作出行政决定时,行为必须具有内在一致性[2],必须考虑各种因素,对"所发现的事实和所作出的选择之间的理性关联"[3]作出非政治性的、技术性的、符合法律的科学解释。[4]如果这些解释有悖于该机构所发现的事实,就可能会被视为是专

---

[1] 肖钢:《监管执法:资本市场健康发展的基石》,载《求是》2013 年第 15 期。
[2] *Defenders of Wildlife v. EPA*. 420 F. 3d 946,959 (9th Cir. 2005) (quoting Ariz. Cattle Growers' Ass'n v. U. S. Fish & Wildlife,273 F. 3d 1229,1236 (9th Cir. 2001). rev'd & remanded sub nom. Nat'l Ass'n of Home Builders v. Defenders of Wildlife,551 U. S. 644 (2007). See also Gen. Chem. Corp. v. United States,817 F. 2d 844,857 (D. C. Cir. 1987).
[3] Motor Vehicle Manufacturers Ass'n v. State Farm Mutual Auto Insurance Co.,463 U. S. 29(1983),at 43 (quoting Burlington Truck Lines,Inc. v. United States,371 U. S. 156,168 (1962)).
[4] Kathryn A. Watts,"Proposing a Place for Politics in Arbitrary and Capricious Review",119 *Yale L. J.* 2,5 (2009). Elena Kagan,"Presidential Administration",114 *Harv. L. Rev.* 2245,2380—81 (2001).

断、变化无常的(arbitrary, capricious)而被法院否定。[1] 行政该机构还必须在制定规则前考虑不同的选项,解释为什么采取了这种而非那种干预措施。[2]

特别需要指出的是,强化执法不能以忽视法治为代价。例如,近年来,证监会把打击内幕交易作为一项工作重点,执法数量明显上升,但是在法律没有明确规定的情形下扩大打击范围、滥用推定的现象也很突出。即使称赞其促进了法律发展的学者也指出证监会内幕交易执法中有时会违反基本的法条解释规则、定性错误、推定时证据不足、违法所得计算错误等。[3] 而在笔者看来,问题不限于此。

2013年10月起,根据《中国证券监督管理委员会派出机构行政处罚工作规定》,除大案要案、复杂疑难案件以及其他可能对当事人权益造成重大影响的案件仍由证监会机关负责审理外,36家派出机构将受权对辖区内的案件进行调查和处罚。这有利于简政放权、下放执法重心、提高执法效率,但也可能招致地方保护主义和执法质量下降的隐忧。证监会为此配套了由行政处罚委员会备案和复核、异地指定管辖等制度,以确保事实认定、责任区分、量罚的适当性、审理程序的合法性的统一。这些制度的设计很好,但如何落到实处,还需要坚持,而来自证监会外部的监督与制约也将是有益的。

从工作流程方式看,美国证交会在公告相关执法行动时,都会在文末列明经办人员和主管人员的姓名,这既是对工作人员的工作的一种肯定,也是一种接受监督的方式,值得证监会借鉴。

四、通过正向激励来促进合规

普通的处罚可能会被违规者视为只是成本的增加而纳入与违规收益的数值大小比较中,因此,在证监会事实上是证券市场资源分配者的现阶段,如果能将"大棒"和"胡萝卜"结合,会增强监管措施的有效性。具体来

---

[1] Motor Vehicle Manufacturers Ass'n v. State Farm Mutual Auto Insurance Co., 463 U.S. 29(1983).

[2] Brookings Mun. Tel. Co. v. FCC, 822 F. 2d 1153, 1169 (D.C. Cir. 1987). Chamber of Commerce v. SEC, 412 F. 3d at 145 (quoting Laclede Gas Co. v. FERC, 873 F. 2d 1494, 1498 (D.C. Cir. 1989)).

[3] 彭冰:《内幕交易行政处罚案例初步研究》,载《证券法苑》第三卷(上),法律出版社2010年版。

说，监管者可以将市场主体合规程度和市场业务资格如在融资、并购的便利通道的获取可能性相结合，将不合规记录与更严苛的监管要求相结合。这在目前的证券公司管理等方面已经有所体现，值得推广。或许能成为我国在管制型市场的整体背景下降低监管和执法成本、提高效率的一个重要途径。

除了上述的一般性论述外，下文将再从事前的公开发行管制和事后的证券欺诈执法等关键环节对如何优化证券监管予以重点阐述。这二者可谓是我国证券事前监管和事后执法的主要着力点。故对其进行的分析不仅具有典型性，更具有全局性。

第二节　市场与行政权的平衡：证券发行价格权限的收放

通过证券监管的改善来优化证券法律实施是一个系统工程，市场力量和行政强制力量的综合运用的尺度必须仔细的权衡，并受到整体法治框架和政府价值观取向的约束。否则，特定技术环节上的进步反而会带来不测的结果。这个命题贯穿于中国证券监管乃至金融监管、经济管理的各领域与全过程，此处仅以证券发行价格监管为典型个例予以说明。

在这个环节上，行政权对证券产品入市时所应付出的对价这一基本商事交易要素进行了管制，其主旨虽然是平衡发行人和市场相对方的利益，但行政权能在多大程度上替代这一民事缔约过程的谈判并收到实效，也广受争议。

行政权的广泛深入不仅会带来一定的负面影响，且如我们将在下文分析中所看到的，其在个别环节的撤出也会由于全局管制架构的制约而带来意想不到的结果，甚至反而加大了市场主体的成本。因此，更为全盘性的市场改革和自由赋予应当被认真考虑，而不能满足于指望细枝末节、零敲碎打的改革能自动累积推动更大规模的质变。本节所述具体规定已经逐渐有些"过去时"的味道，但其中的道理并未改变。

一、证券发行价格监管制度的演进：市场和行政力量的博弈

（一）从定价到询价

证券首次公开发行（IPO）价格的设定一直是一个难点。各国的证券

发行许可周期都不短(如在中国往往长达数月),如果当初提交给证监机构的招股说明书中预定的发行价不能更改,则这个价格很可能与发行人获准发行时的市场条件不再相符。长期以来,证监会总的对策思路是限制发行价上限,从而形成了长期普遍的 IPO 折价(也称 IPO 抑价,指股票发行价低于上市首日价)[1],以至于部分资金专事"打新股"即只认购新股,在其上市后随即转售赚取差价。

从历史上看,中国股票的公开发行最初采取的是明显的行政定价模式,遵循 13—16 倍的市盈率上限标准。到 1999 年,特别是随着当年 7 月《证券法》实施、2000 年 3 月证监会《股票发行核准程序》颁布,一度试行以向配售对象推介为基础市场化定价,期间出现了一些市盈率很高的发行价。故 2001 年 7 月重新设置了 20 倍的市盈率上限。2005 年 1 月 IPO 开始全面实施询价制度,不过很快股权分置改革展开,IPO 暂停。2006 年 6 月份"新老划断",IPO 重启,在证监会的窗口指导原则(在实际操作中不成文的规定)中,市盈率上限逐渐过渡到 30 倍。

具体就市场化定价而言,萌芽是在 1999 年。证监会《关于进一步完善股票发行方式的通知》首次提出了"招股意向书"的概念,并规定发行价可采取以下方法确定:(1) 发行公司和主承销商可制定一个发行价格区间,报证监会核准;(2) 通过召开配售对象问答会等推介方式,了解配售对象的认购意愿,确定最终发行价格;(3) 最终发行价格须确定在经证监会核准的价格区间内。否则须报证监会重新核准。

招股意向书实际上是借鉴的美国股票发行中的初步招股说明书,即在获得证券监管部门发行许可前向市场发出的不含发行价格的招股说明书。[2] 不过,最初中国招股意向书的这个性质还不明显,如证监会 2000 年《上市公司向社会公开募集股份招股意见书的内容与格式说明(试行)》还规定招股意向书应载明"定价方法或每股发行价(如已确定)"。《公开

---

[1] 中国的超高 IPO 抑价成因较为复杂,不少学者认为是发行数额和价格管制所致,如田利辉:《金融管制、投资风险和新股发行的超额抑价》,载《金融研究》2010 年第 4 期。但也有学者强调这与中国巨额的非流通股导致的市场结构性扭曲、二级市场股价估值困难造成的泡沫有关,参见刘煜辉、熊鹏:《股权分置、政府管制和中国 IPO 抑价》,载《经济研究》2005 年第 5 期。

[2] 美国的初步说明书中通常有一个价格区间,发行人被要求用红墨水竖写此类警告信息,故又名红鲱鱼(red herring)招股书。相关资料较多,参见[美]乔尔·G. 西格尔、杰·K. 希姆:《会计辞典》,上海财经大学出版社 2007 年版,第 458—459 页;唐应茂:《中国企业美国上市读本》,中国法制出版社 2010 年版,第 202—203 页。

发行证券的公司信息披露内容与格式准则第 11 号——上市公司发行新股招股说明书（2003 年修订）》则称："增发招股意向书除发行数量、发行价格及筹资金额等内容可不确定外，其内容和格式应与增发招股说明书一致。"不过等到 2004 年，证监会《关于首次公开发行股票试行询价制度若干问题的通知》（下称《通知》）开始明确指出"招股意向书除不含发行价格、筹资金额以外，其内容与格式应与招股说明书一致，并与招股说明书具有同等法律效力。"

证监会 2000 年《上市公司向社会公开募集股份操作指引（试行）》则首次规定了询价制度。所谓询价，乃是发行人通过向证券投资基金、证券公司等机构投资者构成的询价对象"询"问它们如果愿意认购本公司股票，则打算支付何种价格的一种机制。其目的在于通过这种市场化的机制来合理决定股票发行价。最初询价是网下对机构投资者与网上对公众投资者的累计投标询价同步进行。后来经过 2004 年《通知》、证监会 2006 年《证券发行与承销管理办法》（下称《发行办法》）的系统规定，询价自 2005 年起成为目前我国证券发行定价的主流方式。[1] 除了被《发行办法》规制的股票、可转换为股票的公司债券外，证监会 2007 年《公司债券发行试点办法》也规定"发行价格由发行人与保荐人通过市场询价确定"。证监会 2007 年《上市公司非公开发行股票实施细则》虽未采询价制度，却强调要有至少 35 个符合《发行办法》规定条件的询价对象参与认购定价。

根据 2006 年《发行办法》，询价大体上分为两个阶段。准备在主板上市的股票发行人及其主承销商首次公开发行一律应当通过针对合格机构投资者的初步询价确定发行价格区间，在此区间内通过累计投标询价确定发行价格。如首次发行的股票是在中小企业板（2010 年《发行办法》修订时加入了创业板）上市的，发行人及其主承销商可以根据初步询价结果确定发行价格，不再进行累计投标询价。

不过行政管制仍然存在，如根据证监会的窗口指导，一般来说根据询价结果决定的发行价除不得超过 30 倍市盈率限制外，累计投标询价的价格区间上限还不得高于以下四个值：所有参与初步询价的机构报价的

---

[1] 在其他领域询价也越来越重要。参见 2005 年《国家外汇管理局关于在银行间外汇市场推出即期询价交易有关问题的通知》等。

中值、均值、基金公司报价的中值与均值[1](后来又过渡到了以行业平均标准市盈率为参照,见后文)。

总体而言,询价制度在思路上充分发挥了市场投资主体的意志,降低行政色彩,具有鲜明的改革特色,实证研究也揭示其显著降低了 IPO 折价这一反常金融现象。[2]故而证监会一直以来屡屡强调询价的意义,如 2006 年《关于做好新老划断后证券发行工作相关问题的函》(下称 2006 年函)规定"已经通过发审委审核的企业,原则上不得对发审会审核过的募集资金投资项目和发行股数进行调整,筹集资金数额根据询价结果确定"。2009 年《关于进一步改革和完善新股发行体制的指导意见》表示要"在新股定价方面,完善询价和申购的报价约束机制,淡化行政指导,形成进一步市场化的价格形成机制","形成对市场的理性引导",证监会在定价方面的窗口指导逐步淡出。为强化询价对象的功能,参与股票网下报价、申购、配售的股票配售对象均不得再参与网上申购。2012 年 9 月 17 日多个金融主管部门联合颁布的《金融业发展和改革"十二五"规划》称要"进一步弱化行政审批,强化资本约束、市场约束和诚信约束,完善新股发行询价制度,提高发行定价的合理性"。

(二) 2012 年《发行办法》修订:市场力量的名义扩张和行政力量的实际扩张

1. 询价的非强制化

在此基础上,证监会 2012 年 4 月发布了《关于进一步深化新股发行体制改革的指导意见》(下称《指导意见》),5 月修订了《发行办法》。这次修订的一个重要方面是询价的非强制化。第 5 条规定:首次公开发行人可以通过向询价对象询价的方式确定股票发行价格,即通过初步询价决定一个价格区间,然后再由询价对象就这个区间继续进行累计询价决定最终价格。第 14 条又规定,即使采用询价方式定价时,发行人和主承销商也可以不经过累计投标询价,而是根据初步询价结果直接确定发行价格。

---

[1] 严小洋:《IPO 中的价格管制及其后果》,载《北京大学学报》(哲学社会科学版)2008 年第 6 期,第 143 页。值得注意的是,证监会 2012 年 5 月 23 日《关于新股发行定价相关问题的通知》仍然强调拟发行价的市盈率超过行业平均 25% 的发行人要考虑定价是否充分考虑所有报价的平均值、中位值及基金类询价对象报价的平均值、中位值的差异率及其合理性。

[2] 吴鸣、谢金静:《政府管制影响中国 IPO 高折价的实证分析》,载《统计与信息论坛》2009 年第 10 期。

这一修订的原因当然可以做多种猜测,如通过增加行为的可选择范围,减少发行人的成本。倘若发行人预计发行价格区间或初步询价产生的空间较窄,累计投标询价结果区别不大,自然可以省了这个步骤。发行人和主承销商对初步询价结果不认同或不信任询价对象的,也可以另定价格。但由于股票价格最终在相当大程度要向询价对象即网下投资者配售(《发行办法》规定"行人及其主承销商应当向参与网下配售的询价对象配售股票。发行人及其主承销商向询价对象配售股票的数量原则上不低于本次公开发行新股及转让老股总量的50%"),所以即使发行人和询价对象意见不一致,至少在发行人主观认为价格过低时,是不能过于抛开初步询价结果自行其是的,因为那会造成有效认购不足。

2. 目的与效果:询价非强制化本身似不足以化解"三高"现象

就证监会本身意愿而言,值得注意的是《指导意见》提出要对询价中的夸大宣传、虚假宣传、"人情报价"等行为采取必要的监管措施,逐步改变以"送礼祝贺"心态参与报价的现象,即防止新股发行时的高市盈率、高发行价以及高额超募资金"三高"现象继续。

这一现象发生的根本结构性原因其实是在于境内普通投资者可有的正常投资渠道狭窄,导致大量资金入市追捧并不太优质的企业。但证券市场的主管机关:证监会依其权限也只能在特定的技术环节予以规制。为化解"三高",2012年修订的《发行办法》进一步扩大了询价对象及配售对象的范围;强调发行人在推介中的积极和消极信息披露义务及资料存档义务;把向参与网下配售的询价对象配售的股票数量上限要求改为下限要求;在首次公开发行新股时,规定持股期满3年的股东可将部分老股向网下投资者转让;禁止专"打新股"者参与配售;对不当推高发行价的证券公司加大惩罚等。

从结果上看此种措施有一些效果。[1]但总的来说,其目标和手段之间的逻辑关系有些似是而非,例如,证监会的一个隐含逻辑是发行人会勾

---

[1] 汀兰:《新股发行"三高"熄火的背后》,载《证券日报》2012年6月6日。《新股发行改革后"三高"现象有所缓解》(2012年6月20日),中央电视台网站 http://finance.cctvcj.com/1247140.shtml,最后访问时间2016年4月20日。证监会数据指出新股平均发行市盈率已经从2011年的48倍降至2012年1至8月份的30.15倍,特别是8月已降到27.5倍。《证监会投资者保护局对投资者关注问题的答复》(六)(2012年9月2日),证监会网站 http:// www. csrc. gov. cn/pub/newsite/tzzbh/tzzfw/tzzbhtzzwd/201209/t20120903_214397.htm,最后访问时间2016年4月20日。

结询价对象而令后者不负责任地抬高报价,使询价结果偏高。然而,询价的本意是探知股票的大额认购者在不同价位上的购买意愿。超出实际购买意愿的过高报价对询价对象来说好处不明显、不直接。除了基本的买方要压价的心理外,尤其值得注意之处有三点。

第一,根据原有询价规则,询价对象管理的配售对象在初步询价阶段填写的拟申购价格如至少有一个高于被确定的发行价或发行价区间之下限,则该配售对象必须参与累计投标询价和配售,否则会被视为违约而被报送证监会和中国证券业协会。[1]第二,本来在认购者众的情况下,每家机构平均获配的股票份额可能会很少,从而大大降低了高价持股的成本。但证监会2010年《关于深化新股发行体制改革的指导意见》在中小型公司新股发行中采用了"根据每笔配售量确定可获配机构的数量"、摇号决定让某些入围的询价对象获得较高配售额的办法,并规定了要披露参与询价的机构的具体报价情况。业界广泛认为这有助于提高询价对象责任感。[2]第三,在2012年前网下配售对象在股票上市后至少要持股三个月,高价买入后难以脱手的风险不低。

相反,由于股价和收益直接挂钩,发行人和主承销商更有强烈的诱因来推高股价。它们如果会劝诱询价对象虚高报价,为何就不能自行虚高定价呢?难道是因为没有(不真实的)询价机制的"认证",它们自行定价时就会心虚么?由于改革只是增加了发行人和主承销商的行为选择,倘若只是怕单独承担定价过高的责任,它们还是可以通过(不当)利用原来的询价制度来维持高发行价。

事实上,由于《指导意见》并非是"管理办法"一类的综合性规章,而带有"通知"性质,所以在结构设计和遣词造句中都不甚严密,例如其紧接着又指出反对询价对象以分享"胜利果实"的心态参与认购,而这似乎不是明显针对过高报价的情形。故总的来说,询价的非强制化在逻辑上对"三高"的消弭作用不明显。

---

[1] 值得注意的是,有研究认为由于股票总体上供不应求,询价对象索性按照上限报价,省去繁琐的企业估值工作,特别是在牛市中,否则会丧失配售机会。严小洋:《IPO中的价格管制及其后果》,载《北京大学学报》(哲学社会科学版)2008年第6期,第143—144页。
[2] 张欢:《询价对象范围扩大 新股发行价虚高顽症有望根除》,载《上海证券报》2010年8月23日。

二、维稳：一次对"更自由的"询价制度始料未及的使用

(一) 洛阳钼业募集资金离奇大缩水事件

2012年询价制度改革后，一次始料未及的异常定价事件凸现了制度目的和效果产生背离的可能性。2012年9月，一度被预期为年内第三大首次公开发行(IPO)项目的洛阳栾川钼业集团股份有限公司(下称洛阳钼业)在询价后，由于定价和募股数都大幅削减，募集资金离奇缩水八成，引发了人们对证监会"在IPO定价中的真实权力到底有多大"的思考。

洛阳钼业是中国最大、全球第四的钼生产商，2009年至2011年净利润由5亿元增至11亿元。2012年9月10日，该公司在获得证监会对其IPO不超过54,200万股[1]人民币普通股(A股)的发行核准后，与主承销商安信证券股份有限公司(下称安信证券)颁布了《初步询价报告》。19日，初步询价结束。发行人和主承销商根据初步询价结果直接确定发行价格，不再进行累计投标询价。

由于主承销商之前提供的投资价值研究报告认为合理的价格区间是6.49—8.48元每股，市场询价对象也普遍作此预期，并根据这个价格和54,200万股的发行量，视洛阳钼业首次公开发行为年内第三大的IPO项目。"20日承销商还放风申购价在6—9元区间"。[2] 谁知21日洛阳钼业《发行公告》竟称根据初步询价情况确定本次发行价格为3.00元/股，发行数量为20,000万股，只募集6亿元。不仅第三大IPO项目的梦想顿时灰飞烟灭，仅从《发行公告》本身，也不难看出这次发行的若干反常之处：

首先，为何大幅降低募股数量？虽然从字面上看，发行人一直说的是准备发行"不超过"54,200万股，但实际上该发行人和几乎所有的发行人一样，是打算按照可发行的数量上限顶格发行的。原因在于：(1)在中国申请IPO费时费力，申请中付出的种种成本已定，则自然发行的股份越多，这个相对成本就越低。特别是在电子化发行下，增发边际成本几乎可忽略不计。(2)洛阳钼业业绩良好，市场反应积极，54,200万股尚且供不应求。《发行公告》第7页披露在初步询价中，报价不低于3元/股的配售对象有156家(报价最高的达到9元)，对应的拟申购数量高达362,930

---

[1] 实践中证监会和发行人的公告一般都以万股为单位。
[2] 敖晓波、阳获雯：《洛阳钼业募资缩水30亿》，载《京华时报》2012年9月22日。

万股。《网下发行结果及网上中签率公告》则揭示,针对询价对象的网下最终配售比例为2.12％,而针对普通投资者的网上发行最终中签率低至为0.45％。(3)公司在申请中宣称的资金需求量为36.46亿元,如果发行54,200万股的,至少需6.73元/股。如果发行量减少,就必须抬高发行价才能达到这个资金需求量。维持发行股数显然比抬高发行价更可行。(4)对于总资产既定的公司,股数和每股价值成反比,只有大致确定了股数,机构投资者对每股的报价才有意义。在发行54,000万股时愿意以2.99元/股认购的投资者,肯定会愿意在只发行20,000万股时以超过3元/股的价位认购。也就是说,在降低发行价时,市场可接受的发行的股数是大可增加的。但是按照规则,这些投资者由于名义上的初步询价报价低于3元的最终发行价,已经无权参与配售了。(5)《初步询价公告》中已经赫然写着供普通投资者认购的"网上初始发行数量为27,100万股,占本次发行数量的50％"(第2页),如果不是已然默认发行54,200万股,何来这个作为50％的27,100万股?

其次,为何大幅降低发行价格?除了前述乐观的初步询价结果外,中证指数有限公司发布的数据也显示洛阳钼业所处的重有色金属矿采选业行业最近一个月平均滚动市盈率(股价/每股盈利的比值)[1]为43.88倍,而3.00元/股对应的2011年摊薄后的市盈率仅为13.64倍。换言之,洛阳钼业如果把发行价增加到三四倍,还是能被对该行业上市公司投资的人士接受。何苦降价?

再次,资金需要量严重不能满足如何解决?洛阳钼业《初步询价报告》和《发行公告》都指出其资金需要量为36.46亿元。之前洛阳钼业也是按与这个数量相应的资金使用计划向证监会申请发行的。这个资金量也是证监会核准发行不超过54,200万股的依据之一。可现在只能募集6亿元,缺口如何处理?

故而,尽管洛阳钼业接受采访时表示,此举主要是为二级市场投资者充分预留投资空间,旨在维护广大投资者利益。[2]证监会也对此未作明确表态。但财经舆论一致认为这不是发行人有意或自愿的行为,而直指

---

[1] 证监会2012年5月23日《关于新股发行定价相关问题的通知》要求对此作出比较。
[2] 敖晓波、阳荻雯:《洛阳钼业募资缩水30亿》,载《京华时报》2012年9月22日。

这是证监会在干预[1],洛阳钼业是受害人。[2]

(二)维稳:证监会干预的深层次背景

证监会似乎也颇有苦衷。洛阳钼业生不逢时,其预先选定决定发行价格的9月21日的前一天正是中国证券市场的一个低迷时刻。9月20日,上证综合指数收报2024.84点,下跌2.08%,创下2009年3月份以来新低。深成指数报8202.20点,跌幅亦高达2.72%。正处在解禁潮前夜的创业板资金流出迹象也随之加剧,创业板指数盘中最多下跌3.72%。各大行业板块几乎悉数下跌。同一天发布的中国9月汇丰制造业PMI预览值为47.8,除去8月所创的41个月最低产出指数,是10个月来的最低水平。更不妙的是,市场对未来也不看好,股指期货9月及10月合约亦纷纷创下新低,合约持仓量自9月18日创出新高后,连续三天呈下降趋势。

早在9月初,证券公司就已接到监管机构通知,要求总结出对当前市场的积极观点。[3]到了9月20日,不少基金公司明确要求一线职员不得发表影响市场稳定的言论,热衷于推送观点的市场部门当天索性大部分停止了活动。基金高管们对国内经济形势何时触底、钓鱼岛紧张局势等问题表示忧虑,甚至进而认为证券市场底部可能还会滞后于实体经济底部出现。[4]同日,央行连续实施了逆回购操作,向金融市场投放了1600亿资金,尽管9月18日其刚投入了750亿元。证监会也开启了长达一年多的第八次新股暂停发行。

以预披露为例,现行法律要求申请IPO的企业应当在材料被受理后预披露,但主板中小板[5]2012年7月13日起,创业板7月17日起预披

---

[1] 参见张小蓓:《业内称证监会连夜出手救市 洛阳钼业IPO募资缩30亿》,载《21世纪经济报道》2012年9月21日。张小蓓:《传证监会干预洛阳钼业发行 很多拟上市企业都在撤资料》,载《21世纪经济报道》2012年9月25日。《洛阳钼业IPO募资额缩减八成 证监会的转变》,载《每日经济新闻》2012年9月22日。郭成林:《洛阳钼业IPO募资额缩减八成 监管层维稳意图彰显》,载《上海证券报》2012年9月22日。据本人从业内人士处获知的一种说法是,证监会提出了此一苛刻的缩水方案,试图令发行人选择迟延发行,但发行人希望尽快尘埃落定,而毅然接受。

[2] 参见《洛阳钼业回归A股躺着中枪》,载《投资者报》2012年9月22日。

[3] 《证监系统下达维稳令 让券商寻找股市上涨理由》,载《东方早报》2012年9月6日。

[4] 详见《业内称证监会连夜出手救市 洛阳钼业IPO募资缩30亿》,载《21世纪经济报道》2012年9月21日。

[5] 在中国首次公开发行前会提前确定是到交易所主板、中小企业板还是创业板上市,起初分别归证监会发行部、创业板发行部审核,后二者合并为发行监管部。

露企业没有新增过,直到 2014 年 4 月 18 日才有新公司预披露。[1] 根据证监会发行监管部发审会公告栏,发行审核委员会自 2012 年 7 月 28 日起一直未通过任何新的 IPO 申请,2012 年 10 月最后一批公司上市后,直到 2014 年 1 月才出现新的 IPO。[2]

不过,证券市场本身的低迷不足以说明洛阳钼业 IPO 为何大幅缩水。只要投资者认可,洛阳钼业在熊市中一枝独秀也未尝不可能,故更本质的因素是证监会的维稳意识和"IPO 会砸市"的思路。

2012 年 9 月 4 日,证券期货监管系统维稳视频工作会议(下称维稳会议)召开,证监会全力部署了十八大期间 A 股的维稳工作。证监会语境下所谓的维稳就是保持股指的高位。公开资料显示,证监系统专门召开的维稳会议最近的两次分别在北京奥运会与国庆 60 周年前夕。会议召开之后,指数都出现了一波反弹行情。2008 年 4 月 7 日,证监会召开维稳会议,同时《关于进一步做好维护市场稳定和安全运行工作有关事项的通知》下发各地证监局。当日上证指数暴涨 4.45%,次日继续上扬。当时短短 1 个月时间内四十多家央企宣布增持下属上市公司股份。2009 年 8 月 28 日,证监会再次召开维稳会议,虽然上证指数在当日重挫,但 7 个交易日内即收复失地。[3]

此次同样,9 月 6 日、7 日上证指数一扫前期下跌态势,连续两日收阳。9 月 7 日大幅上涨 3.7%,为 2012 年 1 月 17 日以来的最大涨幅。随后有消息称,证监会还要求一些央企如宝钢、中石化、中石油、神华、中国建筑等继南车、中国卫星、长江三峡集团等之后,回购下属上市公司的股份。

但 2012 年第四季度争正值创业板启动三周年,中小板和创业板将迎来年内最大一轮上市公司原股东"大小非(流通股)"解禁潮。所以广大投资基金为了自保,纷纷降低持股量,配之以宏观经济政治格局的影响(包

---

[1] 参见证监会网站发行监管部预先披露信息栏 http://www.csrc.gov.cn/pub/newsite/fxjgb/yxpl/index_66.htm,最后访问时间 2016 年 4 月 20 日。
[2] 参见证监会网站发行监管部发审会公告栏 http://www.csrc.gov.cn/pub/newsite/fxjgb/fshgg/index_22.html,最后访问时间 2016 年 4 月 20 日。
[3] 忻尚伦:《证监系统下达维稳令 让券商寻找股市上涨理由》,载《东方早报》2012 年 9 月 6 日。不过值得注意的是这两次维稳的长期效果均不佳,如从 2008 年 5 月开始,上证综合指数从 3700 多点跌至 10 月最低的 1664 点。

括政策面的不确定性),导致了9月的股市的低迷。[1]

诚然,2011年10月郭树清就任证监会主席以来,证监会的市场化改革力度明显。其承认"A股的资金分流效应"存在、投资者对"扩容又至"有疑虑,但频频表示"从证券市场发展的历史看,新股发行节奏与市场的涨跌并无必然联系"[2],"市场指数高低不是行政监管的范畴,但停发新股则是典型的行政管制行为,因此监管部门不能根据指数高低来调整发行节奏,否则就走了新股发行体制改革的回头路,不符合市场化改革的方向"[3],"从过往的经验看,停发新股也并不能对市场环境有实质性改善"[4]。可当股指与维稳大局挂钩时,证监会还是打起了限制IPO的主意。

这里涉及中国股市中由来已久的一个争论。一种观点认为,IPO新股发行意味着股票供应量的增加,自然会导致平均股价和股指的下跌。另一种意见则是,这并非零和游戏,只要新股预期投资回报水平在考虑风险因素后高于存款利率,就能吸引外部资金进入股市。[5] 退一步说,即使新股发行吸引了市场存量资金,也可认为是资源的优化重配。

很难说第二种观点在理论上不对,但中国证券市场的非理性却似乎呼唤着"非理性"的政府干预和监管应对。例如,近年来一个股市顽疾是新股发行时的高市盈率、高发行价以及高额超募资金的所谓"三高"现象[6]。看起来,这一定程度上能说是优质股票供不应求的表现,但实际上其背后推手是令监管者烦恼的散户热衷炒作新上市股票、推高股价后,

---

[1] 参见《消息称证监会召集央企 要求通过增持和回购维稳A股》,载《中国经营报》2012年9月9日。

[2] 事实上,2004年8月26日证监会暂停新股发行,但上证指数从当日收盘1334点,下跌至2005年6月6日的998点才见底。2008年9月,证监会再次宣布了暂停新股发行,但上证指数从2200点却跌到1664点方止。

[3] 《证监会投资者保护局对投资者关注问题的答复(四)》(2012年5月18日),证监会网站 http://www.csrc.gov.cn/pub/newsite/tzzbh/tzzfw/tzzbhtzzwd/201207/t20120716_212691.htm,最后访问时间2016年4月20日。

[4] 《证监会投资者保护局对投资者关注问题的答复(五)》(2012年7月13日),证监会网站 http://www.csrc.gov.cn/pub/newsite/tzzbh/tzzfw/tzzbhtzzwd/201207/t20120716_212694.htm,最后访问时间2016年4月20日。

[5] 如马克:《中国股市必须走出计划经济思维》,载《南方周末》2008年2月28日民富版。

[6] 这个现象始于2009年,当年新股首发平均市盈率46倍,2010年攀升至58倍,2011年略有下降但仍高达46倍。而1995年为4.14倍,1995年至2008年,首发市盈率在33倍以下,阎岳:《定价方式多元化是治疗新股三高的"主药"》,载《证券时报》2012年5月23日。

最后导致自身巨亏的问题。[1]更严重的是,在牛市阶段"三高"频出,不过是圈钱罢了。而到了熊市阶段,认为新股发行有害市场的观点则大行其道,并在一定程度上形成了一个心理学上所谓"自我实现的预言"(self-fulfilling prophecy):由于很多人认为 IPO 增加会导致股指随后下跌,而因此看空后市,股票卖盘增加,股指真的下跌,由此更多的人相信 IPO 增加,令股指继续下跌,形成恶性循环。也难怪证监会要再作冯妇,拿正逢其时的"年内第三大融资项目"洛阳钼业开刀了。

值得指出的是,IPO 大缩水绝非前无来者。2011 年 11 月上市的新华保险股份公司 A 股由于遭逢市场低迷,募资也曾缩减 2/3,中国交建股份公司缩减 3/4。但在整个股票发行价格监管体制 2012 年 5 月刚做过重大改革的背景下,洛阳钼业案格外值得品味,不仅因为这背后明显浮现了一个曾多次声称不干预市场的证监会的身影[2],而且在法律技术面上,这种价格和发行股数方面的人为双重大缩水曾经是不易实现的。

三、制度改革的微观环节和宏观氛围

结合上述制度沿革和案例背景,我们可以发现:2012 年的询价制度改革对发行人和主承销商定价权的增强,虽然造就了更大的、本来预期配置给市场的自由裁量空间,但由于证监会对市场的实质控制权依然存在,其仍然可以越过法条的丛林直接发挥影响,这直接导致了洛阳钼业 IPO 募集资金数量被人为大缩水,虽然这不太可能是当初制度改革的初衷。

---

[1] 证监会称这是"最让人不可思议的股市顽症"。"散户在新股认购中占发行股数的 70% 左右,在上市首日的交易账户中占 99.8%。"但股票上市后平均"首日换手率 87%,价格上涨 30%,然后逐渐下行,半年后普遍跌破发行价"。证监会:《近期投资者关注热点 50 问(三)》(2012 年 6 月 12 日),第 21 问,证监会网站 http://www.csrc.gov.cn/pub/newsite/tzzbh/tzzfw/tzzbhtzzwd/201206/t20120612_211291.htm,最后访问时间 2016 年 4 月 20 日。上交所首日买入账户中日均持有市值小于 10 万元的散户平均亏损比例为 56.7%。深交所创业板 2009 年 10 月底至 2011 年 10 月底,上市首日个人投资者买入金额占比高达 95.06%,其中交易账户资产市值 10 万元以下者买入金额占比为 22.77%,100 万元以下者占比为 62.48%;首日买入的个人投资者 10 个交易日后亏损比例为 64.25%。《证监会投资者保护局在上证报"投资者保护进行时"专栏答复投资者提问(一)》(2012 年 5 月 2 日),证监会网站 http://www.csrc.gov.cn/pub/newsite/tzzbh/tzzfw/tzzbhtzzwd/201205/t20120502_209454.htm,最后访问时间 2016 年 4 月 20 日。

[2] 2012 年 6 月,中信重工股份公司也曾有募资缩水 1/4 之事,但那主要是由于发行价过高,导致提交有效报价的配售对象仅有 25 家,对应的拟申购数量之和仅为网下初始发行数量的 1.59 倍。

可以说,这一事件绝非偶然。整个发行价格监管制度的改革都不能摆脱"微观环节之改进无法消解宏观行政控制氛围"的魔咒。从总体上看,2012年《发行办法》的修订思路倒也符合其自陈的"促使新股价格真实反映公司价值"的总体目标。为了赋予了发行人更多的灵活性,增强询价对象对价格形成的影响力,除了前述措施如进一步扩大了询价对象及配售对象的范围外,新《发行办法》还把主承销商"应当"向询价对象提供投资价值研究报告改为"可以";提前新股预先披露时点,发行申请受理后即可预披露招股说明书;建立了初步沟通制度以便预估发行价格区间;明确了可对公众推介等。毕竟,证监会认为"投资者自主决定是否接受发行价格并自主决定是否申购缴款。倘若发行人与主承销商协商确定了高于市场水平和投资者无法接受的价格,将无法获得投资者认可并导致大量包销或中止发行"[1],无论采用何种定价方式,市场机制本身足以约束发行人。故简言之,这次修订可以说确是为了让询价制度更为有效而非无效。

争议略多也能突出这次修订的特质的是《指导意见》规定的"25％市盈率"制度(未纳入《发行办法》,但2012年5月23日《关于新股发行定价相关问题的通知》做了细化规定)是否干预了市场定价机制。它规定:招股说明书正式披露后,根据询价结果确定的发行价市盈率高于同行业上市公司平均市盈率25％的(采用其他方法定价的比照执行),由于意味着发行价较高,募集资金量也较多,故发行人应召开董事会,结合适合本公司的其他定价方法,分析讨论定价的合理性因素和风险性因素,进一步分析预计募集资金使用对公司主业的贡献和对业绩的影响等,相关信息也应补充披露。董事会应就最终定价进行确认,独立董事应对董事会讨论的充分性发表意见。发行人需公告披露前述意见和询价对象报价情况意见。证监会可要求重新询价,或要求未提供盈利预测的发行人补充提供和公告经会计师事务所审核的盈利预测报告并重新询价。属于发审会后发生重大事项的,证监会将决定是否重新提交发审会审核、然后重新询价。简言之,这里采取了两种规制手段,一是要求发行人通过董事会再议和更多信息披露来确保定价的审慎性。鉴于高发行价带来的对发行人的高回报,这可以说问题不大。二是基于同样目的,证监会也可进行审查,甚至要求重新询价、重新进行发行审核。

---

[1]《证监会投资者保护局对投资者关注问题的答复(五)》(2012年7月13日)。

此制度出台时,业界争论较多,焦点就是是否事实形成了对"不得高于同行业平均市盈率25％"的价格上限之行政管制。证监会对此的表态是发行价格可以没有上限,但既然超出行业一般水平,监管者自然有权、有理由予以关注,特别是要求信息披露。[1]

从法理上说,这种监管要求确实可以成立。从理论上说,一家发行人为市场极度追捧,以超高价格发行并热销,证监会的种种要求并不能改变其欢迎度。但董事会重新讨论和披露的成本,特别是万一重新进行发行审核造成的费用、不确定性风险远远超过抬高发行价格可能有的收益。如果证监会在实践执行中,把一部分、甚至只是达到此价格标准的发行人的发行决定重交审核,就足以吓退后来者,而在事实上形成发行价"天花板"。[2] 这也是此规则与美国证券发行中的所谓1987年"20％安全港"规则形似神不似的根本所在。后者适用时,只是说发行价格比初步招股说明书中的预估价的变动达到20％时,应当给予市场充分的信息消化思考的时间。证监机构本身不会干预。事实上,"20％安全港"规则本身的出台,就是为了允许发行人在一定范围内无须再经由SEC,就可径行修改招股书中的发行规模。

故而,在中国,由于法律规则的相对原则化和对行政行为的司法审查缺失,执法机构如何理解与使用一项法律制度及自身的权力,最根本地决定了制度的运行生态。由于监管者能充分自主地决定干预的可能性与力度而不甚受到事前和事后的问责与约束(见第三章第一节),所以法律名义上赋予市场主体的选择空间,实际上给予的还是监管者。除了洛阳钼业和25％超比例市盈率外,发行监管领域的另一个实例就是尽管现在名义上股票发行人根据证监会2006年《首次公开发行股票并上市管理办法》可以在申请被核准之日起六个月内自主决定何时发行,并被监管部门津津乐道为"逐步取消了对新股发行的行政管制,已不再对新股发行节奏进行人为控制"[3]的表现,但实际上证监会还是可以通过对核准节奏的

---

[1] 详见杨颖桦:《新股改革进入深水区 发行安全港舶来美国"红鲱鱼"》,载《21世纪经济报道》2012年4月7日。曹咏:《25％规则溯源:当A股遇上美国红鲱鱼》,载《21世纪经济报道》2012年5月8日。
[2] 值得注意的是,现实中几乎没有发行人愿意第一个吃螃蟹,即使有的发行价市盈率已经高出行业平均24.99％,参见王晓宇:《IPO新政实施三月 新股定价无一冒顶"25％"红线》,载《上海证券报》2012年8月22日。
[3] 《证监会投资者保护局对投资者关注问题的答复(四)》(2012年5月18日)。

控制来对 IPO 予以控制。

四、反思：游走在法律的阴影区的洛阳钼业 IPO 大缩水

尽管证监会通过形似合法的当事人自愿行为削减了洛阳钼业的募集资金量，但是在我国证券法律制度日渐复杂成熟的背景下，很多规则已然开始按照自身的法律逻辑生长，而不经意间构成了对行政机构的法治约束。

具体来说，洛阳钼业的定价方式是发行人和主承销商根据初步询价结果直接定价，既非不询价，也非采用累计投标询价。所以才有了事前市场预估的所谓6—9元的价格区间，也有了发行人最终自行定价的可能。值得注意的是，在这一制度下，初步询价的结果并无约束力，发行人可以无视之前的任何区间而另定价格，导致本案中直接降低数元的定价成为可能。但是，这种"顾尾不顾头"的做法在法律上并非无懈可击。一个最核心的是：发行人可否在被核准后削减发行股数？

如前所述，发行人从证监会获得的核准文通常表述是可发行不超过若干的股数，发行人又通常会用足这个上限，洛阳钼业《初步询价公告》也有会用足54,000万股的间接意思表示。证监会2006年函则规定"已经通过发审委审核的企业，原则上不得对发审会审核过的募集资金投资项目和发行股数进行调整"，故洛阳钼业虽然有权大降发行价格，但对发行股数的削减却会产生法律上的连锁反应。发行股数直接和原股东特别是控股股东的地位变化有关。发行价、股数则和资金可实际募集量紧密相关，募集资金量相对资金需要量存在重大差异这一更为根本的问题难以解决。

洛阳钼业《初步询价公告》第2页曾预警："如果发行人本次募集资金量相对实际项目资金需要量存在重大差异，对发行人的生产经营模式、经营管理和风险控制能力、财务状况、盈利水平及股东长远利益产生重要影响，属于发审会后发生重大事项的，证监会将按照有关规定决定是否重新提交发审会审核，须提交发审会审核的应在审核通过后再办理重新询价等事项。"——这种发行申请要被重新审核的法律风险，显然是发行人自身会极力避免的。洛阳钼业《招股意向书》第14页也清楚地注明发行募集资金拟用于的四个具体项目。其实际筹集到的6亿元连最小的两个项目都难以同时满足，如果这些项目之间存在关联配套关系，则6亿元投入能产生的效益可能还不到36亿元投入能产生的效益的1/6。尽管发行人早有"后着",在同页宣布"若本次发行募集资金不能满足上述项目所需资金,缺口部分由公司自行筹措资金解决"。可 30 亿元的资金缺口如果真能被公司自行筹措,公司又何必来证券市场募集这 6 亿元?公司不能有效募集资金所造成的利益损失如何弥补?虽然有投行人士认为,该公司以后有再融资或其他项目上报证监会,会更容易通过。[1] 但那本身显然又要不菲的成本。

事实上,证监会本来很重视防止发行人出现实际募集资金量和预告的资金需求量缺口巨大。尽管此次证监会没有以之为由要求洛阳钼业重新提交发行审核申请,但这与其说是洛阳钼业的此一问题不够严重,不如说是证监会也有鲠在喉却说不得。

五、小结:证券法律规则演进中自由与不自由的辩证法

2012 年询价制度改革的非强制化使得洛阳钼业 IPO 募集资金大缩水的操作得以通过发行人自行削减发行规模的方式实现,尽管这并非当初制度改革的本意,甚至可能违背了制度改革的本意。

故而,在继续推进证券监管体制改革的时候,我们不禁要怀疑更多的自由是否一定有利于市场化的目标和当事人权利保障。这比较类似于法律与经济发展文献研究中对于法院和监管者应该有多大权限的争论,一种观点即认为:如果法治化程度不高,法院和监管者易受外部压力干扰,则不给它们适用标准(standard)的裁量权,只准它们适用简单的规则(rule)。尽管这会产生处事僵化、不灵活的弊端,却也大大减少了权力被滥用的机会。在纸面法律规则尚佳的情形下,刚性的法律执行制度虽然不能保证每一次规则的运用都产生因地制宜的合适结果,却更利于保护人们总体上免受权力的不当侵害。

结合本案语境,法律额外配置了给当事人"不询价"的"自由",却由于当事人并非总是自由,在许多情况下其选择空间受到了其他主体的强制或暗中强制,结果在特定情景下陷入了比"必须询价"的"不自由"时期更不利的境地。易言之,如果现在实行的还是刚性的询价制度,洛阳钼业就必须令询价对象进行累计投标询价,那无论哪方,要使几十个询价对象都配合弄出超低发行价的操作难度自然显著增加,甚至会变得不可能。尽

---

[1] 张小蓓:《洛阳钼业断臂发行后遗症 企业反思上市利弊》,载《21 世纪经济报道》2012 年 9 月 26 日。

管在那种体制下,当事人看似自由更少,但由于其"仅有"的自由(询价)是通过市场主体集合行动而产生的,能充分表达市场意志而不易受外力强制,比起现在更易受外部因素侵扰的更为"多样化"的自由,似乎还更为坚实。

存在着类似的"自由多了反而不好"之困扰的规则是《指导意见》取消了询价对象通过网下配售所得股份的法定锁定期。这么做的目的是为了"有效缓解股票供应不足"(《指导意见》),打击"三高"。其症结在于,证监会的这个规则的作用弧线较为漫长和间接,其用意当是让散户警醒:由于机构投资者新增了随时卖出新股的权利,从此上市首日就会有海量网下配售的股份涌出,不能盲目地和以前一样在新股上市首日高价接盘并指望股价还有上涨和售出获利的空间。诚然,可流通股数的成倍增加,意味着股价继续冲高的难度增加,入市接盘是不理性的。但在现实中,真相可能是证监会试图保护的散户未能有效消化这一法律规则变化的韵味。如洛阳钼业 10 月 9 日上市首日涨幅高达 221%[1],次日继续涨,而接下来两日连跌。[2] 据 WIND 统计数据显示,该股上市首日个人账户买入金额占总成交额比例为 97.93%。买入金额为 50 万元以下的账户数 2.01 万个,买入金额占该股总成交额的比例为 40.89%。增加机构投资者自由的法律改革成了机构投资者对中小投资者的一场残酷的"博傻"游戏,而这一切又是在双方自愿交易、信息足够公开透明的情况下产生的。

证监会 2009 年《关于进一步改革和完善新股发行体制的指导意见》已要求"发行人及其主承销商应当刊登新股投资风险特别公告,充分揭示一级市场风险,提醒投资者理性判断投资该公司的可行性。证券经营机构应当采取措施,向投资者提示新股认购风险",但似乎还是不得不冒着被指责歧视和"限制了小投资者的投资权利"的风险告诫"低收入者不适

---

[1] 应该说这和洛阳钼业发行价被刻意压低有关。晚 2 日上市的腾新食品股份公司上市首日就跌破发行价。

[2] 10 月 9 日洛阳钼业上市首日开盘 8.7 元,连涨两日,10 日收报 10.59 元,较发行价涨幅 253%。随后连跌两日,10 月下半月开始基本上在开盘价以下,总体不断下跌,12 月初达到 6 元多的最低价,但之后逐步上涨,到 12 月 21 日又到了 8 元以上。其行情 k 线图可见新浪网 http://finance.sina.com.cn/realstock/company/sh603993/nc.shtml,最后访问时间 2012 年 12 月 23 日。

合股市"[1],以免小股民生计受损,引发上访等不稳定因素。

诚然,权利的赋予、市场自由化的进程、"增强揭示风险的力度,强化一级市场风险意识"[2]是应当坚持的大方向,实际改革进程也仍然在继续。2016年1月起,小盘股直接定价发行。但在每一个阶段,在节奏、在配套措施上的考量,的确有我们进行更多思考的空间。

笔者无意于纠缠洛阳钼业发行价在经济面的合理性。尽管上市后其股价激烈起伏。但无论如何,即使这个过程中有什么市场失灵的因素,证监会的干预也不能轻易代替市场解决。事实上,如论者指出,其发行股数被大幅度削减反而增加了股价被操纵的可行性。

笔者也无意对证监会多加批评,无意遽下判断说询价制度改革一定要往回走才对。事实上,证监会2012年5月后推出的将近二十个答投资者问[3],颇具说理的风格、改革的意识、呼吁各方多做自我负责的态度,如直接否认了"证监会对股市涨跌负责",表示要"减少不必要的行政干预"[4]。或许此次IPO缩水,已经是证监会箭在弦上不得不发之际,两害相衡而择其轻的一种结果。但本案反映出的在中国现实环境下,证券法律乃至整个经济法律改革路径中对强制监管与市场自由的权衡所可能产生的微妙结果,值得各界继续深思。只是多少令人遗憾的是,似乎直到2014年1月,为时一年多的新股发行暂停重启后,在奥赛康超高价发行被叫停和众信旅游超低价发行后连连涨停的剧烈摇摆中,人们仍然可看到证监会对定价指导的执着。[5]

---

[1] 证监会:《近期投资者关注热点50问(五)》(2012年6月21日),证监会网站http://www.csrc.gov.cn/pub/newsite/tzzbh/tzzfw/tzzbhtzzwd/201206/t20120621_211674.htm,最后访问时间2012年12月23日。
[2] 证监会2009年《关于进一步改革和完善新股发行体制的指导意见》第1条。
[3] 证监会网站http://www.csrc.gov.cn/pub/newsite/tzzbh/tzzfw/tzzbhtzzwd,最后访问时间2012年12月23日。
[4]《证监会投资者保护局负责人答复人民网网友两会建言》(2012年3月15日),人民网http://finance.people.com.cn/GB/17400743.html,最后访问时间2012年12月23日。证监会:《近期投资者关注热点50问(三)》(2012年6月12日),第22问。不过,似乎是"形势比人强",11月11日证监会主席郭树清在十八大新闻中心接受记者集体采访时表示,对于股市的下跌,"监管部门应该承担一定的责任",但不是完全的责任和绝大部分的责任。《郭树清表示:监管部门应对股市下跌承担一定责任》,载《北京晚报》2012年11月11日。这或许是对监管不充分有效的正常认错,但或许是对民意的"顺从",至少是容易引发歧义和猜测的。
[5] 详见缪因知:《从众信旅游看新股监管》,载《新产经》2014年第3期。

第三节　制度创新与有所不为:反欺诈型内幕交易合法化

证券监管的优化,除了促进市场化改革、提高执法部门的效率外,还有一个重点是对具体制度的监管理念、方式的改革。具体值得一提的领域不一而足。此处仅以内幕交易执法为例进行说明。选择这一领域首先是因为打击内幕交易应当是证券法律的一个重要任务,内幕交易在全球主要法域中均已被非法化,一国是否实现了这一点已经成为衡量该国金融法制水平的重要指标。证券实证研究亦已经揭示了在实践中有效禁止内幕交易可降低企业融资成本。[1]证监会自2007年以来也将内幕交易作为一个执法重点。近年来尤甚,如2012年、2013年证监会内幕交易立案案件分别为70件和86件,相比2011年增幅分别达到46%和79%。2012年、2013年因内幕交易被证监会行政处罚的人数分别为31人和66人,相比2011年增长63%和247%。[2]

然而,内幕交易是证券市场技术性非常强的一类行为,其合法性的考量不能用一般常识与情感来推断,而必须结合一国具体的法律和法理来推断,故常常成为执法司法中的一个难点。我国已经准行了对证券虚假陈述的民事诉讼并颁布了一些制度细则,但至今没有出台对内幕交易的类似规则,原因之一正在内幕交易本身的复杂性。对内幕交易不只是简单的"打击得越严越好"的问题。笔者也拟从这个角度出发,主张监管执法的有所为有所不为。尽管总体上我们应对内幕交易仍然保持较强的执法力度,但至少有一种内幕交易应当予以合法化,即反欺诈型内幕交易。

所谓反欺诈型内幕交易,指的是公司内部人或知情人在知晓公司正从事会计、财务方面的欺诈造假行为时,所进行的对本公司股票的交易操作。由于欺诈行为曝光后,公司股价必然下跌。所以在没有买空机制时,此类操作一般都是出售而非购入公司股票。这种交易行为因为涉及未公开的、重要的、和公司股价密切相关的信息,且当事人由于职务便利或其

---

[1] 参见 Utpal Bhattacharya & Hazem Daouk, "The World Price of Insider Trading", 57 J. Fin. 75 (2002).

[2] http://www.csrc.gov.cn/pub/newsite/zjhxwfb/xwdd/201406/t20140627_256849.html,最后访问时间2016年4月20日。

他因素而得以提前知晓此类信息并进行了证券操作,是完全符合传统的内幕交易的定义的。事实上,至今为止,其在各国和地区也几乎都是同样被禁止的,如我国《证券法》第 76 条:"证券交易内幕信息的知情人和非法获取内幕信息的人,在内幕信息公开前,不得买卖该公司的证券,或者泄露该信息,或者建议他人买卖该证券",并未豁免任何例外。不过,这样一种内幕交易虽然谈不上高尚,但却有情有可原之处,同时在促进真实股价形成、提早揭露公司欺诈行为、减少投资者和公司雇员的损失等方面,有着独到的贡献。因此对并未实际参与相关欺诈的知情人的此类交易,可以予以合法化。其不仅有利于证券市场的整体效率,也并无太多不公平之处。

一、反欺诈型内幕交易可以存在的一个前提:举报揭露方式的低效

按照一般的观念,当公司欺诈行为发生时,知情人应当做的似乎是积极举报、揭露此类行为,而非利用这种信息去买卖股票。在美国这样的通过法律保障了公司欺诈举报者之权益的国家里,尤其是如此。但事实上,知情人的举报并不是一种有效揭露、遏制公司欺诈行为的办法,相关成功案例极少。

这是因为:首先,公司欺诈行为的知情人往往是公司的员工或者客户,与公司有着紧密的利益关联。即使他们没有涉入这些欺诈活动,也会由于碍于情面,或觉得此事不直接损害自己利益,或担心被打击报复、投鼠忌器[1]等而心存观望,而不愿意"撕破脸皮"进行举报。[2] 实践中,举报公司欺诈行为的往往是在提拔、薪酬等方面和公司有争议、甚至已被辞退的人,这实质性地降低了他们的举报的可靠性(见本节第二部分的分析)。

其次,大型的公司欺诈行为往往比较隐秘谨慎,甚至可以长达数年而

---

[1] 安然、世通、Adelphia 等美国公司倒台后,很多由此受害的无辜员工、小型供应商、当地社区和依赖这些公司的捐赠的慈善组织把当初举报的人单独拿出来指责,认为是它们制造了麻烦。见 Jonathan Macey, *Corporate Governance*, *Promise Kept*, *Promise Broken*, Princeton University Press, 2008, p. 166.
[2] 如安然公司倒台后被追捧的所谓举报女英雄 Watkins 只不过是努力说服公司首席执行官采取私下自我纠正的措施,免得从外部招来大麻烦。而且她的动机是防止自己的前途随公司一块破灭。参见 Ibid., pp. 170—172. Dan Ackman, Sherron Watkins Had Whistle, but Blew It, Forbes.com, Feb. 14, 2002, http://www.forbes.com/2002/02/14/0214watkins.html, 最后访问时间 2016 年 4 月 20 日。

不被发现。非直接卷入欺诈活动的公司员工或者客户可能最多只会发现公司行为异常,而不一定能有确凿证据来支撑其举报,故也会产生"多一事不如少一事"的心理。在法治不发达、政府可能会对企业进行无理调查、"敲竹杠",市场可能会作出非理性反应的国家,心存善意的知情人更是不会在没有充分把握的情况下轻易举报。

第三,监管机关未必会认真对待相关举报。公司欺诈行为的直接后果一般是股价的虚高,而股价虚高的公司往往是市场中的所谓明星企业,具有较大的影响力。无论是美国的安然、世通,还是中国的银广夏、蓝田,在东窗事发前都是炙手可热的名角。监管者本来就是风险规避型的,[1]它们往往会不愿意在证据不确凿时贸然调查此类企业。等到监管者真的进行查处时,大都已经是欺诈行为到了拆东墙补西墙也不可能,受害者损失惨重、无法弥补之际了。

例如,从1999年开始,一位当过货币经理的投资调查家就开始向美国证券和交易委员会(SEC)举报马道夫(Madoff)在从事大型财务欺诈,但因为"缺乏确定的证据"而被置之不理。故尽管马道夫的经营有很多明显不合常理之处,SEC在二十多年内一直无所作为[2],直到2008年12月马道夫的骗局在金融危机压力下自己无法再坚持下去而主动坦承。再如美国著名的Dirks v. SEC案[3]中,一位公司员工向SEC和两个州的证监机构举报本公司造假,但没有获得关注,故他告诉了证券分析师Dirks这一信息,Dirks在验证后,多方帮着举报,也没有得到有效回应。

在中国,由于法治尚不健全,且很多参与造假的上市公司都是国有企业,与政府部门关系密切,要通过举报来解决上市公司欺诈尤为困难。如1998年大庆联谊公司职工向证监会举报内部职工股发行中的问题,尽管"材料非常翔实",经调查也发现"问题基本属实",证监会仍然以查处力量有限为由,而让"事情一时搁了起来",直到举报者上访到中纪委书记尉健行才有了转机。[4] 1999年后,农业部内部有人士逐级反映称该部应该对

---

[1] Jonathan Macey, *Corporate Governance, Promise Kept, Promise Broken*, Princeton University Press, 2008, p. 180.

[2] F. N. Baldwin, "Racketeer Influenced and Corrupt Organizations Act (RICO) and the Mafia Must now Welcome Organizational Crime", 17 *Journal of Financial Crime* 404 (2010), 409—412.

[3] Dirks v. SEC, 463 U. S. 646(1983).

[4] 《大庆联谊:内部职工股的泛滥》,载《国际金融报》2010年12月16日。

其持股的蓝田股份有限公司上市造假问题承担责任,但一直无下文。2001年4月,中国蓝田总公司的部门原职工向国家工商总局举报公司虚假注资。同年8月,该举报信由蓝田公司总经理亲手返还给举报人。[1]同年末,中央财经大学研究员刘姝威对蓝田公司的质疑所造成的风波更是生动展示了举报在中国是多么不容易甚至危险的一件事情。

2001年10月刘姝威在《金融内参》发表《应立即停止对蓝田股份发放贷款》的短文,认为该公司财务报表不真实。本来,刘姝威应处于一个相对于传统举报者更有利的地位:她依据的是自己对蓝田公司多年财务报表的专业解读能力,而非道听途说,比起大多数举报人提供的所谓线索要有力得多。作为资深学界人士,刘姝威与蓝田公司无涉,也不必担心打击报复。但事实上,刘姝威被蓝田公司起诉,接到恐吓要杀她的电话和邮件,《金融内参》声明"刘文纯属个人观点,不代表本刊编辑部"。"在金融界,一些与刘相交甚得的朋友在面对刘的求助时开始变得躲躲闪闪。"[2]一些非正常情形,如蓝田公司看到了机密刊物《金融内参》上的文章,并请动当地法院和公安局领导亲自进京给刘姝威送传票[3],都令刘姝威备受压力,直到2002年1月蓝田股份主要高管忽然被刑事拘传。

其他专家出手揭露却不成功的例子也不少,如2001年3月,《证券市场周刊》和《财经时报》就开始有分析师长文对银广夏公司的高速增长及丰厚利润提出质疑[4],但该公司直到8月才泡沫破灭。2006年,长征电器股份公司监事李杰斌和著名证券律师严义明联手举报长征电器业绩造假,但未被证监会认可[5],严义明还被指责和起诉。[6]

二、反欺诈型内幕交易合法化的积极理由

综上,举报揭露方式并不太容易得到监管者认真和迅速的对待,不是很有效率,往往还反而给举报揭露者自身带来不小的麻烦。而这并不能

---

[1]《四司局官员出演"蓝田神话" 历数孙鹤龄几大罪》,载《新京报》2005年9月27日。
[2] 庞义成:《恶梦何时了结? 学者写文章炮轰蓝田遭追杀》,载《南方周末》2002年1月18日。
[3] 张念庆:《刘姝威对阵蓝田谜局何日能解》,载《北京青年报》2002年2月11日。原洪湖市委副书记、市长也曾从蓝田公司受贿。
[4] 蒲少平:《银广夏的九个疑点》,载《财经时报》2001年3月31日。蒲少平:《银广夏的业绩真实吗?》,载《财经时报》2001年4月10日。
[5] 参见《证监会答复:长征电器"三宗罪"不成立》,载《21世纪经济报道》2006年8月28日。
[6]《严义明:举报长征电器与利益集团无关》,载《东方早报》2006年9月4日。傅光云:《上市公司起诉律师第一案 长征电器索赔300万》,载《证券时报》2006年9月8日。

简单归咎于监管者的官僚主义,因而也不能指望通过改善公共治理来改善这一状况。说到底,这是由于举报揭露机制本身缺乏内在的可靠的机制性所致,相比之下,作为另一种选择的反欺诈型内幕交易则在遏制公司欺诈行为方面就相对显得颇有效率和可靠。

(一) 反欺诈型内幕交易者切实承担了错指公司欺诈的风险

通常的举报揭露往往得不到监管者重视的一个原因是其本身的可信度问题,即举报揭露者多是"口说无凭"、只能给个线索甚至只是方向(可以拿出一堆有力文件来暴露问题的终是少数),本身投入不多,缺乏对其所作陈述之可信性的风险共担机制。

而且,在这些举报者中,基于职场挫折而报复性举报的相当常见。[1]如四川长虹公司前干部范德均十年来一直举报长虹财务造假、偷税等,四川证监局和绵阳市国税局多次调查均认为无问题。而他本人曾因职务侵占而被判七年徒刑。[2]再如长征电器的前监事李杰斌是在其本人及其好友的职务被解除后开始举报公司的。[3]虽说这并不必然降低他们的举报的真实性,但其中的私人恩怨显然也是不容忽视的。

其他的举报动机还可能包括获得政府高额奖励的企图[4]和对公司行为的误解。而且,如前所述,对公司的举报还存在着一个逆向淘汰的问题,即动机纯正的举报者往往会三思而行,而动机不纯的报复型举报者反而较少顾忌而出手大胆,这使得公司举报总体质量不高。故而很多中立的观察者都认为举报不一定是出于道德因素,未必具有正义性,而是富于

---

[1] Jonathan Macey, *Corporate Governance*, *Promise Kept*, *Promise Broken*, Princeton University Press, 2008, p. 170, 196.

[2] 骆海涛:《长虹范德均十年战未休》,载《南方周末》2010 年 6 月 3 日。

[3] 《长征电器监事李杰斌自述:"深喉"背后的"深深喉"》,载《21 世纪经济报道》2006 年 1 月 19 日。《长征电器称"深喉"涉嫌经济犯罪》,载《中国证券报》2006 年 5 月 8 日。

[4] 如美国《反欺骗政府法》(False Claims Act)规定对任何联邦政府资金使用中的虚假申报(false claim)进行举报者,都有权获得高比例的经济奖励。有研究指出:这催生了很多只是出于逐利动机而行事的举报者,Jonathan Macey, supra note[1], pp. 168—170. 又如,业界对 2010 年《多德—弗兰克(Dodd-Frank)法》对举报的高额奖金规定的一个重要疑虑也在于有些心怀不满的公司员工可能作出不实举报。见 Incentives to Spark Surge in Tip-offs, *Financial Times*, 2010-8-9, http://www.ftchinese.com/story/001033995/ce. 国内一个可以对照的例子是多个城市都试行过有奖举报交通违章的做法,但在付出数百万元奖金后,违章有增无减,职业举报者却应运而生。见《武汉将继广州深圳后取消有奖举报交通违章》,载《华西都市报》2010 年 10 月 7 日。

争议性甚至可能是破坏性的。[1]所以,尽管从理论上说,如果举报都是正当的话,诚实的公司经营者可以通过设立举报奖励制度来表明自己问心无愧,树立形象,可实际上几乎没有公司自愿奖励举报的。[2] 一些研究机构如美国公共管理协会也主张建立良好的上下沟通和内部争议处理渠道,以免雇员必须诉诸对外举报来解决问题。[3]

因此,当被举报的对象是一个至少在外人看来信誉良好的大公司时,监管者不重视这些来自被解雇的前员工之类人士的举报,未必是值得指责的。毕竟,监管者如果一一核实各种举报,对自己和调查对象都会带来很高的成本,而收益则值得怀疑。长虹被范德均公开举报后,公司增设了24小时热线回答股东的提问。四川证监局也抽调了"十几个人,两个月内基本上取消了节假日,来专门从事搜集"相关资料[4],但并没有什么收获。

在美国,举报者不需要对举报承担太多证明责任,法律又对举报者进行了保护,故公司不太敢惩戒进行不实举报的员工,加大了举报不可信的问题。[5] 有鉴于此,针对安然、世通等重大公司欺诈事件而制定的美国萨班斯法[6]在规定了较为详细的举报受理机制(第 301(4)节)和举报人保护机制(第 806 节、第 1107 节)的同时,也规定在受理投诉时需要严格

---

[1] 参见 Gerald Vinten ed., *Whistle Blowing: Subversion or Corporate Citizenship?* Paul Chapman, 1994.
[2] Jonathan Macey, *Corporate Governance, Promise Kept, Promise Broken*, Princeton University Press, 2008, pp. 195—197.
[3] 参见 American Society for Public Administration, *Position Statement on Whistle Blowing*, http://ethics.iit.edu/indexOfCodes-2.php?key=12_97_419,最后访问时间 2016 年 4 月 20 日。
[4] 骆海涛:《长虹范德均十年战未休》,载《南方周末》2010 年 6 月 3 日。
[5] Jonathan Macey, supra note[2], p. 186.
[6] 关于该法的一个中文版,可见上海安越企业管理咨询有限公司网站,http://www.easyfinance.com.cn/training/file/%E8%90%A8%E7%8F%AD%E6%96%AF%E6%B3%95%E6%A1%88%E4%B8%AD%E6%96%87%E7%89%88%E5%85%A8%E6%96%87.pdf。需要指出的是,该版本犯了国内的一个常见错误,即把生效的《萨班斯法》(act)称为"萨班斯法案"。法案就是 bill,指立法议案未经通过、正在国会内讨论时的状态。而一经制定,就成为了 act,只能被称为"某某法"。这个错误之所以出现,一方面可能是因为传媒的发达,令很多法律在还是处在作为法案被讨论阶段时就广为中国人所知,如"多德—弗兰克法/法案",另一方面是由于我国立法程序不够透明,很多法律都是被制定颁布后才进入公共视界,很多人对"法案"这个半成品缺乏认知。

注意投诉与人事争议的关系,以防止遭受不利的人事决定的雇员滥诉。[1]

总之,举报者如果举报错了的话,受损失的主要是公司和监管资源,自己受到的损失较小。相比之下,反欺诈型内幕交易不存在明显的误指公司欺诈的风险,可谓"盈亏自负"。交易者必须仔细考量自己是否真实明确地感知到了公司欺诈行为的存在,是否能断定公司前景注定暗淡。如果他冒昧行事、错卖了不该卖的股票的话,受损失的是他自己,而不是公司和其他股东。

换言之,反欺诈性内幕交易者虽然在判断正确(如提前卖出涉案公司股票)时可以有效减少损失,但在判断错误(如在不必卖出时而仓皇卖出)时,同样也将遭受损失。对并非公司欺诈参与人的普通知情人来说,这种判断错误的风险并不算太小。他们在这种内幕交易中得到的,并不是大多数普通内幕交易(如在公司宣布利好信息的前夜购入)中可以轻松得到的暴利,而是有着相当大的风险相伴的普通收益。

(二)反欺诈型内幕交易能更有效的产生真实股价、暴露欺诈、减少投资者损失

举报往往不能及时开启监管调查程序,其真正能打动监管者时,通常已经是问题很严重了。所以这往往带来股价的急剧下跌,令刚购买股票的投资者损失惨重。而反欺诈型内幕交易者不需要有足够的信息、技巧和勇气去说服监管者,不需要开启庞大而反应迟缓的官僚机器。只消通过一个或几个了解公司真实内情的人的操作,就能使难以让人启齿的信息被输入公司股价,令后者向真正的供求方向移动。公司欺诈行为越重,就会有越多的知情人感知问题的存在并卖出其股票。

如果允许进行反欺诈型内幕交易,就意味着允许内部人快速变现自己获得的内部信息的租值(rent)。所以内部人会更有积极性去投入时间、精力,追寻、调查公司中存在欺诈活动的蛛丝马迹,掌握更多的关于公司的真实信息(否则,他们可能会消极等待,安于现状)。

---

[1] 参见 Jonathan Macey, *Corporate Governance*,*Promise Kept*,*Promise Broken*, Princeton University Press, 2008, p. 197. 不过,也有人认为举报和奖励举报都是有意义的,只不过《萨班斯法》等的具体规定值得改进,见 Terry Morehead Dworkin, "SOX And Whistle-blowing", 105 *Mich. L. Rev.* 1757(2007).

而市场对内部信息的反应很快。[1] 内部人和其他知情人对有欺诈活动的公司的股票的抛售必然会被市场感知[2],股价会早早地得到一种有力的渐进矫正。尽管这种矫正不一定能从根本上抵消欺诈活动对公司价值的损害,但比起那种神话破灭时的雪崩式股灾,对无辜投资者的伤害显然更小。[3] 美国著名证券法学者 Henry G. Manne 教授甚至认为,如果允许内幕交易的话,安然一类的大型公司欺诈丑闻是不会发生的,因为有很多人会知道内情,他们必将去从事内幕交易,这样问题在数月前就会被发现。[4]

中介机构判断股价可靠性的主观能力之不足,尤其凸显了这种内幕交易在反映真实股价方面的意义。即使在美国的成熟资本市场中,本应该帮着发现欺诈和股价虚高问题的中介机构也往往不仅不能配合举报者,有时候还会打压之,如 Equity Funding 公司案中,直到该公司被交易所停牌,分析师、州监管者、公司审计师、财经记者都没有对有关线索予以重视,而且上述各方的按兵不动还给了其他方不采取行动的理由。[5] 最后 Dirks 在多方帮着举报无效的情况下[6],索性自己让客户抛售该公司股票了事,才令公司的真实面被市场发现。

---

[1] Plott & Sunder, "Efficiency of Experimental Security Markets with Insider Information: An Application of Rational-Expectations Models", 90 *J. POL. ECON.* 663(1982).

[2] 现代证券法往往要求公司董事、监事和高级管理人员申报和公告股份持有状况(如《深圳证券交易所股票上市规则(2008年修订)》第3.1.7条规定上市公司董事、监事、高级管理人员和证券事务代表所持本公司股份发生变动的,应当及时向公司报告并由公司公告),这些人的交易行为将释放更强的信号。

[3] 在普通法下,对内幕交易是一般性允许、例外性禁止,而一个区分标准就是对股价的影响,Dennis W. Carlton & Daniel R. Fischel, "The Regulation of Insider Trading", 35 *Stan. L. Rev.* 857, pp. 860, 883—884. 内幕交易对股价和买卖者的影响之分析,还可见 Haddock and Macey, "A Coasian Model of Insider Trading", 80 *NW. U. L. Rev.* 1449, 1452—1455.

[4] Larry Elder, "Commentary, Legalize Insider Trading?", *Wash. Times*, June 15, 2003, http://www.washtimes.com/commentary/20030615-112306-2790r.htm,最后访问时间2016年4月20日。更多理论陈述可见 Henry G. Manne, *Insider Trading and the Stock Market*, Free Press, 1966. Manne 教授系一位主张所有内幕交易都可合法化的重要学者。

[5] 参见 Jonathan Macey, *Corporate Governance, Promise Kept, Promise Broken*, Princeton University Press, 2008, pp. 178—179.

[6] 参见 Dirks v. SEC, 463 U.S. 646(1983),认为 Dirks 违法的 Blackmun 等少数派大法官也承认,在这个案子中,要求当事人不交易而是去披露信息,客观上有困难,证交会的工作需要改进。

在会计机构频频参与造假和机构投资者缺乏识别不实的价格之能力的中国市场中,通过反欺诈型内幕交易来实打实地降低股价水分更为必要。例如,银广夏造假案事发前,是机构投资者重仓持有的对象。虽然名义上他们也对银广夏做过各种调查,但实际情况表明这多流于形式,如有的基金在银广夏长达7年的造假中,先后十余次的考察未能发现任何端倪。有的基金人士甚至称其打消对银广夏年报漂亮数字的疑虑,只是因为被它一家分厂"盛大的剪彩仪式感染"了。[1]

三、反欺诈型内幕交易合法化的消极理由

可靠地揭示欺诈和促进真实股价产生可谓是反欺诈型内幕交易的正面价值。而此处的几点理由未必能凸现此种交易的功能,但却说明了法律为何不应当否定之。

（一）此类交易者并未窃取公司合法财产

禁止内幕交易的基本法理依据不是这些交易会造成不同交易者之间的信息不公平。如果穷尽追究一切根据信息优势而进行交易的行为,只是为执法者提出了难以完成的任务目标。即使在证券法最为发达的美国,也原则上不存在一般性的规则来禁止任何拥有内幕信息的人进行交易[2],而是以交易者另外违反了特定的义务为追究法律责任的前提。这些义务通常是交易者对信息源公司所负的受信（fiduciary）义务,或者是由于采用了非法手段盗用了信息而产生了责任。

换言之,如果其他主体的合法权益未被侵犯,内幕交易不应当被视为违法。例如投资银行摩根斯坦利受客户的委托,对客户拟收购的潜在目标公司进行调查,并在谈判中获得了未公布的关于后者的重要信息。后来客户放弃了拟议的收购计划,那即使投资银行利用此等秘密信息去买卖目标公司的股票,也不构成内幕交易。[3]尽管大摩当初似乎是用客户的钱活动时获得了此等信息,法院却强调,该机密信息是在公平（arm's length）交易中获取的。[4]

---

[1]《银广夏造假案追踪:理财专家缘何踏入"陷阱"》,载《上海证券报》2005年10月1日。
[2] Robert Hamilton, *The Law of Corporations*, West Group 1996,法律出版社2002年影印本,p.433. 判例可参见 Santa Fe Industries, Inc. v. Green, 430 U.S. 462, 474—477 (1977)。
[3] 参见 Walton v. Morgan Stanley & Co., 623 F.2d 796 (C.A.2 1980).
[4] Ibid., at 798.

进一步说，即使规制机构制定规则，在特定情形下限制一切主体的交易行为，那这样的规则也是值得审视的。例如，美国证交会规则 14e-3 禁止一切主体在要约收购中根据内幕信息进行交易。[1]但该规则本身的法理依据受到了学者批评，认为其是对联邦最高法院的著名判例 Chiarella 案[2]的反动，是利益集团如公司管理层施加向证交会压力的结果。[3]第八巡回区上诉法院也一度推翻之，认为规则 14e-3 规定事先不存在受信义务也能构成内幕交易，超越了证交会规则制定权限，不具法律效力。[4]

禁止特定内幕交易的行为的深层次理由应当是：尚未公开的重大信息属于公司的财产[5]，故内部人不能利用公司财产去损害公司利益，如在知道公司将收购其他公司时，去预先购入目标公司的股票，待价而沽。之所以内部人成为法律规制的突出点，是因为这些特定主体更容易基于职位、委托或信任而独享重要和有价值的信息，故法律对其施加了特殊的、外部主体所不需承担的受信义务[6]，禁止其使用此类信息为自己谋利。亦可以说，公司如果足够理性，也会事先与内部人明确约定，令其不得从事此类交易。

进一步地把这种受信义务从公司特定职位拥有者扩展到信息获得者

---

[1] 17 C.F.R. § 240. 14e-3 (1982)，该规则得到了一些判例的支持，如 U.S v. Chestman, 2d Cir. 1991。

[2] Chiarella v. United States, 445 U.S. 222 (1980). 该案中，最高法院认为披露或戒绝义务根源于业已存在的信任关系(relationship of trust and confidence)，对内幕信息源公司没有受信义务的主体不会违反禁止内幕交易的规则 10b-5。

[3] 参见 Haddock and Macey, "A Private Interest Model, with an Application to Insider Trading Regulation", 30 *J. L. Econ.* 311, 1987, pp. 316—317.

[4] United States v. O'Hagan, 521 U.S. 642(1997). 但联邦最高法院推翻了第八巡回区法院的判决，并简略地指出，考虑到该规则所针对事项的特殊性和适用的有限性，该规则并未超越证交会的权限。最高法院的这一结论似乎是出于一个公共政策考量，而不是法理演绎。

[5] 参见 Janet Dine, *Company Law*, 4th edition, Palgrave MacMillan 2001，法律出版社 2003 年影印本, p. 258.

[6] 参见 Chiarella v. United States, 445 U.S. 232—233, Dirks v. SEC, 464 U.S. 646 (1983). 对美国法上一些重要判例的介绍，可见杨亮：《内幕交易论》，北京大学出版社 2001 年版，第 91—132 页。张建伟等：《美国内幕交易执法理论演进》，载《复旦学报》社会科学版 2006 年第 1 期。廖凡：《美国证券内幕交易经典案例评介》，北大法律信息网 http://vip.chinalawinfo.com/newlaw2002/slc/slc.asp?gid=335566358&db=art，最后访问时间 2016 年 4 月 20 日。

和信息来源之间的关系上,就构成了盗用理论,即任何主体都不能利用从任何具有信任关系的信息源处获得的信息,进行违背信息提供者本意的交易。[1]例如,公司有权要求为公司服务的各类内外部人保守"公司将有分配股利的计划"这个秘密,不得擅自据之进行内幕交易,直到该信息被公开。

尽管应当被保守的内幕信息这一公司财产的范围在不同国家有所不同,但无论如何,任何得到法律保护的财产都首先应当是合法的,信息也不例外。而"公司正在从事欺诈活动"这一信息,显然不是公司的合法财产。公司无权要求知情人为其保守这个秘密。[2] 所以,知情人"擅自"利用这个信息,既然并未侵害公司的合法财产,也就谈不上违法了。内幕交易和法律所提倡的举报一样,是使得这种关于违法活动的信息不被保密、被揭露的一个过程。[3] Dirks 案判决的一个要旨是:分析师并不是在某个内部人在违反受信义务后参与分享信息的,[4]所以不需要禁绝使用他获得的内幕信息。而本节的论点略为推进了一步,即对于公司在从事欺诈活动这样的特定信息而言,知情人自身利用这些信息进行交易,甚至为了私利向他人提供此种信息,也无不可。[5]因为这并不是公司有权合法保守的秘密,不是公司的合法财产,使用、泄露信息者也不存在违反受信义务的问题。

(二) 不存在对其他投资者的不公平

交易相对方不是内幕行为的受害者。即使通过匿名的股票交易成交

---

[1] 参见 United States v. Newma, 664 F. 2d 12 (2d Cir. 1981), cert. denied, 464 U. S. 863 (1983). United States v. O'Hagan, U. S., 117 S. Ct. 2199 (1997).

[2] Jonathan Macey, *Corporate Governance*, *Promise Kept*, *Promise Broken*, Princeton University Press, 2008, p. 182.

[3] Ibid., pp. 183—185.

[4] Dirks v. SEC, 463 U. S. 646(1983), p. 667.

[5] Fischel 认为,最高法院 Dirks 案判决有一个问题,即只关注内部人向 Dirks 披露公司欺诈是合法的,而忽视了这会导致股价大跌,股东受损。但他也指出从事前(ex ante)观点看,披露欺诈能减少欺诈,符合公司和股东利益,所以披露还是符合受信义务的。由此,内部人为了自身好处而披露欺诈,也能在事前提升公司价值、最大化股东利益,故并无不可。最高法院把 Dirks 的信息源是否直接或间接获取利益和 Dirks 的行为合法性挂钩的观点存在偏差(例如,内部人无偿向路人散布内幕信息,难道该是合法的吗)。Daniel R. Fischel, "Insider Trading and Investment Analysts: An Economic Analysis of Dirks v. Securities and Exchange Commission", 13 *Hofstra L. Rev.* 127(1984), 138—140. 笔者完全同意此看法。

撮合系统,某人购买了内幕交易者实际卖出的那些股票,也不能说前者的买卖决定是由后者的报价所致。与虚假陈述、操纵市场中的情形不同,这里真实的景象是:交易者已经作出了交易决定后,恰逢内幕交易者作出了方向相反的交易决定。[1] 而且,在交易相对人购买该公司股票之愿望既定的情况下,内幕交易者的出售还提供给了他一个稍低的股价,多少减少了这些购买方在日后的实际损失。[2]

与反欺诈型内幕交易人同向的交易者在一定程度上面临着内幕交易者的价格竞争,而可能因此遭受了一定损失,例如导致可能因此获利的交易未遂。但不能不指出,总体上内幕交易本身给投资者造成的损害很小[3],交易和损失之间的因果关系是值得怀疑甚至可谓不存在的。[4]美国联邦最高法院在著名的 Dirks 案中指出:"在许多情况下,在内幕交易行为和外部投资者的损失之间可能不存在因果联系。在某种意义上,市场价格波动以及投资者们不可避免地要根据不完全、不正确的信息行事,市场上总有输家和赢家"[5],故其在后来的 O'Hagan 案中索性不提内幕交易是否给投资者造成了实际损失,而是谈论内幕交易对公众信心、市场效率、流动性等可能造成的外部成本。[6]

理性的证券投资者追求的应当是预期回报最大化,而不是在每一次

---

[1] 当然,这个理由可以推广适用于所有的内幕交易,相关论述可见 Langevoort & Gulati, "The Muddled Duty To Disclose Under Rule 10b—5", 57 *Vand. L. Rev.* 1639 (2004), 1676. James D. Cox, "Insider Trading and Contracting: A Critical Response to the 'Chicago School'", 1986 *DUKE L. J.* 628, 635. Frank H. Easterbrook, "Insider Trading, Secret Agents, Evidentiary Privileges, and the Production of Information", 1981 *Sup. Ct. Rev.* 309 (1981), 311, 324.

[2] 参见 Jonathan Macey, *Corporate Governance*, *Promise Kept*, *Promise Broken*, Princeton University Press, 2008, pp.192—193; Henry G. Manne, ed., *The Economics of Legal Relationships: Readings in the Theory of Property Rights*, West Publishing Co., 1975.

[3] Elkind v. Liggett & Myers, Inc. 635 F. 2d 156 (2d Cir. 1980).

[4] 参见 Henry Manne, "*Insider Trading and the Stock Market*", Free Press, 1966, p.91. Michael P. Dooley, "Enforcement Of Insider Trading Restrictions", 66 *Virginal L. Rev.* 1(1980), 33. 耿利航:《证券内幕交易民事责任功能质疑》,载《法学研究》2010 年第 6 期,第 79—81 页。

[5] Dirks v. SEC, 463 U.S. 646(1983), p.666.

[6] 参见 Thomas Lee Hazen, *Treaties on The Law Of Securities Regulation*, 6th ed., West Publishing, 2009, p.357. Robert Thompson, "Insider Trading, Investor Harm and Executive Compensation", 50 *Case West. Res. L. Rev.* 291(1999—2000), 299—300. 耿利航:《证券内幕交易民事责任功能质疑》,载《法学研究》2010 年第 6 期,第 91 页。

交易中都有回报（payoff），如果一项制度安排在总体上能获得更大的利益，其就不会在意由此在单个交易中产生的风险。[1] 换言之，对投资者来说，在事前(ex ante)实现投资价值最大化才是真正的公平(fairness)。[2]

而反欺诈型内幕交易正是在总体上能促进证券市场总体利益的一种制度，其带来的更准确的股票定价也是公司的管理层和股东的共同利益所在[3]，并由此增加了公司欺诈行为被发现的概率，提前了其被发现的时间，更好地威慑了潜在的欺诈行为，使其发生概率降低，在整体上有利于提升公司价值。故可谓是帕累托(Pareto)最优的体现：一方的利益增加了，而其他各方的合法利益都没被减损。

所以，即使知情人可以因反欺诈型内幕交易而获利，甚至在没有付出更多的劳动、没有投入更多的资本的情况下获利，也不能说是对其他投资者不公平、而应被禁止。正如哈佛大学教授 Louis Kaplow 和 Steven Shavell 所指出的，法律政策分析应当以个人福利(well-being of individuals)为指导，法律规则不应该以单纯的公平概念为指导，除非这种公平概念对个人福利有影响。[4] 理性的投资者会"一致同意选择收益最大化的法律规则，而不看收益是如何分配的"。[5]

退一步说，即使某些公司认为应该确保每一个投资者在每一场交易中得到公平对待，禁止此类交易的决定权也应当交给各个公司，而不是由法律统一禁止。[6]

---

[1] Frank Easterbrook & Daniel R. Fischel, *The Economic Structure of Corporate Law*, Harvard University Press, 1991, p. 261. 该书中译本可见《公司法的经济结构》(中译本第二版)，罗培新、张建伟译，北京大学出版社 2014 年版。

[2] 同上注, p. 110. 对不平等和更高回报之间的权衡，见 chapter 5。

[3] 参见 Henry G. Manne, "The Case for Insider Trading", *Wall St. J.*, Mar. 17, 2003, at A14. http://online.wsj.com/article/0,,SB1047869348915149900,00.html, 最后访问时间 2016 年 4 月 20 日。

[4] Louis Kaplow & Steven Shavell, *Fairness Versus Welfare*, Harvard University Press, 2002, p. 27. 中文版见卡普洛、沙维尔：《公平与福利》，冯玉军、涂永前译，法律出版社 2007 年版。

[5] Ibid. at 124. 事实上，说内幕交易能通过激励机制"把饼做大"，一直是主张其应当合法化的学者强调的一点，Carlton and Fischel, "The Regulation of Insider Trading", 35 *Stan. L. Rev.* 857, p. 881。

[6] 参见 Jonathan Macey, *Corporate Governance, Promise Kept, Promise Broken*, Princeton University Press, 2008, p. 191. 如何有效地在公司和国家间分配内幕交易禁止权，见 Carlton and Fischel, Ibid., pp. 894—895; F. Easterbrook & D. Fischel, *The Economic Structure of Corporate Law*, Harvard University Press, 1991, pp. 262—264.

（三）公司无辜内部人减少损失的客观必要性更强

通过反欺诈型内幕交易，公司内部人固然在一定条件下可以获得外部人无法获得的利益。这种"特殊利益"之所以应当被接受，是因为他们本来就承担着一种"特殊不利"。对并不该对欺诈行为负责的无辜公司内部人来说，他们很可能是因为公司欺诈行为而受损最重的人。通常，在公司欺诈丑闻曝光后，涉案公司经营会陷入困顿，甚至倒闭。与欺诈活动无关的公司广大普通员工也很可能会因此失业，为这个公司投入的特定人力和物质资本（如对这个公司的运作机制的了解、积累的人脉、与工作配套的住房、配偶工作安排及机会成本等）会急剧贬值，在寻求再就业时也会因为履历上有一个声名狼藉的公司而遭受歧视。此外，在安然等案例中，员工大量的将退休金投入本公司股票，这进一步加大了他们职位储蓄两空的危机。所以，即使是所谓举报安然问题的女英雄、该公司高级职员Watkins也事实上从事了抛售安然股票的内幕交易行为。[1] 在当代诸多上市公司实行了员工持股和股权激励制度的背景下，这点十分值得关注。

因此，从一定意义上讲，虽然允许内部人利用其对公司从事欺诈的信息来获利有所不公。但这种不平等是符合罗尔斯（Rawls）[2]关于"让条件最不利的人获得最大利益"的原则的。[3] 何况，这种行为产生的财富分配效应还受到了两个重要的限制：

一是在很多情况下，如在中国没有买空机制的背景下，这些内部人也不过是消极地减少损失，而非积极地增加收入。

二是现代公司法对股份公司的董事、监事、高级管理人员（这些人往往是更重要的知情者和持股更多的人）出售股票有严格的限制，他们所能减少的损失极为有限。如我国《公司法》第142条规定这些人在任职期间每年转让的股份不得超过其所持有本公司股份总数的25%；所持本公司

---

[1] 参见 Jonathan Macey, *Corporate Governance, Promise Kept, Promise Broken*, Princeton University Press, 2008, pp. 176—177, 189—190.

[2] 参见 John Rawls, *A Theory of Justice*, Harvard University Press, 1971, p. 83, 中文版见罗尔斯：《正义论》，何怀宏、何包钢、廖申白译，中国社会科学出版社2001年版；又可见 Daniel Markovits, "How Much Redistribution Should There Be?", 112 *Yale L. J.* 2291, 2326—29 (2003)。

[3] Jonathan Macey, *Corporate Governance, Promise Kept, Promise Broken*, supra note[1], p. 190.

股份自公司股票上市交易之日起一年内不得转让。公司章程可以对这些人员转让其所持有的本公司股份作出其他限制性规定。

(四) 强于知情人通过交易对手公司的股票来规避风险

主张一般性的内幕交易都可以合法化的学者曾指出：不应担心公司管理者如果能内幕交易，就会故意弄低公司股价，从卖空公司股票中获利。原因之一[1]就是管理者如果真要这么做的话，他可以购买一个竞争对手公司（如百事可乐和可口可乐）的股票。这样他一方面可以弄坏本公司的经营，另一方面通过持有对手公司的股票而牟利。[2] 这不仅是合法的（除非公司明文禁止这种行为），甚至可能比交易本公司的股票更有利可图。[3]

类似的，知情人在察觉公司的欺诈行为时，即使不被允许利用此种信息卖出公司股票，也仍然可以购入对手公司的股票，堤内损失堤外补。据信息经济学的原理，拥有额外信息的人总是可以找到实现信息租值的办法，区别只是在于通过何种方式来合法的实现。相比之下，反欺诈型内幕交易能较早地让本公司股票恢复到正常水平，避免股价有一个剧烈的"跳水"，公司及其他股东在一定程度上分享了这种信息租值。而信息持有人如果通过购入对手公司股票来减少风险，则意味着租值被消散到了其他公司，而对本公司毫无裨益。

(五) 不存在普通内幕交易中可能的弊端

一般性地主张公司内部人可以从事内幕交易的学者也承认内幕交易可能会带来一些弊端，如诱使内部人通过释放信息、增强股价波动性来盈利，甚至主动制造坏消息等。[4] 这也可谓是寻常内幕交易应当被禁止的重要原因。但这些问题显然不存在于反欺诈型内幕交易中，特别是在本书明确反对把从事欺诈活动的主体归入此种内幕交易的适格主体的前

---

[1] 其他原因包括管理者系集体工作，单个人较难暗地使坏；弄坏公司会影响其自身作为管理者的人力资本价值等。

[2] Carlton and Fischel, "The Regulation of Insider Trading", 35 *Stan. L. Rev.* 857; pp. 873—875. 也可见 Easterbrook & Fischel, *The Economic Structure of Corporate Law*, Harvard University Press, 1991, p.268; Ian Ayres & Joe Bankman, "Substitutes for Insider Trading", 54 *Stan. L. Rev.* 235 (2001).

[3] Heather Tookes, "Information, Trading and Product Market Interactions: Cross-Sectional Implications of Insider Trading", *Journal of Finance*, vol. 63, Issue 1, 379—413, 2008.

[4] 参见 Easterbrook & Fischel, *The Economic Structure of Corporate Law*, supra note[2], p.260.

提下。

四、反欺诈型内幕交易合法化不会有太大的负面影响

(一) 适用范围上的限制

反欺诈型内幕交易的适格主体不包括欺诈行为本身的参与者。只有无辜但知情的人才能从事此类内幕交易活动。

虽然欺诈行为的参与者如果从事此类内幕交易的话,也能在客观上产生使股价趋于真实等效应。但根据"任何人无权从恶行中受益"的基本法理,他们从事内幕交易的行为不应获得豁免。毕竟,他们只不过是在减弱自己参与的一个恶行的后果罢了。他们对于这种信息(公司正在从事欺诈活动)的获得并非是经过"诚实的努力"所致(尽管可以说他们在实体层面上生产出了这些信息),故没有合法的财产权和由之而来的处置权。[1] 允许他们进行此类内幕交易,还会增加他们进行欺诈活动的激励。[2]

(二) 不会过分延迟欺诈事实被揭露的时点

有人认为,如果内幕交易可以合法化的话,知情人可能会先进行内幕交易操作,然后再考虑揭露欺诈,从而造成一定的延误。[3] 这一指责并不成立,原因在于:

第一,即使是就一般的内幕交易而言,其存在对信息披露造成的延迟影响也没有得到实证检验支持。[4]

第二,根据市场有效性理论,可以认为内幕交易向市场注入了信息,通过对股价及时与正确的调整,就已实现了"实质上"(virtual)的信息披

---

[1] 参见 John Locke, *Two Treatises of Government*, bk. II, ch. V, at 285—302 (Peter Laslett ed., 3d ed., Cambridge Univ. Press 1988) (1690). 中译本见洛克:《政府论 下篇》,叶启芳、瞿菊农译,商务印书馆 2005 年版,第 17—32 页。

[2] Jonathan Macey, *Corporate Governance*, *Promise Kept*, *Promise Broken*, Princeton University Press, 2008, p. 187.

[3] 参见 Mendelson, "Book Review", 117 *U. Pa. L. REV.* 470, p. 489. 该文是对 Henry G. Manne, "Insider Trading and the Stock Market" (1966) 的评论。Schotland, "Unsafe at Any Price: A Reply to Manne, Insider Trading and the Stock Market", 53 *VA. L. REV.* 1425, 1440—42.

[4] Michael P. Dooley, "Enforcement Of Insider Trading Restrictions", 66 *Virginal L. Rev.* 1(1980).

露。另外的举报几乎是多余的。[1]

第三,有很多欺诈行为本来就是不会被揭露或举报的,或者是在很长时间以后才会被有效揭露的。相比之下,反欺诈型内幕交易使信息更快、更可靠地获得了揭露。[2]

第四,对一个至公无私的知情人来说,其能否从事反欺诈型内幕交易,都不会影响他在什么时刻进行举报或揭露。而一个优先考虑自己利益的知情人不会在公司状况还不错的情况下贸然去举报,以免损害自己的既得利益如职位、工资等,而会等到问题很严重、危及自己将来更大的利益(如公司产生垮台的风险)时才会去举报。这时候即使赋予其从事内幕交易的权利,也只不过是令其增加了一个要安排在前面的动作而已,对举报的时点的影响甚微。

第五,当反欺诈型内幕交易者卖出股票后,其未必会愿意看到公司股价继续处于虚假的高位,可能反而会有动因去告诉监管者或媒体公司欺诈行为的存在。倘若卖空机制可以存在,他们更是会积极去披露所掌握的欺诈行为存在的信息,推动股价的下跌。而如果不允许他们从事内幕交易,他们倒反而乐见公司股价继续保持虚假繁荣。

五、小结

综上,在上市公司内部发生财会造假等欺诈行为时,单纯依赖举报揭露是不可行的,应当允许并不参与但在一定程度上知情的内部人和相关人据之进行交易。这种行为能更可靠地暴露公司的问题,更有效率地促进真实股价形成,减少交易对方的相对损失甚至欺诈的发生。在此种特殊的内幕交易中,公司合法财产并未被窃取,相反总体财富会有所增加。公司无辜内部人通过这种方式减少损失的客观必要性更大。其也强于知情人通过交易对手公司的股票来规避风险。允许此类交易亦不会严重延迟欺诈事实被揭露的时点。

---

[1] Henry G. Manne, "The Case for Insider Trading", *Wall St. J.*, Mar. 17, 2003. 该学者甚至认为如果内幕交易合法化的话,各种举报、披露要求和监管都将是多余的。披露制度也只不过是为了事后证明价格的变动是合理的。

[2] Jonathan Macey, *Corporate Governance, Promise Kept, Promise Broken*, Princeton University Press, 2008, p. 188.

第四节　新型复杂案件需审慎：
　　　　光大证券巨额行政处罚案

就像对反欺诈型内幕交易不一定需要执法一样，对于其他市场行为的执法也不见得是越多越好、越严越好。特别是在一些引发诸多关注的事件中，监管者尤其应当坚守法律标准，不能盲目地与舆论民情互动。与此同时，执法者也应当深化对市场新型交易行为的认知，做到有所为有所不为。本节将以至今在民事程序上尚未终局的光大证券公司案为例，进行多角度的剖析。为便于集中说明问题，本节所述内容不限于证券监管层面。

2013年8月16日11时05分，光大证券股份有限公司（下称光大证券）在从事自营证券买卖业务时，交易员分析判断180ETF出现套利机会，而用交易软件发出买单，但由于交易先天存在设计缺陷，被匆匆投入使用时未经充分测试，导致光大证券的账户自动以234亿元巨量买入180ETF成分股，实际成交72.7亿元。

所谓ETF(Exchange Traded Funds)，指交易型开放式指数基金或称交易所交易基金，是一种在证券交易所上市交易的开放式基金。ETF代表一揽子股票的所有权，申购赎回ETF时，必须以一揽子股票换取基金份额或者以基金份额换回一揽子股票。ETF的交易价格、基金份额净值走势与所跟踪的指数包含的股票的加权值基本一致，但是在实践中又会有所偏离，因此机构投资者往往用软件测算ETF的市价和基金单位净值之间的细微价差，并随时自动进行交易以套利。光大证券买入的上证180ETF涵盖了上海证券交易所约2/3的股票特别是蓝筹股。据中国证券监督管理委员会（下称证监会）事后测算，180ETF与沪深300指数在2013年1月4日至8月21日期间的相关系数达99.82%。所以光大证券巨资的投入带动了沪市指数整体暴涨。

16日上午的事故发生后，光大证券的交易员根据公司《策略交易部管理制度》中关于"系统故障导致交易异常时应当进行对冲交易"的规则，开始进行对冲。11点30分休盘后，该公司高级管理人员就如何处理过多买入的股票紧急磋商。因为当前的交易T+1规则禁止在股票买入当日卖出，所以为了对冲之前巨额误买的损失，他们改用卖空股指期货合约的方式将已买入的ETF包含的成分股转换为ETF基金并卖出。14时22分,光大证券公告,确认系统出现问题。14时22分以后,光大证券继续卖空股指期货合约。

之前11时59分,光大证券董事会秘书在对事件并不甚了解的情况下,向记者否认市场上关于光大证券自营盘70亿元"乌龙指"的传闻。12时13分,董事会秘书向记者表示需进一步核查情况,要求删除文章。但此时该文已无法撤回,于12时47分发布并被其他各大互联网门户网站转载。

8月30日,证监会发布《光大证券异常交易事件的调查处理情况》(下称《处理情况》)[1],称光大证券"采取了错误的处理方案,构成内幕交易、信息误导、违反证券公司内控管理规定等多项违法违规行为",决定没收其违法所得8721万元,并处以5倍罚款,罚没款金额总计5.2亿元。对从事对冲交易的四名高管分别给予警告,罚款60万元,这四人同时被宣布终身禁入证券和期货市场;对董事会秘书责令改正并处以罚款20万元。《处理情况》还宣布停止光大证券从事证券自营业务(固定收益证券除外),暂停审批光大证券新业务,责令光大证券整改并处分有关责任人员。"对于投资者因光大证券内幕交易受到的损失,投资者可以依法提起民事诉讼要求赔偿。"11月1日正式作出的证监会行政处罚决定书[2013]59号和[2013]60号[2]虽然叙述了更多当事人的申辩理由,但对前述处罚决定依样画葫芦地做了重复。

该处罚意见出台之快、惩罚之重,震撼了市场。但是,面对这场前无古人的"极端个别事件"(证监会语),法律人应该认真审视其中反映的特殊性和普遍性制度问题。在群情激愤之余,大众为重罚拍手称快之际,本书想"不合时宜"地对之作出些质疑。毕竟,对法治的追求,而非单纯的"严打",才是证券市场的长治久安之道。本书的观点固然未必是真理,却至少有助于从多角度思考这种新型复杂案件。

---

[1] 全文见证监会网站 http://www.csrc.gov.cn/pub/zjhpublic/G00306212/201311/t20131115_238363.htm,最后访问时间2016年4月20日。光大证券11月14日公告称收到处罚决定书。

[2] 两份处罚决定书全文见证监会网站 http://www.csrc.gov.cn/pub/zjhpublic/G00306212/201311/t20131115_238363.htm 和 http://www.csrc.gov.cn/pub/zjhpublic/G00306212/201311/t20131115_238364.htm,最后访问时间2016年4月20日。前文相关事实叙述主要依据证监会的这三份文件。

下文将分别从不同的行为类型角度(操纵市场、虚假陈述、内幕交易)阐述光大证券是否涉嫌违法。值得注意的是,光大证券涉嫌的这三种行为能否有效被归责,实际上是互为表里的。如果能认可光大证券不存在操纵市场、虚假陈述,那也将是认定光大证券没有义务在对冲交易前对市场进行披露的一个重要理由。

值得一提的是,本人与光大证券公司及其任何董监事、管理者、员工、前员工及其亲友、代理人均无往来。

一、光大证券对其造成的市场波动应当承担责任吗?

不容否认,由于光大证券公司自身错误的大单买入,导致市场整体在短期内非正常地、出乎预期地上涨,其后又由于先期的上涨缺乏合理性基础和长期性理由,而迅速跌落,引发波动。但这并非是光大证券在出于故意的主观心态而有意制造虚假的市场价格和成交量信号来诱导其他投资者跟进,而是并非符合其本意和自身利益的行为所致,更不用说组织、策划、促使这一事件发生。只是光大证券用真金白银给自己和市场开了一个昂贵的玩笑罢了。

对于市场投资者来说,他们当时看到的情景是市场整体的莫名上涨而不知晓市场上涨的背后原因,不存在对光大证券的错误信赖,所以当时出现了交易所系统出现问题、T+0政策将出台、优先股政策将出台等多种版本。虽然证监会指责光大证券董事会秘书当日"在对事件情况和原因并不了解的情况下,轻率地向记者否认市场上光大证券自营盘70亿元乌龙指的传闻",但这只是对市场波动的诸多原因做了一项排除,并不构成投资者对市场波动原因产生合理信赖的基础,更不用说基于对光大证券的信赖(对该表述的分析详见第四部分)。退一步而言,就算投资者想从光大证券处"讨一个说法",该公司13时公告的"重要事项未公开,8月16日下午停牌"也足够警示下午的投资者了。

特别值得注意的是,交易软件可以清晰地显示,16日上午因为光大证券的巨量买入,上海证券交易所综合股价指数(简称上证综指或上证指数)在极短时间内从11时06分启动,在K线图上通过一个几乎笔直的上涨,到11时08分达到全日最高2198点,这时基本上没有其他买入资金。由于一些投资者见机抛盘,11点17分达到区间最低点2102.5点,但由于更多投资者在市场传言误导下,错误地认为11时06—08分的上涨是重大利好或类似原因所致,更多资金开始买入,上证综指11点18分开始反弹,11 点 30 分上午收盘之际逐渐达到 2146 点。

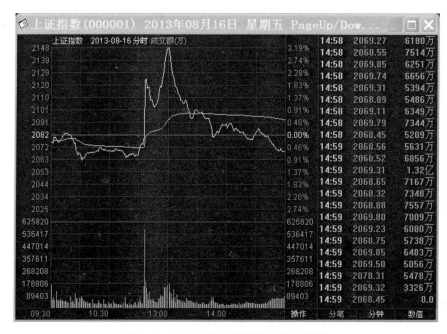

图 4.1　8 月 16 日上证指数 K 线图走势

不能不说,11 时 06 分至 17 分的一起一落已经充分反映了证券市场固有的风险与无常,所以后来入市的资金如果仅仅强调对第一波上涨的信赖,依据不是很充分。有论者指出:11 点 15 分出现的"收市后公布优先股试点方案"的传闻的制造推动者才是真正的操纵者,否则"或许光大证券买入行为导致的结果只是稍纵即逝的脉冲电波而已"。[1]下午开盘后,面对一路大幅下滑的上证综指还继续入市的,虽然能以"波段性调整"自解,却更谈不上是对此前上涨的合理信赖。

所以,当市场由于投资者看不见的原因整体发生反常上升时,投资者不是理性地"低买高卖"[2],而是"误以为政策面有重大利好"追涨,自身不无责任。他们不能说既然这波动背后的原因实际上是光大证券的一次

---

[1] 熊锦秋:《还需深究光大乌龙事件可能存在的违规》,载《上海证券报》2013 年 8 月 19 日第 7 版。

[2] 《郭树清:炒 A 股赚钱不难 关键是低买高卖》,金融界网 http://finance.jrj.com.cn/2013/01/16140114950263.shtml(2013 年 1 月 16 日消息),最后访问时间 2016 年 4 月 20 日。郭树清为证监会时任主席。

无心之失而索赔。如果市场波动是因为一个人中了七十亿元的彩票而盲目地购买了大量ETF成分股,难道也能因此追究他操纵市场的责任吗?尽管实际行为模式不同,但在外人看来,都是市场背后看不见的原因,对投资者可能的交易决策影响完全是一样的。

如果要说投资者并不盲目的话,那便是如《中国证券报》指出,他们(包括股评家)在连续低迷的市场环境下,"理性""认为政府又要干预股市了,于是纷纷跟进","这是多年形成的条件反射。市场之所以出现这样的连锁反应,根本原因在于少数有政府背景的大型机构(如汇金、社保等)经常性的干预股市。从监管的角度看,缺少约束这些国家队行为的规则"[1]。换言之,光大证券的"罪过"实际上是不慎"客串"了政府资金的角色而又无意继续假戏真做。

总之,本书反对有律师认为的光大证券既然"确实给投资者造成市场行情迅速回暖的强烈错觉",则"投资者的损失和光大证券的行为,有因果关系","可以索赔"[2],甚至提出索赔金额可以有153亿元[3]。证监会认定光大证券不构成违法的操纵市场行为,已经打破了侵权责任四要件(行为、过错、损失、因果联系)的第一环。损失得赔的必要前提是存在证券违法行为,既然没有违法行为,则皮之不存,毛将焉附。仅仅由于"市场剧烈波动被迫部分平仓了"的投资者也不能像某些律师说的那样可以索赔。[4] 投资者们虽然无辜,也不过是再次验证了的资本市场变幻莫测的风险罢了。与光大证券事件几乎同时,中石油四高管和原董事长蒋洁敏由于违法乱纪而被查,恶行似乎甚于操作软件没选好,此亦导致石油股大跌,难道投资者也能叫他们赔偿么?

二、光大证券的行为构成内幕交易吗?

(一)信息源本身不属内幕交易人,期货和ETF并非内幕交易的对象

光大证券误买巨量ETF成分股后,公司有关高级管理人员经过协商,紧急商定卖空股指期货合约、转换并卖出ETF对冲风险。虽然《证券法》没有直接涉及ETF,但第2条规定"政府债券、证券投资基金份额的

---

[1] 《光大证券"8·16"事件暴露股市四大制度漏洞》,载《中国证券报》2013年8月19日。
[2] 《8.16光大事件律师解惑 谁能得到赔偿?》,腾讯财经 http://finance.qq.com/a/20130824/003485.htm,最后访问时间2016年4月20日。
[3] 李蕾:《律师团吁设光大乌龙指赔偿基金》,载《新京报》2013年9月12日B09版。
[4] 《光大证券"8·16"事件暴露股市四大制度漏洞》,载《中国证券报》2013年8月19日。

上市交易,适用本法",卖出 ETF 的行为属于《证券法》规定的证券买卖行为,而可以就此讨论相关法条的可适用性。

《处理情况》指出"光大证券知悉市场异动的真正原因,公众投资者并不知情。在此情况下,光大证券本应戒绝交易,待内幕信息公开以后再合理避险。光大证券在内幕信息依法披露前即着手反向交易,明显违反了公平交易的原则","构成内幕交易"。59 号处罚决定书指出该信息"可能影响投资者判断"。

这番话似是而非,不符合法理。试问光大证券究竟是基于何种法律身份,而必须确保不影响与之同场逐利的投资者的判断? 为何它要对自己作为普通证券投资者实施的合法买卖行为而产生向公众披露的义务? 虽然该交易数额巨大,但并不涉及收购上市公司等法律规定必须披露的情形(更多讨论见第四部分)。

各国已经普遍禁止了内幕信息的知情人和其他用非法手段知道内幕信息的人利用内幕信息进行交易。但是为何禁止内幕交易? 其本质并不在于营造完全客观平等的市场信息环境(例如,一个人在看球时偶然听到(overhear)了前排的某公司董事长和人谈及的内幕信息后,据之进行的交易,并不构成内幕交易[1])。即使在证券法最为发达的美国,原则上不存在一般性的规则来禁止任何拥有内幕信息的人进行交易[2],而是以交易者另外违反了特定的义务为追究法律责任的前提。这些义务通常是交易者对信息源公司所负的受信(fiduciary)义务,或者是由于违法利用了信息而产生了责任。

诚然,美国内幕交易法的一个特殊背景是作为基本法律依据的证券交易委员会 10b-5 规则本身确立的是反欺诈交易制度,内幕交易禁止由此衍生而出,所以欺诈成为责任认定的一个要素。中国《证券法》成文法尽管没有直接提及欺诈要素,其规定在内幕信息公开前,相关主体不得利用内幕信息,也是有所为有所不为的,而不宜被认为只是机械禁止任何接触重要内部信息者在信息公开前就进行交易。

从法理上考察,禁止特定主体实施内幕交易的深层次依据应当是:尚

---

[1] 此即美国的 SEC v. Switzer 案,590 F. Supp. 756 (WD Okla. 1984)。
[2] Robert Hamilton, *The Law of Corporations*, West Group 1996,法律出版社 2002 年影印本,p.433. 判例可参见 Santa Fe Industries, Inc. v. Green, 430 U.S. 462, 474—477 (1977)。

未公开的重大信息本身是一种财产。基于职位、委托或信任而获得该信息者被法律对施加了特殊的、外部主体所不需承担的受信义务[1],法律禁止其使用此类信息为自己谋利(亦可以说,信息拥有者如果足够理性,也会事先与其他信息接触者明确约定,令其不得从事此类交易)。进一步地把这种受信义务从公司特定职位拥有者扩展到信息获得者和信息来源之间的关系上,就构成美国最高法院现在认可的私取理论,即任何主体都不能利用从任何具有信任关系的信息源处获得的信息,进行违背信息提供者本意的交易。[2]

在公司层面,关于公司的内幕信息是公司的合法财产。[3] 所以凭借职位或工作关系或非法手段获得信息的人无权擅自使用这些信息来为自己牟利(详见本章第三节)。这也是为何包括我国《证券法》《期货交易管理条例》的规定[4]在内,作为信息来源的公司本身一般不被视为内幕交易的行为人。我国香港《证券及期货条例》第 271 条(8)(b)项明确规定:如果"有关的内幕消息是由于他牵涉入该宗交易或一连串该等交易而直接产生的市场消息",则不得以"交易而发生的内幕交易为理由,而视他为曾从事市场失当行为"。同样,新加坡《证券期货法》第 228、229 条规定,个人或公司仅因本人知晓他已经从事的与证券相关的交易或协议而从事交易或协议的,为内幕交易的例外。

---

[1] 参见 Chiarella v. United States,445 U. S. 232—233(1980),Dirks v. SEC,464 U. S. 646(1983)。
[2] 参见 United States v. Newman,664 F. 2d 12 (2d Cir. 1981),cert. denied,464 U. S. 863 (1983). United States v. O'Hagan,U. S. ,117 S. Ct. 2199 (1997)。
[3] 参见 Janet Dine,*Company Law*,4th edition,Palgrave MacMillan 2001,法律出版社 2003 年影印本,p. 258。
[4] 《证券法》第 73 条:"禁止证券交易内幕信息的知情人和非法获取内幕信息的人利用内幕信息从事证券交易活动。"第 74 条:"证券交易内幕信息的知情人包括:(一)发行人的董事、监事、高级管理人员;(二)持有公司百分之五以上股份的股东及其董事、监事、高级管理人员,公司的实际控制人及其董事、监事、高级管理人员;(三)发行人控股的公司及其董事、监事、高级管理人员;(四)由于所任公司职务可以获取公司有关内幕信息的人员;(五)证券监督管理机构工作人员以及由于法定职责对证券的发行、交易进行管理的其他人员;(六)保荐人、承销的证券公司、证券交易所、证券登记结算机构、证券服务机构的有关人员;(七)国务院证券监督管理机构规定的其他人。"证监会 2007 年《证券市场内幕交易行为认定指引(试行)》第 6 条对证券交易的内幕人做了更为涵盖性的规定,包括了"发行人、上市公司",显然强调的是上市公司作为证券发行人的身份,而非一般泛指。光大证券在本案中本质性的身份是二级市场交易者,是否上市公司并不相干,故不在该条列举中。

光大证券公司和任何二级市场投资者一样，利用关于自身的信息来逐利避险乃是天经地义之事。本案的情境在发达市场中并非闻所未闻。2005年台湾富邦公司[1]、日本瑞穗公司在发生在指令输入错误的乌龙指事件后，都随即采取了抛售的做法。2008年法国兴业银行有交易员实施了重大交易欺诈、伪造头寸，银行核查确认后，在告知法国中央银行行长、审计委员会和法国金融市场管理局的情况下，对该案中的头寸紧急平仓，整整抛售三天，平掉全部头寸后，才停牌和公布欺诈案事实及公司因此导致的损失情况。[2]"从国际上类似案件的处理来看，在发生错单后的对冲交易是正常做法。财新记者咨询了几位供职于国际投行的银行家、交易员，他们均表示此类做法在海外一般不会被定性为内幕交易。"[3]光大证券的任何高管、董事或其他内部人不是为自己的利益从事了对冲交易，而是为了光大证券公司进行了正常避险交易。他们没有错。如果董事、高管不这么做的话，反而涉嫌没有忠实勤勉地为股东利益工作，而违反了《公司法》的有关要求。

金融公司包括光大证券的通行内部风险管理办法规定的对冲交易制度，也正是此次事件发生的根源。证监会作出此次处罚实际上把整个金融交易业都放置入了一个非常不安定的局面，即股票、期货等多种金融商品自营业务中通行的对冲、套保、套利交易实施时，只要被对冲的目标交易规模稍大一点、不至于被认为对市场毫无影响，则后续对冲交易都有可能被认定为内幕交易。这是滑稽的。

另外，我国《证券法》第76条规定："证券交易内幕信息的知情人和非法获取内幕信息的人，在内幕信息公开前，不得买卖该公司的证券，或者泄露该信息，或者建议他人买卖该证券。"实际上还多施加了一重限制，即只有买卖"该公司的证券"才构成内幕交易。而在本事件中，涉及内幕信

---

[1] 2005年6月28日，台湾第二大证券经纪商富邦证券公司的一名交易员因输错指令，导致其客户美林的8000万元新台币买单放大了100倍，变成以涨停板价格买进282只一篮子股票，总金额近80亿元。台湾股市加权指数在当天上午11点33分到11点41分之间，由6284点急速拉升到6342点，成交94亿元，200多只股票涨停。富邦立刻进行市场冲销，到收盘卖出10亿元股份。此次错误交易给富邦带来的损失逾4亿元。后来监管者以内控疏失为由处罚了富邦30万元，但未追究内线交易责任。

[2] 杨璐：《光大乌龙指案之三：为何被判"内幕交易"》，财新网 http://finance.caixin.com/2014-02-16/100639202.html，最后访问时间2016年4月20日。

[3] 杨璐：《72亿光大乌龙指案之一：杨剑波状告证监会》，财新网 http://finance.caixin.com/2014-02-14/100638698.html，最后访问时间2016年4月20日。

息("光大证券错误地买入了大量各类股票")的公司最多只有光大证券自身,光大证券在证券现货市场卖出对应一揽子股票的 ETF(而非光大证券本身的股票),显然不符合第 76 条的规定。

《期货交易管理条例》第 70 条禁止"期货交易内幕信息的知情人或者非法获取期货交易内幕信息的人,在对期货交易价格有重大影响的信息尚未公开前,利用内幕信息从事期货交易,或者向他人泄露内幕信息,使他人利用内幕信息进行期货交易",但没有对内幕交易的模式作出具体规定。而从其第 82 条规定的"内幕信息的知情人员,是指由于其管理地位、监督地位或者职业地位,或者作为雇员、专业顾问履行职务,能够接触或者获得内幕信息的人员,包括:期货交易所的管理人员以及其他由于任职可获取内幕信息的从业人员、国务院期货监督管理机构和其他有关部门的工作人员以及国务院期货监督管理机构规定的其他人员",可以看出:受规制的主体主要是由于其工作关系而从他方获取内幕信息的(自然)人[1],思路沿袭了证券法中的受信义务理论,而不是单纯地讲求所谓信息平等。故光大证券在期货指数合约市场的卖空行为,并不直接违反现行期货法规。[2]

证监会的 59 号处罚决定书避开《证券法》第 74 条对内幕信息交易人的详尽列举和第 76 条的行为模式界定,而径称"光大证券是《证券法》第 202 条和《期货交易管理条例》第 70 条所规定的内幕信息知情人",是用结论代替分析推理,是跳过了小前提(光大证券是内幕交易人),直接用大前提(内幕交易人该罚)得出了结论(光大证券该罚)。因为这两条都位于罚则部分,未规定何等主体是内幕信息知情人,而是直接规定了对知情人的内幕交易如何处罚。

---

[1] 其他研究者也指出光大证券属于投资者,而不包含在第 82 条规定的知情人中,刘东辉:《论"光大证券事件"中的期货内幕交易》,载《西南政法大学学报》2014 年第 5 期,第 101—102 页。

[2] 值得注意的是,在同样持此立场的美国,《商品交易法》对期货内幕交易主体做了比证券内幕交易更窄的界定。有研究指 2005 年至 2012 年间,商品期货交易委员会仅处罚了一起期货内幕交易案件(Alvin Perez 案),而同期处罚的证券内幕交易案件有 409 件。李明良、李虹:《期货市场内幕交易的内涵》,载《证券法苑》第十三卷,法律出版社 2014 年版,第 277—278 页。据本人核检原始公告,该 Perez 并未被明确定性为内幕交易,而是泄露关于案件调查和可能的监管措施的非公开信息给经纪人。CFTC Sanctions Former NYMEX Employee for Disclosing Non-Public Information to NYMEX Floor Brokers,http://www.cftc.gov/PressRoom/PressReleases/pr5534-08,最后访问时间 2016 年 4 月 20 日。

在讨论处罚时,证监会决定对 16 日上午交易员自行从事的对冲交易不予处罚,而对下午公司高管实施的同种行为予以处罚,理由是下午"知道是自身原因,对市场有影响"。[1] 但上午的交易员并不生活在真空中,他们同样"知道是自身原因,对市场有影响",且在交易后就向部门总经理(此人因为参与下午的交易而被证监会宣布终身市场禁入)作了报告。这种区别对待也违背了证监会自身的逻辑。交易员和高管决定对冲时,都不是为个人利益,而是为公司利益,是公司管理制度中关于"系统故障导致交易异常时应当进行对冲交易"的规则之延伸,上下午的行为是同样的性质。本书认为,认同上午规模较小的"交易策略"行为才是正确的做法,反映了证监会对"市场创新本身的避险功能"应有的重视。对下午行为的处罚实际上过多考虑了政治方面的因素如照顾投资者情绪。[2]

(二)延伸分析:为何光大证券的员工不能就此从事内幕交易

为深化对内幕交易法律之功能和价值的理解,我们可以考虑这样的情境:假设光大证券的员工利用这些信息同日在期货指数市场卖空、在现货市场自行卖出相关股票,这可以说构成内幕交易(尽管严格按照我国《证券法》第 74 条、76 条,还是不构成[3]),但法理何在?或者说,为何要禁止他们从事此等内幕交易?

这不是由于他们将因此"对不起"市场上的其他投资者,而是由于他们会因此"对不起"光大证券。作为公司内部人,员工对光大这个信息来源(雇主)负有一定的义务,他们由于在光大的职位而获得了相关内幕信息,故不能擅自利用这个信息来谋利。但光大证券对其 16 日上午买入的股票所的发行人及其股东并不负有什么义务,股票买卖人和目标国内公司的义务链条无法贯通。故而光大证券的员工的内幕交易无所谓对其他投资者不公平,但他们由于违背了来自光大对其的信任(令其知晓内幕信息)并与雇主产生竞卖同一股票的利益冲突,而必须承担法律责任。

---

[1] 《"快、重、严":5 亿顶格罚单详解》,载《21 世纪经济报道》2013 年 9 月 2 日。
[2] 证监会的此种考量在近年并不鲜见,参见本章第二节。
[3] 对于基金"老鼠仓"行为,证监会也认为相关基金经理所利用的基金交易信息不属于内幕信息。参见证监会行政处罚委员会主编:《证券行政处罚案例判解》(第 1 辑),法律出版社 2009 年版,第 242—243 页。对相关案件一般用《证券投资基金法》第 18 条以背信和利益冲突处罚。但彭冰论证了以背信处理不如直接如美国按内幕交易处理的几点理由,见彭冰:《内幕交易行政处罚案例初步研究》,载《证券法苑》第三卷上,法律出版社 2010 年版,第 95—96 页。

与此可比的是美国 1980 年 Chiarella 案。[1] 美国联邦最高法院在 Chiarella 案判决中的多数派意见认为被告只是个偷看金融敏感信息后从事证券交易的印刷工,与证券发行人无涉而不构成内幕交易,但大法官 Burger 的少数派意见强调被告所在的公司是发行人的敏感信息印刷业务的受托人。[2] 少数派意见逐渐演化成私取理论,1983 年 Newman 案中,被告购买了其雇主所准备并购的公司的股票。[3] 1997 年 O'Hagan 案中,被告是一名律师,他购买了其所在律师事务所的客户拟购买的公司的股票。[4] 两案被告均由于违背信息来源对他们的信任,并形成了竞买/竞卖关系和利益冲突[5]而被定责。在相反的情形中,一家投资银行受客户的委托而调查了一家公司,并在谈判中获得了非公开的重要信息。后来客户放弃了相关计划,法院认为投资银行利用此等秘密信息去买卖目标公司的股票,也不需要承担内幕交易方面的法律责任。[6]

(三) 商战中"损人利己"的允当性

可能有不少人认为光大证券的做法不合理,有"自己办砸了事,还损人利己"之嫌,在道德上有可谴责性,在法律上亦因此值得惩罚。那不妨设想这样的情境:甲公司每年的原料进货量占了全市场的很大比重,今年其进货后,因管理不善,原料在仓库中全部毁损,如果甲公司公开宣布此消息后再重新进货,由于会严重打破原有的市场供求平衡,必然会导致原料价格大涨,所以公司秘而不宣,只是悄悄进货了事。这种行为虽然会导致其他需要进货的公司不能像往年那样正常获取原料而遭受损失,但在商言商,恐怕没人会谴责甲公司为自己谋利的做法不道德。那为何在资

---

[1] 虽然美国的法律规则不可以直接在中国适用。但是美国证券市场和法律公认在全世界最为成熟,内幕交易案例众多且经过了美国证券和交易委员会、多个联邦巡回上诉法院和联邦最高法院的反复拉锯与推敲,相关法理成熟,学术基础和逻辑思路清晰,当事人的权利保护得到了较好的平衡,具有适用上的普遍性价值。

[2] 参见 Chiarella v. United States, 445 U. S. 222(1980)。

[3] 参见 United States v. Newman, 664 F. 2d 12 (2d Cir. 1981), cert. denied, 464 U. S. 863 (1983)。

[4] 参见 United States v. O'Hagan, 521 U. S. 642(1997)。

[5] 对私取理论的一种常见指责是:如果仅仅强调违背信任,那交易人是否向信息来源披露了交易行为即可免责?本书的解释是:违背信任并非关键,关键在于内幕交易者不仅擅自使用了他人的信息财产,而且由此产生的行为损害了他人的合法经济利益。如同向竞买竞卖损害了信息来源(或其服务的客户)以更优的价格进行交易的权利,这是私取理论的更深层逻辑。

[6] 参见 Walton v. Morgan Stanley & Co., 623 F. 2d 796 (CA2 1980)。

本市场上就该不一样了呢？同场逐利者受损，就必定应该导致行为人被罚么？

在期货市场中，由于不存在证券发行人和证券交易人之间的天然信息占有差异，交易者之间的彼此对抗性更强，所以法律对此的立场更为明晰。近一百年前美国最高法院即在 Laidlaw v. Organ 案中明确交易方原则上没有义务告知对方自己拥有其尚不知晓的信息。[1]而《商品交易法》即使在金融危机后加入了 4b(a)(2)节的反欺诈条款，仍在 4b(b)节指出 4b(a)(2)节并不使任何未来交付商品销售合同相关方有义务披露对市场价格、费率等重要的非公开信息，除非是消除已有声明的引人误解处所需。

在交易者之间强令平均分布信息，"市场信息的生产激励机制就遭到破坏，价格发现甚至期货交易就不会发生"。[2]光大证券如果拒绝对外透露任何关于自身在 8 月 16 日或任何时日的合法交易情况的具体信息，在法律上是无可指摘的。

再换一种情境，假设光大证券和"光小公司"一向是竞争对手，股价此起彼伏、互为消长。光大证券股价下跌，通常伴随着光小公司股价上升。那如果光大证券的董事会和高管在得悉将导致本公司股价下跌的情形（包括他们自己的责任所产生的情形，如经营不善、发生丑闻等），则光大证券（包括董事、高管）能否通过购买"光小公司"的股票来对冲风险呢？一般来说，无论是基于法律还是情理，各国目前都不禁止光大证券及其董事、高管如此操作。[3]因为股票买卖人并未直接利用涉及"光小公司"的信息，也没有损害"光大证券"的利益。

诚然现实中，很少有光大光小这样的股价对应关系。但是，股票市场

---

[1] Laidlaw v. Organ, 15 U.S. 178 (1817).

[2] 李明良、李虹:《期货市场内幕交易的内涵》，载《证券法苑》第十三卷，法律出版社 2014 年版，第 281 页。不过此文认为光大证券的行为构成期货内幕交易，理由是其自身行为创造了信息不平等的环境（287 页）。而本人认为，光大证券导致市场失衡、信息瞬间不平等之举可以用内控责任来追究，不能用甲责任来惩罚乙过错。不无巧合的是，学界观点一般认为光大不构成内幕交易，而在证监会监管的机构任职的人士的撰文认为这属于内幕交易。

[3] 参见 Carlton and Fischel, "The Regulation of Insider Trading", 35 *Stan. L. Rev.* 857, pp. 873—875. Easterbrook & Fischel, *The Economic Structure of Corporate Law*, Harvard University Press, 1991, p. 268. Ian Ayres & Joe Bankman, "Substitutes for Insider Trading", 54 *Stan. L. Rev.* 235 (2001). 这种交易可能比交易本公司股票更有利可图，见 Heather Tookes, "Information, Trading and Product Market Interactions: Cross-Sectional Implications of Insider Trading", *J. Fin.*, Vol. 63, Issue 1, 379—413, 2008.

和股指期货市场却在很大程度上符合这种对应。本案中,光大证券预期股市大盘会回落,于是在股指期货市场卖空。

(四)光大证券违法所得计算中的疑云

证监会认为 8 月 16 日 13 时至其披露相关信息的 14 时 22 分,光大证券卖空股指期货合约,"获利"约 7414 万元,同时转换并卖出基金,规避损失约 1307 万元。两项合计 8721 万元,并根据这个数据作出了 5 倍罚款的决定。

证券内幕交易通常的获利方式分为两种:一是低价买入,在利好内幕信息公开后高价卖出,此时会有账户资金的实际增值;二是在利空内幕消息公开前卖出避损。后者较为复杂,因为涉及以何时点来界定内幕交易人所躲避的损失大小。而期货内幕交易获利方式一般是通过在开仓后利用有利的结算价进行交割或平仓,例如在高价卖出合约后,又于内幕消息公开后低价买入同一合约。

59 号处罚决定书已然提及被处罚人辩称"证监会对于违法所得的认定没有法律依据,而且存在计算错误"。但令人遗憾的是,证监会仍然未对此作出回应。在公开渠道也无法了解具体计算方式,笔者对"计算错误"部分难以评判。但不论如何计算,内幕交易的获利避损都必然涉及止算点,如是 16 日当日的收盘时间还是其他时点。截至证监会 8 月 30 日作出处罚时,光大证券持有的大量头寸尚未实际交割,所谓的违法所得大小必然是根据一个时点的价格和持仓成本的差计算出的[1](其实在学理上,以浮盈计算内幕交易违法所得也是值得讨论的)。法律法规规章对此时点的确定不曾有细化规定,执法者不宜认为答案显而易见而略过不谈。

此外,本事件比普通的股票内幕交易复杂得多。光大证券实际上是在开创性地尝试跨金融市场的"堤内损失堤外补",且显然没有补足。8 月 16 日收盘时,光大证券因为过多买入股票的直接损失为 1.94 亿元(不含因为失误造成的自身股票市值的损失)。[2]认为光大证券利用自己"错误买入大量股票现货"之信息卖出 ETF 和期货合约这一涉及三种金融商品的交易等同于针对同一种股票的内幕交易,并非不可以,但在计算"违

---

[1] 如根据光大证券 9 月 7 日在上海证券交易所发布的《提示性公告》,公司"816 事件"中为对冲风险而购入的股指期货空头合约截至 9 月 6 日收盘才全部平仓完毕。经初步核算,该部分合约平仓损失约为 430 万元。

[2] 王璐等:《光大证券事件真相:180ETF 套利致乌龙》,载《上海证券报》2013 年 8 月 19 日。

法所得"时,有必要做更多分析。

综上,证券二级市场投资者有权利用自身知悉的、不涉及违法活动的内幕信息而进行相应的证券交易操作。在错误买入股票后,有权不做披露而径行卖出或在期货市场等进行对冲,无论数额大小。在现行中国法律下,认为这构成内幕交易而应被禁止是没有充分依据的。

三、如果光大证券的行为构成内幕交易,投资者是否可以索赔?

无论本书如何立论,证监会确实已经认定了光大证券构成内幕交易。《证券法》76条第3款规定,"内幕交易行为给投资者造成损失的,行为人应当依法承担赔偿责任"。但是,最高法院至今没有通过司法解释对内幕交易的民事索赔案件设定实体技术规则。即使最高法院通过司法解释用比照诱多型虚假陈述的方式来赋予买后被套型的内幕交易相对人损害赔偿权,从法理上讲,如何追究内幕交易的民事责任也是争议多多。

问题首先是,谁是内幕交易的受害人?是交易的相对方吗?这个看法存在先天缺陷。因为与不实信息披露、操纵市场的受害人不同,内幕交易的相对方并不是由于知晓、信赖内幕交易的相对人而作出交易决定的。而是本身已有买卖的打算并发出了价格确定的买卖指令,只是碰巧被匿名的交易所系统撮合给内幕交易人罢了。[1] 而且,由于内幕交易人的加入,交易相对方还增加了,已经走上了既定轨道的内幕交易相对人所获得的成交价格可能还更为有利。[2] 在交投不是足够清淡时,抱怨"倘若没有那个内幕交易人,我这笔交易就不会达成",显然不够有力。16日下午上证综指大体上一路向下,这时候还"迎难而上"的股票和股指期货买方未必能尽咎于抛盘的光大证券。此外,由于11点15分之后的大涨不是光大证券的买盘造成的,追涨的投资者高位被套几乎是必然的。即使

---

[1] 详见 Langevoort & Gulati, "The Muddled Duty To Disclose Under Rule 10b-5", 57 *Vand. L. Rev.* 1639 (2004), 1676. J. D. Cox, "Insider Trading and Contracting: A Critical Response to the 'Chicago School'", 1986 *Duke L. J.* 628, 635. Frank H. Easterbrook, "Insider Trading, Secret Agents, Evidentiary Privileges, and the Production of Information", 1981 *Sup. Ct. Rev.* 309 (1981), 311, 324.
[2] 参见 Jonathan Macey, *Corporate Governance, Promise Kept, Promise Broken*, Princeton University Press, 2008, pp. 192—193. Henry G. Manne, ed., *The Economics of Legal Relationships: Readings in the Theory of Property Rights*, West Publishing Co., 1975. 例如,按我国证券交易的规则,甲提出(不高于)5元的买单时,如果已经存在内幕交易人的一个(不低于)4.9元的卖单,能以4.9元成交。

光大证券置本公司股东利益而不顾、不进行对冲,上证综指必然还是会下降,会有投资者因此受损。

是与内幕交易人同向的交易者吗?他们在一定程度上面临着内幕交易者的价格竞争,而可能因此遭受了一定损失,例如导致可能因此获利的交易未遂。但这些交易者由于只是存在着不可捉摸的机会损失,而一般不被视为主要的内幕交易受害人。

法治先进国家的司法实践也认为,总体上内幕交易本身给投资者造成的损害很小[1],交易和损失之间的因果关系是值得怀疑甚至可谓不存在的。[2] 美国联邦最高法院曾指出:"在许多情况下,在内幕交易行为和外部投资者的损失之间可能不存在因果联系。在某种意义上,市场价格波动以及投资者们不可避免地要根据不完全、不正确的信息行事,市场上总有输家和赢家"[3],故其在后来的 O'Hagan 案中索性不提内幕交易是否给投资者造成了实际损失,而是谈论内幕交易对公众信心、市场效率、流动性等可能造成的外部成本。[4]

在我国司法实践中,2012 年 12 月,北京第二中级法院对黄光裕被诉内幕交易民事赔偿案作出一审判决,认定原告交易者的请求缺乏事实和法律依据,从而判决驳回诉讼请求。

其次,就算内幕交易给投资者造成了损失,则要求光大证券就内幕交易行为进行赔偿的,最多是股指期货合约和 ETF 的买方,而与广大普通股票的购买者无缘。一名因为 16 日下午高价买入股票受损而试图起诉光大证券的广州股民的律师也承认,所谓内幕交易与他的委托人受损无关。所以他提出的是侵权之诉来追究"采用有设计缺陷的交易系统及其高管的不实言论"。[5] 但这种逃避具体的证券法律规则、试图通过一般

---

[1] Elkind v. Liggett & Myers, Inc. 635 F. 2d 156 (2d Cir. 1980).

[2] 参见 H. Manne,, *Insider Trading and the Stock Market*, Free Press, 1966, p.91. Michael P. Dooley, "Enforcement Of Insider Trading Restrictions", 66 *Virginal Law Review* 1(1980), 33. 耿利航:《证券内幕交易民事责任功能质疑》,载《法学研究》2010 年第 6 期,第 79—81 页。

[3] Dirks v. SEC, 463 U. S. 646(1983), p.666.

[4] 参见 Thomas Lee Hazen, *Treaties on The Law Of Securities Regulation*, 6th ed., West Publishing, 2009, p.357. Robert Thompson, "Insider Trading, Investor Harm and Executive Compensation", 50 *Case West. Res. L. Rev.* 291(1999—2000), 299—300. 耿利航:《证券内幕交易民事责任功能质疑》,载《法学研究》2010 年第 6 期,第 91 页。

[5] 董柳:《光大乌龙事件致股民损失 7 万 当事人已起诉光大证券上交所》,载《羊城晚报》2013 年 9 月 2 日。

民法原理来模糊处理的尝试,显然也难以奏效。

四、光大证券是否构成虚假陈述并产生赔偿责任?

(一)针对光大证券自身股票的责任

《证券法》第76条规定:上市公司的"信息披露资料,有虚假记载、误导性陈述或者重大遗漏,致使投资者在证券交易中遭受损失的,发行人、上市公司应当承担赔偿责任;发行人、上市公司的董事、监事、高级管理人员和其他直接责任人员以及保荐人、承销的证券公司,应当与发行人、上市公司承担连带赔偿责任,但是能够证明自己没有过错的除外"。

光大证券董事会秘书作为负责信息披露的高管在不知情时,如果表示暂时无可奉告,并不构成自身和公司的责任(因为距离事发时间还相当短暂)。但他在公司事实上已经犯了重大交易和投资错误并即将蒙受巨大损失的情况下,未经调查核实,主动"轻率"否认市场上对公司的不利传闻[1],可以说错误抬高了投资者对公司的合理预期,而构成不当披露(广义上可归属为虚假陈述)。董事会秘书本人虽无直接或间接故意,但是的确存在过失。公司和他个人都将对由此造成的投资者损失承担连带赔偿责任。

不过需要注意的是,本次事件中,该不当披露并不会对光大证券的股票购买者造成损失。8月16日上午11点半交易所正常休市,证监会认定光大证券董事会秘书是在11时59分左右向记者否认,误导信息在12时47分发布。但13点股市开盘时,光大证券已经申请停盘,14时24分承认套利系统出现问题,直到20日才重新开盘。所以董事会秘书的不当披露作出后,投资者即使被那个信息误导,也要到20日才有机会买入股票,而此时市场已经周知事件真相。

最高法院2003年《关于审理证券市场因虚假陈述引发的民事赔偿案件的若干规定》第18条规定:投资人具有以下情形的,法院应当认定虚假陈述与损害结果之间存在因果关系:(1)投资人所投资的是与虚假陈述直接关联的证券;(2)投资人在虚假陈述实施日及以后,至揭露日或者更正日之前买入该证券;(3)投资人在虚假陈述揭露日或者更正日及以后,因卖出该证券发生亏损,或者因持续持有该证券而产生亏损。——所以,

---

[1] 60号处罚决定书指出,该董事会秘书申辩称为"基于朋友间的交流和对公司业务的经验判断表达了个人对市场传闻的看法"。有报道称,事情闹大后,记者还对该董秘致电道歉。

只有在 11 时 59 分甚至 12 时 47 分（虚假陈述时间）之后、14 时 24 分（真相揭露时间）之前买入光大证券的股票（与虚假陈述直接关联的证券），并在 14 时 24 分之后卖出且产生亏损的投资者才能向光大证券及其董事会秘书求偿。但事实上 11 时 59 分到 14 时 24 分之间没有任何涉及光大证券股票的交易发生，索赔也就无从谈起了。

所以，光大证券董事会秘书的行为可以说构成虚假陈述或信息误导并可能引发民事赔偿责任，但在本案中不会令光大证券自身的投资者实际产生损失，也就不会有赔偿责任。

（二）针对证券市场整体的责任

值得注意的是，《处理情况》和 60 号处罚决定书均认为光大证券董事会秘书的行为触犯了《证券法》第 78 条第 2 款"禁止证券交易所、证券公司、证券登记结算机构、证券服务机构及其从业人员，证券业协会、证券监督管理机构及其工作人员，在证券交易活动中作出虚假陈述或者信息误导"。也就是说，证监会认为其言行是对市场整体的扰乱。但这一法条的适用是不正确的。

首先，第 78 条虽然明确列出了证券公司，实际上是将之视为证券市场中介机构来看待的，所以全条 3 款都没有涉及证券市场最重要的信息披露主体：发行人和上市公司，也没有涉及投资者。而光大证券此番出事的是自营部门而非承销或经纪部门，其地位和任何二级市场投资者并无区别。公司董事会秘书的否认对市场的影响力不会因为公司碰巧还是"法制观念应该更强"的证券公司而有所增加。否则每一个上市的证券公司的年报中出现虚假陈述，都能适用这条了。第 78 条第 2 款在此的适用性，是典型的似是而非。

其次，光大证券在此事件中只是普通投资者，本无就自身投资行为向其他投资者进行披露的义务。即使造成再大的市场波动，其也没有对自身操作进行披露的法律义务。《证券法》第 67 条规定的临时披露制度针对的是可能对本公司股票的真实价值和交易价格产生较大影响的重大事件。尽管 70 多亿元的股票购入可以说符合"重大投资行为"，但由于 16 日下午开盘前光大证券已经停盘，只要其在复盘前（向本公司股东和潜在的本公司股票购买者）公告此信息，就不违反法律。

无疑，如果光大证券有意通过巨额的买卖来人为造成市场波动而牟利，则可能构成操纵市场。但本事件并非如此。其对"乌龙指"的否认是否由此引发附随的澄清义务也值得讨论。因为这个否认在一定程度上并不失实,毕竟这的确不是涉及数字或文字输错的传统乌龙指(fat finger,英文原词的字面意思是"胖大的手指头"触碰了本不想触碰的按键)行为。

要说一个公司的行为足够影响市场时,就该对此披露,是没有法律根据的,因为投资活动实际上是公司自身的经营战略和商业机密。在美国,由于对冲基金屡屡引发市场波动,而引发了要求对冲基金加强披露的呼声。耶鲁法学院教授梅西就此指出:对冲基金的经营战略是它们的合法财产,就像微软的代码一样。对其操作信息要求其进行信息披露缺乏法理依据。[1]

此外,证监会于此适用第78条虽然满足了对该董事会秘书行政罚款20万元的条件(《证券法》第207条),却也宣告了投资者在《证券法》找不到对应的民事赔偿责任条款。在中国的实践中,此类授权条款的存在是法院受理相应案件的绝对前提(详见第三章第三节)。

五、杨剑波起诉证监会:监管部门和交易所的知情与同意意味着什么?

2014年2月,该案的主要当事人之一、案发时任光大证券策略投资部总经理、后被处以终身证券市场、期货市场禁入的杨剑波不服处罚决定,决定放弃行政复议,将证监会告上了北京市第一中级法院。4月一审开庭,在三次延期后,12月判决维持对杨的行政处罚与市场禁入决定。2015年4月,该案二审开庭,5月裁定维持原判。

起诉后,已经离职的杨剑波开始对媒体畅谈当时的情景。其中重要的一项新披露是:2013年8月16日11点半后,证监会上海监管局、上海证券交易所、中国金融交易所(股指期货的交易市场)有关人士已经开始与光大证券后来被处罚的几名高级管理人员获得了同步的信息。光大在进行对冲时,他们也是知情的。中国金融交易所稽查部人员的请求是:"能不能对冲时注意点,空单不要下得太猛?"

退一步说,即便是上海的监管部门和交易所有关人士对法律不如北京的有关领导来得精通,在处罚时,也不宜对此情节毫无考量。毕竟这是一起前所未有的事件,光大证券的行为绝不是违反了显而易见的法律。其大量的操作行为也是建立在对"监管部门已经认可"这一合理信赖之上的。

---

[1] 参见 Jonathan Macey, *Corporate Governance: Promise Kept, Promise broken*, Princeton University Press, 2008, pp. 269—272.

此外,本案涉及数额如此之巨、影响如此之大,如果在性质上确属内幕交易,则根据2010年最高检察院、公安部《关于公安机关管辖的刑事案件立案追诉标准的规定(二)》第35条,本案涉及金额已经是立案追诉最低标准的数百倍,可刑事侦查起诉权的部门却选择了和证监会不同的路径,至今按兵不动,充分说明了该案认识上的复杂性。证监会不能要求当事人超越相当多的法律专业人士的思考水平而对之施加终身禁入这样对专业人士来说最有杀伤力的处罚。

另外一个值得注意的信息是当时光大证券是通过信用交易进行的股票买入,在错误发生后,必须在下一个交易日早上9点提供足够的清算资金72.7亿元。而由于这是软件错误所致,公司当然不曾备有如此巨额的现金。当日光大证券曾四处寻求紧急融资均未果。这意味着如果公司不进行对冲,通过ETF卖出股票的话,将会产生重大交割违约事故,动摇整个证券交易市场的秩序,酿成一场金融风暴也未可知。所以,光大证券的对冲可谓是缓解了一场更大的灾难的快速反应。

六、本案民事赔偿诉讼评述

(一)进程

2013年11月15日,最高法院发布《关于光大证券股份有限公司"8·16"内幕交易引发的民事赔偿案件指定管辖的通知》,规定起诉人以证监会对光大证券公司作出的行政处罚决定为依据,以行政处罚决定确认的违法行为侵害其合法权益、导致其损失为由,采取单独诉讼或者共同诉讼方式提起民事诉讼的,法院应当受理,并指定省级政府所在的市、计划单列市和经济特区中级法院作为一审法院管辖。12月,有案件被立案。

光大证券2014年中报披露,"截至2014年6月30日,公司已收到法院受理的涉及8·16事件民事诉讼89起,涉诉标的约1202万元"。

2014年8月,光大证券内幕交易民事赔偿案在上海第二中级法院首次开庭。

(二)民事判决思路评述

根据光大证券公司公告,2015年9月30日,上海第二中级法院对张晓捷等8人(其他人姓名不详)诉光大证券公司内幕交易民事赔偿案作出一审判决。6人累计获得2000多元到20多万元不等的民事赔偿,累计近30万元,2人诉讼请求被驳回,成为我国首例判决支持赔偿的内幕交易案件。10月8日,光大证券通过交易所系统对此作了《提示性公告》。10月23日,第二批18起案件宣判,法院判决光大证券向投资者赔付共计66.6万余元;另有5名投资者撤诉。2016年1月据报道,自2013年12月起,上海第二中级法院共受理相关案件497件,已审结118件。[1]

第一起被光大证券公告的上海高级法院二审判决发生在2016年1月20日,相关一审判决发生在2015年9月30日,由上海第二中级法院判令公司赔偿徐平阳、秦帅章2人损失共计59100元。这可能是张晓捷等8人案的一部分。因为根据光大证券公告,2016年2月16日,二审维持一审判决,光大证券判决赔偿陈巍、张晓捷2人损失共计33824元。为何对张晓捷的二审判绝不是与9月30日一审判决的8人共同作出,暂不得而知,可能与更换诉讼代理人等有关。

首案确定审判思路后,后续案件基本上是依样画葫芦,光大证券持续不懈地拒绝调解并坚持上诉,而上海高级法院也一律驳回上诉,维持原判。在提起上诉和接到判决书之际,即便只涉及标的几万元的案件,光大证券均发布了《提示性公告》,在此不再一一追踪。

2015年9月30日宣判后,原告之一的代理律师严义明随后发布了(2014)沪二中民六(商)初字第76号判决。[2]该案原告声称由于以为当日上午股指飙升是由于重大利好出现,在光大证券董秘否认乌龙指后便买入股指期货合约IF1309,受损约五万九千元。结合一审判决书,若干实体问题值得讨论。

1. 内幕交易定性

审理民事诉讼的法院以证监会的处罚决定作为其判定内幕交易的主要依据,并不令人意外。不过合议庭还讨论了行政处罚中未涉及的情形,即当日11时32分《21世纪经济报道》曾做了光大证券乌龙指的报道。光大证券认为这意味着相关事实已经被公开,而法院认为这并非光大主动披露,报道中的"独家获悉"用语往往体现了财经媒体报道的消息来源为私下、非公开渠道、未经官方确认,不具有权威性,受众未必对此产生信赖。而且报道已经提及了光大董秘的否认。

民事法庭不愿意作出与证监会相反的认定,是高度可预期的事情。

---

[1] 《光大证券二审败诉 500名投资者排队索赔》,中国经济网 http://finance.ce.cn/rolling/201601/25/t20160125_8515071.shtml,最后访问时间2016年4月20日。
[2] http://weibo.com/p/230418486261660102vtdz,最后访问时间2016年4月20日。

不过法院在形式上充分回应了被告的辩护意见,值得肯定。孤立地看,对《21 世纪经济报道》文章的分析也是正确的。

此外,原告在诉讼中提出光大证券存在虚假陈述(董秘否认乌龙指)、操纵市场,法院并未认可,也未多加分析,因为这本来就不值一驳。

2. 主观过错

光大认为,从错单发生到公告只有三个小时,完全符合《上市公司信息披露管理办法》对及时性的要求。法院认为,光大应该"立即"披露,既然午间休盘时已经掌握信息,并且 13 点就停牌了,说明光大已经有条件披露。

同样,孤立地看技术面,法院对披露时间点的把握更准确。但如同前一点,从证监会开始,此案对内幕信息范围、内幕主体的认定就是错误的。所以法院的正确都是在"假设这真是内幕交易"下的正确。光大停牌是为了对自身股东负责,而不披露是本来就无需对自营交易行为予以披露,14 点 22 分的披露也是迫于不当的行政压力做的披露。

3. 因果关系推定

与虚假陈述、操纵市场不同,内幕交易者和相对方本不存在因果关系。而内幕交易者抢先获得利空消息卖出股票时,那些正好同时买入股票者并非由于受了内幕交易者的欺诈。他们买入的股票的真实卖方,也往往不是内幕交易者。期货合约交易也是这个道理。事实上,本案判决书也指出"投资者无法对他人的内幕交易行为产生信赖",而判决不赔偿原告的交易印花税手续费支出。

不过,内幕交易毕竟是法律认定的不公平行为,为了增强对此类行为的威慑力,不少国家和地区的法律采用了推定技术,把内幕交易人的同时方向交易者推定为受害人。

美国较为激进,已先后通过司法判例和 1988 年《内幕交易和证券欺诈执行法》[1]等立法赋予了内幕交易之同时反向交易者求偿的权利,实现了行为因果关系推定,但法律界对此不无争论。[2]且《证券交易法》21D(b)(4)节仍然要求"在依据本法提出的任何民事起诉中,原告负有责任证

---

[1] 通过在 1934 年《证券交易法》中新设置 20A(a)节。
[2] 例如,美国联邦第六巡回区上诉法院明确反对内幕交易中的因果关系推定,认为这是将一对一交易中对卖方的信赖义务的不当扩大。投资者在买入时尚无权获知内幕信息,损失也不是内幕交易人不公开信息所致。Fridrich v. Bradford, 542 F. 2d 307 (6th, Cir. 1976)。

明被告违反本法的作为或不作为造成了原告寻求赔偿的损失"。

我国并非判例法国家,在《证券法》和最高法院尚未对内幕交易因果关系作出明文规定的情况下,上海第二中级法院判决书明确提出"应采用推定因果关系的做法"(判决书第 16 页),可谓一大突破。这是司法能动,还是司法盲动,就见仁见智了。当然,由于 2013 年 11 月最高法院罕见地对光大"内幕交易引发的民事赔偿案件的指定管辖"专门出台了司法解释,则本案不会像 2012 年的黄光裕案内幕交易赔偿案那样被直接驳回诉讼请求,是可以合理预见的。本案的司法越权瑕疵更多是形式上的,一审法院与最高法院对此认知不符的可能性较小。

在具体论述时,法院认为"交易时不披露内幕信息,会在极大程度上影响到投资者所投资的交易品种价格,进而造成投资者的损失"(判决书 16—17 页),即其采纳的是一种欺诈市场(fraud on the market)理论。在"应当推定因果关系"的政策导向下,这种思路并不反常,也有美国前例可循。[1]

光大指责原告在本案时间段内反复多次买卖,属于纯粹投机的双向投机交易,不受光大行为的影响。法院认为这不影响对因果关系的推定。这是正确的。因为卖出型内幕交易可以说整体压低了交易价格,其他交易者就算"上下折腾",也会受此趋势的影响。而且法院还提出如果原告的"主要交易方向与内幕交易行为人的交易方向相同的",则应当认定损失与内幕交易不存在因果关系(判决书第 18 页),可谓对内幕交易人很是公平。

被具体推定与内幕交易存在因果关系的买卖之范围包括:2013 年 8 月 16 日 13 时至 14 时 22 分买入股指期货合约 IF1309、IF1312、50ETF、180ETF、上证 50 成分股、180 成分股的六大类投资者。在上述时段以外的交易(主要是上午收盘前股指震荡时期的交易)被法院视为跟风买卖,而未获得赔偿。

一些原告律师主张除上述股份以外的沪深 300 股及成分股的买入者、程序化交易受损也应当获得赔偿,属于"得寸进尺"。如前所述,内幕交易与反向交易的因果关系本来就是推定的,主要是为了发挥民事赔偿的震慑功能,所以范围不必过宽。基于公平,也不宜过宽。应当坚守必要的形式原则。

---

[1] Shapiro v. Merrill Lynch, Pierce, Fenner & Smith, 495 F. 2d 228 (2d Cir. 1974).

而程序化交易的结果虽然会受到大盘的影响,但这其中的原理与光大证券的行为是否构成操纵市场是一个道理。何况,程序化交易本属风险中性、本无方向,并不会因为市场价格被错误高估或低估而遭受不利影响。

4. 因果关系中的定性与定量

光大提出其交易量在涉案交易品种中分量极小,在内幕交易时段内,于两份股指期货合约中仅占 1.4%、1.8%,每分钟交易量也较为平均。且 14 点 22 分披露信息前后,股指平稳下跌。换言之,大盘走势如此,所谓的内幕信息公开与否,都不能对交易价产生明显影响。一审法院称光大"没有举证证明存在其他市场风险因素的明显介入",则光大或许能在二审中试图加大对大盘行情的描述。

这并非光大狡辩。由于程序错误引发的神秘上涨本来就缺乏基本面支撑。在正常市场力量的作用下,当日上证综合指数从 13 点开盘开始几乎是直线下滑,14 点 22 分后反而还略微上行过一小段。股指也是一路下滑。下午入市仍然看多者明显具有盲目的投机性,要说系出于对上午神秘大买单的信赖,是颇为勉强的。

法院回应称"内幕交易中,交易总量的大小、交易数量是否平均,对因果关系的认定并无影响"(判决书第 17 页)。这句话原则上当然可以这么说。如果行为被定性为欺诈,那涉案一亿元是欺诈,涉案一分钱也是欺诈。

可这是民事赔偿诉讼,光大对行为影响的定性并非全无说辞。正是鉴于内幕交易往往与其他正常交易同步发生,为了避免小错大赔,违反民事赔偿的基本原理,法治发达国家多对内幕交易赔偿数额设置了限制,如限于内幕交易人违法所得额度内。

本轮诉讼中,赔偿额当然远远未及光大的避损额,所以这可以不对判决产生影响。但上海第二中级法院明确意识到这可能"在赔偿责任限额方面对内幕交易人有影响"(判决书第 17 页),甚为可贵。但倘若后续案件源源展开,最高法院有责任注意赔偿责任限额问题。易言之,如果可成功索赔者太多,届时在已获赔投资者之间重新分配赔偿金,并非不可以。

5. 赔偿计算标准

证券市场的民事诉讼最终要落实到有具体数字的金钱赔偿上。这也是本案判决的另一大探索所在。证券市场价格变动不居,在内幕交易中,就算"买错了"也不存在"退货还钱"的可能。若认为原告的实际交易价格是受到欺诈的不公价格,那么他能获得赔偿的额度就是实际交易价格和应有的、公正的基准价格之差。

本案主要涉及期货交易,法院在指出本案信息传递很快,期货交易是T+0、"专业性更强,日内交易次数较为频繁,(投资者)应能更为密切地关注市场"之余,认定基准价格是内幕信息公开的第三个交易日的收盘价。

这个期限有些过长,市场不需要那么久来消化内幕信息。中国大陆地区证券市场波动性强,基准日定得太后,对双方都是一种冒险。《关于审理证券市场因虚假陈述引发的民事赔偿案件的若干规定》就充分顾及了股份流通速度。尽管在期货交易和光大这种罕见的所谓"全盘性"内幕交易中无法适用股份流通标准,但也可以以1—2个交易日的更短标准来确定基准价(含当日)。可以对照的是,台湾地区"证券交易法"第157-1条要求内幕信息人在信息公开后戒绝交易18小时,即推定18小时后,信息即能充分传遍市场。证监会作出一些内幕交易处罚则以信息公开后第二个交易日收盘价作为计算违法所得或规避损失的基准,如2014年1月公布的丁国军等案。

对此,法院宜增强说理成分。或许其参酌的是全国人大《证券法修订草案》中规定的信息公开后的十日均价标准,那当然相形之下,期货交易以公开后三日为准,已经是很迅捷了。但根据之前所述理论,十日标准当然是更加不妥。

6. 损失计算方式

此案有的原告双向买卖频繁,在期货交易中同时具有开仓平仓行为。76号判决书的原告自行提出了当日六组开平仓配对的交易(均为1手),并累计了其每一组的差价损失。而法院简洁地采用了所有与被告内幕交易的反向的交易之损失(买入价—基准价),减去所有同向交易之盈利的算法,且不分开仓交易和平仓交易。

这种计算方式未必一定是唯一合理或最合理的,但显著减少了繁琐地逐个计算带来的不必要,可谓平衡了投资者利益和司法效率,值得肯定。其计算结果54540元亦和原告主张的59280元(不含税费)相差不多。

总之,从76号判决书看,作为对内幕交易民事赔偿实体问题的首次司法尝试,上海第二中级法院的表现挺不错。只不过整个案子构筑在一个错误的内幕交易认定之上,未免令人遗憾。

七、应当如何合法合情地处理光大证券事件

本书无意为光大证券开脱。事实上,笔者一贯反感国企中普遍存在的粗枝大叶式的管理和内控。"这一事件暴露了光大证券在内部控制、风险管理、合规经营等方面存在很大问题"(《处理情况》),不过是冰山一角罢了。光大证券策略投资部前总经理杨剑波事后也指责公司之前无视他的建议,计算机和风险管理力量的配置没有跟上前台投资的步伐,机制是落后的。[1]笔者的亲朋中也有作为散户追高受损的。证监会从这个角度出发,停止光大证券从事证券自营业务(固定收益证券除外),暂停审批光大证券新业务,责令光大证券整改并处分有关责任人员,是正确和必要的。强烈谴责光大证券这么大一个国企还会因为软件出错而给自己的终极所有人(人民)和市场投资者闯这么大祸,也是理直气壮的。

但是,出错不等于违法,公权力追究行政责任,必须有法律法规规章的依据,且不宜随意扩张解释;民事责任的追究则必须有法定的请求权基础。证监会对内幕交易的认定值得商榷。有律师说的"无论光大证券的行为如何定性,民事赔偿责任都免不了"[2],则近乎民粹。

本书虽然持不同于证监会的观点,在与多名学者交流时也获得了认可,但本人也对证监会在此次执法中的偏差表示理解。毕竟,"光大证券案件不同于一般的内幕交易案件,在我国证券期货市场没有先例,涉及跨市场交易,属新型案件"(《处理情况》)。笔者也并非不理解"讲政治"之人。在证券市场多月低迷,投资者信心风雨飘摇之际,光大证券如此行事,确实给市场发展和社会秩序带来了诸多不和谐的因素。为了稳定人心,要令其有所承担,未必不合理。但是,与其在没有充分明确法律依据的情况下,下令罚没光大证券5.2亿元巨款,"股民跌倒,国库吃饱",不如当初由监管部门道义规劝光大证券出资设立特别基金,以"自愿关怀""人道主义"之类的名义来补偿(注意并非赔偿)有关投资者、安抚市场,或捐赠给中国证券投资者保护基金。在中国的政治经济环境下,本来要令光大证券答应如此出资,未尝不可行。

---

[1] 李蕾:《光大乌龙指男主角:清白是无价的》,载《新京报》2014年2月21日经济新闻—对话版。
[2] 《律师:光大证券难逃民事赔偿责任》,腾讯财经 http://finance.qq.com/a/20130816/017834.htm,最后访问时间2016年4月20日。

第五节 跨市场交易的新挑战：
卖空与卖空操纵规则完善

2015年6—8月的股市下挫期间,卖空、股票指数期货卖空以及所谓的裸卖空对证券市场的影响得到了很多讨论,一些人也提出了对法律规则完善的看法。但不少观点似是而非,值得澄清。

本节将从卖空的基本原理出发,考察美国和中国香港地区的法律制度,进而指出:卖空机制可促进证券市场的定价有效性和流动性,但也易生投机和操纵。裸卖空无保障地增加了证券的市场供应量,而更具投资性和风险性。与卖空有关的操纵方式包括发布虚假性利空信息、影响行情、卖空权重股等。美国在2008年金融危机后加大了对卖空的规制,包括重启上击定价规则和严格控制证券交付时间,但并未完全禁止裸卖空。中国对融券卖空实行零加价规则,并严格禁止裸卖空。股票指数期货中更不存在裸卖空操纵,其在设计上也并非天然有利于做空,不应对之盲目限制。

一、卖空及其分类

证券交易中的卖空,指投资者在不持有特定证券时,而卖出该证券,并在事后向证券出借人归还该证券。归还方式通常是从市场上购买该证券。如果在未来买入时证券价格低于卖出时的证券价格,卖空人就会获利。预期该证券价格将会下跌,是卖空动因所在。

卖空有利于市场获得更多流动性,造市[1]商为了应对未曾预期的需求,可以通过卖空来使得交易达成。卖空有利于更有效率的市场定价。当证券价格出现泡沫时,如果不能卖空,则看空的意见将无法有效表达,只能任由股价泡沫膨胀到临界点再崩塌。而如果能卖空,就可更好地及早释放看空信号和抑制股价虚涨,甚至积极揭穿股价泡沫[2],证券持有

---

[1] 以欧盟法的定义为例,造市主要包括:以竞争性价格发布稳定的、规模具有可比性的同时双向报价,从而在有规律的持续的基础上为市场提供流动性;接受订单、满足客户对交易要求;对冲为完成前述任务而产生的头寸。Regulation(EU)No. 236/2012 on Regulation on Short Selling and Certain Aspects of Credit Default Swaps, article 1.1(k).

[2] 对一种功能类似的交易机制的较详尽的分析,见本书第四章第三节。

人也能对冲价格下降对持仓的危险。早在 1609 年的荷兰,股票卖空已经出现,最早的卖空禁令也如影随形地出现于 1610 年。[1]

金融学界对卖空之作用作出正面肯定的研究文献较多。如 1987 年的一项研究指出限制卖空不利于私人信息体现在股票价格中,特别是负面信息。[2] 2007 年一项对 46 个国家证券市场的截面和时间序列(cross sectional and time series)研究同样发现:由于卖空能更好地传递负面信息,故能提高市场定价效率。监管者往往推定限制卖空能降低市场恐慌度的态度,对此他们予以了质疑。[3] 2009 年一项基于对 111 个国家的实证量化研究指出:允许卖空能减少股票收益波动性、增加流动性、抬高股价,无证据表明限制卖空能影响回报偏度(skewness)或市场崩盘可能性。1990 年前,在前述 111 个国家的统计样本中,有 64% 的发达国家证券市场、10% 的新兴市场国家证券市场允许卖空;至 2002 年,允许卖空的发达国家占到 95.5%(22 个国家中仅有新加坡不可以),新兴市场国家增加至 31%。[4]

此外,在包括中国在内的诸多国家,为客户提供融券卖空服务已经成为证券公司利润的重要来源。很多发达国家的养老基金、社会保障基金、保险公司也常在卖空交易中扮演证券出借方。它们虽然未必通过卖空来捕捉差价,但却能通过借出证券来获取利息。卖空交易使得这些必须稳健经营的金融机构在熊市中也能获取稳定收益。[5]

卖空分为融券卖空(又称覆盖卖空,covered short sale)和裸卖空。

融券卖空,即卖出股票者虽然自身并不真正持有股票,但可以通过先行借入股票、签订未来借入股票的合同、购买期权等方式保障在交收日交付股票。这种买卖发生时,市场上流通的证券数量并未变化,是主流的卖

---

[1] Rodolphe B. Elineau, "Regulation Short Selling in Europe after the Crisis", *BYU Int'l L. Mgm. Rev.*, vol. 8, 2012, p. 65.

[2] Douglas Diamond et. al., "Constraints on Short Selling and Asset Price Adjustment to Private Information", *J. Fin. Econ.*, vol. 18, Issue 2, 1987, pp. 277—311.

[3] Arturo Bri, William N. Goetzmann And Ning Zhu, "Efficiency and the Bear: Short Sales and Markets Around the World", *J. Fin.*, vol. 62, Issue 3, pp. 1029—1079, June 2007.

[4] Anchada Charoenrook and Hazem Daouk, "A Study of Market-Wide Short-Selling Restrictions", 康奈尔大学应用经济学和管理学院网站 http://dyson.cornell.edu/research/researchpdf/wp/2009/Cornell_Dyson_wp0921.pdf, p. 8. 或社会科学研究网 http://papers.ssrn.com/sol3/papers.cfm?abstract_id=687562,最后访问时间 2016 年 4 月 20 日。

[5] 孙国茂:《中国证券市场信用交易研究》,中国金融出版社 2007 年版,第 87—88 页。

空方式。

而裸卖空时，投资者未曾获得证券即卖出。这意味着可供卖出的证券量增加，故天然有导致股价下行的压力。很多国家曾允许裸卖空，但与很多人想象的不同，裸卖空并非一种与融券卖空并列的卖空方式。其毋宁被视为融券卖空中的一种例外。有时裸卖空是为了应对市场需求而迫不得已（如造市商的裸卖空），有时属于卖空者对市场形势的判断失误（低估了日后借入证券的难度）。

根据美国证券交易委员会（SEC）的阐述[1]，股票、债券、市政证券、共同基金份额、公开交易有限合伙份额通行的证券交易交割规则是 T+3，投资者可以在交易日后的 3 个工作日内完成证券交易。当购买证券时，经纪商需要在 3 日内实现支付，出售证券时，需要在 3 日内交付证券。[2]所以裸卖空实际上不是一种标准交易模式，而是一种交易现象，即卖空者在交易时不能保证在交易日后的 3 个工作日内提交卖空的证券，而可能无法到期交付。[3]

在金融危机之前，裸卖空被容忍较多。因为监管者考虑到，一方面，肩负提高市场流动性职责的造市商需要对未曾预期的买单作出及时回应，而临时借入证券较为困难，故应当允许其在没有把握买入证券时先行卖出，以便新的市场交易价形成；另一方面，如果所卖空的证券交投清淡、流动性差，卖空者未能在 3 日内获得相应证券返还、补足仓位也情有可原。换言之，这里制度设计目的是为了提高市场效率、尽量不断发现新的市场价格，而以交付迟延为代价。

对卖空者而言，其在财务效果上相当于持有了一项约定在未来卖出目标证券的期货合约，但卖空者交易的不是可现金结算的标准化合约，而必须在约定时日买入实物证券并交割，所以可能难以顺利交割。

卖空还可以结合个股期权行使。看空后市者可以在目标价位上卖出认沽期权（put option，即购入期权者有权以约定的价位将股票卖出）。这样股价跌至目标价位及以下时，卖空者不仅能按照目标价位购入证券，还

---

[1] 下述信息出现在证交会官方网站上，但根据证交会投资者教育办公室的声明，这只是对投资者的服务，不构成证交会作出的法律解释或政策声明。
[2] 证交会投资者信息服务栏目 http://www.sec.gov/investor/pubs/tplus3.htm，最后访问时间 2016 年 4 月 20 日。
[3] 参见证交会投资者信息服务栏目 http://www.sec.gov/answers/nakedshortsale.htm，最后访问时间 2016 年 4 月 20 日。

能获得卖出认沽期权本身获得的对价;而如果股价始终在目标价位之上，则看空者保有卖出认沽期权本身获得的对价,因为购入认沽期权者不会行权。

二、卖空型操纵的主要手段探析

卖空本身不属于操纵,但卖空却似乎更讨人嫌。这是因为看多、通过证券价格上涨而获利是公众投资者的主流偏好,而卖空却只是少数资深玩家的谋利之道。所以在大众情绪中,卖空者希望目标证券价格下跌,属于"砸锅党",更有道德可谴责性。此外,卖空看上去属于"空手套白狼"、无需先期投入就能"不劳而获",在金融欠发达国家的社会观念中更让人难以接受。最后,卖空者由于最高损失金额在理论上近乎无限,一般冒险精神更强,也会采取更激烈的手段,所以更容易引发争议。

而裸卖空者由于无需借入现券再卖出,可以持有更大的仓位,故而促使证券价格下跌的动因也更为强烈。

以美国《证券交易法》第 10 节《操纵性或欺骗性行为规制》为例的立法原则性地禁止了卖空型操作,第 10(a)(1)节禁止违法违规地进行卖空 (effect a short sale),第 10(c)(1)节禁止进行、接受或协助违法违规的证券借贷(effect, accept, or facilitate a transaction involving the loan or borrowing of securities),并授权证交会为了公共利益和投资者保护所需制定适宜的细则。在实践中,与卖空有关的操纵主要体现为如下形式:

1. 卖空后发布虚假性利空信息

卖空者通过散布虚假性的利空消息,自然能实现操纵股价和获利的目标。不过这和发布虚假性利多消息的操纵方式本质上并无区别。虚假信息＋卖空的结合只不过是令利空消息也能成为操纵获利的手段,以及放大了可能的交易规模,并没有改变信息型操纵行为的本质。[1]

实践中比较多见的是违法性不太明显的看空行为,例如,通过搜寻在技术面和基本面值得做空的标的股票、投入不菲成本调研后发布负面性研究报告、同时融券卖出的"浑水模式"。这实际上是合法的。国内市场

---

[1] 卖空与信息传播关联度的一项实证研究见 Merritt B. Fox et. al., "Short Selling and the News: A Preliminary Report on an Empirical Study", Columbia Law and Economics Working Paper No. 364, 2010, available at http://papers.ssrn.com/sol3/papers.cfm?abstract_id=1543855,最后访问时间 2016 年 4 月 20 日。

也已经出现了类似的调研机构如2003年成立、做财务股指模型软件起家、但无证券投资咨询资质的北京中能兴业投资咨询有限公司,它们本身不从事交易,而是可能通过和卖空客户分成获利。由于先后通过媒体发表文章高调质疑乐视网(2012年4月)、塑化剂风波中的白酒类股票、康美药业(2012年12月中能兴业在《证券市场周刊》撰文指其财务造假,并向证监会举报,后康美股价跌停,但至今未被处罚)并颇为成功,中能兴业在2012年名噪一时。[1]

中能兴业还主动致函证监会,探索看空报告与投资咨询、融券看空与操纵之间的区别。证监会首次于2013年4月以复字[2013]100446号回函称:"根据《证券法》、《证券、期货投资咨询管理暂行办法》(证委发[1997]96号)、《发布证券研究报告暂行规定》(证监会公告[2010]28号)等法律法规及证监会有关规定,以研究报告或其他形式,向投资者或客户提供证券投资分析、预测或建议,并直接或间接获取经济利益的,属于从事证券投资咨询业务,应当经证监会核准取得证券投资咨询业务资格。未取得证券投资咨询业务资格,任何机构和个人均不得从事证券投资咨询业务。""根据《证券法》及证券期货信息传播管理有关规定,禁止任何单位和个人编造、传播虚假不实信息,扰乱证券期货市场秩序。根据《证券法》及有关规定,以编造、传播或散布虚假不实信息等不正当手段,影响证券价格波动,并获取经济利益,涉嫌构成操纵证券市场的,依法予以查处。"

这种法条复述有些无关痛痒,所以中能兴业追问:该公司不具有证券投资咨询业务资格,没有任何证券投资咨询业务客户,因此不存在回函所称"向投资者或客户提供证券投资分析、预测或建议,并直接或间接获取经济利益"的行为。而且,上述研究限于陈述已发现的事实,不包括回函所称"提供证券投资分析、预测或建议"的内容,亦不包括《发布证券研究报告暂行规定》第2条所指"证券估值、投资评级等投资分析意见"等内容。所以,未向客户提供证券投资咨询服务,但公布这种限于陈述事实、不含"投资分析、预测或建议"与"证券估值、投资评级等投资分析意见"的研究成果,是否"属于从事证券投资咨询业务,应当经证监会核准取得证券投资咨询业务资格"?如市场机构公布的调查研究信息真实可靠,该信

---

[1] 黄莹颖:《A股版浑水做空三部曲》,载《中国证券报》2012年12月22日。刘田:《中能兴业:中国式浑水》,载《第一财经日报》2012年12月22日。

息"影响证券价格波动",市场机构因而"获取经济利益",这是否属于"扰乱证券期货市场秩序""涉嫌构成操纵证券市场"?投资研究机构通过分析研究与实地调查等手段,对发现的有疑问证券先融券卖出,然后再发布看空的研究成果以谋求利益,是否违法?

证监会于2013年7月5日以证监信复字[2013]101091号文二次回函称:"如果发表的文章限于陈述事实、不含'投资分析、预测或建议'及'证券价值、投资评级等投资分析意见'内容,不属于证券投资咨询业务"。对于"公布真实可靠的调查研究信息,但影响了证券价格波动,机构因而获利,是否涉嫌构成操纵市场",及"对发现的有疑问证券先融券卖出,再发布看空报告以及谋求利益的行为是否违反《证券法》及相关法律法规"的问题,证监会回函认为现行法律法规没有明文规定,必须结合具体事实、证据作出认定。[1]

这给了纯粹的看空报告以免责避风港。即便发布者缺乏证券投资咨询资质,只要单纯陈述投资者"你懂的"事实,不对买卖作出建议,就属于合法。虽然对于是否涉嫌操纵的问题,证监会拒绝通过事前列明具体情形的方式给予避风港保护,但至少可以认为:交易者在认定公司股价被高估后,先融券卖出,再发布看空报告以谋求利益,不构成本身违法的行为。[2]

除了针对个股外,虚假性消息当然也能针对宏观面,如货币政策、行业政策、监管政策。

2. 卖空后通过影响行情,引诱他人交易

卖空后通过蛊惑交易等方式来做低股价,再买入平仓获利,构成操纵市场。这与散布利空性消息本质上是类似的。其他做空方式还包括在卖空后,组织股东起诉目标公司等方式来打压证券价格。

3. 逼空和逼多:不易实现

在商品期货、个股期货和国债期货市场上,比较有特色的操纵行为是逼空性操纵。逼空(short squeeze)指卖空方由于在交割前拥有的期货合约标的物数量不足,而必须以高价买入的现象。很多卖空者并非有真实

---

[1] 相关材料包括证监会回函影印件参见中能兴业在新浪网的机构认证博客 http://blog.sina.com.cn/s/blog_88d7430f0101n8ca.html,最后访问时间2016年4月20日。
[2] 可对照本书第四章第三节(公司内部人知悉本公司存在财务欺诈、股价被高估而卖出本公司股票,不应被视为内幕交易)。

需求的卖方、没有现货储备,如果交割临近时无法以正常市场价购得履约所需的足量标的物,就必须以很高的价格买入标的物(基于同一原因,此时买入合约的交易价也会随着现货市场价格急剧提高,即使持有卖出合约者希望以持有买入合约的方式来平仓,也会遭受极大的损失),甚至被迫接受唯一现货卖方即期货合约买方提出的漫天要价,从而导致严重亏损。

逼空不一定是违法行为所致,而可能是卖空方计算不周、过度开仓的结果。较著名的事例是2008年德国保时捷(Porsche)汽车公司在公开市场收购德国大众(Volkswagen)汽车公司的股票。由于基金业普遍不看好此事,而大举做空保时捷的股票。保时捷利用大众上市的德国法兰克福证券交易所的一项规则,通过全款支付的方式秘密买入了大量大众股份的购买期权而无需披露。最后导致大众个股的卖空单数量超过了可交易的大众股票的数量。在保时捷公开了实际持有股票之数量的信息后。法兰克福交易所在2008年10月27日发生了惨烈的逼空行情,大众股票两天内从240欧元上涨到最高1005欧元,令股票指数也为之扭曲,最后由交易所出面协调令保时捷于29日主动出售部分股票,令卖空者得以平仓,随后大众股价大跌。经德国证券监管部门确认,保时捷并无违规之处。

此外,有时投资者通过约定式回购向证券公司卖出证券,该证券被锁定在券商专用账户内,短期内减少了证券流通量,导致市场价格上升,也会起到了一定的逼空效果。

但是,如果合约多方故意囤积合约标的商品,或故意影响期货交易价格和交易量,以迫使合约空方必须以高价来平仓,就可能构成操纵。

在所有证券期货交易中,卖空者是逼空的对象,而非逼空的实施方。不过股票指数期货由于不存在实际交割,所以不存在逼空。

而作为逼空的反方向运动的逼多一般较难实现,因为股票或商品是有内在客观价值的,价格很难无限压低。即便把现货价格打压到0,对期货合约买方来说,损失也是有上限的。而且多方只要有足够的资金就能令交易价上升。在1863年、1864年国运输业大亨科尼利厄斯—范德比特和华尔街投机家的较量中,尽管后者全力卖空哈莱姆和哈德逊铁路公司的股票,并试图通过操纵议会来打压铁路公司的股价,但范德比特资金实力超乎常人,对卖空盘来者不拒,导致卖空者最终无股票现货可交割,逼多反而以逼空告终。[1]

4. 卖空权重股

股指期货操纵可以通过卖空权重成分股的方式来实现。1998年亚洲金融危机期间,香港恒生指数成分股共33只,且前四大成分股市值占总市值的45%以上,汇丰控股市值当时占总市值的25%以上,故只要对这4只股票做空甚至只针对汇丰控股做空,就可以基本上达到做空大盘的目的。从风险控制角度看,香港联交所尽管有股票T+2交收规则,但中央结算所并未严格执行,香港期交所对大户定义和持仓限制也比较宽松。使得国际资本有机会利用这个漏洞成功平掉期指空头仓位,从容买入股票现货。[2]也就是说,投机者可以只用少量资金抛售权重股,同时以大笔资金卖空股指来获利,并拖延股票交收,伺时而动。

三、境外法域对卖空的规制历程

1. 1998年亚洲金融危机时的香港地区卖空规则

香港较早就禁止了裸卖空。香港联合交易所参与者进行卖空活动一般需遵从的主要要求有:

(1)交易者必须在进行卖空前拥有一项即时可行使而不附有条件的权利,以将有关证券转归于其名下,或者他合理并诚实地相信他具有这样的权利,否则即属刑事罪行(《证券及期货条例》第170节,即禁止裸卖空);(2)只能对交易所指定的可卖空证券进行卖空;1994年1月推出的卖空试验计划规定17只可作卖空交易的证券,1996年3月后有所扩大。只能在持续交易时段内通过香港联交所的交易系统进行,不能进行场外交易;(3)卖空盘输入自动对盘系统时,必须在香港联交所交易系统中把交易委托标记为卖空交易(《证券及期货条例》第172节);(4)必须遵从最优价格规则,即卖空交易不能以低于当时最佳沽盘价的价格;1996年3月该限制取消,1998年9月恢复;(5)卖空参与者在任何时候均必须遵守不时修订的交易所条例及交易规则附表中的卖空规例。

1998年亚洲金融危机爆发后,香港卖空规则收紧,只准就符合若干

---

[1] John Gordon:《伟大的博弈:华尔街金融帝国的崛起(1653—2011)》,祁斌译,中信出版社2011年版,第116—121页。

[2] 张慎峰:《股指期货"稳定器"》,中国金融期货交易所网站 http://www.cffex.com.cn/gyjys/jysdt/201403/t20140318_17948.html,最后访问时间2016年4月20日。作者为中金所董事长。

资格规定的、在香港联交所定期调整名单上的证券进行"有担保"卖空。交易者必须保留有担保卖空的全部审计跟踪记录。当客户发出卖空交易委托(落盘)时,必须向其经纪人或代理商提供可证明证券被融出以及卖空所产生的债务被担保的书面证明。交易者必须就卖空交易向香港联交所汇报,香港联交所每日两次公布各证券的卖空成交额。香港结算公司(香港联交所子公司)对于延误交付证券的参与人处以失责罚金,并在T+2日(到期交收日)晚通知授权经纪人于T+3日进行强制补购,相关费用和损失由延误交付的结算参与人承担,对结算参与人的失责罚金会于T+2日直接记扣。授权经纪人一般都是在T+3日开市便以市价买入。

2008年1—8月,香港卖空交易成交总额占同期市场总成交额7.6%,远低于美国市场25%—30%的水平。截至2008年8月底,香港卖空持仓额约为1600亿港元,约占总市值的1%,远低于纽约市场的4.7%。香港卖空活动并不活跃的主要原因可能即在于严格的卖空管制。

2008年早期曾有人建议香港废除最优报价规则,在金融危机爆发后此议自然无疾而终。由于在西方主要国家纷纷临时加强限制卖空时,由于香港之前已经对卖空执行了更为严格的监管措施,因此并没有在全球金融危机下大举加强监管力度。金融危机期间,联交所对可卖空证券目录调整时,也不是只减不增,但总体上减多于增,2008年5月5日、7月31日和11月7日,分别调入22只、10只、6只,调出47只、51只、114只,使得可卖空的证券从538只减少到364只。此外2008年10月2日起,香港结算公司将结算延误的罚金额由原为待交付股份市值的0.25%调整为0.50%,每一相关待交付股份的最高罚金仍为10万港元。

值得一提的是,2008年9月22日后西方主要国家大力禁止卖空,有猜测称卖空压力会转向香港,但数据表明香港市场卖空金额并未显著增加,波动幅度也仍然不及美英。可见卖空限制并不必然与市场波动有关。[1]

2. 2008年金融危机前后的美国卖空规则

美国的规则更为成熟和具有代表性。1938年证交会开始规制卖空,根据关于卖空的10(a)节之授权制定了10a-1规则,又称提价规则或上击规则,规定纽约股票交易所和美国证券交易所上市的证券(不适用于纳斯

---

[1] 参见夏峰:《美国香港证券市场限制股票卖空浅析》,载《证券市场导报》2009年5月号,第39—40页。

达克市场)以最新交易成交价为测试价格(tick test),卖空时的价格应高于最近一次成交价格,即加价规则(plus tick),或卖空价格等于最近一次成交价格,但这个价格又必须高于前一次成交价格,即零加价规则(zero-plus tick)。制定 10a-1 规则的目的在于防止抛卖形成恶性循环。

2004 年,证交会专门研究了该价格测试的作用和必要性,并制定了《证券卖空规章》(Regulation SHO)。[1] 该规章开始尝试暂停实施 10a-1 规则,但与此同时以更系统的方式规制裸卖空,包括禁止普通客户进行裸卖空,但允许造市商(包括股票造市商、期权造市商)和自营商进行裸卖空。总体来说《卖空规章》提供了一种新的简化监管框架,为卖空制定统一的标识要求,建立一种统一的证券定位和交付要求,解决裸卖空等问题带来的市场冲击的重心,从"价格管制"转移到了"交付保障"。这一思路也被金融危机后的规则版本所延续。

(1)价格测试。规则 201 规定以最优成交价作为测试价格(bid test)以取代 10a-1 规则,包括纳斯达克全国市场在内的卖空交易价格必须高于市场最高卖价。这样卖空价格就不必拘泥在最近的一次成交价上。在最近一次成交价与最新整体趋势背离时,这尤为有意义。

(2)定位(locate)要求。规则 203(b)(1)规定经纪商—自营商接受客户的卖空指令或以自身账户下达卖空指令时,必须已经借入证券或者已经达成借入证券的安排;有合理依据(reasonable grounds)相信客户在交割日可以借到证券。为界定交易者是否已经借入证券或拥有目标证券,规则 200(b)规定以下情形视为某人已经拥有了证券:① 此人或其代理人已经获得了该证券的权利;② 该人已购买,或者签订了无条件的对买卖双方都有约束力的合同,即便证券还未交付;③ 该人拥有可转换和交换的证券或者已提出转换或交换证券的请求;④ 该人已获得目标证券买入期权并已经行使了该权利;⑤ 该人有权购买或获得目标证券的权证,并已行使了该权利;⑥ 该人持有买入目标证券的期货合同,并已进行了结算,确定能够获得目标证券。

(3)对界限(threshold)证券的清仓要求。规则 203(c)(6)规定,界限

---

[1] 该规章(17 CFR PARTS 240,241 and 242)全文可见美国证券交易委员会网站 http://www.sec.gov/rules/final/34-50103.htm#III,最后访问时间 2016 年 4 月 20 日。因为我国法律用语中,条例专指行政法规或地方性法规,该 regulation 的发布者是证交会而非立法机构或美国中央政府,同时为了和证交会发布的 rule 相区别,所以本书译之为规章,而非条例或规则。

证券指 5 个连续结算日在登记结算机构未能交割数量不少于 1 万股且[1]未交割数占到其已发行股份数 0.5％的证券,或自律监管组织认定的证券。规则 203(b)(3)规定,如果登记结算机构的参与人对界限证券的卖空交割失败超过 13 天,参与结算的代理机构必须购买同种类和数量的证券完成交割,并对未成功交割的界限证券进行强制平仓,且不能再从事界限证券的卖空,除非已经购入同种类和数量的证券。不过,这些期限的执行在实际操作中,监管并不严格。[2]

2007 年 7 月,由于研究认为规则 10a-1 的作用不大,但却限制了市场交易,经过试点检验后,证交会、证券业协会和交易所最终均废除了所有对卖空的价格测试限制。但是生不逢时的是由于次贷危机的冲击,2007 年开始全球主要证券市场的波动性均开始增强,发行人和投资者开始呼唤重新对卖空作出限制。2008 年 3 月的一次公开讲话中,证交会主席 Christopher Cox 提议制定裸卖空反欺诈规则,以制裁在裸卖空前有意向证券经纪人隐瞒其并无把握借入相应股票的投资者,以及在交割日无法交付股票的投资者。4 月证交会提出若干替代性卖空计划,包括恢复上击规则:在股价较上日交易价至少上涨 1 美分前禁止卖空者操作;另一个备选方案是如果股价下跌 10％或以上,当天余下的交易时间内将不得进行卖空操作。

2008 年夏秋,受次贷和金融危机影响,证交会根据《证券交易法》12(k)(2)节通过了数项临时紧急令(emergence orders),该节授权证交会在紧急情况下,基于保护公共利益和投资者的需要,采取实属必要的行动,来变更、补充、终止或实施任何要求或限制。其具体包括[3]:

(1)直接对特定证券禁止裸卖空和卖空。

7 月 15 日证交会宣布禁止对房地美、房利美、雷曼、高盛、摩根斯坦利、摩根大通、瑞银、美林、花旗银行、美利坚银行、苏格兰银行、瑞士信贷

---

[1] 国内一些研究称界限证券的这两个量化条件满足其一即可,但规章原文是"and that is equal to"。

[2] 马玉荣、于南:《裸卖空的深刻警示——专访美国纽约国际集团总裁本杰明·卫及金融风暴中心亲历者》,载《证券日报》2009 年 1 月 19 日。纽约国际集团为一家投资银行。

[3] 对证交会的这些未经充分评估就出台的救市临时禁令的一项评述见 Christopher A. Stanley, "The Panic Effect: Possible Unintended Consequences of the Temporary Bans on Short Selling Enacted During the 2008 Financial Crisis", Entre. l Bus. L. J., vol. 4, No. 1, 2009。

第一波士顿、大和证券、德意志银行、瑞穗、瑞银、安联、巴黎银行证券公司等19家受次级债影响的大型金融机构的股票裸卖空,即必须已经通过借入协议等方式对交付有保障安排,才可卖空。[1]起初规定为有效期为7月21日至29日,29日宣布延长至8月12日。

9月15日美国五大投资银行之一的雷曼兄弟公司申请破产保护,美林被美利坚银行收购,金融局势恶化。9月18日证交会宣布禁止卖空其列明的799只股票[2],其后又增加到950只,包括IBM、通用电气等130只左右的重要非金融股票,同时要求基金经理必须及时报告他们的空头仓位。该禁令首次有效期在10月2日结束。10月1日,证交会将禁令延长至10月17日。不久,《2008年经济稳定法》出台。

(2)对大型投资者卖空提出披露要求。2008年9月18日证交会颁布了临时规则10a-3T,要求有市场影响力的大型机构的投资经理在卖空交易后的下一周起,每周的最后一个交易日向以SH表格形式向证交会报告,内容包括交易时间、相关证券、交易当天卖空证券的总体数量、当天结束时的卖空仓位等。证交会收到SH表格后两周,会将之公布。

(3)反欺诈规则。2008年9月18日证交会颁布了反欺诈规则10b-21(10月17日生效),卖空者如果就在结算日交割的能力进行不实陈述,故意作出无保障的卖空,致使清算参与人不能按时交割的,构成反欺诈规则10b-5规定的操纵或欺诈行为。

(4)强化经纪商—自营商的清仓责任。2008年10月14日证交会通过58773号文告(Release No. 58773)颁布了临时规则204T,强化了股权证券的清收责任。未能清收的期权造市商必须在未能交割日的次结算日开盘前清收平仓(close out)。10月17日证交会通过58775号文告开始实施《卖空规章》修正案[3],取消了原先对期权造市商的清仓要求例外。期权造市商对冲造成未能交割界限证券的不再被豁免于清仓要求。

---

[1] Emergency Order Pursuant to Section 12(k)(2) of the Securities Exchange Act of 1934 Taking Temporary Action to Respond to Market Developments, Exchange Act Release No. 34-58166 (July 15, 2008).

[2] Emergency Order Pursuant to Section 12(k)(2) of the Securities Exchange Act of 1934 Taking Temporary Action to Respond to Market Developments, Exchange Act Release No. 34-58592 (September 18, 2008), pp. 3—4.

[3] See Amendments to Regulation SHO, Exchange Act Release No. 34-58775 (October 17, 2008), http://www.sec.gov/rules/final/2008/34-58775.pdf,最后访问时间2016年4月20日。

清算参与方的经纪商—自营商必须在应结算（settlement）日后的次结算日（T+4）开盘前代为客户购买或借入同样（like）种类和数量的证券，以清收/结束未能交付的状态，否则将不再能下达卖空指令。不过规则204T规定了以下例外情形：其一，清算参与方账簿和记录中显示为现券卖出（long sale）的，则参与者必须不迟于T+4日交易开盘时完成交割；其二，如果参与者卖空《证券法》144节规定的限售证券，则参与者必须在不迟于结算日后的第36个连续交易日的交易开盘时交割；其三，如果参与者的交割失败是由负有在场外市场报价义务的注册做市商、期权做市商或者其他做市商的真正做市活动引起的，则参与者必须不迟于T+6日开盘时完成交割。规则204T旨在防止未交割仓位的累积，以免投资者不愿意交易此类证券。

需要注意的是，由于美国证交会不是期货主管机构，所以不能对看跌期权、股票指数期货等证券衍生品交易予以限制。所以主张限制卖空措施的研究者对此表示了不满。[1]后来欧盟的卖空条例也将股票现货与衍生品一体规制。

但此类为救市而出台的卖空禁令是否奏效，值得讨论。2011年美国联邦储备系统最重要的分支纽约联邦储备银行发布职员报告（staff report）认为，各国对卖空的限制在阻止股价下滑方面作用甚小，但显著减少了市场流动性、提高了市场参与者的成本。2011年美国股市由于美国国债评级被标准普尔下调而大跌，也与卖空关联不大。[2]

3. 2008年金融危机后的其他主要国家和地区卖空规则

2008年金融危机中，为减缓市场急速下跌、防止崩盘，美国以外的主要国家和地区都禁止了裸卖空，包括英国、德国、法国、希腊、荷兰、爱尔兰、意大利、瑞士、澳大利亚、新加坡、巴基斯坦、中国台湾地区、韩国等。

2008年9月15日美国雷曼兄弟公司申请破产保护，9月18日英国

---

[1] Tyler A. O'Reilly, "Reconstructing Short Selling Regulatory Regimes", *Wayne L. Rev.*, vol. 59, 2013, p. 60. Emilios Avgouleas, "A New Framework for the Global Regulation of Short Sales: Why Prohibition is Inefficient and Disclosure Insufficient", *Stanford Journal of Law, Business & Finance*, vol. 15, 2010, p. 395.

[2] Robert Battalio, Hamid Mehran, and Paul Schultz, "Market Declines: Is Banning Short Selling the Solution?", Federal Reserve Bank of New York Staff Reports, No. 518, September 2011, 全文见纽约联邦储备银行网站 http://www.newyorkfed.org/research/staff_reports/sr518.pdf，最后访问时间2016年4月20日。

金融服务局(FSA)颁布了为期 4 个月的禁止做空金融股的规定;并修改了《市场行为准则》(Code of Market Conduct),规定计算衍生品交易持仓应被计算在净空头仓位之内。德国随后宣布禁止卖空 11 只德国金融地产类股票;荷兰财政部宣布从 9 月 22 日起 3 个月内禁止金融机构裸卖空;澳大利亚政府在 11 月 13 日向国会提出立法,要求永久禁止裸卖空。

2008 年 11 月 12 日,国际证监会组织向 20 国集团金融市场和世界经济峰会发表公开信,呼吁各国提高对股票卖空的信息披露要求,加强对滥用卖空行为的查处,并完善监管的合作和信息共享机制。

2010 年上半年欧洲主权债务危机爆发,5 月 19 日德国联邦金融监管局(Bafin)实施临时禁令,禁止对全国 10 个最重要金融机构的股票实施裸空交易。该禁令将也适用于欧元政府债券及相关信贷违约掉互换(CDS)。德国财政部还表示,政府将就相关禁令草拟法案,以阻止投机者威胁整个金融体系的稳定。6 月德法领导人开始要求欧盟实施裸卖空禁令。

四、美国现行的卖空法律规则

国内之前的研究已经注意到了美国金融危机后对卖空监管的新动向。[1]有学者批评了证交会未能坚守经过长期论证后废除提价规则的立场,"草率否定不仅破坏了监管政策与规则的连贯性,而且也给监管机构监管声誉造成永久伤害"。[2]但囿于时效性,其对证交会《卖空规章》2010 年的最终修订尚未跟进。当前版本《卖空规章》的主要内容如下:

规则 200。要求报单注明现券卖出(long)、卖空、卖空豁免。

现券卖出即卖方拥有被卖证券,所谓拥有指持有、控制或能合理认为不迟于结算(settlement)时可持有或控制证券。卖空就是不能合理认为不迟于结算时可持有或控制证券。卖空豁免指卖空能够豁免于卖空价格测试触断,即以较高价格卖出。

规则 201。2009 年 4 月证交会就新的卖空限制开始进行征询,获得了 4300 多份评论。之前业界也已经对之多有讨论,如指出其废除抬价规

---

[1] 如郑少华、齐萌:《融券卖空监管的法律思考》,载《中国法学》2010 年第 4 期。
[2] 贺绍奇:《金融危机背景下美国卖空监管法律制度改革述评》,载《证券市场导报》2010 年 2 月号,第 46 页。

则的测试是在股票牛市中,故不能解决熊市中的问题。[1]

2010年2月,证交会修改了《卖空规章》,通过了新的规则201[2],5月10日生效。规则201主要目的是在证券价格在单日内显著下跌时,防止卖空进一步压下价格,从而促进市场稳定、维护投资者信心。根据新规则,在全国性交易所和柜台市场挂牌的股票遭受重大下行价格压力,较之前日收盘价在一日内下跌幅度达到或超过10%时,会引发触断(circuit breaker)机制,当日和次一交易日的卖空将受到限制,除非证券价格高于当前全国最优买单(current national best bid)[3]。卖空价高于当前全国最高买单,意味着卖空者是为了给证券作出更高的新定价,看好后市,而非利用卖空机制本身的特点来通过一味打压股价而实现"高卖低买"获利。

触断机制生效后,现券卖方(long sellers)仍然能卖出,地位优于卖空者。在以往架构下,持券人可能会在市场恐慌期过分担心卖空者的大肆卖出而导致价格崩盘,所以会一并加入抛售的恶性循环,为卖空者做嫁衣。此备用上抬(alternative uptick)规则生效后,在跌满10%后,1—2日之内是否卖出仍然只是现券买卖方之间的博弈,从而为市场在压力和动荡时期赢得了一定的确定性。卖空虽然是一种逐利的交易方式,其必须服务于增进市场有效性且无损稳定性的大业,其内在的破坏性必须被遏制。

规则201还进一步要求交易场所建立、维持和执行书面政策与程序,以便在一只股票已经引发触断后,合理防止卖空以不被许可的价格出现。

规则203(b)(1)和(2)。定位要求条款,即要求经纪商有合理依据相信卖空者能在任何股权证券的卖空指令生效前借入证券并在交付日可交付。但诚信(bona fide)地从事造市活动的经纪商—自营商可获豁免,因为他们需要在快速变化的市场中不加延误地呼应客户指令。诚信造市活

---

[1] See Jeff D. Opdyke, "Uptick Rule Gets Debate Amid Turmoil", *Wall St. J.*, Dec. 24, 2008.
[2] Release No. 34-61595;File No. S7-08-09,全文见美国证券交易委员会网站http://www.sec.gov/rules/final/2010/34-61595.pdf,最后访问时间2016年4月20日。
[3] 指在美国所有的交易场所包括另类交易系统(ATS)中的最高买单,2005年《全国市场体系规章》(Regulation National Market System (or Reg NMS), SEC Release No. 34-51808)规定公众投资者无论将订单交给哪个交易场所,都有权以全国最优价格成交,以此促进交易场所和订单间的竞争。

动不包括与经纪商—自营商的投机性卖出策略或投资目的有关的活动，或与经纪商—自营商通常的造市模式或操作不相匹配的活动。造市商也不得与他人合谋利用豁免来规避定位要求。

规则 204。清收条款。其要求清算参与人对卖空者未能交付的仓位采取行动，必须在不迟于应结算(settlement)日后的次结算日(T+4)开盘时代为客户购买或借入同样种类和数量的证券，以清收/结束未能交付的状态(close out a failure to deliver positions)。

清算参与方账簿和记录(books and records)中显示为现券卖出(long sale)或由于诚信的(bona fide)造市活动而卖出的，应当不迟于结算日后的第三结算日(T+6)开盘时清收，否则将不再能下达卖空指令，除非借入证券或签署借入证券的诚信协议(这被称为"预借要求")。换言之，如果在 T+6 日不能归还所借证券，经纪商—自营商就不再能从事裸卖空，而只能融券卖空。

不过，如果卖方确定会(deemed to own)拥有证券且其意图在限制性因素消除后立刻交付，经纪商可以在交易日后 35 个自然日清收。哪些情形属于卖方确定会拥有证券，在规则 200 中被列出。在此，额外时限被许可，是由于迟延交付仅仅是由于卖方或经纪商—自营商控制力以外的流程处理迟延。常见的所谓限制性因素包括 1933 年《证券法》下的 144 转售限制规则。

规则 203(b)(3)。当界限证券未交割状态已持续 13 个连续结算日时，清算中心(如全国证券清算公司，NSCC)参与方之一的经纪商(清算参与方)必须立刻自行购买股票来结束这一状态。界限证券指已出现大量常态性的卖空后未能到期交付情形的股权证券，具体认定同前。尽管由于下述规则 204 的要求，很少有一家清算参与方会令一证券连续 13 日得不到交付。

2004 年的《卖空规章》中，规则 203(b)规定了两大例外情况：一是既往不咎的"祖父"条款，一只证券未能成功交付的仓位发生在 2005 年 1 月 3 日之前，或在该证券成为界限证券之前，卖空交割的期限可以不受 13 个结算日的限制；二是豁免做市商为造市所进行的卖空。2007 年 7 月《卖空规章》修正案在废除对卖空的价格测试限制时，取消了祖父条款，缩小了做市商的豁免范围，即仍豁免对证券成为界限证券之前的卖空交割义务。

2008 年证交会制定了临时规则 204T，期权造市商也开始受清收条款束缚,不受豁免。这也是市场形势的发展必然,因为祖父条款废除后,卖空交易者必须努力筹措股票去满足现货交割,这导致很多尚在豁免内的股票期权造市交易不能顺利实现交割。临时规则 204T 有效期本来是到 2009 年 7 月 31 日,但根据证交会经济分析委员会办公室(OEA)的分析,该规则实践反响良好,证交会遂于 2009 年 7 月 27 日宣布将 204T 规则永久化,正式规则 204 将适用范围扩展至所有股权证券,并缩减了一些限期清收的时限。

所以,如前文所述,裸卖空并非一种标准的常规交易模式,而只是允许在特定情形下实施对还券无保障的卖空。其主要目的是服务于造市商。美国在金融危机后仍然没有完全禁止裸卖空。一是只要经纪商合理相信卖空者能在 T+3 日时交付,就不必以现券已到位为发出卖单的前提。换言之,如果经纪商的"合理相信"被后来的事实证明是正确,这就是符合美国法的融券卖出,否则就成了裸卖空。二是造市商如果是在诚信地从事造市活动,即便不能"合理相信"能在 T+3 日时交付,也可以继续卖空。相比之下,中国的证券卖出实行的是 T+0,相应的融券卖出也是必须已经有券到手才能卖出。

金融危机后,证交会主要通过对经纪商施加压力,来避免裸卖空后多日不能交付证券的风险。此外,对卖空定价规则也做了限制。

从另一个角度看,美国现在的裸卖空主要会因为如下四种情形而发生:

(1) 卖空时未曾定位到可用于结算交付的股票。除非是为诚信造市所需,这将是违反规章 SHO 的。但造市商仍然受制于清仓和预借要求。

(2) 卖空者合理认为已经定位到可用于结算交付的股票,但卖空后未能在结算日交付股票。则作为清算参与方的经纪商将承担起按期清仓责任,否则该经纪商就只能通过预借现券卖出。

(3) 卖空时未曾定位到可用于结算交付的股票,且卖空后未能在结算日交付股票。这会违反定位条款和清仓条款。根据 2008 年秋天制定的规则 10b-21(裸卖空反欺诈规则),就他们按时交付证券的意愿和能力做虚假陈述者将在未能于结算日交付证券时构成欺诈。[1]

（4）为了压低股价而故意卖空和不按期交付。由于现行法律禁止把故意不交付作为影响股价的交易策略，这将属于操纵行为，会违反规则10b-5等证券法律。

五、欧盟现行的卖空法律规则

欧盟委员会在2010年就提出了制定卖空条例的建议，最终2012年3月经欧洲议会和欧盟理事会通过，《卖空及信用违约互换相关事项条例》（Regulation(EU) No. 236/2012 of the European Parliament and of the Council of 14 March 2012 on Regulation on Short Selling and Certain Aspects of Credit Default Swaps)颁布。[2]

与美国证券和期货分别立法的传统不同，欧洲的主流传统是证券和期货统一立法。[3] 所以此条例也将主权债券和衍生品交易一并纳入规制。《条例》注重从实质交易结果判断，如规定空头仓位（short position）不仅来自于卖空，还来自于令交易者由于股份或债券工具价格或价值下

---

[1] 证交会对此执法甚多。See In the Matter of Gonul Colak and Milen K. Kostov, Exchange Act Release No. 71461 (Jan. 31, 2014) (settled administrative proceeding), available at http://www.sec.gov/litigation/admin/2014/33-9522.pdf; In the Matter of optionsXpress, et al., Admin. Proc. File No. 3-14848 (June 7, 2013), available at http://www.sec.gov/alj/aljdec/2013/id490bpm.pdf; In the Matter of Jeffrey Wolfson, et al., Exchange Act Release No. 67450 (July 17, 2012) (settled administrative proceeding) available at http://www.sec.gov/litigation/admin/2012/34-67450.pdf; In the Matter of Jeffrey Wolfson, et al., Exchange Act Rel. No. 67451 (July 17, 2012) (settled administrative proceeding) available at http://www.sec.gov/litigation/admin/2012/34-67451.pdf; In the Matter of Gary S. Bell, Exchange Act Release No. 65941 (Dec. 13, 2011) (settled administrative proceeding), available at http://sec.gov/litigation/admin/2011/34-65941.pdf; In the Matter of Rhino Trading, LLC, Fat Squirrel Trading Group, LLC, Damon Rein, and Steven Peter, Exchange Act Release No. 60941 (Nov. 4, 2009) (settled administrative proceeding), available at http://www.sec.gov/litigation/admin/2009/34-60941.pdf; In the Matter of Hazan Capital Management, LLC and Steven M. Hazan, Exchange Act Release No. 60441 (Aug. 5, 2009) (settled administrative proceeding) available at http://www.sec.gov/litigation/admin/2009/34-60441.pdf; In the Matter of TJM Proprietary Trading, LLC, et al., Exchange Act Release No. 60440 (Aug. 5, 2009) (settled administrative proceeding) available at http://www.sec.gov/litigation/admin/2009/34-60440.pdf.

[2] 对此条例的一个批评见 Rodolphe B. Elineau, "Regulation Short Selling in Europe after the Crisis", BYU Int'l L. Mgm. Rev., vol.8, 2012. 对该条例的中文研究可见周杰：《金融危机后欧盟"证券卖空"监管立法研究》，载《苏州大学学报（法学版）》2015年第1期。

[3] 参见张洁：《境外期货立法对我国期货立法的若干启示》，载《上海证券报》2013年6月6日。

跌而在财务上受益的交易安排(第 3.1 条)。在计算多空仓位时应考虑各类经济利益包括期货、期权、指数、一篮子证券、交易所交易基金(ETF)等衍生品(前言说明第 12 点)。

并明确在一个或多个成员国发生严重威胁金融体系稳定或者市场信心的负面(adverse)事件时,成员国监管机构有权禁止或者限制卖空或会由于其他金融工具价格或价值下跌而受益的交易(指衍生品交易)(第 20 条)。

在卖空相关信息披露事项上,经欧盟委员会授权,欧洲证券监管者委员会(The Committee of European Securities Regulators,2011 年后被欧洲证券市场管理局(European Securities and Markets Authority,ESMA)取代)设计出了双层信息披露模式,视卖空者净空头仓位(net short position,空头仓位超出多头仓位的部分)不同,而决定其该向监管者报告,还是向市场公告。首先,卖空者在净空头仓位达到或低于报告门槛(notification threshold)时,应该向监管机关报告。该门槛为净空头仓位达到某一股票已发行股本资本(share capital)的 0.2%。到达门槛后,净空头仓位每往上增加 0.1%时,也需要报告(《条例》第 5 条)。卖空者在净空头仓位达到或低于公告门槛(publication threshold)时,应将该仓位的详细信息公告,公告门槛为该净空头仓位到达某一股票已发行外股本资本的 0.5%。类似的,达到门槛后,该净空头仓位每增加 0.1%时,卖空者也应公告相关仓位的详细信息(第 6 条)。这实际上是收购上市公司中的持股变动报告制度类似,不过由于门槛明显更低,为了保护交易者的投资策略这一信息本身的秘密性,而增设了在仓位较少时向监管者单线报告的渠道。

在防止裸卖空的问题上,《条例》规定卖空在欧盟交易场所(European Trading Venue)[1]上市的股票时,必须满足以下条件之一:第一,卖空者已经借入股票,或者已作出可产生与借入股票相同法律效果的替代性安排;第二,卖空者已经签订了借入股票的协议,或者拥有一项绝对可执行的、根据合同法或物权法所产生的请求权,该权利的行使将使其获得相关

---

[1] 根据 2004 年欧盟《金融工具市场指令》(Markets in Financial Instruments Directive,简称"MiFID")第 4.1 条,欧盟的交易场所分为受监管市场(Regulated Market)、多边交易设施(Multilateral Trading Facility)、系统内化者(Systematic Internaliser)。在《卖空条例》下,trading venue 只包括前两者(第 1.1(l)条)。

证券的所有权;第三,卖空者和第三方之间达成一项定位目标股票的安排,足以令卖空者合理预期到期可获得相关股票(第12.1条),注意这一合理预期要具体结合目标股票的所需数量和流动性来看。

不过,只要允许卖空和非即时交割,以及给卖空者判断"未来是否可以交割"的裁量空间,就必然会出现实质性的裸卖空,为解决此问题,《条例》规定各成员国为证券交易提供清算服务的中央对手方(central counterparty)需建立代购(buy-in)程序和相应的交付失败惩罚性措施,以遏制交付失败给金融体系带来的风险、维护清算秩序。具体机制包括:如果卖空者在结算日后的四个交易日内,仍然不能交割相应股票,中央交收方将启动自动代购程序;如果无法代购,清算人将按照交割日应交割证券的价值和买方由于结算失败而遭致的其他损失,对之支付价金(payment);交割失败的卖空者将向中央交收方赔偿上述损失(第15.1条),并在股票未如期交割的次交易日起,按日向中央交收方交付水平足以产生震慑力的价金,直到交割失败问题解决(第15.2条)。

《条例》第23条在价格上也实施了日内价格急跌时的触断机制,以免金融工具的价格无序(disorderly)下跌。如果某一具有流动性的股票的价格较之前一交易日收盘价下降超过10%,该交易场所的母国监管机构可以考虑禁止或者限制该股票的卖空交易是否适当(appropriate),但禁止或限制的期限不超过自价格急跌日的次交易日。如果在次交易日收盘时该股票的价格较之前一交易日的收盘价又下降超过5%,监管机构可将该禁止或限制措施自第二个交易日起延长不超过2个交易日(第23.2条)。

除了这种明确的量化标准外,监管机构也有裁量权。当在一个或多个成员国发生严重威胁金融体系稳定以及市场信心的负面事件时,相关监管机构可以限制或禁止证券卖空交易和(第20条)。如果发生对欧盟金融市场的完整稳定运行造成严重威胁的极端事件,并且该威胁的影响超出一个成员国的范围时,倘若没有任何成员国监管机构采取相应的干预措施,或者采取的应对措施不足以平息该威胁,则欧盟证券市场监管局可以直接要求证券卖空者将净空头信息向成员国监管机构报告或公告,也可以直接禁止或限制证券卖空和会由于其他金融工具价格或价值下跌而受益的交易(第20条),可谓预留了政府干预的一切手段。不过此类限制有3个月的期限,如不续期,将自动终止(第24条),而且监管机构干预权只具有临时性质,仅为处理特定化的(specific)威胁必需限度内所用

(前言说明第 36 点)。

对造市商为提供流动性而进行的买卖活动,《条例》有较大的豁免,造市商无需对显著的净空头仓位进行报告和公告,无需在交易前实现合理的股票借入安排(第 17 条),不过立法者的预期是造市商一般不会持有显著的(significant)空头仓位,除非是非常短的时期(前言说明第 26 点)。

六、我国基本的卖空规则剖析

(一) 先借入式的融券卖空,无裸卖空的余地

2006 年 1 月起施行的《证券法》第 142 条新增规定"证券公司为客户买卖证券提供融资融券服务,应当按照国务院的规定并经国务院证券监督管理机构批准"。2006 年 6 月证监会公布了《证券公司融资融券业务试点管理办法》,后因美国次贷危机等因素的影响,直到 2010 年 3 月 31 日证券公司融资融券业务才正式推出。2011 年证监会颁布《证券公司融资融券业务管理办法》,2015 年 7 月修订。我国实行的一直是融券卖空模式,而且是严格的先借入式融券卖空。投资者必须在选定的一家证券公司处提交担保物、从该券商处借入证券、再予以卖出。卖空的规则是客观的"先借到券再卖出",而非主观的"卖出时可合理预期借到券",所以不存在到期未能交割的裸卖空的存在余地。

这也符合我国证券交易交割的技术标准。我国证券交易普遍实现了电子化,出售实行的是 T+0,撮合成交后证券即从账户中被划走(虽然从买方的角度看是 T+1,要次日才能卖出)。融券卖出必须以已借得的现券在账户内。事实上,较之裸卖空带来的危害,我国处在另一个极端"融券难"。可融券集中在 300ETF、500ETF 等品种,供应不足成为了我国股票卖空业务发展的瓶颈,市场看空信号较难发出。与之相关的是,我国沪深证券交易所中不存在造市商。

股灾后,卖空难度加大。《上海证券交易所融资融券交易实施细则》(2011 年颁布、2015 年 8 月 3 日最新修改)第 15 条原先规定"客户融券卖出后,可通过买券还券或直接还券的方式向会员偿还融入证券"。在 7 月底刚从股灾中恢复的股市开始连跌后,8 月 3 日上交所将第 15 条改为"客户融券卖出后,自次一交易日起可通过买券还券或直接还券的方式向会员偿还融入证券"(同日《深圳证券交易所融资融券交易试点实施细则》第 2.13 条做了类似规定)。

也就是说,卖空从 T+0 变成了 T+1。卖空者不再能当日买入,即时

结清交易,而至少必须承受卖空当日剩余交易时间的风险。由于不能裸卖空,当然也难以在一日内反复交易。不过,这一规定直接带动中信证券等多家券商 4 日宣布暂停融券交易,其中中信证券巅峰时期的融券量达到了市场总融券量的 50%,所以造成了对市场的冲击。

(二)对融券卖空报价采用了零加价规则

《上海证券交易所融资融券交易实施细则》第 12 条规定"融券卖出的申报价格不得低于该证券的最新成交价;当天没有产生成交的,申报价格不得低于其前收盘价。低于上述价格的申报为无效申报。融券期间,投资者通过其所有或控制的证券账户持有与融券卖出标的相同证券的,卖出该证券的价格应遵守前款规定,但超出融券数量的部分除外。交易型开放式指数基金或经本所认可的其他证券,其融券卖出不受本条前两款规定的限制。[1]"第 13 条规定:"本所不接受融券卖出的市价申报。"《深圳证券交易所融资融券交易实施细则》(2011 年颁布、2015 年 8 月 3 日最新修改)第 2.10、2.11 条[2]做了相同规定。

2015 年 4 月提交全国人大常委会的《证券法》修订草案第 73 条也规定:"投资者从事融资融券交易的,融券卖出的申报价格不得低于该证券的最新成交价;当天没有成交的,申报价格不得低于其前一交易日的收盘价。低于上述价格的申报为无效申报。法律、行政法规或者国务院证券监督管理机构另有规定的除外。"

换言之,之前现券交易的最新成交价格构成了融券卖出价格的下限,融券卖出不能对证券交易形成新的压力。这种规制方式与美国早期的 10a-1 规则类似,不过在现有的更为频繁的交投环境下,遵循的成本更大。其也容易被规避,有意大额卖空者可以先行通过扫单等方式压低成交价。似可考虑改为美国当前的最优价格测试模式。

(三)以券商为单位的融资融券规模披露义务

《上海证券交易所融资融券交易试点实施细则》第 49 条规定:"会员应当按照本所要求向本所报送当日各标的证券融资买入额、融资还款额、融资余额以及融券卖出量、融券偿还量和融券余量等数据。会员应当保证所报送数据的真实、准确、完整。"第 50 条规定:"本所在每个交易日开市前,根据会员报送数据,向市场公布以下信息:(一)前一交易日单只标

---

[1] 第 12 条第 3 款暂不实施。
[2] 注意 2015 版规则的相关条文序号与 2014 版不同。

的证券融资融券交易信息,包括融资买入额、融资余额、融券卖出量、融券余量等信息;(二)前一交易日市场融资融券交易总量信息。"

《深圳证券交易所融资融券交易实施细则》做了相同规定。在此基础上,值得讨论的是是否有必要令对单只证券的融券量较大的个别交易者作出披露。

(四)没有针对融券交易的触断机制

我国实行涨跌停板,证券触线时交易全面停止。2015年9月7日沪深证券交易所和中国金融交易所联合开始就熔断机制征求意见,并于2016年1月1日起实施。但计划的也是交易全面停止,而不针对融券交易。

七、股票指数期货不存在裸卖空操纵:兼评 2015 年秋的股指期货限制规则

1982年美国出现了世界上最早的股指期货,至今全球约有400多种股指期货产品。2010年3月上海的中国金融期货交易所推出股指期货,4月16日沪深300指数正式上市。2015年4月16日上证50和中证500指数期货上市。沪深300指数期货经过5年发展,已基本实现日成交量100—200万手,日持仓量约20万手,成交持仓比约为5比1,市场逐渐成熟。2015年7月,股指期货成交量占全期货市场15.1%,成交金额占83.5%。2014年我国股指期货成交量在全球排名第四,次于迷你标普500股指期货、Euro Stoxx 50股指期货和RTS股指期货;成交金额排名第二,仅次于迷你标普500股指期货。

2015年6月15日到7月8日沪深交易所发生股灾,上海综合指数下跌超过30%,创业板指数下跌超过40%。很多人指责恶意做空是连续大跌的原因。8月下旬,股指再度进入下跌通道,监管者也对之采取了行动。

证监会7月2日以"答记者问"的形式回应了"恶意做空"的问题,3日中金所直接称禁止"蓄意做空",据称同日上午直接在盘中暂停19个期指账户交易一月,6日中金所决定自7日起则对规模较小的中证500期指客户日内单方向交易开仓量限制为1200手,8日结算时将中证5000期指各合约卖出持仓保证金率从10%提到20%(套期保值持仓持外),9日结算提到30%。

2015年8月25日出现两个交易日的同方向单边市,同日中金所宣布自26日结算时起将各合约平仓手续费从0.23‰提高到1.15‰;沪深300和上证50股指期货合约的非套期保值持仓交易保证金、中证500合约的非套期保值持仓的买入持仓保证金从合约价值的10%[1]提高到12%,27日结算时提高到15%,28日结算时提高到20%;并开始限仓管制,单个品种单日开仓量(不含套保开仓)超过600手的认定为异常交易行为,26日宣布对152名单日开仓量超过600手、13名日内撤单次数达到400次、1名自成交次数达到5次,共计164名(去除重复)客户采取限制开仓1个月的监管措施。28日宣布自31日结算时日内开仓量交易较大的异常交易行为标准降为超过100手,股指各合约非套保持仓交易保证金提高为30%。9月2日宣布自7日结算时日内开仓量交易较大的标准降为超过10手,起各合约非套保保证金标准提高到40%,套保持仓保证金标准从10%提高到20%,平仓手续费提高为23‰,为8月26日之前的100倍。

这不仅意味着程序交易、量化交易、高频交易等由于交易成本过高无法进行,普通交易者也很难盈利。很多市场人士感慨股指期货作为一种金融商品已经没有交易价值。

有一些人还指责了股票指数期货中的"裸卖空"操纵,实际上这更属于张冠李戴。

(一)股票指数期货在设计上并非天然有利于做空

在证券交易中,裸卖空制造了额外的空头,但期货交易中的买卖合约必须一一对应,属于零和博弈,每一份卖出合约都有等量的买入合约对应,不能产生股票现货市场中裸卖空带来的额外卖盘的冲击力。期货交易中的"卖",并非是出让标的物的所有权,而只是以特定的方向缔结一份合约,特别是在指数期货中,双方并无实际交付标的物的可能。所以期货交易并不像存在现货意义上的"卖空",而更宜称之为"做空"。期货的卖出合约持有者本身不需要已经或确定将要持有合约标的物,故更谈不上"裸卖空"。只不过,有的客户是投机性单边持有卖仓,孤注一掷,在个人投资收益效应上较接近裸卖空。

股票指数期货的交易方式基本上是三类[2],一类是对冲和套期保值,即买卖期指与买卖股票现货同步进行,目的是为了保护现货交易的价

---

[1] 2010年4月上市时到2014年8月,沪深300指数期货保证金为18%。
[2] 在我国期货市场开户时,套期保值、套利、投机使用不同交易编码。

值。如买入或持有股票后,为了降低、抵消现货价格下跌的风险而卖空期指,或在融券卖空时在期指做多。

一类是套利,这与对冲较为接近,但交易者不一定有真实持仓需求,而只是投机。方式是捕捉两种可比的证券和证券组合之间的差利。如同一公司的 A 股和 H 股的价值应当具有可比性,可以卖空高估的股票,买入低估的股票。特定期货指数和特定指数对应的一揽子股票之间也可如此操作。如有升水时(股指高于现货指数)卖空高估的指数,买入对应的股票或 ETF;有贴水(股指低于现指)时反向操作。当升贴水比较明显时,套利是较为有保障的收益方式。对套利者而言,价格本身并不重要,重要的是价差。

上述两类原因导致的空头在我国期指市场上约占 60%—70%,市值约 2000 亿元。[1] 目前 38 家合格境外机构投资者(QFII)、25 家人民币合格境外机构投资者(RQFII)在股指中都只能做套期保值交易。

另一类是非套利投机,交易者单边下注,认定股指会升或会降,潜在收益和风险都远远大于套利交易。由于期货指数是无数量上限的标准化合约,最后买卖双方直接用现金结算,卖方并不需要真的交付证券,故而不存在买不到证券无法交付、被逼空的问题。但对个人财富的潜在变化而言,其高风险性类似于证券裸卖空。由于前述套利交易者的存在,现货和期货指数必然走向收敛。不顾一切地单边投机做空,只会给别人创造套利机会。五年多来,中国股指期货经历了完整牛熊周期,与股票现货价格相关性高达 99.94%,期现货价格相差 1% 以内的交易日占 93.13%。[2]

需要注意的是,期指投机空头并非击垮现货股指的原因。北京工商大学证券期货研究所所长胡俞越教授总结了三点:(1) 投机性做空市场的压力释放在了期货市场而不是现货市场,实际上是期货市场转移承载了本属于现货市场的做空压力。据统计,2015 年 6 月 15 日至 7 月 31 日,股指期货日均吸收的净卖压约为 25.8 万手,合约面值近 3600 亿元,这相当于减轻了现货市场 3600 亿元的抛压。影响期货市场运行的仍是现货

---

[1] 胡俞越:《真实还原股指期货"多"与"空"》,腾讯证券研究院 http://stock.qq.com/a/20150716/046016.htm,最后访问时间 2016 年 4 月 20 日。
[2] 巴曙松:《股指期货 该责难还是该大力发展》,载《中国证券报》2015 年 8 月 28 日。作者为香港交易及结算所首席中国经济学家。

因素,这些人的看空立场客观存在,不是因为有了期货才产生的。(2)期货投机空头大约是 1000 亿元的持仓额规模,对应的保证金在 100 亿元左右,相比股市 50 万亿元市值的规模,实在太小。(3)股指期货投机多头超过了股指期货持仓量的 90%,远大于空头,正是期指投机(净多头)承接着期指套保套利(净空头)。[1]换言之,股票现货持有者总是希望股票价格上升的,所以他们要在期指套保套利,必然是持有空头而非多头。可谁来持有多头与之匹配成交呢? 主要就是由投机交易者来承担。

事实上,对股指期货的操纵风险的忧虑多是想当然。中金所董事长张慎峰指出:中国股指期货在设计上就"把防范市场操纵作为最重要目标"。如沪深 300 指数期货自推出至今,合约面值一直维持在 60 万元人民币以上的水平[2],在全球范围内都是最大的合约之一;成分股集中度不高,前 10 大成分股权重从上市至今一般维持在 22% 左右;到期交割结算价采用最后 2 小时现货标的指数价格的平均值,采样时间长,有效增加了操纵难度。股指期货合约保证金比例是国际平均水平的 2 倍,有效压缩了杠杆。中金所还严格限制单个投机客户在单个合约上单边持仓水平,大机构套保套利额度必须经过严格的审批和管理。[3]通过包括一户一码、套保套利和投机不同编码、持仓限额、每日交易限制、下单限量、大户持仓报告、强制减仓平仓、每日涨跌幅限制及最新的按照报单委托量差异化收取交易费用措施,在中金所进行期指操纵要比很多境外交易所困难,上下波动的到期日效应不明显。

(二) 做空不具有可谴责性,限制期指做空并不"利多"

即便期指投机空头刻意追求股指走低,其也不具有可谴责性或有害性。做空本身无所谓恶意与善意。天下熙熙皆为利来。做空盼跌者和做多盼涨者在赚钱上的道德程度是一样的。在道德上讲,明知股价虚高而继续做多,比起明知股价虚高而有意做空,或许更为恶劣。在法律上,则只有手段的合法性之分,没有目标的违法性之别。中金所 7 月 3 日公告指出:通过计算机软件预先设定的、自动跟随市场指标而下单的程序化交

---

[1] 胡俞越:《真实还原股指期货"多"与"空"》,腾讯证券研究院 http://stock.qq.com/a/20150716/046016.htm,最后访问时间 2016 年 4 月 20 日。
[2] 现在沪深 300、上证 50、中证 500 股指期货合约面值分别约为 90 万元、60 万元和 130 万元。
[3] 张慎峰:《股指期货"稳定器"》,中金所 http://www.cffex.com.cn/gyjys/jysdt/201403/t20140318_17948.html,最后访问时间 2016 年 4 月 20 日。

易等量化方式已经超过了该所交易量的半壁江山。显然对电脑而言更无所谓善意恶意。

而且,期货交易的复杂性在于现货期货市场的双向影响与高端玩家之间的多重博弈。例如在缺乏基本面支持的情况下,单边卖空股指其实风险不小。比较理想的模式是单边卖空后形成贴水,吸引机构套利者做多股指并融券卖空、拉下现货指数。但由于沪深交易所融券难,所以即使形成贴水,也不能为套利者做空现货提供太大便利。从7月4日起,国泰君安、招商证券、平安证券、安信证券等多家券商为避免风险而暂停融券券源供给。这一卖空限制也使得投资者只能借助股指期货来对冲市场下行风险。

数据显示,6月15日到7月2日,股指期货机构投资者整体呈现多头增仓、空头减仓趋势,空头增仓占比较低。不同于市场整体减仓趋势,机构投资者多头逆势增仓。[1] 6月20日之前的贴水并不明显,而到7月初融券量也没有显著增加。[2] 6月29日,沪深300股指期货收盘价贴水170多点,有利于做空股市,但第二天股市反而出现5%以上的反弹。所以很可能是本来就市盈率泡沫明显过高的现货指数不支,而拉低期指。如7月7日中证500期指跌停,而中证500跌幅不到7%,但实际上500只股票中有132只停牌,还原后实际跌幅为9.8%。

此外,由于套期保值需求的存在,当股票现货面临减值风险但不愿意或不能出售时,投资者需要卖空期指。这种卖空期指的目的是为了不抛售现货,故即便股指低于现货指数而出现较大贴水,入不敷出,也仍然值得尝试。在1比10的杠杆下,只要少量的期指保证金就能在现货市场维持不抛盘。相反,倘若此时限制期货卖空,又不能实现现货市场抬升,即便出现升水,也会导致现货持有者为减少损失而不惜代价地抛售,加剧下跌。这也正是7月3日到8日之间所发生的市场格局,并在之后两个月多次重现。7月份开始的诸多限制期指的做法,特别是警察力量入市,还导致诸多资金流出股指期货市场、持仓量减少,反而可能令期指陷入恶性循环,现货指数大起大落的"猴市"加剧。

尤其是9月初极度限制股指期货合约交易后,出现了9月到期的套

---

[1] 王超:《机构没有集中做空股指期货》,载《中国证券报》2015年7月6日。
[2] 具体数据详见许哲:《此轮股指期货的做空原理是什么?》,搜狐财经 http://business.sohu.com/20150706/n416225306.shtml,最后访问时间2016年4月20日。

保合约无法移仓到 10 月的窘境。表面上看投机交易者受损，实际上套保者同样受损，因为没人来与之进行配对了。业内人士指出，投机盘的持续下降，对套保的冲击成本很高，加之远月合约点位较近月有较大价差，每次期指移仓都会带来不小的亏损，很多机构不得不选择卖出股票现货、平掉期指仓位。这不仅冲击了股票现货市场，也造成了期货持仓量的大幅下降。

更有甚者，当普通的投资者无法套保可以退出股票市场时。作为股市一大主力的券商却被"套牢"。7 月救市时期证监会要求证券公司在上证综指 4500 点以下时维持净买入，现在券商既不能见低抛仓，遭受人为压制而萎缩的股指期货市场已只能为 400 亿元规模的现货提供对冲，所以出现了券商 5000 亿元的股票在市场行情下跌时任由宰割的"全裸"风险暴露局面。[1] 新一轮金融风暴隐隐出现。

正因为此，成熟市场经济国家没有禁止期货卖空的。1987 年股灾后，美国通过认真的理论反思，澄清了对股指期货的错误认识，反而推动了其发展。2008 年 9 月 15 日，美国券商巨头雷曼兄弟公司宣布破产。芝加哥期货市场迷你标普 500 指数期货主力合约交易量从前一交易日的 256 万张激增至 399 万张，18 日交易量更达到 601 万张，相当于股指期货市场为股票现货市场额外提供了 3600 亿美元的流动性，比纽交所和纳斯达克市场交易量总和还要多，为股票现货市场不崩盘提供了支持。而日本 1990 年代初经济泡沫破灭时，曾在舆论氛围下限制了期指，也未能扭转长期的熊市。[2]

对中国这样的大经济体而言，用股指期货来测量市场趋势，体现的是一种全球性的需求。境内自我限制股指期货，并不会影响到海外市场。当初国内在金融危机后不久就推出股指期货，原因之一就是为了应对 2006 年 9 月在新加坡上市的、日渐壮大的新加坡新华富时（SGX FTSE）中国 A50 指数期货的压力。本来境外股指期货市场的一大弱点是投资者持有 A 股现货数量有限，但随着 QFII 额度的放宽和其他资本自由化措施的推进，其对中国市场的影响力只会越来越大。上海自废武功会令

---

[1] 弘毅：《期指套保盘移仓难券商数千亿股票自营面临"裸奔"》，载《证券时报》2015 年 9 月 15 日 A5 版。
[2] 金西：《股指期货悲壮自残让人惊呆 从此绝对收益是路人》，载《中国基金报》2015 年 9 月 4 日。

股指期货市场的定价权转向海外。2015年8月芝加哥商品交易所(Chicago Mercantile Exchange)集团与伦敦股票交易所的全资指数子公司富时罗素合作宣布在第四季度推出富时中国50指数期货。[1]该期货属于E迷你(E-mini)型,只针对在香港上市的50家最大的中国内地股票[2],但由于A股H股固有的联动性以及沪港通、深港通业务的成熟,也会对沪深股市造成影响。

另外,有经济学者在2015年8月下旬指出:"我国散户直接持股市值占股票总市值比例超过80%",因此股指期货市场会成为高级交易者"屠杀"散户的场所,"证监会应该暂停股指期货交易。只有中国居民户直接持股市值比例下降到30%以下时,才能再次开放股指期货"。[3]但不幸的是,她引用的数据是错误的,现在的市场结构恰恰是符合该研究员主张的开放股指期货的条件的。

所谓的"超过80%"可能指的是我国在2014年以前的散户占投资者的比例。中国证券登记结算公司数据显示:2013年底我国持有A股流通市值在10万以下的账户(包括自然人和机构)占总账户比例为84.7%。但这个数据到2014年底已经变成72.75%。[4]显然,散户平均持股市值要小得多,根据证监会数据,截至2011年年底,自然人即持有流通A股市值占比达到26.5%,企业法人占比为57.9%,专业机构投资者占比为15.6%[5],"中国居民户直接持股市值比例"不到总市值的30%。何况,居民/自然人也不一定就是散户。《金融时报》甚至认为散户所持股票市

---

[1] CME Group and FTSE Russell to Offer Leading Index Derivatives—CME launching futures on the Russell 1000,Russell 1000 Growth and Russell 1000 Value,FTSE 100,FTSE Emerging Market,FTSE Developed Europe and FTSE China 50 indexes by the end of Q4 2015,芝加哥商品交易所新闻发布稿 http://cmegroup.mediaroom.com/2015-08-03-CME-Group-and-FTSE-Russell-to-Offer-Leading-Index-Derivatives? pagetemplate = article,最后访问时间 2016 年 4 月 20 日。
[2] 该期货合约信息详见芝加哥商品交易所网站 http://www.cmegroup.com/education/files/e-mini-ftse-china-50-index-futures.pdf。
[3] 刘姝威:《A 股已经被人为操纵必须暂停股指期货》,和讯网 http://qizhi.hexun.com/2015-08-24/178549559.html,最后访问时间 2016 年 4 月 20 日。
[4] 《2.15 年末 A 股市值分布表》,载《中国证券登记结算统计年鉴(2013)》,第 26 页。《2.15 年末一码通账户市值分布表》,载《中国证券登记结算统计年鉴(2014)》,第 27 页。2014 年 10 月起中证登为所有证券账户投资者配发一码通账户。
[5] 《证监会:自然人持有流通 A 股市值占比达 26.5%》,证券时报网 http://kuaixun.stcn.com/content/2012-06/21/content_6016241.htm,最后访问时间 2016 年 4 月 20 日。

值比例可能不到 5%。[1]

第六节　股灾后的重建与反思：证券场外配资的清理整顿

证券交易中过高的融配资比例被广泛认为是 2015 年 6 月 15 日起我国股灾的重要肇因。从远因上讲，融配资扩张了资金对证券的需求，催生了价格泡沫。一般认为，股灾前沪深场外配资金额占流通市值的比例已经接近 1929 年美国股市崩盘前夕的 10% 的水平。如美林美银较为激进的数据称，通过保证金融资、股权质押贷款、伞形信托、股票收益互换、结构化公募基金、P2P、线下配资七种通道进入 A 股的资金超过 3.7 万亿元，即便只按 1 倍杠杆率，配资资金存量也至少在 7.5 万亿元，超过 A 股市值的 10%，流通市值的 30%。[2] 从近因上言，中国证监会 2015 年 6 月 12 日宣布开始清查场外配资，直接带动了 15 日周一配资客户的大幅抛盘，形成了股市的拐点，并造就了恶性循环：股价下跌，融配资客户的证券资产触及警戒线和平仓线，而需要依靠抛售股票来维持担保比例，股价再度下跌。因无法实现安全担保比例而被强行平仓的客户的配资比例从 1 比 10 一路下行。这一雪崩式的图景令场外配资的合法性及其监管路径成为了证券法研究必须正视的话题。证监会在 2015 年 11 月 6 日的新闻发布会上宣布证券公司已基本完成相关清理工作[3]，法学界的系统性反思也应当跟上。

一、场外配资的监管必要性：源于市场外部性，而非商事交易关系本身

作为一种商事交易，除了不可预测的市场因素外，配资双方对其收益

---

[1] 吴佳柏：《"大爷大妈"不是中国股市主角》(2015 年 7 月 13 日)，金融时报中文网 http://www.ftchinese.com/story/001062978，最后访问时间 2016 年 4 月 20 日。
[2] 张力、陈星光：《股市的场外配资：发展历程、风险机制和对策》，一财网 http://www.yicai.com/news/2015/08/4671226.html，最后访问时间 2016 年 4 月 20 日。
[3] 证监会称共清理 5754 个场外配资账户，其中 12% 的账户采用销户方式清理，其他账户均采用合法合规方式承接，同时又指出"场外配资活动出现了变换花样与手法的情形，如利用一人多户、线上转线下、借道私募基金专户等方式"，隐蔽性、欺骗性强。证监会网站 http://www.csrc.gov.cn/pub/newsite/zjhxwfb/xwfbh/201511/t20151106_286093.html，2015 年 11 月 15 日访问。

和风险的前景是可以合理自我预见的,谈不上不公平。对资金配入方而言,杠杆率、警戒线、平仓线是预先确定的,损失风险和获利机会基本上是平衡的。最初,由于我国场内融资交易尚未展开,场外配资在一定程度上满足了私募投资基金等市场新兴力量的需求。但在 2010 年证监会颁布《关于开展证券公司融资融券业务试点工作的指导意见》,我国正式推出场内融资融券业务后,场外配资的违规性增强、正当性减弱。

从宏观市场角度而言,理论上可以说证监会作为法定的证券市场监督管理者,是社会公共利益的承载者,其对融资业务规模、杠杆率的程度把握,反映了对金融创新和市场安全之间平衡度的合理把握[1],而场外配资的野蛮生长,则颠覆了这个平衡。从行业培育看,场外配资多少构成了对场内融资的不正当竞争。配资的技术含量并不高,资金配出方只要有及时盯盘和达到平仓线后控制账户卖出股票的普通人力和软件配置,就基本上能收回本金、不致亏损。在场内融资存在的前提下,场外配资业务并非不可或缺,也未必算金融创新,而其问题包括如下方面:

1. 场外配资降低了高风险的杠杆交易的进入门槛。中国股市发展还不成熟,散户比重高,投资者盲目性、投机性强。[2]如场内融资以 50 万元资金起步,但场外配资特别是利用 HOMS(恒生订单管理系统)等对伞形信托的子伞进行再分仓的,进入门槛可以低至 1 万元。

证监会 2010 年《关于加强证券经纪业务管理的规定》第三点规定证券公司应当充分了解客户情况,建立健全客户适当性管理制度,对客户进行初次风险承受能力评估,以后至少每两年根据客户证券投资情况等进

---

[1] 从金融学的角度,可以检讨证监会是否过于保守而阻碍了融资业务的发展。但从法律学角度应当承认证监会确定融资业务规模的正当性。类似的讨论参见中央银行基准利率决定权的合理性与合法性,缪因知:《论利率法定与存款合同意思自治的冲突》,载《中外法学》2014 年第 3 期。

[2] 2014 年底我国持有 A 股流通市值在 10 万以下的账户(包括自然人和机构)占总账户比例为 72.75%。《2.15 年末一码通账户市值分布表》,《中国证券登记结算统计年鉴(2014)》,第 27 页。且散户持有的市值和在交易额中的比重均高于机构投资者。参见邓海清、陈曦:《数据说话:散户确实是 A 股的主角!》,财新网 http://opinion.caixin.com/2015-07-15/100829029.html,最后访问时间 2016 年 4 月 20 日。2014 年证监会也指出,专业机构投资者持有的 A 股市值仅占总市值的 10%左右。A 股"交易仍以中小散户为主,整体趋势交易行为特征明显,以公募基金为代表的专业机构投资者投资交易行为受市场趋势影响较大,难以发挥'市场稳定器'的作用,仍是市场走势的被动接受者,资本市场买方约束机制尚未形成"。http://www.csrc.gov.cn/pub/newsite/zjhxwfb/xwfbh/201406/t20140613_256025.html,最后访问时间 2016 年 4 月 20 日。

行一次后续评估,并对客户进行分类管理。而 HOMS 使用者显然做不到。这导致大量投机性更强、风险承受力更低、不具备交易适当性的玩家进入,影响了市场宏观安全。

2. 场外配资交易范围受限小,资金可被用于集中炒作股票包括垃圾股,易生价格异动。沪深《证券交易所融资融券交易实施细则》对可融资融券(两融)的股票和交易所交易型开放式指数基金(ETF)的条件有硬性规定,证券公司可对两融标的有所取舍。沪深两市合计可以开展两融的股票占所有股票的比例不足三分之一。而场外配资商对此几乎没有限制,ST板块股票、封闭式基金、债券等均可以成为投资标的。银监会2010年《关于加强信托公司结构化信托业务监管有关问题的通知》第九点规定单只股票投资额与信托产品资产净值的比例(单票比例)以20%为上限,但由于监管者不能穿透伞形信托的内部结构,实际上只能要求同一主信托账户下所有子伞持单票比不超过20%,单个子伞持单票比不受限制。而 HOMS 等系统下的操作连此等比例控制都没有。

3. 场外配资杠杆率不受管制,易增强市场起伏。场内融资杠杆较低,而场外配资杠杆不受限制,但杠杆过高会由于资金供应量激增而扭曲市场信号,增强波动,却未必能因此更有效率地发现股票真实价格。高杠杆配资者抗跌能力极低,小型价格波动即会导致爆仓。而在市场整体下行时,其爆仓会引发骨牌效应。我国股市实行跌停板制度,配资者账户逼近平仓线或基金遭遇大额赎回请求时,会遭遇流动性危机而抛售本来仍然值得持有的股票,导致玉石俱焚,股票好坏失去差别。如果市场急剧下行,强行平仓也不足以有效收回本金,就会危及融配资优先级资金提供方包括银行的安全,引发金融系统性风险。[1]

4. 场外交易不遵循场内监管规则,违反账户实名制、造成信息不透明。我国证券市场重建后,一直凭借全面电子化实现看穿式监管,但多层级的账户结构导致投资者可以不经证券登记结算系统开户。[2] 证监会《关于加强证券经纪业务管理的规定》第六点规定"证券公司应当统一建

---

[1] 参见 Steven Schwarcz:《金融系统性风险》,沈晖、缪因知译,载北大金融法中心编:《金融法苑》第86辑,中国金融出版社2013年版。
[2]《证券登记结算管理办法》第18条规定:"证券应当记录在证券持有人本人的证券账户内,但依据法律、行政法规和中国证监会的规定,证券记录在名义持有人证券账户内的,从其规定"。该条的"名义持有人"需要专门认定,目前只包括香港中央结算(代理人)有限公司(H股总体持有人)、QFII等。

立、管理证券经纪业务客户账户管理、客户资金存管、代理交易、代理清算交收、证券托管、交易风险监控等信息系统","不得向证券营业部授予虚增虚减客户资金、证券及账户,客户间资金及证券转移,修改清算数据的系统权限"。非实名的分账户[1]下达交易指令时,外观上等同于主账户在发出指令,故实质上等同于违法出借证券账户。

分仓式资产管理系统内层级繁多,但不与外部证券登记结算机构联网,也不留下交易记录。如在2015年12月上海浦东新区法院开庭审理的宋某诉上海赏利投资有限公司案、田某诉福溪(上海)资产管理有限公司案中,场外配资双方对HOMS自动进行平仓时是否符合约定的平仓条件产生争议,但可能由于配资公司提供的只是HOMS下的一个分账户,现在双方都无法给出当时的账户资金数据。[2]

当投资者同时使用不同的非实名分仓系统时,还可汇总持有一家上市公司5％以上甚至控制性的股份而无需披露。运用这些账户从事操纵市场、内幕交易时,也很难被察觉。

此外,配资分账户未必能实现资金的真正到位和账户之间的间隔,账户资金不实现第三方存管,配资商可以以内部贯通的大资金池来提供资金服务,导致分账户未实际动用资金被重复利用,放大杠杆率,同时又不采取计提准备金等风控措施。危机时刻,存在上级账户持有人卖出分账户名下的证券、携款跑路的风险。

5. 场外配资的资金吸纳和供给不受限制,造成对场内融资的不公平竞争。 场内融资服务的资金规模受到法定限制,如《证券公司融资融券业务管理办法》第20条规定:"证券公司融资融券的金额不得超过其净资本的4倍。证券公司向单一客户或者单一证券的融资、融券的金额占其净资本的比例等风险控制指标,应当符合证监会和证券交易所的规定。"而场外配资却无此限制。配资利息支付方式也更多元化,如事前和事后一次性支付。

需要注意的是,有研究者认为对场外配资进行规制、视之为非法经营证券业务的法律依据不足,他们所持的理由,一是《证券法》第125条列举

---

[1] 由于分账户并不对外独立显示,不具有独立民事责任承担能力,故比照子公司、分公司的提法,似乎更适宜称为分账户。
[2] 高改芳:《上海首例场外配资案开庭"强平"引发的纠纷》,载《上海证券报》2015年12月10日。

证券业务时,根据当时的立法解释,该词就不包括融资业务。二是认为融资融券业务才应该是特许业务,单独的融资不是。三是现行规定并未要求融资业务必须经过证监会,很多机构和个人都在做。[1]

本书不赞同此等说法。一是证券业务一词可以扩张解释,《证券法》第125条列举证券业务时,有"其他证券业务"的兜底项。2005年立法时候毕竟证券公司自身也不能做融资业务,所以当时的解释认为不包括融资业务也很正常。二是如前所述,融资业务对市场有很大冲击性,不能认为其不重要、不必和融券一样受到监管。三是现行管制松弛有种种原因,如基于国家牛、政策牛的目标而予以放任。事实上股灾后证监会明确以配资作为打击对象。在中国现实的制度环境下,"曾经可以做"不一定是合法性的认定标准。

故而,从维护市场整体安全性而非配资客户个体权益的角度看,对场外配资有必要予以监管,如不能纳入与场内融资的一体监管,则暂时予以禁止也具有合理性。但作为法学研究者,本人不拟代替金融研究者对配资监管的实体尺度问题进行评论,如合适的杠杆率、融配资商的资本要求、采用集中还是分散的证券交易信用模式。这是应当结合特定市场特定阶段的金融成熟度和稳健度来综合判定的,并非单纯的法律问题。

二、"股灾"后对场外配资的清理整顿路径

尽管场外配资造成的高杠杆被认为是股灾后必须展开清理整顿的重要理由,但证监会实际上是从外部信息系统接入管理和账户实名制两个方面采取了具体措施。为方便阅读,下文从两个角度梳理证监会对场外配资的清理整顿措施,尽管这两个方面的事项实际上是结合在一起的。

(一)外部信息系统接入管理

外部接入信息系统,指在证券公司内部网络以外建设运营,使用互联网、专线等通信手段接入证券公司信息系统进行证券交易操作的客户端和其他信息系统。这不仅包括较复杂的资产管理系统,也包括单账户登录的证券交易软件,但不包括证券公司各自的单账户网上交易软件。

2015年3月13日,中国证券业协会修订发布了《证券公司网上证券信息系统技术指引》,第54条规定"证券公司不得向第三方运营的客户端

---

[1] 蔡奕:《伞形信托业务发展及其监管反思》,载《证券法苑》第十五卷,法律出版社2015年版,第74—75页。

提供网上证券服务端与证券交易相关的接口。证券交易指令必须在证券公司自主控制的系统内全程处理"。不过这一条字面含义过于广泛,各类第三方交易软件(如恒生、铭创、同花顺)据之都可以瞬间死亡,故实际上未曾执行。

4月16日证监会时任主席助理张育军强调证券公司不得以任何形式参与场外配资、伞形信托等活动,不得为之提供数据端口等服务或便利。[1] 5月22日证监会内部通知要求券商全面自查自纠场外配资相关业务。6月12日起证监会连续两日重申禁止证券公司为场外配资活动提供便利。在时间点上引发股灾的一个由头即是证监会该日《关于加强证券公司信息系统外部接入管理的通知》(证监办发[2015]35号文)。该文并未公开,根据证监会在新闻发布会上的自我总结,其要求证券公司全面自查梳理信息系统外部接入及业务开展情况,排查信息技术风险和业务合规风险;中国证券业协会制接入规范标准,对证券公司评估认证;督促证券公司充分评估现有信息系统的支撑能力,定期开展压力测试。此事被上升到"信息安全"和"非法证券活动"的高度。[2]

6月12日中国证券业协会根据发布了《证券公司外部接入信息系统评估认证规范》,该规范有两三千字,并使用了复杂的文句,真实核心表达是试图禁止同花顺、恒生这样的非证券公司、非客户运行管理的第三方客户端独立与证券公司信息系统连接。这虽然打着信息安全的旗号,但效果值得怀疑。第三方信息技术服务公司固然会有良莠不齐的问题,但是经过多年发展,不少公司的规模和实力已经相当强大。通过证券业协会的认证评估,允许它们直接接入信息系统,并无不可。规定交易只能通过证券公司或客户管理的客户端接入,则实际上只会令他们加强系统的外包。最终还是在市场中体现出竞争优势的专业信息技术服务公司在负责维护运营。

而且大客户以自有交易软件接入券商系统,是行业发展和市场竞争的客观需求。《认证规范》第六点亦允许客户自行开发或通过第三方购置租用客户端,并通过专线、互联网VPN等专用通讯通道接入证券公司,该

---

[1] 《中国证监会通报证券公司融资融券业务开展情况》,证监会官网 http://www.csrc.gov.cn/pub/newsite/zjhxwfb/xwdd/201504/t20150417_275243.html,最后访问时间2016年4月20日。

[2] 参见证监会官网 http://www.csrc.gov.cn/pub/newsite/zjhxwfb/xwfbh/201506/t20150612_278957.html,最后访问时间2016年4月20日。

客户端可由客户自行运行管理或授权证券公司确定的第三方运行管理。从规制配资的角度看，这就意味着相对独立于券商系统而展开场外配资在技术上还是可行的。归根结底还是如何规制交易各方主体的问题，而不是软硬件设备如何配置的问题。

7月上中旬股灾初歇后，杭州恒生网络技术服务有限公司（下称恒生）、上海铭创软件技术有限公司（下称铭创）、浙江核新同花顺网络信息股份公司（下称同花顺）三大资管系统服务商渐次关闭账户开立功能、关闭零资产账户的功能、停止客户对账户增资的功能，客户由于不能追加保证金，而需自行逐步清仓避险。到8月具有分仓式系统已经基本不能接入券商系统。到9月下旬，普通的单用户证券交易下单软件如同花顺、万得、网易财经也被券商禁止接入。

9月2日证监会宣布拟这3家公司涉嫌非法经营证券业务案予以处罚。它们被指开发具有开立证券交易子账户、接受交易委托、查询交易信息、进行证券和资金交易结算清算等多种证券业务属性功能的系统，使得投资者不实名开户即可交易；三家明知客户的经营方式，而仍向不具有经营证券业务资质的客户销售系统、提供相关服务，严重扰乱市场秩序，违反了《证券法》第122条规定的未经批准不得经营证券业务的禁令，故对它们没收所谓违法所得并处三倍罚款，总金额达到数亿元。[1]

其实这3公司涉嫌违法的事项更主要的应该是通过账户内部分拆而实现的账户出借，但违反实名制的法律责任较不明确，所以监管机构似乎是在往法律责任较重的非法经营证券业务上强凑。可是，外部软件的下单服务实际上对券商经纪流程的延伸而非替代，说信息技术服务商只能向具有经营证券业务资质的客户销售系统，尚缺乏法律依据。计算违法所得时也不宜把销售和维护服务收入都计入。

9月11日证监会宣布拟对浙商期货公司处罚，理由是其未通过简单系统安全性测试便将HOMS接入到交易系统中，并为部分客户申请开通HOMS以便分仓操作。证监会明确指出浙商期货知晓HOMS的分账功能，但未对其可能的不良后果进行风险提示、未对软件的接入和上线进行

---

[1]《证监会拟对恒生公司、铭创公司、同花顺公司非法经营证券业务案作出行政处罚》，证监会官网 http://www.csrc.gov.cn/pub/newsite/zjhxwfb/xwdd/201509/t20150902_283593.html，最后访问时间2016年4月20日。

风险把控。[1]由于《期货交易管理条例》第67条明确涉及"交易软件、结算软件不符合期货公司审慎经营和风险管理",所以就此处罚期货公司显得更为理直气壮,引用法律依据也能精确到条,不像同日处罚其他四家证券公司时,证监会主要以客户账户管理方面的笼统规定为处罚依据(详见下文)。

2015年11月初,证监会下发了《证券期货经营机构信息系统外部接入管理暂行规定》(征求意见稿),基本延续了之前的监管思路。

(二)账户实名制、单一制

《证券法》第166条规定了账户实名制。第80条则"禁止法人非法利用他人账户从事证券交易;禁止法人出借自己或者他人的证券账户",并在第208条对利用他人账户规定了罚则。换言之,《证券法》并未禁止自然人借用或出借证券账户,对法人出借账户也没有罚则。不过《证券登记结算管理办法》(2006年颁布,2009年修订)第22条规定"投资者不得将本人的证券账户提供给他人使用",没有区分法人和自然人,但该《办法》也无罚则。

2015年7月12日证监会发布《关于清理整顿违法从事证券业务活动的意见》(证监会公告〔2015〕19号文),要求严格落实账户实名制,开户时证券公司要对客户身份真实性进行审查,保证同一客户的资金账户和证券账户一致。任何机构和个人不得出借和借用证券账户。强化对特殊机构账户开立和使用情况的检查,严禁借助信息系统下设子账户、分账户、虚拟账户。但通过外部接入信息系统买卖证券,本身未被视为违法,只是要求证券公司严格审查客户身份真实性、交易账户及操作的合规性,如无违法行为,6月的35号文发布前的存量账户可以持续运行,逐步规范,但不得新增客户、账户和资产。

7月14日,中国证券登记结算有限公司(下称中证登)《关于贯彻落实〈关于清理整顿违法从事证券业务活动的意见〉有关事项的通知》把账户实名制检查的内容分为四项:(1)存量账户是否下设子账户、分账户、虚拟账户;(2)是否存在借用证券账户;(3)是否开户后相关证券投资产品未依法成立,而证券账户在使用;(4)其他情况。7月17日,中证登修

---

[1]《证监会拟对华泰证券、海通证券、广发证券、方正证券、浙商期货作出行政处罚》,证监会官网 http://www.csrc.gov.cn/pub/newsite/zjhxwfb/xwdd/201509/t20150911_283830.html,最后访问时间2016年4月20日。

订了《特殊机构及产品证券账户业务指南》,不再区分法人与自然人账户。

9月11日证监会宣布拟对四家证券公司"未按规定审查、了解客户真实身份的行为"予以处罚,具体违法违规情节包括对外部接入的第三方交易终端软件未进行认证许可、未对外部系统接入实施有效管理、对相关客户身份缺乏了解、未采集客户交易终端信息并确保其真实准确完整一致可读、未采取可靠措施采集、记录与客户身份识别有关的信息、未实施有效的了解客户身份的回访、检查等程序。处罚依据是《证券公司监督管理条例》第28条(证券公司开户时应对客户身份真实性进行审查)、第84条("未按照规定程序了解客户的身份"),但没收违法所得的计算依据并未说明。[1] 涉案金额较大的海通证券股份公司被认定的违法所得高达近2900万元,如果这涵盖了相关交易的所有佣金收入,显然是不妥的。10月19日证监会再次以自查中漏报涉嫌配资账户、部分产品下设子单元违规进行交易、未曾"了解你的客户"而对数家证券公司、基金子公司采取了暂停新开账户和业务的监管措施。对违规的期货公司风险子公司,则将由期货业协会采取自律惩戒措施。[2]

证监会在此表明的立场似乎是:以后券商必须动态保证客户委托交易时的终端信息与开户时登记的信息一致。所谓客户交易终端信息,根据证监会2013年《关于加强证券期货经营机构客户交易终端信息等客户信息管理的规定》第3条规定,"是指客户通过证券期货经营机构下达交易指令的交易终端特征代码","包括但不限于以下内容:电话号码、互联网通讯协议地址(IP地址)、媒介访问控制地址(MAC地址)以及其他能识别客户交易终端的特征代码。"可见,监控终端信息至少对没有固定营业场所的非机构交易者较难贯彻。不过以后券商倘若发现同一账户同一时段出现多个不同终端地址下单,则可合理推断同一账户内出现了多人操作,而将有义务予以了解、干预。但这或许会造成很大的合规成本,需要结合信息技术的未来发展予以考察。

此外,作为证券公司客户的配资商在登记开户时亦无需表明自己是

---

[1]《证监会拟对华泰证券、海通证券、广发证券、方正证券、浙商期货作出行政处罚》,http://www.csrc.gov.cn/pub/newsite/zjhxwfb/xwdd/201509/t20150911_283830.html,最后访问时间2016年4月20日。

[2]《证监会通报证券期货经营机构信息技术专项检查情况》,http://www.csrc.gov.cn/pub/newsite/zjhxwfb/xwdd/201510/t20151009_284731.html,最后访问时间2016年4月20日。

否将从事配资业务,券商也很难知晓客户是否私下出借账户。换言之,允许客户接入具有分仓功能的外部系统是否合规,和券商是否必须了解客户的配资商身份,是不同的事项,需要分别讨论。

值得注意的是,有研究者主张保留伞形信托,但对其分仓子账户进行看穿式监管和末梢式披露,如对子伞变动信息的动态披露。[1] 本人对此不甚看好。如果伞形信托子账户也要真实披露,接受投资者适当性、杠杆控制、单票比例控制,与标准证券账户一样行事,那他们就丧失了使用伞形信托的原始理由。在目前不可逆的强化实名制管理的监管格局下,HOMS 等资产管理系统会走向单账户化,恢复为私募基金服务的初始定位。而伞形信托应该会最终走向消亡或地下化。

(三) 评述

证券账户实名制是我国证券监管的基石之一,具有诸多正当性,如便于穿透式监管和减少信息不对称,对上市公司大额股份变动报告、收购上市公司、反内幕交易、反操纵市场等重要法律制度有着基础性的作用。但账户实名制监管和外部系统接入管理并非一回事。虽然实践中 HOMS 等外部系统接入后,出现了私下分仓设账户进行场外配资的行为。但这是技术环节方面的问题。从长远看,要防止因噎废食。单纯管制外部系统接入,把第三方信息技术服务机构和不安全挂钩,不符合行业发展要求,属于股灾后运动型执法的过激反应。像到 2015 年 9 月下旬连个人投资者用手机客户端下单都不能进行,就超出了整顿场外配资和实行账户实名制的必要性。

三、场外配资清理整顿的升级和"证信争锋"中的法律关系

(一) 场外配资"野火烧不尽"与清理整顿的升级

2015 年 7 月起,由于 HOMS 等资产管理系统已经渐次关闭,大量配资公司暂停或缩减了业务。不过场外配资始终未断绝,只是从公开宣传转为私下传播,总体上杠杆率下降到 3 倍以下。但期货场外配资的杠杆率有的高达 10 倍。配资转移路径一是向更草根的线下方式,以自制软件、人工盯盘和人工平仓、信用或担保贷款等形式开展,二是投资门较高的信托产品,包括存量伞形信托和单一结构化信托产品。

---

[1] 蔡奕:《伞形信托业务发展及其监管反思》,载《证券法苑》第十五卷,法律出版社 2015 年版,第 75—77 页。

8月初证监会再次组织证券公司、基金公司召开维稳座谈会,重申加强融资融券业务管理、推进信息系统外部接入管理、加强结构化偏股型资管产品的管理、降低杠杆风险、不得为场外配资和伞形信托提供资金和便利、不得开展资金池业务、防范流动性风险;并重申2011年出台的《关于防范期货配资风险业务的通知》。

由于8月下半月股市再次暴跌,证监机构似乎少了投鼠忌器的顾虑,清理整顿场外证券业务的力度加大,包括直接称之为"违法证券业务活动"。与7月的19号文有所不同,证监会8月底开始要求证券公司通过限制资金转入和买入等方式清理利用信息系统外部接入的存量配资账户。除两家规模在300亿元以上的券商可到10月底外,其他券商共不少于2000亿元规模的配资需要于9月底前完成清理。由于地下人工配资很难清查,所以这一轮清理整顿的锋芒实际上主攻的是结构化信托产品。

而券商为了避免在清理整顿最后时限前扎堆处理时遭遇行情跳水,多有提前量,未到九月底便开始逐步关闭交易端口买入权限,关闭交易端口查询、转账、卖出权限,最后直接移除交易端口,以便向证监会提交外部信息系统接入申报,重新经过评估认证后,启用新的外部端口进入市场。

(二)2015年9月整顿高潮期间的证信争锋与整顿方式的转变

2015年第二季度末,我国证券投资信托资产规模已经将近29977亿元[1],虽然股灾后大幅减少,但面临证监会之清理整顿的信托资产价值仍可以万亿元计。且存量信托客户是在上证综指从五千点降到三千点的过程中苦苦支持的,轻易不愿退出。可专属交易端口关闭后,信托客户如果要卖出股票只能委托信托公司,而信托公司只能在客户端查看本公司证券账户项下的总账,而非不同产品下的细账的实时变化。

从法律权利义务上看,证券公司切断交易接口,导致信托公司和客户之间原有的信托合同无法履行。但这一外部因素是属于不可抗力,还是信托公司违约,抑或作为违规交易的无效合同的题中应有之义,仍然存在争议。有的信托商还拟按照提前终止合同来对客户收取罚息,更是激化了矛盾。

证券公司方面依据证监部门的观点,认为清理伞形和结构化信托账户属于合法行为,因为这些产品只在顶端有一个合法开设在中国证券登

---

[1]《2015年2季度末信托公司主要业务数据》,中国信托业协会官网 http://www.xtxh.net/xtxh/statistics/29578.htm,最后访问时间2016年4月20日。

记结算有限公司的证券账户,伞形信托下的非实名账户、虚拟账户、分账户都属于变相出借账户。而且这也涉嫌违反信托法原理。信托公司允许客户委托人(劣后级受益人)以投资顾问的名义担任实际的资产管理人、行使下单权,不符合《信托法》原理、《证券、期货投资咨询管理暂行条例》和银监会2009年《信托公司证券投资信托业务操作指引》第21条关于信托公司"亲自处理信托事务,自主决策"的要求,导致了信托关系的紊乱,并有以合法形式掩盖非法目的之嫌。[1]

信托公司在此过程中表现较为强硬。它们认为伞形结构化信托是合法备案的,并非地下操作。2015年上市公司半年报显示,有超过40家上市公司的十大流通股东中赫然有各类"伞形结构化证券投资集合资金信托计划"。而且实践中这些客户多是由券商主动向信托公司引介。

由于证监会的这一波清理整顿只是公开或内部通知发文的行为,规范性依据不足,所以证券公司切断接口时也往往不向信托公司出具公文,增加了信托公司和客户解释的难度。9月8日信托界处于领先地位的中融国际信托有限公司公开致信经纪业务量在业内居首的华泰证券股份公司,对此表示反对,称其在华泰系统的存续信托计划38个,信托规模133亿元,未使用场外配资系统、未从事或变相从事违规配资活动,故无法接受切断数据和经纪服务的做法,并威胁诉诸诉讼。由于券商从事的并非"自选动作",该函名义上是要求券商出具所执行的监管依据,实际上质疑的是证监会。而9月10日华泰证券回复称"将严格清理整顿外部接入的各类信息技术系统,只留下合规部门认可的接入系统"。

类似见诸公开渠道的事件还包括9月11日中国对外经贸信托有限公司致函国泰君安证券公司。云南信托同样发表了措辞强硬的声明称"信托产品严格遵循证券账户实名制的要求,不存在第三方系统接入、使用违规分仓交易系统、违规设立分账户、子账户和虚拟账户"。天津的北方信托股份公司致华泰证券的函中,称其使用的恒生资产管理综合业务平台V3.0系统已通过了多家券商的认证,正常的自营伞形信托不应被误伤。

这或许说明有的地方和券商有对信托产品过度反应之处,也反映了

---

[1] 投资顾问的这种下单权,不仅在监管层,在民事诉讼层面也存在合同被认定无效的风险。参见缪因知:《配资客户被强平,打官司能赢吗?》,载《新京报》2015年7月27日经济时评版。

清理整顿政策出台的匆忙性和不协调性。在此过程中,9月11日证监会宣布拟对四家证券公司予以处罚,其中华泰等三家证券被指责顶风作案,在19号文颁布后仍"未能采取有效措施严格审查身份真实性、未切实防范客户借用证券交易通道违规从事交易活动,新增下挂子账户,应从重处罚",这驱使了券商对信托公司采取了更激烈的立场。9月14日证监会新闻发言人认为"按照现有方式和节奏对剩余场外配资账户进行清理,对市场不会造成明显冲击"。但14、15日再次出现千股跌停的局面。16日媒体称配资清理放缓。

17日证监会《关于继续做好清理整顿违法从事证券业务活动的通知》首次明确证券投资信托产品清理的范围是:(1)信托委托人账户下设子账户分账户虚拟账户的。(2)伞形信托不同的子伞委托人或关联方分别实施投资决策,共用同一证券账户的。(3)优先级委托人享受固定收益,劣后级委托人以投资顾问等形式直接执行投资指令的场外配资。

这里的情形(2)指信托公司设立的、由客户直接操作的多层级账户,不应包括信托公司自身控制的、为不同客户提供理财服务的分账户;情形(1)是信托产品的客户委托人用计算机软件设立的多层级账户,除了刻意隐瞒交易者身份外,情形(1)的出现往往会伴随情形(3),即为了实现场外配资;而情形(3)只要存在,即便不存在多层次账户结构也会被视为违规。[1]实务中,被禁账户涵盖了信托二级分层交易、伞形信托(分组账户投资信托)、走信托通道(而非基金子公司通道)的单一结构化信托产品,但不含单一管理型信托产品。对暂时不能处理的账户资产,证监会仍然坚持清理。如已停牌股票要在复牌后十个交易日内卖出;有的信托公司的伞形信托和不违规的信托产品使用的是同一条外部接入线路,则通过技术手段予以区别标识和区别清理。

不过为降低简单解除合同、切断接口导致的强迫抛售股票对市场的冲击,17日通知中,相关账户内证券资产不再被要求直接出售,而可通过

---

〔1〕 2015年11月27日证监会《关于规范证券期货经营机构涉嫌配资的私募资管产品相关工作的通知》表示要规范的证券公司、基金子公司等的配资式私募资管产品也以"优先级委托人享受固定收益、劣后级委托人以投资顾问等形式直接执行投资指令参与股票投资"为基本特征。

非交易过户、红冲蓝补[1]等转至同一投资者账户等。

证监会 17 日的通知也得到了银监会的支持,信托公司基本开始遵循。伞形信托一般不被保留,非伞形的单一结构化信托产品有二类改造方案。如果保持外接系统,就必须改成非分级非结构化产品;若保留优先级投资者,则改为获取不固定收益,只是优先于劣后级投资者获取;不得再由投资顾问下单,而由信托公司或基金子公司下单,监管者将核查主攻管理人的劳动合同、社保单据、MAC 及 IP 地址,以确认是这些机构在实质管理。如果关闭外接系统,则变更使用券商主经纪人(Prime Broker,PB)系统,由管理人在 PB 交易端口下单,原信托产品账户直接接入券商系统。[2]

需要注意的是,结构化信托业务,即"信托公司根据投资者不同的风险偏好对信托受益权进行分层配置,按照分层配置中的优先与劣后安排进行收益分配,使具有不同风险承担能力和意愿的投资者通过投资不同层级的受益权来获取不同的收益并承担相应风险的集合资金信托业务"(2010 年银监会《关于加强信托公司结构化信托业务监管有关问题的通知》第一点[3]),本来是银监会认可的,而且结构化证券投资信托产品并非都是配资产品。把结构化信托列入了清理整顿范围,留存的接入券商系统,成为了证监会非常时期对银监会的一次成功夺权,消除了证券公司融资业务的一大竞争对手。而且,本来这次清理整顿的主要缘由是降低杠杆化配资交易带来的风险,查处违反实名制要求、脱离券商控制之交易架构,只是从法律依据较为明确的角度开展执法的手段,但证监会却规定如果接入券商主经纪人系统,结构化信托产品就能继续运作。这在监管逻辑上并不自洽。

此外,结构化信托产品接入券商自营系统后,在中短期内,证券公司还是像过去那样承担通道和托管角色,而无法完全取代信托公司原有的角色。在过去的架构下,客户交易指令须经信托公司的系统过滤审核后,再通过信托公司与证券经纪商的专线传送。信托公司可以对产品持股数

---

[1] 红冲蓝补是在未发生交易时,用手工调账的方式在一个账户中用红字减去证券或资金,同时在另一个账户中用蓝字增加同样的证券或资金,以实现账目平衡。在正常交易下红冲蓝补的情形已经很少了。

[2] 参见杨庆婉:《券商首次明确"非伞类账户"清理标准:"一刀切"渐成往事》,财经网 http://stock.caijing.com.cn/20150923/3974034.shtml,最后访问时间 2016 年 4 月 20 日。

[3] 该通知是目前唯一以"结构化信托"为主题的规范性法律文件。

量、板块算则、单票比予以限制,有一套相对严格的流程。但现在信托公司很难再对产品建账核算和控制,风险控制机制可能会出现空白。

(三)背景:证券公司和信托公司在私募基金领域的竞争

此番清理整顿隐有证券公司和信托公司在资产管理行业进行竞争的色彩。现在除了单一管理型产品,其余证券信托产品都暂停新增。但由于发展成熟度不同,"信消证长"在中短期内对私募投资基金产品的运作安全可能会有不利之处。

由于私募基金不能直接开设证券账户,信托公司在2004年起即已开始为之服务,现在已较为成熟。彼时信托业刚经历了第六次整顿,亟需寻找新的业务增长点,而公募基金羽翼渐丰,第一代阳光私募基金方兴未艾,故信托业和基金业一拍即合。2011年银监会发布《信托公司参与股指期货交易业务指引》,拓宽了信托公司和私募基金的合作投资渠道。

不过随着修订后《证券投资基金法》于2013年施行,私募基金生长空间增大,在备案后可获得独立证券账户、独立发行,灵活性增强,往西方的对冲基金模式发展。与此同时,2012年9月起证监会开始强化证券公司、证券基金、基金子公司的资产管理业务,包括为私募基金提供中后台服务。证券系和信托系在私募基金业务中的竞争强化。

2014年1月,中国证券投资基金业协会(下称基金业协会)《私募投资基金管理人登记和基金备案办法(试行)》规定经备案的私募基金可以申请开立证券相关账户。3月中证登《关于私募投资基金开户和结算有关问题的通知》规定私募基金可按"基金管理人全称—私募基金名称"开户。2014年8月证监会发布《私募投资基金监督管理暂行办法》。10月起施行的中证登《特殊机构及产品证券账户业务指南》(2015年1月最新修订)明列可开设证券账户的主体除证券公司、基金管理公司、基金子公司、期货公司、保险资产管理公司的各类资产管理计划外,还包括信托产品、保险产品、银行理财产品、企业年金计划、养老金产品、全国社会保障基金投资组合、地方社保基金、私募基金、合格境外机构投资者、RQDII等设立的证券投资产品和外国战略投资者、上市公司员工持股计划。

经备案的阳光私募契约型私募基金由此可以开立证券现货期货账户管理理财产品,自行发行契约型基金产品的通道被打开,数以千计的产品涌现。较之之前须经过信托公司、基金子公司等通道的时代,产品发行规模可以大为下降,申赎期、受益分配也可以更加灵活。不过,私募基金的管理人特长在于进行直接投资和研究,但要运营面向市场的完整基金须同时具备中后台的会计、结算、净值公布等业务。在西方的对冲基金中,这些业务会外包给第三方机构。在我国以前这些工作由提供通道的信托公司或基金专户来完成,但证券公司从2012年底开始加入竞争,涉足私募基金综合托管服务资格,打破了商业银行的垄断局面。

2014年3月中证登《关于私募投资基金开户和结算有关问题的通知》明确规定私募基金可通过证券公司结算模式或托管人结算模式开户。同年证监会基金机构部开始通过《业务试点的无异议函》的形式向证券公司颁发私募基金综合托管业务资格。结算模式是由证券公司开设中证登客户结算备付金账户,私募基金作为券商客户来完成交易资金结算。托管人结算模式是由证券公司开设中证登托管结算备付金账户,经交易所同意后使用专用交易单元完成其所托管私募基金的交易资金结算。托管人必须事先与中证登签订相关证券资金结算协议,对多边净额结算业务承担最终交收责任。对于同一托管人负责结算的、同一家管理人的多个产品,托管人可用同一专用交易单元进行清算,并自行办理各产品的明细结算。

2014年底,基金业协会发布了《基金业务外包服务指引(试行)》。2015年2月证监会开始向券商推行私募基金中后台管理业务的外包资格认证。自2015年4月基金业协会公布首批私募基金外包服务机构名单[1]后,券商已经在其中占据半壁江山。在理论上券商主经纪商(PB)系统已经可以涉足私募基金的产品设计、集中托管清算、后台运营、研究支持、杠杆融资、证券拆借、资金募集、向私募基金进行投资的种子基金孵化等一站式综合金融服务。这其中可分为外包服务(登记注册、估值核算、行政服务等)和托管两块。相比运作了超过十年的信托系统,PB系统还不够熟练,在代销上尤其不足,在竞争中处于劣势。但借此轮清理整顿证券信托账户机会,证券公司加大了将阳光私募基金转入PB系统的力度。

(四)清理整顿对场外配资公司及相关方的权利义务的冲击

2015年9月18日证监会宣布拟处罚涉嫌非法经营证券业务的5家配资公司(名义上是资产管理公司或金融信息服务公司)和1名自然人,合计罚没款项达1.51亿元。情形包括利用信托计划募集资金,通过第三方交易终端软件为客户提供账户开立、委托交易、清算查询等证券交易服

---

[1]《基金业协会公示首批私募基金外包服务机构》(2015年4月24日),http://www.amac.org.cn/xhdt/zxdt/388982.shtml,最后访问时间2016年4月20日。

务,且按照证券交易量的一定比例收取费用。[1] 这边的侧重点是所谓非法经纪,而非非法经营具有融资融券性质的业务,似乎未曾找准着力点。

此外,由于配资公司在交易流程中处于承上启下的地位,券商切断接口导致交易关系断裂后,配资公司也成了市场各方压力的汇总点。作为中介,其在实力上无法与金融机构匹敌,故而只能委曲求全,在资金不敷使用时,甚至会出现老板跑路的现象。

1. 配资公司和银行。配资公司多从银行理财产品等处获取资金并支付固定利息,合作通常的期限是一年。在伞形信托被清理后,配资公司失去了收入来源和经营手段,但它们较为弱势,一般会向银行支付提前终止合同带来的违约金或罚息。这减少了风险从证券市场向银行蔓延的可能性。

2. 配资公司和信托公司。在伞形信托被清理时,客户会提取股票卖出款。但分账户账目清楚不等于资金到位,伞形信托下的分账户是虚拟账户,资金并不在银行账户内独立存管,实际上是形成了资金池,而可能被上级账户持有人在通盘使用,甚至不无挪用可能(类似于 2005 年前证券公司挪用客户保证金的情形)。信托公司在配资业务中只有不多的通道收入,故可能会骤然出现资金压力,而往往要求配资公司协助垫付。

有的信托公司和配资公司寻找私募基金折价收购配资客户账户中的股票,来实现资金回笼,主要途径是大宗交易。对停牌股票,双方也可以通过预签大宗交易合同来实现转让。有的信托公司直接把此类股票卖给配资公司。配资公司当然并不更擅长消化这些股票,所以它们可能会有诱因通过自己的渠道让客户接收股票,包括通过欺诈手段。

3. 配资公司和夹层投资者。有的配资资金批发商会为信托一般受益权人的劣后级资金配上夹层级资金,对外共同作为劣后级资金,以便在杠杆率较低时从信托公司处获得更多的优先级资金。但对内夹层级投资者优先于劣后级投资者受偿,在发生强行平仓时损失率有限。

在正常交易环境下,夹层级资金属于高收益(年利率 13%—14%)低风险投资品种。但由于夹层级资金在外观上是劣后级资金的一部分,在伞形信托被提前终止时,夹层级投资者也被要求与劣后级投资者分担对

---

[1]《证监会拟对福诚澜海、南京致臻达、浙江丰范、臣乾金融、杭州米云、黄辰爽作出行政处罚》,http://www.csrc.gov.cn/pub/newsite/zjhxwfb/xwdd/201509/t20150918_284094.html,最后访问时间 2016 年 4 月 20 日。

优先级投资者的补偿,从而引发了纷争。[1]

四、结论

证券融配资交易具有杠杆性和风险性,场外配资不应脱离于场内融资而获得跃进发展,证券监管机构对之进行规制具有正当性,但股灾之后亦需防止反应过度的执法。

一是落实账户实名制、防止私开账户从事证券交易和配资,不等于一定要严格禁止外部信息系统接入证券公司,而可以通过更为公开的监管路径,要求外部系统以更透明的数据提供来换取合法身份。

二是金融规制要注重度的把握,而不是对合规要求的简单对照,特别是在我国金融法制本身尚不健全的情况下。如结构化证券投资信托产品本身并非不受规制,其门槛亦较高,存在着与证券公司融资业务的良性竞争,此番对之的清理似乎超出了必要限度。

三是金融监管者应当注意把握市场需求和金融安全之间的平衡。在风险可控的前提下,稳健增大合法融资交易的额度。实践中,有的配资商的风控标准也不低于券商的水平,故可考虑"招安"之,以防止将配资需求进一步逼入地下,反而增强风险。

---

[1] 参见陈植:《伞型信托配资清理难题》,载《21世纪经济报道》2015年9月16日第11版。

第五章 推行多元化的证券法律实施机制

本章先论证了大的市场环境是可以容忍更多的潜在失序成本,来换取专权成本的大幅度降低;进而讨论了如何通过渐进的、发挥现行制度潜能的方式来促进证券民事诉讼的运用,并提出可以在此领域推动公权和私权的双增强,在民事诉讼制度设计中引入公权力因素、倚重公共投资者保护机构发动诉讼;并通过法院集中管辖、证监会参与遴选等机制,我们可以令高层决策者对民事诉讼的去中心化所带来的失控风险的疑虑降到最低程度。而在交易所监管革新层面,本章提倡通过促进竞争来优化交易所的监管,合理调整政府性监管机构与它们的关系,从而令其免受来自投资者诉讼的民事赔偿责任的侵扰,这也是发达证券市场的惯例。

总体而言,由于制度环境的约束,应当不拘一格地齐头并进,通过证券法律实施机制充分的多元化来推动市场进步和法治化。所谓多元化机制自然以证券民事诉讼和证券交易场所监管为龙头,但也不排斥其他任何可用的机制。重要的不是哪种机制在抽象层面具有最优价值,而是哪种机制能够向前突破,取得正收益。这也是强调多元化机制的要义所在。

第一节 证券民事诉讼:私权与公权的双增强

要令民事诉讼机制成为更有效的证券法律实施机制,一方面固然需要赋予私权利人更多的运作便利,另一方面也不妨妥当地增强公权力在特定环节的运作,以便在更为贴合中国现实环境的背景下提高民事诉讼的真正效用。

一、是否应当推进证券诉讼:专权与失序成本的现实权衡

证券诉讼的作用和正当性不宜被过分夸大。证券诉讼机制的运用完全没有达到和制度环境、知识储备、实际相称的程度。其或许有不能有效强力地实施法律的弱点,但就证券民事诉讼被滥用的风险而言,还属于杞人忧天的阶段。我们无须指望做到像美国那样证券民事诉讼的案件金额超过联邦和州证券监管机构的执法金额[1],但加强我国诉讼机制的功能,令其成为一个有效的、可选的证券法律实施机制,还是相当有益且潜

---

[1] See Howell E. Jackson, "Variation in the Intensity of Financial Regulation: Preliminary Evidence and Potential Implications", 24 *Yale J. on Reg.* 253 (2007). 该文比较了2000—2002年间的相关数据。

在弊害较少的。

为了更深层次地说明这一问题,我们可以先去权衡一下中国到底是否可以"冒险"推进证券诉讼机制。这不妨结合社会环境来看待。

Djankov等美国经济学家提出的一种指标体系认为任何社会都存在着专制(dictatorship)和失序(disorder)这两种社会成本,专制成本高的表现是个人财产容易被国家侵占,或国家经常通过限制新的竞争者进入市场来间接侵占人们的经济利益。而失序成本高的表现是个人财产容易被其他个人侵占。为了应对这些成本,一个社会存在四种控制战略:私人秩序(private orderings),私人诉讼(private litigation),政府监管(regulation)和国家所有(state ownership)。这四种控制战略选择所代表的由无序所导致的社会成本是递减的,而由专制所导致的社会成本是递增的。在不同的选择之间的切换,意味着两种社会成本的消长。而在不同的社会环境下,无序成本和专制成本消长的幅度又是不同的。故而,应当在一个给定的社会环境下,结合实际地考察政府监管与诉讼这些消除成本的手段所能起到的总体效果。[1]

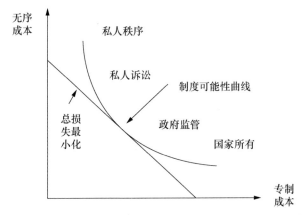

具体来说,私人秩序意味着市场本身可以提供完善的机制来满足证券市场的需要,因而不需要任何公权力介入。在一个证券发行者之间充分竞争、发行者和投资者信息对称的完美市场里,通过声誉机制的鼓励和约束,证券市场各方参与者都有足够的积极性来提供信息,自觉消除一切

---

[1] Simeon Djankov, La Porta, Florencio Lopez-de-Silanes and Andrei Shleifer, "The New Comparative Economics", *J. Comp. Econ.*, vol. 31, 2003, pp. 595—619. 中译文可见《新比较经济学》,郑江淮等译,黄少卿校订,载《比较》第10辑,中信出版社2004年版。

不当行为。但如第一章所分析的,这在现实中显然较难实现。而国家所有基本上禁绝了私人主体的参与,虽然能最大化地减少失序成本,却不能满足社会和市场多样化的发展需求,对证券市场来说尤为不适宜,我国之前"半国有"状态下的证券市场即主要以为国企融资为目的的股市沉疴深重,已然表明了这一点。

政府监管和诉讼由此成为实施证券法律的主要手段。如第二章分析的,政府监管手段能通过监管者的主动行为较好地减少社会失序成本,但由于政府监管俘获、公权力寻租等,本身会带来较大的专制成本。诉讼作为一种被动应对的手段,在消除失序方面不如监管那么有用,仅仅利用法院来保障契约的实施也会面临作为执法者的法官缺乏足够激励的问题,但诉讼不会带来太大的专制成本。

综合考虑这两种成本和两种手段在市场中的运用,则如著名经济学家、哈佛大学教授 Andrei Shleifer 所言,包括证券监管在内的任何形式的公共干预的作出都应该有一个基本前提条件,那就是市场约束甚至法院机制已经无法控制失序成本了。[1] 因为从经济运行的逻辑上看,毕竟是市场机制发生在前,政府监管实施在后,市场是自发的,监管是人为的,监管本身又是有成本的,如果这种成本的付出不能弥补对市场成本的消弭,那发动的正当性显然不足。发展中国家政府透明度、新闻自由、官僚体系运作效率都较低[2],过度政府监管导致的低效可能会格外明显。[3]

中国证券市场的现实恰恰是专制成本较大,而失序成本较小。从失序风险看,我国宏观上经济持续快速发展,政局稳定,政府对社会控制力强。微观上,证券诉讼专业性、技术性较强,每一个诉讼通常只针对一个上市公司和特定的投资者,不涉及公共政策问题,一个上市公司出事,不太会直接连累其他上市公司特别是其他行业的上市公司的声誉,不会造成社会负面情绪的大面积扩散和波动。

---

[1] Andrei Shleifer, "Understanding Regulation", *Euro. Fin. Management*, vol. 11 (2005), pp. 444—447. Ibid., p. 604.

[2] Djankov, Simeon & et al, 2003. "Who Owns the Media?", *J. L. & Econ.*, vol. 46(2), pp. 341—81. 中译文见《谁拥有媒体》,载《比较》第 13 辑。Rafael La Porta, Lopez-de-Silanes, Andrei Shleifer and Robert W. Vishny, "The Quality of Government", *J. L. Econ. & Org.* 15(1999), 222—279.

[3] Simeon Djankov, La Porta, Florencio Lopez-de-Silanes and Andrei Shleifer, "The New Comparative Economics", *J. Comp. Econ.*, vol. 31, 2003, pp. 610—611.

尽管证券民事诉讼最为兴盛的美国目前广泛被认为存在一定的滥诉现象,但这更多的是特例而非普适情形。美国民事诉讼的司法氛围比较利于平衡实力悬殊的原被告,令原告乐于起诉。如对抗制诉讼文化,积极进取、少受限制的律师业,法官较大的造法权限,联邦和州双重法院体制带来的更多诉讼空间等。[1] 实际运行的一些具体制度安排更是助长了这一趋势,如民事裁判中的陪审团制(容易对大公司作出不利判决)、没有实行"败诉者承担诉讼费用"(loser pays)的规则等,因此,即使相应的制度移植到中国来,也不一定会发生类似的滥诉问题。[2] 与我国文化近似的韩国2003年年底在美国学者推动下通过了《证券集团诉讼法》[3],但集团诉讼的适用比美国严格[4],实践中诉讼较少,更不用说产生类似美国的弊害。[5] 故有韩裔学者认为既然韩国诉讼风气不盛、律师职业操守和团体凝聚力强,滥用风险较美国远小,法律可考虑进一步放宽对集团诉讼的限制,以便制约政府执法时往往会"手下留情"的大公司[6](虽然韩国的大公司多是私人财阀而非国企,但政府执法者可能不会对大公司太严格,中韩可谓有共通之处)。就中国而言,显然从制度到文化上都不具备很快出现美国式的低门槛、扰动性集团诉讼实践的情形,故相关社会失序风险尚十分遥远。

从专制风险看,显然在中国证券市场这一成本可谓不低。如前所述,

---

[1] 参见史蒂文·苏本、玛格瑞特·伍:《美国民事诉讼的真谛》,蔡彦敏、徐卉译,法律出版社2002年版,第194页。

[2] Wallace Wen-Yeu Wang & Chen Jian-Lin, "Reforming China's Securities Civil Actions: Lessons from PSLRA reform in the U.S. and Government-Sanctioned Non-Profit Enforcement In Taiwan", 21 Colum. J. Asian L. 115 (2008). pp.141、142. 汤欣:《私人诉讼与证券执法》,载《清华法学》2007年第3期。

[3] See Bernard Black, et. al., "Final Report and Legal Reform Recommendations to the Ministry of Justice of the Republic of Korea", 26 J. Corp. L. 546, 569 (2001). 该法2010年修订版的中译本可见《金融服务法评论》第五卷,董新义译,法律出版社2013年版。

[4] 该法对受案范围采列举方式;原告50人以上,合计持有公司股份万分之一的方可提起集团诉讼;实行原告"声明退出"规则,但要求法院给予成员逐一通知;诉讼费按普通诉讼减半收取并规定上限。法院认为必要时可要求原告提供担保,其败诉需负担被告诉讼费用;持有被告公司股份者不能担任集团律师;任何人不得在3年内超过3次担任集团代表或集团律师。

[5] 参见郭雳:《美国证券集团诉讼的制度反思》,载《北大法律评论》第10卷第2辑,北京大学出版社2009年版,第443页。

[6] See Stephen J. Choi, "The Evidence on Securities Class Actions", 57 Vand. L. Rev. 1465, 1507—25 (2004).

市场总体法治水平有待提高,政府滥权、寻租行为并不鲜见,政府监管在证券法律实施中占据着主导,事前过度监管对市场和创新有所压制;中央政府占据主导,地方和证券行业自主权有限。

因此,中国更需要通过加强证券诉讼机制,减少政府性强制监管,来降低证券市场高企的专制成本。证券诉讼本身的特点、整体较为稳定和被有效控制的社会环境、经济体制和政府威权可以保证在此过程中不会大量增加社会失序成本。证券市场既有的较深地被监管压抑的状况也意味着即使失序成本略有增加,与相应的专制成本的下降相比,仍然是较小的。

诚然,在中国这样的发展中转轨国家可能法官会受到较多的外部压力,能力或许也不足,从而导致诉讼结果出现偏差。但这个问题必须动态地予以认识。首先,法官能力和独立性的提高只能通过不断的司法实践(伴之以必要的对司法权和司法审判结果的复核与制约机制)而得到加强,等待、观望和单纯的理论学习并不能解决这个问题。其次,相比之将大量证券违法行为设为不可诉,或将多种证券市场行为一律事前禁止,法院在断案摸索时发生偏差属于"前进中的问题"。毕竟,如果法庭不能在法律模糊地带很好地界定公司和证券市场参与者的权利和义务,那谁又能做得更好呢?[1]

二、证券民事诉讼受理机制的优化:克服消极性的法院因素

为了减少当前法院本身存在的不利于证券民事诉讼展开的一些因素的消极影响,较为可行的改革路径是通过渐进的方式,首先通过对共同诉讼方式的松绑,让现有框架下的制度可能性被用足,使得证券诉讼的正常"供给"得以实现。然后通过集中管辖等并不激烈的制度变革,实现诉讼环境的改善,使得证券诉讼有一个正常的"接收"方。

---

[1] See Katharina Pistor and Xu Chenggang, "Fiduciary Duty in Transitional Civil Law Jurisdictions Lessons from the Incomplete Law Theory", in Curtis J. Milhaupt (Ed.), *Global Markets, Domestic Institutions: Corporate Law and Governance in a New Era of Cross-Border Deals* (New York: Columbia University Press, 2003), pp. 77—106. Also available at SSRN: http://ssrn.com/abstract=343480 (October 2002),最后访问时间 2016 年 4 月 20 日。中译文见《转型的大陆法法律体系中的诚信义务:从不完备法律理论得到的经验》,黄少卿译,载《比较》第 11 辑,中信出版社 2004 年版。

(一)《民事诉讼法》中既有的共同诉讼制度的用足

一个符合当前法律制度但又能显著改善证券诉讼生态的办法是由最高法院明确要求符合《民事诉讼法》第 54 条(原第 55 条)的案件应当按该法条执行,公告通知潜在的当事人,落实"法院作出的判决、裁定,对参加登记的全体权利人发生效力。未参加登记的权利人在诉讼时效期间提起诉讼的,适用该判决、裁定"之规定。

如不能实现,即法院只愿意就已经登记的当事人提出的案件进行审理,也不得过分对原告进行分组,而是应当按照《民事诉讼法》第 54 条(原第 55 条)规定的诉讼代理人、代表人的制度安排来组织实施,以减少原告方特别是诉讼代理人还要"分拆"核心事实几乎相同的起诉状及相关文件的讼累。

不过,基于实际的考量,如人数过多,庭审难以进行等困难,笔者也赞同法院通过原告协商,采取先选择典型案例进行审理,然后对其他案件进行批量类推适用,但还是以尽量允许共同诉讼或单组人数较多的分组为宜。[1] 如青岛中级法院审理的东方电子案中,法院采用单一诉讼和部分共同诉讼的形式立案,累计受理了 6989 个投资人提出的 2716 件案件。后来先是在 2004 年 8 月审理了原告陈鸿君的案件,解决了诉讼主体资格、虚假行为认定、损失计算方法等问题,然后通过软件以半自动地方式得出了其他投资者的可获赔偿金额。[2] 2013 年 11 月时任证监会主席肖钢在上证法治论坛做演讲时也提出考虑"通过明确代表人诉讼实施制度,建立基于同一侵权行为的裁判结果的普遍适用规则,方便投资者降低诉讼成本,及时获得赔偿"。[3]

(二)实施证券案件集中管辖,克服地方法院审理证券案件的畏难情绪和地方保护主义

证券案件集中管辖的做法已经有了苗头,最高法院 2003 年《关于审理证券市场因虚假陈述引发的民事赔偿案件的若干规定》已经规定由上

---

[1] 当然,这涉及法院工作量考核机制改革,即不单纯根据案件数量考核,而考虑案件规模、当事人人数等。

[2] 宋一欣:《东方电子维权故事》(上、下),载《中国证券报》2006 年 11 月 27 日、12 月 7 日。高度肯定这种做法的学界看法见 Robin Hui Huang, "Private Enforcement of Securities Law in China", 61 Am. J. Comp. L. 757, 783—4 (2013)。

[3] 肖钢:《证券法的法理与逻辑》,证监会网站 http://www.csrc.gov.cn/pub/tianjin/tjfzyd/tjjpfhd/201312/t20131213_239911.htm,最后访问时间 2016 年 4 月 20 日。

市公司所在直辖市、省会市、计划单列市或经济特区法院管辖。但现实中的证券纠纷显然不止这么多,各种非典型证券市场民事案件会不断涌现,如前述的股民诉上市公司控制股东未依照承诺向上市公司注入资产的案件。完全放开受案范围是大势所趋。

单纯在全国范围内放开证券诉讼的受理,可能不仅会对法院特别是中低级法院的能力和受案意愿造成压力,"强人所难"的话也不能保证案件审理质量。毕竟,在我国司法行政指标化管理模式中,受理群体诉讼对于法院而言是成本高而收益小。[1] 故指定集中管辖的思路可以考虑。

较激进的一种改革方案可以考虑让证券交易所所在地的沪深法院对上市公司为被告的案件实施公司上市地专属管辖。中小企业股份转让系统、证券公司代办股份转让市场及地方性股权交易市场的法院对以挂牌公司为被告的案件实施类似的专属管辖。这样既可以让目前稀缺的证券审判专业人才得到集中(专门的培训强化也更为可行),也可统一审判标准,还能大大提高被告司法寻租的难度,有效摆脱目前在证券赔偿案件审理中由上市公司所在地法院审判带来的主动的司法地方保护主义或对司法的行政不当干预所造成的影响。

上海和深圳等地由于有建设金融中心的政治定位,即使有利益考量,也会更加偏重于更有效率、更公正的审理金融案件。如上海浦东新区、黄浦区法院早在 2008 年就设了金融审判法庭[2];2009 年上海市高级法院、第一中级、第二中级法院也设立了金融审判庭,上海三级法院金融审判机构体系基本形成。[3] 这些地方制度平台的建设也为全国性的证券诉讼体制改革提供了更多的物质基础,使指定管辖能以更小的制度变迁成本实现。研究表明,上海的法院在民商事案件中有更高的能力和更强的自

---

[1] 傅郁林:《群体性纠纷的司法救济》,北大法律信息网 http://article.chinalawinfo.com/Article_Detail.asp?ArticleID=27004,最后访问时间 2016 年 4 月 20 日。
[2] 《浦东特设国内首个金融法庭》,财经网 http://www.caijing.com.cn/2008-09-11/110011699.html,最后访问时间 2016 年 4 月 20 日;《上海黄浦区法院成立金融审判庭》,新浪网 http://news.sina.com.cn/c/2008-12-30/172316950201.shtml,最后访问时间 2016 年 4 月 20 日。
[3] 参见《上海市高、中级人民法院金融审判庭成立》,载《上海金融报》2009 年 6 月 30 日。

治性。[1]

如果集中在沪深过于极端,则可以考虑另两种替代方案。一是令一些金融较为发达的地方法院承担集中审判的功能,如 2010 年 7 月成立的重庆市渝中区法院金融审判庭是西部地区首个金融审判庭。2012 年 8 月温州市中级法院及下属 10 个基层法院已均设立金融审判庭。[2] 这些法院积累的经验和专业审判能力值得重视。有学者亦主张在上海、深圳,加上当地具有高新技术园区的北京、天津和武汉共五城实行集中管辖。[3]

二是由中级法院或省会市中级法院集中审理证券案件。除了虚假陈述民事赔偿案件外,2011 年 4 月《最高人民法院、最高人民检察院、公安部、证监会关于办理证券期货违法犯罪案件工作若干问题的意见》第 10 条也规定涉嫌证券期货犯罪的第一审案件,由中级法院管辖,同级检察院负责提起公诉,地(市)级以上公安机关负责立案侦查。不过实践中这似乎没有得到严格遵守,导致一些过分轻判的案件出现。如 2011 年 9 月云南绿大地生物科技股份有限公司涉嫌欺诈发行股票、违规披露重要信息案是在昆明市官渡区法院一审。但该案由于判决结果畸轻,导致昆明市检察院抗诉,昆明市中级法院重审,凸现了由中级法院集中审理的必要性。类似的,在 2011 年 11 月河南高级法院指定焦作中站区法院审理鲍崇民涉嫌内幕交易罪案。该案涉案金额将近四千万元,但 2012 年 7 月,该院一审判决鲍崇民有期徒刑一年,缓期一年执行,并处罚金 20 万元。其他 3 名涉案人员获得了更轻的缓刑并处更低罚金。2013 年 2 月再审判决,但被告还是均被处以缓刑。[4]

除集中指定管辖外,还可以借鉴德国的示范案例模式。针对证券虚

---

[1] Nicholas Howson,"Corporate Law in the Shanghai People's Courts, 1992—2008: Judicial Autonomy in a Contemporary Authoritarian State", 5 *East Asia L. Rev.* 303, 401—07 (2010)(基于对 1992—2008 年间超过一千个的公司争议的研究)。当然,上海的法院也会忌惮群体性案件,Ibid., at 400—15. 但相对而言,东部大城市的法院要更胜一筹是得到公认的。Randall Peerenboom,"Law and Development of Constitutional Democracy in China: Problem or Paradigm?", 19 *Colum. J. Asian L.* 185, 228 (2005).

[2] 《温州法院设立市、县、乡三级金融审判庭》,http://www.chinadaily.com.cn/dfpd/zj/2012-08/16/content_15680533.htm,最后访问时间 2016 年 4 月 20 日。

[3] 黄辉:《中国证券虚假陈述民事赔偿制度:实证分析与政策建议》,载《证券法苑》第九卷,法律出版社 2013 年版,第 993—994 页。

[4] 陈锋、葛爱峰:《证监会内幕交易重案被地方法院意外轻判》,载《华夏时报》2013 年 7 月 6 日。

假陈述和违约案件,德国于 2005 年 11 月起施行了《资本市场示范案例法》(Capital Markets Model Case Act)。该法提供了与德国现行民事诉讼并行的一种机制:原告可以通过新设立的电子系统查询、登记,便捷地参与潜在的团体型案件,并分摊诉讼费用。届时先由高等地区法院(Higher Regional Court)审理后给出示范性案例判决,受理法院据此再针对每一个案裁决。从而既尽量减少了对已有诉讼体制和理论框架的冲击,又充分利用技术进步、注意发挥了专业法庭的作用。[1]

三、证券民事诉讼提起机制的优化:公权和私权结合的探索

在中国国家强势主导的背景下,要在涉及浓厚国企和政府利益的证券市场领域单纯强调私权通过民事诉讼的"挑战"而得到勃兴,较难实现。不追求"纯粹"的民事诉讼机制,而是允许公权力介入其中,或许更为理想。美国和中国在证券诉讼问题上的情形几乎是处于光谱的两端。美国《1995 年私人证券诉讼改革法》《1998 年证券诉讼统一标准法》及原则上不直接适用于证券领域的《2005 年集团诉讼公平法》都体现了国家对特定民事诉讼的提起便利度上的抑制。许多学界改革建议也多有此意。[2]而中国则似乎是应该从另一个方向朝同一个目标走。不是致力于通过在证券诉讼中适当引入公权因素来解决自发民事诉讼的无序问题,而是通过接受国家权力的介入式监督来令民事诉讼本身变得更有现实可能性,从而在整体上取得较好的效果。具体来说,这主要包括以下路径:

(一)在民事诉讼制度设计中引入公权力因素

一种机制是对公共规则的私人诉讼(private litigation using public rules)机制,指法律较为细致地规定公司及经营者应当履行的义务尤其是程序义务,当其被违反时,投资者可据之起诉。这一机制实际上是当初俄罗斯所谓"自我实施的公司法"的优化,但增强了外部法律实施力量的保证,使得对公司及经营者的程序约束有所凭依。

作为一种介于纯粹的民事诉讼和直接政府监管之间的一种法律实施

---

[1] 参见郭雳:《美国证券集团诉讼的制度反思》,载《北大法律评论》第 10 卷第 2 辑,北京大学出版社 2009 年版,第 442 页。

[2] See John H. Beisner, et. al., "Class Action 'Cops': Public Servants or Private Entrepreneurs", 57 *Stan. L. Rev.* 1441 (2005). Matthew Stephenson, "Public Regulation of Private Enforcement: The Case for Expanding the Role of Administrative Agencies", 91 *Vir. L. Rev.* 93 (2005).

机制,这种机制的优势一是在于投资者的诉讼举证责任大为减轻。二是由于裁量权受到了限制,法官无能、被操纵和腐败的可能性所带来的危险也大为减少。故许多学者都盛赞此种机制。[1] 实证研究也表明了在证券发行[2]和银行监管[3]方面此种机制的优越性。

此外,也可以考虑让行政监管机构以"预审查"的方式参与到证券民事诉讼中。一方面,我们应当看到专业的行政监管部门能够增加有效的民事诉讼。监管者在认定违法行为时具备诸多优势,如对违法行为的认知和判断能力、调查能力、证据搜集能力等。即便在美国,倘若证券民事诉讼针对的行为同时处在证券交易委员会的执法流程之下,则该民事诉讼更容易实现和解,并且和解金额更高。[4] 其解释之一便是执法者能更好地选择容易获得突破的案件,并对被告产生震慑和压力。对中国证券虚假陈述赔偿案件的实证研究表明其案件的赔付率显著高于美国同类案件。其中的一个重要原因就是证监会或其他政府机关的先行处罚大大降低了民事原告证明违法行为和因果关系的难度。[5] 另一方面,行政监管机构对案件进行过滤挑选,可以减少无效的民事诉讼,抑制滥诉,提高起诉的质量。[6]

此具体实施的版本可以分为两种:一种是只有经过行政机构或证券

---

[1] Hay, J. and Shleifer, "Private Enforcement of Public Laws: a Theory of legal reform", *American Econ. Rev.*, Papers and Proceedings, vol. 88, no. 2, 1998, pp. 398—403. Hay, J., Shleifer and Vishny, R., "Toward a Theory of Legal reform", *Eur. Econ. Rev.*, vol. 40, nos. 3—5, 1996, pp. 559—567.

[2] La Porta, Florencio Lopez-de-Silanes, Andrei Shleifer, "What Works in Securities Laws?", 61 *J. Fin.* 1 (2006).

[3] Barth, J., Caprio, G. and Levine, R., "Bank Supervision and Regulation: What Works Best?", *J. l of Fin. l Intermediation*, vol. 13, 2003, pp. 205—248.

[4] James Cox, Randall Thomas & Dana Kiku, "SEC Enforcement Heuristics: An Empirical Inquiry", 53 *Duke L. J.* 737 (2003) (基于对 1990—2001 年间的 248 个案件的研究)。James D, Cox and Randall S. Thomas, "Public and Private Enforcement of The Securities Laws: Have Things Changed Since Enron?", (2005) 80(3) *Notre Dame L. Rev.* 893 (基于对 1990—2003 年间的 389 个案件的研究)。

[5] 黄辉:《中国证券虚假陈述民事赔偿制度:实证分析与政策建议》,载《证券法苑》第九卷,法律出版社 2013 年版,第 978—982 页。

[6] 参见 Amanda M. Rose, "Reforming Securities Litigation Reform: Restructuring the Relationship between Public and Private Enforcement of Rule 10b-5", 108 *Colum. L. Rev.* 1301 (2008). 李清池:《比较法视角下的证券民事诉讼改革:兼论构建公私协作的证券执法模式》,载吴志攀、白建军主编:《北京大学金融法研究中心二十周年纪念文集》,上海三联书店 2013 年版,第 213—214 页。

交易所处罚或谴责过的、即它们"认证"通过的案件才能被提起民事诉讼。有的国家如新加坡的《证券期货法》第 235 节等条文明确规定如果有针对同一违法行为的刑事程序（criminal proceedings）或行政性的民事罚款（civil penalty）程序正在进行，民事诉讼就要被终止。待前述程序终结后方可继续，这也比较符合中国的现实。

另一种是经过行政机构或证券交易所"认证"的案件在案件受理、举证等方面可以享受快速通道，如优先受理，简化举证程序，但被告仍然受到一般的证明标准规则和诉讼权利的保护。

所以，不必完全剥离行政处罚和民事诉讼的关联，而可以允许原告投资者借助生效的行政处罚决定获得民事诉讼便利。行政处罚一般需要对违法行为的认定适用明显优势证明标准（如证监会 2007 年《证券市场操纵行为认定指引（试行）》及《证券市场内幕交易行为认定指引（试行）》明确提及了此点），高于民事责任认定中的盖然性标准，所以将行政处罚结果用于民事诉讼，在法理上不会造成对被告的苛责。而且被告也有对行政处罚的认定结果进行举证反驳的权利。

（二）倚重公共投资者保护机构发动诉讼

美国的证券诉讼原本大都由普通个人投资者和律师通过集团诉讼发动，1995 年《私人证券诉讼改革法》开始鼓励机构投资者的作用。而在东亚，特定机构代表投资者发起诉讼成为另一种范式。在中国台湾地区，证券投资人保护基金可谓典型。

台湾证券交易所于 1993 年颁布了"证券投资人保护基金设置及运用办法"。根据 2002 年制定的"证券投资人及期货交易人保护法"（2009 年 5 月最新修正），证券投资人及期货交易人保护中心于 2003 年成立。其名义上虽然是证券期货同业机构出资设立的财团法人，而非政府机构，但董事均由证券期货交易监管机构负责遴选指派，有不少是退休的政府官员或前官员。监管机构也有权决定该中心的"业务之指导、监督、财务之审核、办理变更登记相关事项，与其董事、监察人、经理人及受雇人之资格条件及其他应遵行事项之管理规则"（第 8 条），"必要时，得命令保护机构变更其章程、业务规则、决议，或提出财务或业务之报告资料，或检查其业务、财产、账簿、书类或其他有关对象"(第16条)。[1]

该中心根据"证券投资人及期货交易人保护法"第19条规定可持有每一上市上柜公司1000股股份,以便作为股东起诉。不过其一般是"对于造成多数证券投资人或期货交易人受损害之同一原因所引起之证券、期货事件,得由二十人以上证券投资人或期货交易人授予仲裁或诉讼实施权后,以自己之名义,提付仲裁或起诉"(第28条),而法院"得设立专业法庭或指定专人办理"(第28-1条)。其明确称"证券期货事件团体诉讼为本中心最重要的业务项目"(2014年年报[2]第3页)。

投保中心在使用诉讼方式帮助投资者维权方面成绩斐然。该中心专职职工不过三十多人,但根据其年报披露,截至2014年底,该中心总计协助投资人11.2万人进行187件团体求偿案件(包含自"财团法人中华民国证券暨期货市场发展基金会"承接之案件),求偿金额共计439亿余元新台币。其中计有47件业经法院判决全部或部分胜诉,由发行公司、不法行为人、董监事及会计师暨事务所等相关民事被告对投资人赔偿金额达146亿余元,当中27件已胜诉判决生效。由于台湾只是个小岛,而且市场规范度整体较高,所以这个数量显然较为可观,而在质量上,投保中心的贡献是为司法探索新类型的证券案件积累了素材和经验。以2014年的12件案件为例,包括财报不实案1件,操纵股价案4件,内线交易案5件,另有2件兼具财报不实及其他不法类型。

同时,在团体诉讼之过程,为使投资人迅速取得赔偿,免去讼累,投保中心并与部分刑事被告、董监事、会计师、承销商等达成和解,截至2014年底已替投资人争取高达29.28亿余元之和解金,其中2014年度取得之和解金额即达7.19亿余元。另透过强制执行等程序,亦为投资人争取到3.1亿余元的金额(2014年年报第5页)。就授权人尚未领取分配款项部分,中心亦持续透过媒体传递相关讯息,以使团体诉讼授权人实际获偿(第7页)。

---

[1] W. Wang & Chen, "Reforming China's Securities Civil Actions: Lessons from PSLRA Reform in the U. S. and Government-Sanctioned Non-Profit Enforcement in Taiwan", 21 Colum. J. Asian L. 115 (2008), p.145. Wen-yeu Wang* and Jhe-yu Su, "The Best of Both Worlds? On Taiwan's Quasi-Public Enforcer of Corporate and Securities Law", Chinese J. Comp. Law (2015).

[2] http://www.sfipc.org.tw/MainWeb/Article.aspx? L=1&SNO=cETUAHMWj7bw-kiS59QXNww==。截至2016年3月27日,其2015年年报尚未发布。

《证券投资人及期货交易人保护法》2009年修正案赋予了投保中心对上市柜公司董事和监察人的代表诉讼权,投保中心到2013年底人针对董监执行业务时,有损害公司之行为或违反法令或章程之重大事项,已进行27件代表诉讼及20件解任诉讼案件(2014年新增0件),其中部分个案经投保中心依法督促或进行诉讼后,不法行为人自行赔偿及与公司达成协议赔偿金额约为14亿余元。[1]

短线交易归入权案件由于规则简明,可操作性强,投保中心依据股东身份通过诉讼或督促程序成功行使的案件数量也最高。该中心及其前身自1994年下半年度至2015年上半年度止应行使归入权案件共计7172件,应归入金额32.8亿元;已行使结案7048件,已归入金额21.4亿元。[2]有学者基于截止到2012年底的138起民事诉讼的案件的实证研究,认为投保中心在提起证券案件时,要比起诉追求董事受信责任时更活跃。[3]

其他类似的机构还有韩国的参与民主人民联盟、日本的股东督察会等。在这些机制下,诉讼结果也可以类似集团诉讼直接地、统一地适用于所有涉及该案的投资者,节省诉讼成本,提高诉讼效率。

中国香港地区虽然没有投资者保护中心这样的常设机构,但政府监管者有时会愿意"客串",洪良国际公司(Hontex International holding company Ltd)上市造假事件中,香港证券及期货事务委员会(香港证监会)2010年3月根据《证券及期货条例》(Securities and Futures ordi-

---

[1] 值得提及的是,该中心除了动用作为最后手段的诉讼外,还有三种促进证券市场投资者保护的手法。一是践行股东积极主义(activism),频繁参与公司日常治理,以股东身份依个案评估函请公司(包括私募发行人)提出说明或改善,每年度发函督促件数皆达数百件并予以追踪,必要时派员出席公司股东会表达意见,2014年出席场次即达34场,重点关注者为董监事薪酬、大额保证、资金贷与超限、弥补亏损之减资。二是针对个案或通案问题,向主管机关、周边单位提出具体改善建议,配合主管机关推动强化公司治理之措施及法令之修订。三是实施投资者教育,以发放宣导品、举办咨询会、座谈会等方式,以提高民众对相关话题之认知与关注。

[2] 《新闻稿:投保中心104年第4季办理上市(柜)公司内部人短线交易归入权情形案》,金融监督管理委员会证券期货局网站 http://www.fsc.gov.tw/ch/home.jsp?id=96&parentpath=0,2&mcustomize=news_view.jsp&dataserno=201601190003&aplistdn=ou=news,ou=multisite,ou=chinese,ou=ap_root,o=fsc,c=tw&toolsflag=Y&dtable=News,最后访问时间2016年4月20日。

[3] Chen, Christopher C., Enforcement of the Duties of Directors by the Securities and Futures Investors Protection Center in Taiwan (March 31, 2014). Available at SSRN: http://ssrn.com/abstract=2588254, or http://dx.doi.org/10.2139/ssrn.2588254.

nance)第 213 条为依据提起强制令诉讼,要求香港高等法院原诉法庭(the court of first instance)下令洪良国际回购投资者所持股份,将其违法所得直接返还给投资者。

值得注意的是,香港证监会开创性地运用此项法律依据以实现直接的投资者损害赔偿的同时,放弃作为监管者传统武器的公法性责任追究,以换取洪良国际董事会的配合。[1] 其政府性监管者的色彩在此刻被投资者维权组织的色彩所压倒。

倚重公共投资者保护机构发动诉讼的机制既能有效地承担诉讼成本,保护投资者权益,又堪对证券诉讼予以适当的控制,减少滥诉。具言之:

首先,公共投资者保护机构专业能力较高,拥有一定的物质和人力资源可以有效承担应诉成本。

其次,公共机构的目的较为纯正,作为非营利组织,其没有太强的逐利和冒险动机以至于滥诉,和潜在被诉的市场主体有私下勾连和利益交换的可能性也较低,故而更可能选择有影响力、有代表性的案件起诉,而不是选择能更多地实现金钱回报(无论是通过诉讼还是和解)的案件。美国的一些研究揭示,虽然机构投资者参与证券诉讼的比例在《私人证券诉讼改革法》通过后大幅度提高,但主要贡献是来自于公共机构投资者如养老基金(public pension funds),而不是私人机构投资者。[2] 后者往往面临着一些利益冲突,不想和上市公司翻脸,以免危及日后的商业合作。[3] 而公共机构投资者则无此种束缚,更多的会去追诉真正的违法行为作出人,迫使上市公司高管注意公司的长期发展与公司治理结构的改革前

---

[1] 见付彦、邓子欣、周淳:《对境内欺诈发行民事补救机制的思考:以洪良国际上市造假事件的视角》,载《中国证券法研究会 2013 年年会论文集》。

[2] Stephen J. Choi & Robert B. Thompson, "Securities Litigation and Its Lawyers: Changes during the First Decade After the PSLRA", 106 *Colum. L. Rev.* 1489, p.1504 (2006); Sherrie Raiken Savett, *Securities Class Actions since the 1995 Reform Act: A Plaintiff's Perspective*, SL085 ALI-ABA 497, 508 (2006).

[3] James D. Cox & Randall S. Thomas, "Leaving Money on the Table: Do Institutional Investors Fail to File Claims in Securities Class Actions?", 80 *Wash. U. L. Q.* 855, 879 (2002); J. Cox & Thomas, "Does the Plaintiff Matter? An Empirical Analysis of Lead Plaintiffs in Securities Class Actions", 106 *Colum. L. Rev.* 1587, 1609—1610 (2006).

景。[1] 例如在对 WorldCom 公司欺诈案的集团诉讼中，作为牵头原告的纽约州养老金基金坚持"损人不利己"，非要在总赔偿额不变的情况下，让有责任的董事交出部分赔偿金。[2] 这被学者评为是在进行具有刑事追诉功能的半监管活动。[3]

虽然养老基金和公共投资者保护机构有所不同，但这生动地说明集团诉讼机制的社会效益的实现需要一个至少部分地被公共利益或者说政治压力和相应的社会政策考虑所驱动的机构[4]，因为在这些机构工作中的社会和政治活动家（entrepreneur）们具有政治抱负，会希望从这些活动中得到个人名声的提高等收益，故而能克服普通投资者不愿意个人去推动诉讼的防止"搭便车"问题。[5] 一个"公"的因素对于有效公共产品是必要的。[6]

第三，在中国的现实环境下，让一个政府背景的公共保护机构控制诉讼进程，比较容易得到国家机构的认可。法律在尚不可能赋予证券诉讼的普通原告诸多诉讼便利时，可以先行赋予公共保护机构相关便利。例如，我国台湾地区"证券投资人及期货交易人保护法"第 34、36 条便规定了证券投资人及期货交易人保护中心在诉讼中申请假扣押、假处分、假执行（即冻结和先予执行）对方财产时，如释明原因，法院可裁定豁免其提供相应担保的权利。第 35 条则规定了投保中心起诉或上诉时，诉讼标的金额或价额超过新台币 1 亿元（2009 年后降为 3000 万元）者，超过部分暂免缴裁判费。在资料调阅等其他实体和程序方面，保护中心也多有便利。同理，中国大陆地区民事诉讼法也可以率先给予公共保护机构更多的诉

---

[1] J. Cox & Thomas, Ibid., p. 1636. Roberta Romano, "Public Pension Fund Activism in Corporate Governance Reconsidered", in *Institutional Investors And Corporate Governance* 105, 128 (Theodor Baums et al. eds., 1994).

[2] Bernard Black et al., "Outside Director Liability", 58 *Stan. L. Rev.* 1055, 1057—58 (2006).

[3] David A. Skeel, Jr., "Book Review: Governance In The Ruins", 122, *Harv. L. Rev.* 696 (2008), 723.

[4] K. A. D. Camara, "Classifying Institutional Investors", 30 *Iowa J. CORP. L.* 219, 235 (2005).

[5] Roberta Romano, "Public Pension Fund Activism in Corporate Governance Reconsidered", in *Institutional Investors And Corporate Governance* 105, 128 (Theodor Baums et al. eds., 1994).

[6] Wang & Chen, "Reforming China's Securities Civil Actions", 21 *Colum. J. Asian L.* 115 (2008), p. 141、142.

讼代表人权益。

我国 2013 年 1 月起施行的新《民事诉讼法》第 55 条规定："对污染环境、侵害众多消费者合法权益等损害社会公共利益的行为，法律规定的机关和有关组织可以向人民法院提起诉讼。"由于不少学者和中国银监会等监管机构已经开始使用和提倡金融消费者的概念，故新《民事诉讼法》此条可否扩展到金融法领域，值得关注。我国 2005 年成立了证监会下辖的中国证券投资者保护基金有限公司。虽然该保护基金的主要职责中还不包括代理证券诉讼，但是完全可以通过法律修订，像我国台湾地区那样赋予其从事此类活动的权利。如规定对于同一案件，20 名以上的投资者可授权保护基金以自己之名义起诉，但投资者可以在一审终结辩论前撤回授权；甚至直接通过法律赋予其独立的公益起诉权。

而最新的动态也符合这一趋势。2013 年 3 月证监会批准设立了中证投资者发展中心有限责任公司。据证监会投资者保护局人士称：该公司将通过持有股票，以股东身份参与上市公司治理；持有基金、债券、期货合约等，以持有人身份维护广大投资者的权利；通过调解、和解、仲裁、补偿、诉讼等方式对损害投资者利益的行为进行约束；培育建立各类投资者利益代表机构，创造条件支持协助中小投资者开展维权诉讼等。证监会人士也认可这能够发挥市场自律作用，向市场释放信号，形成威慑和示范效应动员广大投资者共同参与，以法制化手段促进资本市场公司治理功能的完善。此外，该公司还将作为投资者与监管部门间的沟通纽带，广泛征集意见建议，改善监管和立法。[1]

第二节　增强交易场所之间的竞争，优化交易所监管

证券交易场所作为私主体，其监管动力源于市场竞争。这个问题的思考可以和多层次资本市场建设结合起来。2014 年 5 月《国务院关于进一步促进资本市场健康发展的若干意见》已提出"到 2020 年，基本形成结

---

[1] 陈康亮：《证监会批准设立中证投资者发展中心 加大投资者保护》，中国新闻网 http://finance.chinanews.com/stock/2013/03-08/4628399.shtml。该公司的后续情形不详，但据报道，2014 年 8 月证监会批复成立了中小投资者服务中心有限责任公司，并在 12 月 5 日完成了工商注册登记。2016 年 6 月该公司与全国律师协会金融证券保险专业委员会签署合作协议，7 月该公司接受投资者委托起诉匹凸匹公司的虚假陈述行为并索赔，成为该公司首次接受中小投资者委托诉讼和全国法院受理的首起证券支持诉讼。

构合理、功能完善、规范透明、稳健高效、开放包容的多层次资本市场体系"。本书以为,多层次资本市场建设的主要方略当包括:

一、增强交易场所之间的竞争

国外成熟资本市场是随着经济和金融发展自然形成、逐步复杂化和高级化的。而国内的资本市场相反,是从主板开始做,然后再推行到中小板、创业板,期间各种场外市场此起彼伏,但一直处于被"清理整顿"的状态。但早期场外交易市场的消亡并非由于竞争力不足,而是受制于行政的刻意打压。虽然这些繁多的交易场所中不是没有违规和乱象,但一律取缔无异于因噎废食。毕竟,沪深两大交易所本身也一直有着接连不断的违法违规情形,却没有因此成为政府关闭之的依据。1990年代在沪深两大交易所存在并不断发展的格局下,诸家证券交易中心和两网市场能坚持存在,本身是投资者用脚投票的结果。政府将其断然关闭,既缩减了市场的选择权,也使得两大交易所的外部竞争压力被消除,自我监管的动力降低。1990年代末场外市场消亡后不过几年,沪深证券交易所接连爆发重大弊案,如银广夏案、中科创业案、基金黑幕事件,以至于被著名经济学家吴敬琏等指责为"不如赌场",恐怕并非偶然。

方流芳教授数年前曾指出:我国的资本市场制度实际上是只允许那些具有上市条件的公司发行股票,有利于本来应在竞争中淘汰的国企或者给那些已经成功的企业锦上添花。场外另类交易市场若能重新开放,它赶上甚至超过交易所目前的服务水平在技术上并没有不可逾越的障碍。现有监管体制不惜付出巨大的经济代价而遏制了另类交易市场,投资者、发行人因而蒙受惨重的经济损失[1],真正具有发展前景而需要资金的新兴企业则失去了融资机会。这种做法削弱了中国在新兴产业领域的竞争力。[2] 业界也早有让两个交易所进行竞争的呼声。[3]

近年来,除了沪深证券交易所,我国还建立起了全国性的公众公司场

---

[1] 事实上,STAQ、NET被关闭后,其广大投资者一直怀有期望重新获得被戛然剥夺的股票流通权益,网络上至今可以发现此类公开信、呼吁书,如http://www.idoer.org/pc/200603/20060310390118.shtm,最后访问时间2016年4月20日。
[2] 方流芳:《证券交易所的法律地位——反思与国际惯例接轨》,载《政法论坛》2007年第1期,第76页。
[3] 如储诚忠、文建东:《证券交易所的公司化及其影响》,载《证券市场导报》2001年7月号,第12页。

外股份转让系统,初步确立了区域性证券交易场所的设立和管理体制。但"形似神不似",目前的交易场所的所谓层次性是建立在政府的高度行政管制和基于政策限制的"排座次"之上。有效的多层次证券交易场所实际上没有建成。

这首先自然是不利于中小企业和创新企业的融资和发展。时至今日,由于实体经济的日益丰满,大小企业对资本市场的需求更趋旺盛,沪深交易所体系不堪重负。初级证券交易场所的合法化规范化,既可以满足企业需要,也能减轻场内市场的压力,证券发行人亦不至于为了勉强达标而去大肆财务造假。在此值得注意的是,寻求股权和其他形式的证券的流动性,不仅是上市公司的需要,即使有限责任公司也有充分的理由去寻求之。[1] 而要满足它们的需求,更现实的做法自然是建设更多的初级证券市场。

其次,有效的多层次证券市场的缺失不利于形成金字塔形、层层筛选的挂牌和上市公司体系,不利于切实实现监管的灵活性、不利于成本适宜性和挂牌公司质量之间的动态平衡。在证券市场体系缺乏贯通性和流动性的背景下,能在何种证券市场挂牌,对企业来说,俨然成了"中大奖"和"中小奖"的区别。而对交易场所来说,既有的一些层次性也只是行政认定的结构,而非市场竞争的产物,并不能够真正有效地激励挂牌企业通过改进治理力争上游。

而要重建中国的证券交易所之间的竞争性并非一定要用建立新的证券交易所等较为成本高昂、政治上也不太可行的措施。为了构建更和谐、更有效率的多层次证券交易场所体系,本书有如下法律和配套制度的改革建议:

(一)促进证券交易所之间的竞争性和内部板块的区分化

1. 淡化不同交易场所之间的差异,增强彼此的可替代性和竞争性

(1)证券交易所:全层次化尝试与战新板的起伏

笔者所参与的中央财经大学法学院课题组曾受托于 2013 年 7 月向证监会提交了"《证券法》修订"之"多层次资本市场及证券交易场所法律

---

[1] 参见周友苏:《非上市公司股权交易论纲》,载《公司法律评论》2010 年卷。类似观点见蒋大兴:《谁需要证券交易所》,载《证券法苑》第三卷,法律出版社 2010 年版。不过蒋大兴老师主张把所有证券相关交易都纳入交易所层级进行。笔者原则上并不反对这种观点,但鉴于当前交易所显然还无心接纳有限责任公司的股权流动性,生意较为清淡的初级证券市场则更有可能对此有兴趣。

制度研究"报告。笔者曾在其中提出:将深圳证券交易所的主板、中小企业板合并,取消名不副实、叠床架屋、体现了虚假的资本市场多样化之中小企业板。因为二者的企业在财务和监管层面均无本质性的不同。深圳证券交易所主板和中小企业板现有的上市规则和其他监管、公司治理规则中的少许不同之处,可由深圳证券交易所统一进行整理,按照从严的标准统一制定。这样,沪深市之间,一大一小的错位经营格局就能被改变。沪深的金融资源也能被所有大小企业运用。

值得关注的是,沪深交易所在证监会的认可下曾一度开始了某种"全层次化"的尝试,但屡经波折。2014年3月,证监会发行部悄然以"监管问答"的形式提出:"首发企业可以根据自身意愿,在沪深市场之间自主选择上市地,不与企业公开发行股数多少挂钩。证监会审核部门将按照沪深交易所均衡的原则开展首发审核工作。"[1]

战略新兴产业板的坎坷命运更令人关注。2013年9月起,上海证券交易所就开始研究设立战略新兴产业板,以进一步提升本土资本市场服务新兴产业企业的能力。2015年初上交所提出当年6项核心工作之一包括"完善战略新兴产业板方案,推动战略新兴产业板建设,切实增强上交所服务产业发展、服务实体经济的能力"。[2] 2015年5月上海市《关于加快建设具有全球影响力的科技创新中心的意见》成为第一份对该板背书的官方文件。6月国务院也通过《关于大力推进大众创业万众创新若干政策措施的意见》首次表示支持上交所建立战略新兴产业板。2015年12月25日,证监会副主席方星海在国务院政策吹风会上透露,推出战略新兴板为2016年发展资本市场的五项重点工作中的首要任务。不过2016年3月中旬全国人民代表大会审议《国民经济和社会发展第十三个五年规划纲要》时,根据证监会的意见,删除了"设立战略性新兴产业板"。

此举到底意味着新兴板是被取消还是暂缓推出,一时间没有明确说法。但在酝酿三年、官方多次表态的背景下忽然大幅反复,不甚妥当。这令几十家在美国上市的中国公司的实际工作被扰乱。这些中国概念股已经支付了不菲的货币和时间成本(退市费用在300—1000万美元。中概

---

[1] 证监会网站 http://www.csrc.gov.cn/pub/newsite/fxb/gzdt/201403/t20140327_246194.htm,最后访问时间2016年4月20日。

[2] 上海证券交易所网站 http://www.sse.com.cn/aboutus/hotandd/ssenews/c/c_20150119_3873956.shtml,最后访问时间2016年4月20日。

股从宣布收到私有化要约到最终完成大概需要一年半左右）启动在美国股市的私有化退市、拆除 VIE 合同控制结构等，目的就是在国内上市，现在顿时陷入了无所适从的状态。中国概念股纷纷价格下跌，而本来被认为即将不值钱的已上市壳公司却行情看涨，因为不少公司有业绩对赌和上市时间对赌，在国内正常上市无望，则不得不选择借壳上市。符合美国上市标准的公司无法回归，"徒有虚名"的壳公司却坐地起价，资本市场资源配置出现了逆向淘汰的迹象。

　　这对监管者的公信力也是个损害，令交易所曾作出的政策承诺的含金量大幅贬值，凸显其在不可测的政府性监管者面前的从属性。据报道，"上交所内部也感到很错愕，对于突然叫停完全没有心理预期。""上交所一直在为战新板做准备，包括制定上市规则、流程，安排部门及人手，对外宣讲吸引企业等。上交所还专门成立部门，招聘了很多人在研究注册制和战兴板。直到 3 月 3 日，上交所理事长桂敏杰还对媒体表示，战新板准备情况一切顺利。"[1]其实，十三五规划写入设立新兴板，也并不意味着一定要在五年内兑现，如果写"研究设立"就更是如此。留一个政策选项并无害处，径行删除后，以后再写入反而更费周折。

　　诚然，主管部门可以对是否设立新兴产业板有所取舍。有报道称这和 2015 年 7 月股市的持续低迷有关，故监管层有求稳心态。但此等药方似是而非。更重要的是，从业界对此事的强烈反应看，显然公司们并不觉得上交所新兴板和深交所创业板、北京股转系统之间的差别可有可无。事实上，上交所战新板提出了"市值—净利润—收入""市值—收入—现金流""市值—权益"等几套上市财务标准，与其他板块有所不同。这种细微的差别本来正是我们在多层次资本市场体系建设中应该珍视和发扬的。事实上，目前创业板门槛仍不低，而股转系统又门槛略低、股权集中、交易不活跃，企业的顾虑并非无稽。

　　不同层次的交易场所或板块并非只要有一个就够了，否则沪深交易所保留一个也就行了。事实上，上交所筹划新兴板，对激励原本就拥有创业板的深圳交易所推动革新也有作用，2014 年末深交所提出了不少有利于市场整体制度优化的大胆设想，如推动进一步降低创业板财务准入门槛，支持尚未盈利的互联网和科技创新企业上市；出台配套规则，通过建立合格投资者制度、差异化交易机制、强化版信息披露和风险揭示，来控

---

[1] 彭友等：《战略新兴板停摆涟漪》，载《经济观察报》2016 年 3 月 19 日。

制此类新兴企业上市的风险;推动支持创业板公司上市前的员工激励行为;拟在发行预审阶段放松就对赌协议的监管,推动相关司法解释的出台;研究 VIE 结构以及红筹架构拆除中的法律问题,简化发行审核中对此类架构的审核监管和披露要求等;推动差异化、市场化的并购重组制度安排,试行小额、快速的换股并购,使 PE 估值定价更具可行性。[1]

与上述动向相配套的是更多地赋予沪深交易所自律权限。2014 年《国务院关于进一步促进资本市场健康发展的若干意见》提出"增加证券交易所市场内部层次"。这宜体现为令交易所可以设立不同的板块,通过分层来实现对上市公司的重新配置,体现上市标准、监管和公司治理方面差异。逐步实现上市公司可以选择在同一交易所的不同板块之间进行迁移,进而在不同交易所之间迁移。

(2) 新三板分层,以己上驷逐彼下驷

新三板由于挂牌公司多达数千家、准入门槛低,所以挂牌公司的资产和股本规模、盈利能力参差甚巨,对内部分层亦较有积极性。通过分层,在营业收入、利润、资产规模、做市商数量、股东数量等方面占优的新三板的"上驷"得以凸显,吸引更多资金,改变其交易量、流动性不足的瓶颈,而可与交易所的"下驷"竞争。这样,在投资者准入方面,新三板的高等级板块也就能获得更多的机会,减缓当前交易量不足的困扰。若从扶助创业的角度出发,新三板也可以考虑按融资阶段分层,如天使融资阶段、风投融资阶段以及私募融资阶段等,从而形成一种场外多层次接力式的资金支持体系。

2015 年 11 月,新三板发布《全国股转系统挂牌公司分层方案》,并向社会公开征求意见。设置三套并行标准,筛选出市场关注的不同类型公司进入创新层。基础层主要针对挂牌以来无交易或交易极其偶发且尚无融资记录的企业,和其他暂不满足创新层准入标准的企业。2016 年 5 月 27 日《全国中小企业股份转让系统挂牌公司分层管理办法(试行)》正式公布,自 6 月 27 日起,正式对挂牌公司实施分层管理,并分别揭示转让行情和信息披露文件。在其时七千多家新三板公司中,有 953 家进入创新层。

进入创新层的标准主要是财务性的,一为"净利润+净资产收益率+融资金额",二是"营业收入复合增长率+营业收入+股本",三是"市值+

---

[1] 杜卿卿:《沪深交易所"加力"争夺战略新兴产业板》,载《第一财经日报》2014 年 11 月 3 日。

股东权益＋做市商家数＋合格投资者人数"。在达到上述任一标准的基础上,须满足最近60个可转让日内实际成交天数占可成交天数的比例不低于50%,或者最近12个月完成过发行融资、且累计融资不低于1000万元;并符合合规标准。

以后企业在申报挂牌时,全国股转系统根据分层标准就该挂牌公司是否符合创新层标准自动判断分层位置。

挂牌公司分层的本质是挂牌公司风险的分层管理,其实现方式差异化的服务和监管。创新层公司可实行优先进行融资、交易制度的创新试点,如一次审批、分期实施的储架发行,股东大会一次审议、董事会分期实施的授权发行。

但对创新层公司的监管要求也会更多,如在信息披露的时效性和强度上适度提高要求,要求披露业绩快报或业绩预告,提高披露及时性的要求,鼓励披露季度报告,加强对公司承诺事项的管理;治理结构上要求设置专职董秘,强化对公司董监高敏感期股票买卖、短线交易、募集资金使用的管理;实施严格的违规记分和公开披露,并与责任人员强制培训制度相衔接,研究引入自愿限售制度。值得期待的是,在这两层的分层稳定后,股转系统还可能进一步分层。

同理,区域性股权市场等初级交易场所自然也可通过分层机制改善自身的生态。如目前上海股权托管交易中心有较高级的非上市股份有限公司股份转让系统(E板)和中小企业股权报价系统(Q板),重庆股份转让中心区分了非上市股份有限公司股份报价转让系统(成长板)和中小企业股权报价系统(孵化板)两个层次。

《证券法》亦不妨增设条文规定:"证券交易所和其他证券交易场所可以在与挂牌企业签订的契约性文件中设置对挂牌企业的分层标准和对违规行为的惩戒措施,包括挂牌板块降级、公开谴责和财产性责任条款。"

2. 强化创业板的创业支持属性,必要时将创业板独立出深圳证券交易所,建立深圳创业板市场

李克强组阁以来,为了应对经济增速减缓的新常态格局,政府推动创业的积极性高涨。2015年6月国务院《关于大力推进大众创业万众创新若干政策措施的意见》提出"积极研究尚未盈利的互联网和高新技术企业到创业板发行上市制度"。

我国证券交易所传统追求的是上市公司的财务稳健性,但在新形势下,通过给予创业型、创新型企业上市机会,以牺牲一定的上市公司财务稳健性为代价来"出奇兵"、寻找新的产业增长点的做法之合理性提高。而传统的附属在证券交易所内的创业板是否能承担此重任，值得研究。不能不注意的是，由于我国散户投资者数量众多，投机性、盲目性较强，即便是一些能进行大额投资的所谓高净值客户在遭遇损失时也不能理性对待，甚至会因为投资受损而引发群体性事件。所以证监会和交易所常常被要求配合承担社会稳定任务、甚至用停止新股发行的方式来"救市"。这是传统股票上市标准重视公司的财务稳健性的社会大背景。而中小微创业企业具有业绩波动大、风险较高的特点，要令创业板在深交所内单独成为"高风险板""高退市板"，可能会对深交所产生意想不到的不确定性和压力。

可以对照的是，由于新三板兴起的现实和上海证交所战略新兴板将要推出的现实，2015 年一些券商人士已经开始认为深交所创业板存在边缘化危机。而新三板能胜出的一个理由就是"更市场化、更为专一"，能充当更纯粹的"创业板"。[1]

故而，也可以考虑将现有的创业板独立出深交所（包括以深交所的全资子公司的形式），新创业板市场将必须只吸纳成立年限较短的创新科技型企业，以增强其服务创新型企业的激励。创业板就和创业企业一样，是无法通过行政指定的方式进行选拔的。而交易场所即便没有公司化，不能直接分配利润，也必然会有动力追求收入最大化。当创业板身份"高贵"、上市机会供不应求之际，创业板必然会为了降低风险而选择盈利更为稳健的传统企业。在实现了自身利益最大化的同时，却减损了其可以承担的社会功能。故而，设置独立的、不依附于交易所的创业板，未尝不是一种选项。

3. 通过登记结算改革促进交易所竞争

目前两个交易所各自对口中国证券登记结算有限公司的上海和深圳分公司，方流芳教授据此指出：如果在上交所和深交所之间建立类似美国的"市场串联系统"（Inter-market Trading System，ITS，是纽约股票交易所连接美国其他 9 家交易市场的电子通讯网络，其会员券商凭借 ITS 和美国其他交易市场的券商联络），则券商即使继续在两个交易所分别租用入场通道，两个交易所也会在服务方面进行激烈竞争。即通过登记结算公司的单一化，令一种证券有了在两个交易所上市的可能，券商可以选择

---

[1] 曾庆雪等：《"创业公司应该赶着上新三板"》，载《新京报》2015 年 9 月 26 日 A20 版。

向哪一个交易所租用入场通道,从而推动两个交易所之间的竞争。[1]

(二)充分赋予地方发展初级证券交易场所及向上抬升的空间

除了天津股权交易所等国务院批准的特例外,目前区域性股权交易市场基本上定位于省内"四板"市场,主要功能是满足企业的融资需求和一定程度上的股权流动性需求。这其中,新证券的发行和证券的可交易性都是较为敏感的话题,但实际上,企业的融资需求并不完全仰赖于斯。因为竞争性的多层次证券交易场所体系不仅能够从直接融资的角度满足不同层次的企业的需求,也能促进间接融资业的健康发展。因为企业即使在初级证券市场挂牌,也能提高财务和运作透明度、改善公司治理,其融资需求可以通过存量股权的质押、定向发行[2]、私募债等多种方式进行,从而提高股份变现能力、担保能力和私募资本的退出能力,减少了银行等信贷机构向这些企业及其股东发放贷款时的信用风险。

换言之,资本提供者不必完全依赖于一个交投活跃、交易量大的股权交易市场(二级市场),初级证券市场行使好一级市场的发行功能也会为企业带来良好的附加值。新三板和天津股权交易所等都在积极谋求引介银行为挂牌企业提供授信和股权质押服务。由于缺乏证券公司充当做市商,天交所还有效利用了多家银行的分支机构成为挂牌企业的保荐机构。[3]

所以,应当尽量允许省级政府根据地方实际需求和监管能力,推进初级的证券交易场所的建设,履行较低但可由执法水平确保的挂牌、治理、监管和信息披露标准,来为当地实体经济与中小微型企业服务。在"非标准、不连续"的层面即不构成对证券交易所的模仿的层面应当尽量放开,在市场复杂度逐级而上的时候逐步加大挂牌和监管标准。对天津股权交易所等已经获得的政策突破予以保留。这样,地方性证券交易市场可以成为新三板在一省区域内的后备挂牌资源提供者,可以成为新三板的跨

---

[1] 方流芳:《证券交易所的法律地位——反思与国际惯例接轨》,载《政法论坛》2007年第1期,第75页。

[2] 《非上市公众公司监督管理办法》的定向发行比《上市公司发行证券管理办法》的非公开发行制度更为宽松,如前者的发行范围是股东以外不超过合格投资者35人,后者是包括股东在内的10人。前者可以一次核准、12个月内分期发行,后者不可。后者在发行后对认购人有12—36个月的持股要求,前者无。

[3] 《天交所市场中的银行们》,天津股权交易所网站 http://www.tjsoc.com//research.aspx,最后访问时间2016年4月20日。

区域竞争者。中国证券业协会副会长葛伟平 2012 年 9 月提出的"避免因过早过细的原则限制区域性市场的发展""恪守底线基础上的差异化发展原则"[1]值得推广。

这并不必然会带来太多风险。一方面,我们要相信地方政府合理权衡本区域经济发展和金融风险的能力。吴志攀教授曾经提出中国证券市场的特点是"无法有天",即通过行政治理在法律并不很健全的情况下维持市场秩序和促进发展。现在国家领导者对维持社会稳定十分重视,区域性证券交易场所受政府高度控制,地方政府必须对区域证券交易场所的稳定负政治责任,故十分重视之。例如,天津市政府设立了市金融办牵头的交易所市场监督管理委员会,负责集中统一管理。天交所则与数十个城市的地方政府设立了备忘录,从而在入市审核、挂牌企业交易的监管和持续督导、停牌摘牌企业的后续工作等方面进行深度合作。国家发展和改革委员会等也对天交所等金融市场进行着监督检查。[2] 甚至对新三板挂牌公司,根据证监会与省级政府签署的监管合作备忘录,后者也已经对公司具有了后续监管及风险处置中的责任。此外,不少地方性证券交易场所都有一定的、不低的财务准入标准[3],相比之下,新三板只需要存续期满两年、主营业务明确且具有持续经营记录、公司治理结构健全运作规范、股份发行转让合法合规且有主办券商推荐。天交所的挂牌标准已经在财务指标上高于新三板的挂牌标准。我们无须过分担忧区域性证券交易场所会因为挂牌证券质量低下和市场违法活动失控而造成太大的风险。退一步说,就算出现了此类问题也不必因噎废食。毕竟二十年来,证监会和证券交易所放行的上市公司中也出现了很多严重的弊案。

另一方面,证监会可以扮演专业"警察"的角色,维护市场秩序。特别是在核准权限下放、淡出后,证监会的工作重心应当后移。2012 年 5 月

---

[1] 匡志勇:《逐鹿区域性市场:三大券商控股前海股交中心》,载《第一财经日报》2012 年 9 月 25 日。

[2] 万国华、杨海静:《论我国场外交易市场监管制度的构建》,载《中国证券法研究会 2013 年年会论文集》,第 532—533 页。

[3] 如前海股权交易中心规定挂牌企业必须:最近 12 个月的净利润累计不少于 300 万元;最近 12 个月的营业收入累计不少于 2000 万元;或最近 24 个月营业收入累计不少于 2000 万元,且增长率不少于 30%;净资产不少于 1000 万元,且最近 12 个月的营业收入不少于 500 万元;最近 12 个月银行贷款达 100 万元以上或投资机构股权投资达 100 万元以上。前海股权交易中心网站 http://www.qhee.com/index.php/company_zone/index?id=company,最后访问时间 2016 年 4 月 20 日。

证监会《关于规范区域性股权交易市场的指导意见(试行)》(征求意见稿)曾提出的省级政府负责对区域性市场进行监督管理并可指定专门机构负责日常监管,证监会及其派出机构提供业务指导、服务和和事后执法的框架,可以写入法律。证监会可以通过整顿清理交易场所部际会议的相关运作,提出设置必要的一般性风险控制、信息披露和报备要求,并与区域性市场的主管部门达成监管合作协议,以实现规范与发展的平衡。例如,鉴于区域性市场挂牌公司门槛低、投资者门槛高的结构性特点,可不设暂停挂牌的程序,而是和新三板一样直接进入摘牌程序。被摘牌公司必须通过重新申请来恢复挂牌。

考虑到中国总体上的金融压抑状态,以及沪深证券交易所远远不能满足符合基本财务标准的公司的融资需求,以至于出现严重的"IPO排队"现象的现状,我们更应该防范简单吁请压制区域性证券交易场所的做法。

上海深圳证券交易所虽然被设计为最优质公司提供证券交易平台的场所,但这并不应当成为其"自然垄断"的理由,应当允许已有的和潜在的证券公开发行者较为自由地接受其他证券交易场所提供的挂牌和股票交易服务,从而令可以与主板并驾齐驱的"中国纳克斯克"成为可能。在证监会主导全国中小企业股份转让系统的今天,证监会对区域性证券交易场所的限制更应该慎重,以免被认为是有维护部门利益之嫌。

一个合理的社会阶层体系是可以上下流动的,多层次的证券交易场所体系也应当如此。2008年,中国《反垄断法》实施,虽然该法目前不直接适用于交易所,但却是关于我国经济规制进路发展的大趋势的一个有力信号。毕竟,让市场更富于竞争性的运作,总是有效配置资源的一个良策。何况这种方式不需要政府专门投入,只是让自我逐利的市场主体自主行为,"因民之所利而利之,斯不亦惠而不费乎?"[1]如果运作有效,政府失去的,可能只是监管的成本。

而且,防止区域性证券交易场所"一哄而上"的最好的办法恰恰是放松管制,让实践中出现的领跑者如天津、深圳等地的股权交易场所通过市场竞争力来自然"吸附"其他省域的挂牌证券,这样才能从根本上避免出现一省一个、一省多个小而散的区域性证券交易场所。

---

[1]《论语—尧曰》

(三)实现上市挂牌公司的升降有序,贯通各交易场所之间的层次和转板机制

多层次证券交易场所体系要形成整体性的活力,就必须有贯通的、由市场主体自身选择的转板机制。这既包括升板,也包括降板。建立具有活力的升降机制,有利于公司根据自身发展战略、股价估值情况、控制权结构以及成本效益法则等灵活选择挂牌场所,实现利益最大化。这能增强低层次证券市场的吸引力,对于高层次证券市场的挂牌公司质量的提高、监管的优化亦大有裨益。因为这意味着退市、降板的后果也不那么可怕,能减少劣质公司在主板恋栈不走的动因,也能减少退市、降板对中小投资者造成的损害。相应的,高层次证券市场也可减少政治阻力,获得更多的、刚性的权限来实施摘牌,解决"退市难"的老问题。

目前升板的主要出路是新三板,2013 年 12 月 13 日国务院《关于全国中小企业股份转让系统有关问题的决定》明确"全国股转系统主要为创新型、创业型、成长型中小微企业发展服务","达到股票上市条件的,可以直接向证券交易所申请上市交易"。次日证监会回应记者问题时指出:"按照《国务院决定》的精神,全国股份转让系统的挂牌公司可以直接转板至证券交易所上市,但转板上市的前提是挂牌公司必须符合《证券法》规定的股票上市条件,在股本总额、股权分散程度、公司规范经营、财务报告真实性等方面达到相应的要求"。2016 年 4 月 1 日,证监会称"全国股转系统挂牌公司转板到证券交易所市场的相关制度正在研究中"。[1]

而降板目前主要通过退市来实现。但退市率明显偏低正是我国证券交易所新陈代谢程度较低的表现。近十年来美国纳斯达克退市公司数和新上市公司数的比例为 1.6,在全球主要交易所中排名第一,伦敦交易所和纽约交易所的这一比例为 1.1,而沪深交易所为 0.05。2011 年主要欧美交易所的退市率均超过 5%,其中纳斯达克交易所退市率最高,达到了 9.3%。中国 A 股上市公司总市值在全球位于前十,但是退市率仅有 0.1%。[2] 从退市数量看,从 2001 年水仙电器、广东金满开始,截止到

---

[1] 《2016 年 4 月 1 日新闻发布会》,证监会网站 http://www.csrc.gov.cn/pub/newsite/zjhxwfb/xwfbh/201604/t20160401_295322.html,最后访问时间 2016 年 4 月 20 日。
[2] 王慧、周光:《"涸泽而渔"削弱 A 股投资价值》,华尔街日报中文版 http://cn.wsj.com/gb/20140114/OPN084646.asp?,最后访问时间 2016 年 4 月 20 日。

2014年10月只有78家公司退市,其中2007—2012年没有一家。[1]

2012年4月《深圳证券交易所创业板股票上市规则》修订、2012年6月《关于完善上海证券交易所上市公司退市制度的方案》《关于改进和完善深圳证券交易所主板、中小企业板上市公司退市制度的方案》公布,新退市制度正式确立。但截止到2014年3月仅有*ST炎黄和*ST创智在新规下退市。很多公司都赶在当年12月30日退市大限前发布重组公告。金融机构分析师认为退市标准尚不够量化、清晰和可操作。[2]

2014年4月中央企业的下属公司*ST长油退市、2014年11月证监会《关于改革完善并严格实施上市公司退市制度的若干意见》(下称《退市意见》)或许代表着某些改变。一方面,《退市意见》把退市标准与证券成交量、股份总额、股票在一定时期内的收盘价、股权分布、净利润、净资产、营业收入、审计意见类型等结合,予以综合考虑;另一方面,提出主动退市和被动退出双线并进的思路,表明监管层开始培育新观念,即不是把交易所摘牌看作是单纯的惩戒,而是整个多层次市场中的有机组成部分。事实上,上市和主动退市都应当只是商事决策的选项,近年来在美国上市的所谓中国概念股公司有不少主动退出,也是此理。《退市意见》中,申请恢复上市、申请重新上市的概念也被明确提出,和暂停上市、终止上市成为并列的活动选项。

但总体上,退市机制还没有被激活,例如在新股上市暂停后,2015年9月,长年无实质营业收入、员工仅有7人的ST星美,居然又开始公布重组和募集资金预案。这家公司从2009年开始净利润就近乎为零,但按规则要连续三年净利润负值才会退市;2012年的新退市规则要求营业收入达到1000万元,ST星美遂在通过"大股东让渡商业机会"、介绍订单的方式继续得以规避退市。2014年又通过先引入新的大股东,再进行资产注入谈判的反常方式来进行炒作。[3] 说到底都是仅仅凭借了一个壳资源。另外,在当前的过渡期,交易所甚至允许ST公司通过主动退市来避免陷入更不利的强制退市,也引发了一些争议,如2015年5月发生的二重重

---

[1] 白金坤:《退市制度遭遇中国式落地难题》,载《新京报》2014年10月22日经济新闻—投资版。

[2] 王慧、周光:《"涸泽而渔"削弱A股投资价值》,华尔街日报中文版 http://cn.wsj.com/gb/20140114/OPN084646.asp?,最后访问时间2016年4月20日。

[3] 对此事的一个评论见熊锦秋:《重组"打白条"暗藏多重风险》,载《新京报》2014年11月24日公司评论版。

机退市案。

当原上市挂牌公司和交易场所解除挂牌服务后,其应当有权和其他交易场所进行双向选择。这种选择可以跳跃进行,而不一定遵守交易所——新三板——地方性证券交易场所之间的层级。公司应当可以从地方证券交易场所直接向沪深主板申请挂牌,从证券交易所退市的企业也可以在新三板和地方性证券交易场所之间选择。

《退市意见》第17条规定:"主动退市公司可以选择在证券交易场所交易或者转让其股票,或者依法作出其他安排。强制退市公司股票应当统一在全国中小企业股份转让系统设立的专门层次挂牌转让。"这可能是考虑到强制退市公司治理薄弱,具有一定的合理性,但在制度设计上似乎刚性太足,不如改为:强制退市公司股票原则上在全国中小企业股份转让系统设立的专门层次挂牌转让,但公司与其他证券交易场所达成协议且不损害外部股东权益的,可以共同向证监会申请改于彼处挂牌。

需要注意:2013年2月全国中小企业股份转让系统规定:对证券公司代办股份转让系统的原STAQ、NET系统挂牌公司和退市公司设置单独交易板块,暂沿用原交易结算和信息披露制度,显然有将之"打入另册"以免"玷污"其他挂牌公司的意味,甚至可以说有点歧视待遇。

在退市公司质量相对较差的现实下,新三板为了维护自己的品牌而这么做,固然无可厚非。但是在不损害投资者权益的前提下,退市公司和原STAQ、NET系统挂牌公司应当有权为自己争取更好的待遇,通过与地方证券交易场所的双向谈判,而选择在彼处挂牌。这也能提高相关地方证券交易场所的积极性。2012年5月证监会《关于规范区域性股权交易市场的指导意见(试行)》(征求意见稿)也曾提出经上海证券交易所、深圳证券交易所同意,退市公司可申请在其注册地区域性市场挂牌交易,且不受权益持有人累计不超过200人的限制,值得重视。

在未来,如果证券交易所主板和创业板差别化明显化,或者说在设计主板和创业板的区别时,应当考虑到主板上市公司退到创业板的可能性(如果仍然满足创业板的上市标准且被创业板经营者接受)。

(四)完善、充实对场外交易市场/其他证券交易场所的法律规定

目前《证券法》只对证券交易所做了一些具体规定,应尽快整合梳理当前的法规规章条文,通过修订出台相关法律法规,对场外交易市场的法律性质、监管归属、交易方式、功能定位、上市标准、监管制度等问题作出明确规定。

法律应当明确《证券法》相关规定是否适用于或参照适用于其他证券交易场所。例如,《全国中小企业股份转让系统业务规则(试行)》规定:挂牌公司、相关信息披露义务人和其他知情人不得泄露内幕信息。则《证券法》关于内幕交易的相关认定标准和内幕信息知情人范围是否能适用于该市场,应当明确。《非上市公众公司监督管理办法》虽然规定"公众公司内幕信息知情人或非法获取内幕信息的人,在对公众公司股票价格有重大影响的信息公开前,泄露该信息、买卖或者建议他人买卖该股票的,依照《证券法》第202条的规定进行处罚",但这只涉及罚则,在行为的认定标准上有关规定还付诸阙如,从而增加了法律的不确定性和风险。

(五)培育其他证券交易场所的自律监管能力

场外证券交易活动非常复杂、分散,市场主体却是以合格投资者为主。虽然我国的场外证券市场往往要经过严格的政府审批才能成立,但从金融市场发展的规律看,场外市场的基本属性是"非主流性"。场外市场可以由适格投资者自行组织,通过隔绝公众参与,自行承担投资风险。[1] 故强调自律监管更为重要。在现阶段,政府监管应该集中在证券交易所和新三板层次。对其他证券交易场所应主要通过立法与对自律监管者的再监管进行间接监管。过度的监管与过严的信息披露既压制了市场活力,也会导致监管资源的浪费。由于管理体制方面的原因,证监部门并不太干涉区域性股权交易场所。实践表明这一松绑并未带来问题。

在自律监管者中,较之在实践中容易成为政府部门延伸的行业协会,市场化、企业化的自律主体更值得培育。2012年9月成立的全国中小企业股份转让系统有限责任公司取代了证券业协会成为了新三板的市场自律管理主体,值得推广。地方性的证券交易场所也必然要走向以交易场所的自律监管为"内环",地方政府和中国证券业协会为"中环",证监会为"外环"的监管框架。

证券交易场所应充分重视并发挥以证券公司为核心的金融机构的保荐商、做市商作用。现在不少地方性证券交易场所一方面对挂牌企业的财务等方面的实质标准要求甚低,另一方面又给予了它们可观的政府补贴,为维持这种平衡,就必须更多地依靠中介保荐机构。它们同挂牌融资企业利益相关,对企业有更深入的了解,掌握着更多的内部信息。而做市

---

[1] 参见仝东林:《略论场外市场及其在我国的监管路径》,载郭锋主编:《金融服务法评论》第五卷,法律出版社2013年版。

商是市场交易的主导者和发动者,也应当成为自律监管的重要节点与着力点。可通过建立系统的券商培训、考核与资格管理制度,强化它们对挂牌企业与市场交易进行有效的尽职调查、持续督导、实时监控的能力。

二、交易场所监管与政府监管的协调

政府性证券监管对于交易场所监管的意义主要在于两点。一是补充交易场所监管的不足;二是政府性监管者可以对交易场所的监管与纪律处分行为进行复议、监督,这又进一步支持了交易场所在一线灵活监管的正当性。

(一)政府性监管对交易场所监管的补充

交易场所的监管不能完全取代政府监管。证券交易场所监管有一些内在不足。客观上,证券交易场所没有能力对非成员执行规则,缺乏强大的调查工具和惩罚手段,对诈谋(conspiracy)很难洞察到。主观上,证券交易场所监管者虽然会起到投资者保护的作用,但其作为私主体只有微弱的激励对自己的成员和客户去执行旨在保护第三方的规则,以免证券成交量和挂牌公司数量减少。故交易场所监管只是有效的正式法律制度的一个部分替代品。[1]

政府性监管具有法定性、强制性、较强的威慑力,有较大的调查取证、查阅复制个人秘密信息(如证券交易记录)、冻结查封账户、限制买卖等权能。在对可能涉及刑事责任的行为的追究中,政府监管机构和刑事侦查机构进行协调配合也更为适合。

此外,在市场危机等非常态时期,交易场所监管作为一种准市场行为,具有一定的不确定性,而刚性的、法定的政府监管可在此时对市场信心予以保证。[2]

(二)政府监管者对交易场所监管者的约束

政府监管者对交易场所监管者的约束可以体现在多个方面:

政府监管者可以监督交易场所对证券法律的执行,防止交易场所怠于行使职权或出台损害市场公正的规则。例如 2013 年下半年,阿里巴巴

---

[1] John C. Coffee, "The Rise of Dispersed Ownership: The Roles of Law and the State in the Separation of Ownership and Control", 111 *Yale L. J.* 1—82 (2001), p. 68.

[2] 如 Coffee 指出的,"自我监管是有限的,没有强有力的法律制度支持的市场会在经济状况危急时失去信心"。Ibid., p. 65.

公司试图在香港联合交易所上市但令只持股 10% 的自然股东(他们自己所谓的合伙人)保有半数以上的董事决定权。由于阿里巴巴被预期若能上市,将成为第三大市值的公司,联交所态度暧昧,但香港政府强调了《上市规则》中的同股同权、"股本权益与股本的经济价值应该一致"的原则、拒设例外,捍卫了香港证券市场的公正和法律的尊严。

政府监管者可以对交易场所的监管与纪律处分行为进行复议、监督。即便在美国这样的交易所的诞生远远早于证券法和政府监管机构的国家,政府监管者对交易所的约束也越来越大。1975 年《证券法律修正案》(Securities Acts Amendments of 1975),此修正案对《证券法》《证券交易法》都做了修正,统一了美国证券交易委员会(SEC)对自律监管组织的监督权,要求 SEC 关注监管对竞争的影响,交易所制定的纪律处分程序需要经 SEC 审查方可生效,审查重点是程序公平性;纪律处分满足正当程序要求,如给予申辩机会;修正案增加的第 19(d)条同时限制了对交易所自律监管行为的司法直接审查,不服交易所纪律处分的只能要求 SEC 进行行政复议,而法院只审查 SEC 的复议结果,交易所作为第三人参加诉讼。

1990 年《市场改革法》生效后,SEC 与交易所之间日益建立了"格外密切的合作关系"。2000 年以后,纳斯达克和纽约股票交易所发生多起丑闻,独立性进一步受到了 SEC 的压制。在惩治证券市场违法违规行为的过程中,交易所与证券交易委员会及其他执法机构之间的合作日益密切。[1]在 1996 年的 Feins v. American Stock Exch. 案[2]中,联邦第二巡回区上诉法院指出证券交易法已经建立了一个自律监管与行政监管相结合的市场监管体制,政府机构和自律组织能够共同合作,以保障法律以及依据法律制定的交易所规则的执行。

当交易场所受到了政府监管者约束,交易场所也就有了理由获得更多更灵活的监管权限,包括得到诸多程序性的保护,如要求对交易场所的各种广义化理解的监管行为不服者在诉至政府监管机构或法院前,先用

---

[1] William I. Friedman, "The Fourteenth Amendment's Public/Private Distinction among Securities Regulators in the U.S. Marketplace Revisited", 23 *Ann. Rev. Banking L.* 727 (2004).

[2] 81 F. 3d 1215.

尽交易场所内部的救济机制和政府监管机构可以提供的救济机制。[1]

同时法院也开始摒弃原有立场,而对交易场所的监管行为豁免民事责任。1985年的Austin Municipal Securities, Inc. v. National Association Of Securities Dealers(NASD)案[2]中,联邦第五巡回区上诉法院采纳了美国最高法院在1978年Butz案[3]确立的判断行政机构或其职员是否适用民事责任豁免的三要素(通常被称为"Butz测试标准"),赋予被告全国证券交易商协会(NASD)行使自律管理职责时的豁免地位,以确保法律授权的自律监管能够强有力地实现立法目的。

此后在直接涉及证券交易所的一系列案件中,普通纪律处分、停牌、解释、取消交易等行为都被法院视为属于可豁免民事责任的自律监管。同时,法院从1975年Cort案、特别是1982年Walck v. American Stock Exch.案开始倾向于认为法律并没有规定对针对交易所监管行为的默示民事诉权。[4]默示民事诉权存在的情形只能局限于原告能够证明交易所怠于监管的行为是"欺诈性的或者出于恶意"(fraudulent or in bad faith)。[5]

类似的,香港《证券及期货条例》第22条也规定交易所或任何代表交易所行事的人,包括(i)该交易所董事局的任何成员或(ii)该交易所设立的任何委员会的任何成员在履行或其本意是履行法律规定的该交易所的责任时,或在执行或其本意是执行该交易所的规章授予该交易所的职能时,如出于真诚而作出或不作出任何作为,则无须就该等作为或不作为承担任何民事法律责任,不论是在合约法、侵权法、诽谤法、衡平法或是在其他法律下产生的民事法律责任。

就中国大陆的历史教训来看,确保证监会对交易所的约束可以有效防止当年地方政府辖下的交易所和证券交易中心"野蛮生长"的无序竞争。即便监管中不无缺失,当前证监会至少是在证券市场监管方面独此一家、责无旁贷的机构,这一制度背景意味着交易场所之间任何可能的竞

---

[1] 主要判例见MFS Secs. v. SEC & New York Stock Exc., 227 F. 3d 613, and 380 F. 3d 611.
[2] 757 F. 2D 676 (5th Cir. 1985).
[3] 438 U.S. 478(1978).
[4] 各案例详见卢文道:《美国法院介入证券交易所自律管理之政策脉络》,载《证券市场导报》2007年7月号,第11—15页。
[5] Brawer v. Option Clearing Corporation, 633 F. Supp. 1254(1986).

争与自律监管都是建立在证监会统一监督实施我国已然繁盛的证券法律规则的底线平台之上的。

(三) 政府监管者和证券交易场所的协调

政府监管机构和证券交易场所在监管职责上的具体划分,首先有赖于法律法规作出基本界定,其次可以通过交易场所(在获得更大的独立性和自主权后)与证券监管机构签订更为明确和细节化的谅解备忘录来实现。权力资源更为丰富的政府监管者尤其可以采取措施来支持强化交易场所监管的能效。例如,2006年证监会《上市公司证券发行管理办法》第6条、38条将上市公司被证券交易所实施的名誉处分与再融资的条件直接挂钩。不管是公开发行还是定向增发,均要求上市公司的董事、监事和高级管理人员在最近12月内未受到证券交易所的公开谴责。而之前2001年的《上市公司新股发行管理办法》第11条仅仅要求证券公司在尽职调查报告中对上市公司受到证券交易所公开谴责的情况予以说明。这一改变增强了证券交易所名誉处分的威慑力。

三、对交易场所监管的反垄断司法审查

证券交易场所监管的动力来自于竞争的压力,当它们一方面面临着竞争环境,另一方面又作为监管组织时,其可能会在实施监管行为时采取维护私利、限制竞争的措施。故证券法和竞争法的协调成为一个需要解决的问题。在此领域,证券法的相关规定相当于竞争法的特别法,只要证券法没有明确承认证券交易场所的某些特定行为可免受反垄断法的审查,那么证券交易场所作出的对竞争有限制作用的监管行为就需要接受反垄断审查。在任何竞争法发达有力的国家,法院都扮演着最后的重要角色。法院的外部审查机制,是促进交易场所进入良性竞争状态的重要保证。

在此我们可结合反垄断法最为发达、同时交易场所的竞争性和监管职能也最强的美国来予以说明。[1] 总体而言,虽然证券交易场所往往坚持自己的自律监管行为不受法院的反垄断审查,但法院对此种说法显然并非一直支持。

在1960年代的 Silver v. New York Stock Exchange(NYSE)案中,

---

[1] 下面的案例参考了卢文道:《美国法院介入证券交易所自律管理之政策脉络》,载《证券市场导报》2007年7月号,第10—11页。

一家非纽约股票交易所会员的交易商通过与10家会员证券商电话连通的方式参与交易,并得到了纽约交易所的临时许可。但后来在没有任何解释的情况下,交易所命令会员断绝与原告的交易连接。纽约南区联邦法院认为交易所的行为超越了合法的会员管理权,不是在适当履行市场监管责任,违反了反垄断法。[1] 联邦第二巡回区上诉法院则持相反意见。[2] 最后联邦最高法院尽管认同纽约交易所是在履行市场监管责任,却指出其拆除原告交易通讯线路的行动违反了《1890年谢尔曼法》,故不能受到反垄断法的责任豁免。Arthur Goldberg大法官在裁决书中写道:"交易所承担着维护自己及成员日常交易业务诚实性及可行性的义务,但是其也可能采取一些反竞争的措施,而这些做法与上述义务是相互冲突的。因此,对其适用反垄断法责任是一个非常适当的防范措施。"[3]

值得注意的是,其时联邦最高法院作出这样的裁决,一方面是由于纽约交易所没有向原告提供必要的程序性保护,另一方面是由于当时纽约交易所实施的一系列反竞争行为,如限制会员数量、禁止会员在场外交易纽约交易所上市股票、抵制固定佣金制度改革,引起了市场的不满。[4] 最高法院在裁决中暗示:交易所监管如符合如下条件,可豁免适用反垄断法责任:(1) 与竞争相关的监管行为在《1934年证券交易法》明文允许的范围内,并符合其中的自律监管目标。(2) 这种行为处于证券和交易委员会(SEC)的直接监督之下,或遵守了通知、解释、公开听证等程序性保护措施。在之后发生的Thill Securities v. New York Stock Exch.[5]、Ricci v. Chicago Mercantile Exchange[6]案中,法院依旧坚持不能因为股票交易所、期货交易所是自律管理机构就自动给予其责任豁免的地位。

不过,1975年《证券法律修正案》强化了SEC对证券交易所的监管,

---

[1] Silver v. New York Stock Exch., 196 F. Supp. 209 (S. D. N. Y. 1961).
[2] Silver v. New York Stock Exch., 302 F. 2d 714 (2d Cir. 1962).
[3] Silver v. New York Stock Exch., 373 U. S. 341(1963).
[4] Marianne K. Smythe, "Government Supervised Self-Regulation in The Securities Industry And The Antitrust Laws: Suggestions For An Accommodation", 62 N. C. L. Rev. 475 (1984), pp. 502—504.
[5] Thill Securities Corp. v. NYSE, 433 F. 2d 264 (7th Cir. 1970), cert. denied, 401 U. S. 994 (1971).
[6] Ricci v. Chicago Mercantile Exchange, 409 U. S. 289 (1973).

法院对交易所自律监管的司法介入由积极转向保守。[1]该修正案生效后不到一个月,联邦最高法院在 Gordon v. New York Stock Exch.案判决纽约交易所可以获得反垄断责任豁免。在后来的一些案件中,也是如此处理的。[2]但此种变化并不只是导致司法力量在交易所监管之反垄断审查上的消极退却,而只是为了提高执法效率。一来,立法已然强化了交易所监管行为的程序正当性、公开透明性,大大减少了交易所借机限制竞争的可能性;二来,立法增强了 SEC 的对交易所这样仍然具有市场属性的主体的潜在的不公正行为的监督权,这种对专业执法机构的倚重也是符合竞争法律实施的一般规律的;三来,司法仍然对交易所和政府监管机构的不当行为有着最后审查的可能性。只有在交易所的监管行为明确符合相关法律要件时,反垄断豁免才有可能。交易所的监管行为必须遵守正当的监管目的和监管程序,以防止产生实质上的妨害竞争的后果。

第三节 墙外开花墙里香:境外上市改善证券市场微观基础

境外上市是指一家股份公司到境外证券交易场所上市。该公司如果同时在境内外上市,则被称为交叉上市。一般在境外上市的公司都会最终在本国实现境内上市。

我国国有和民营企业已有约二十年的境外上市历程。即便对大型国有企业而言,境外上市的实践仍然在持续进行中,如较近的新华人寿保险公司(2011 年 12 月)、中国人保集团公司(2012 年 11 月)、光大银行、信达资产管理公司(2013 年 12 月)香港上市、中信股份有限公司在香港整体借壳上市(2014 年 8 月)。但已有的文献特别是法学文献尚未能对之作出清晰梳理。

境外上市不算是一种主流的证券法律实施机制。但其却能通过抬升证券市场的基本要素:上市公司的公司治理质量,来改善一国证券市场的微观基础。故尽管其作用不能与监管和诉讼相提并论,却不容忽视。特

---

[1] 徐明、卢文道:《从市场竞争到法制基础:证券交易所自律监管研究》,载《华东政法学院学报》2005 年第 5 期。
[2] 如 MFS Secs. v. New York Stock Exch., Inc. (S.D.N.Y.,Jan. 22,2001). MFS Secs. v. New York Stock Exch., Inc., 277 F. 3d 613 (2d Cir. 2002).

别是在传统证券法律实施机制因故不能奏效时,境外上市的功能便更可发挥。

本节本着"举重以明轻"的原则,将重点通过阐述中国证券市场治理中最硬的骨头:国有企业在境外上市前后的变化,来探究这种辅助性证券法律实施机制的作用。相比之下,境外上市对民营企业的约束效应较大,但民营企业本来就受到了其他证券法律实施机制的有效约束。而国企的情形则更为复杂。

本节将指出:境外上市可通过令企业接受更严格的证券法律和监管环境约束,来强化投资者保护、促进公司治理。其他传统公司治理机制对中国国企的效用相对有限,境外上市之价值与可操作性尤其值得重视。但境外上市并非万能。不少境外上市的明星国企出现严重的治理危机,与国企固有的缺陷大有关联。境外证券监管者对中国国企特殊身份的顾虑亦可能导致放松监督。境外上市导致的企业知名度的增加则可能诱使政府虑及国企倒闭产生的影响,而以高代价保出受困企业,形成对其他国企的隐性担保。这会降低境外证券市场投资者和证券监管者对国企的事前监督激励,减损境外上市的预设功能。故要令境外上市作为一种证券法律实施机制起到作用、根本提高国企的治理和投资者保护程度,最终有赖于政府更明确地界定自身在企业中的定位。

换言之,境外上市可能是对国企最有效的一种公司治理和证券法律实施机制;但在所有可通过境外上市来改善公司治理的企业中,在国企中可能此种机制的作用最不易得到发挥。特别是中国国企巨大的政治经济地位还会对小型的境外证券市场产生反向作用,故而公司治理的问题和公共治理也产生了关联,需要政府更明确地界定自身在企业中的定位。

一、作为公司治理和证券法律实施机制的境外上市

(一)境外上市的动因:向证券市场发出"接受约束"的信号

关于境外上市的动因的研究可以追溯到几十年前。早期的理论强调境外上市可方便企业进入他国市场、降低投资障碍、实现低成本融资。[1]

---

[1] 对相关理论的综述参见 G. Andrew Karolyi, "The World of Cross-Listings and Cross-Listings of the World: Challenging Conventional Wisdom", 10 *Rev. Fin.* 99, 101—05 (2006). Craig Doidge et al., "Why Are Foreign Firms Listed in the U.S. Worth More?", 71 *J. Fin. Econ.* 205, 207—211 (2004).

但是,1990年代后随着国际投资障碍的减少和市场一体化的增强,这一理论受到了冲击。因为按照该种理论,此时企业境外上市的动机会减弱。[1]美国企业也的确在1990年代后大幅减少了去别国上市的频次。[2]但与此同时,到美国寻求上市的企业仍呈几何式增长。在交叉上市的场合,非美国企业赴美上市后,本国股票市场价格通常大幅升值,即产生了溢价。[3]

对此,一种比较有力的解释是哥伦比亚大学法学院John C. Coffee教授等提出的"约束理论"。具言之,企业通过境外上市,来向投资者表明自己将受到一种更严格的法律环境之制约,企业控制人榨取私人控制利益、危害外部投资者的可能性将降低,故值得投资者信赖。[4]选择境外交易所,意味着接受来自境外交易所的监管,更意味着接受境外法律环境的制约。例如,美国证券和交易委员会强有力的执法、私人集体诉讼的威慑、通用会计准则(GAAP)下更高的财务信息披露要求都令美国证券市场的这种"约束承诺"显得现实可靠。所以,当企业赴美上市时,本国市场会通过股价上扬对之作出积极的评价,因为投资者预期其权益将会因为公司受到了新增之境外约束而得到更为切实的保障,本国证券法律保护的不足被有效弥补。由此,公司树立了更好的声誉,并可获得更低成本的融资。另外,由于这种好处是在股价等较为明显和外部化的层面表现出

---

[1] John C. Coffee, Jr., "Law and The Market: The Impact of Enforcement", 156 U. Pa. L. Rev. 229 (2007), p. 284.

[2] Marco Pagano et al., "The Geography of Equity Listing: Why Do Companies List Abroad?", 57 J. Fin. 2651, p. 2661, 2664 (2002).

[3] Stephen R. Foerster & G. Andrew Karolyi, "The Effects of Market Segmentation and Investor Recognition on Asset Prices: Evidence from Foreign Stocks Listing in the United States", 54 J. Fin. 981, 983 (1999); Darius Miller, "The Market Reaction to International Cross-Listings: Evidence from Depositary Receipts", 51 J. Fin. Econ. 103, 103 (1999); Craig Doidge et al., "Why Are Foreign Firms Listed in the U. S. Worth More?" (发现在美交叉上市企业有显著更高的托宾Q值,即企业市值/资产重置成本), 71 J. Fin. Econ. 205, 206 (2004); Craig Doidge et al., "Has New York Become Less Competitive in Global Markets? Evaluating Foreign Listing Choices over Time", J. Fin. Econ., 2009,91(3), 253—277. 该研究指出萨班斯法通过后,赴美交叉上市溢价继续存在,1990—2005年的长期数据均支持了溢价。

[4] John C. Coffee, Jr., "The Future as History: The Prospects for Global Convergence in Corporate Governance and Its Implications", 93 Nw. U. L. Rev. 641, 691—92 (1999); 类似观点可见René M. Stulz, "Globalization of Equity Markets and the Cost of Capital", J. Applied Corp. Fin. (1999)12:8—25.

来的,可以直接与股票期权等奖励措施挂钩,故企业经理人也会产生推行境外上市的激励。

在此过程中,上市公司实际上"租用"了境外的证券法律环境,故而不太受本国法律环境优劣的限制,可操作性较强。事实上,如果本国投资者保护程度较低,境外上市对企业带来的收益还更为明显。定量研究表明,相对于来自其他发达国家的企业,来自新兴市场国家的企业在美国交叉上市时,在本国证券市场上的股价上浮幅度更大。[1]当企业在美国的主要交易所上市、而非通过柜台市场和144A规则(即只将股份卖给机构投资者,不可卖给零售投资者)进入美国证券市场时,因为所接受的法律和监管的约束水平更高,故获得的本国股票市场溢价也更高。[2] 来自对股东保护较弱的法国系法国家的企业比普通法国家的企业更多地选择在美国上市,更多地在主要交易所而不是柜台市场上市;上市后,公司在母国股票发行量也显著增长。[3]

(二) 境外上市的制度价值

除了本身能对具体上市公司的治理产生作用外,境外上市还有多个方面的制度价值,可以有效地推动上市公司本国的整体证券法律环境。

首先,此种进路具有"墙外开花墙里香"的正外部性,产生的积极公司治理效果具有可传导性。境外证券市场的监督增强了企业的合规度、透明度。由于在非上市地的违法行为也可能会在上市地触发法律责任,所以公司在本国的行为也会受到更多约束。不仅境外上市地的投资者得到了相应的保障,非上市地的投资者也可"一体均沾"。

其次,此种公司治理进路可以循序渐进地推动本国企业提高投资者保护水平。企业境外上市并不要求直接改变境内的证券法律和监管制

---

[1] Darius Miller, "The Market Reaction to International Cross-Listings: Evidence from Depositary Receipts", 51 *J. Fin. Econ.* 103, p. 114 tbl. 4. (1999).

[2] John C. Coffee, Jr., "Racing Towards the Top?: The Impact of Cross-Listings and Stock Market Competition on International Corporate Governance", 102 *Colum. L. Rev.* 1757, 1784—1785 (2002); Craig Doidge et al., "Has New York Become Less Competitive in Global Markets? Evaluating Foreign Listing Choices Over Time," *J. Fin. Econ*, 2009, 18—19; Luzi Hail & Christian Leuz, "Cost of Capital Effects and Changes in Growth Expectations Around U.S. Cross-Listings", *J. Fin. Econ*, vol. 93(3), 2009, pp. 428—454.

[3] William A. Reese, Jr. & Michael S. Weisbach, "Protection of Minority Shareholder Interests, Cross-listings in the United States, and Subsequent Equity Offerings", http://papers.ssrn.com/sol3/papers.cfm?abstract<uscore>id=194670.

度,不直接影响既得利益集团的利益,也就不容易受到国内政治经济环境的羁绊。外部投资者对这种约束的信心也不易被动摇。[1] 境外上市为投资者保护创造一些新的可能性[2],即提高部分境内公司的治理水平。[3] 这会逐渐对其他境内企业形成一定的压力,迫使它们向更高的标准看齐,以免在资本竞争中遭受不利。著名法学家 Hansmann 和 Kraakman 称此种做法为"分割"(partition off),认为这可以使不重视股东保护的企业日趋边缘化,兴利除弊之余又不影响整体经济。[4] 鉴于交叉上市企业往往是本土较大、较优质的企业,其对内国证券市场的影响尤其不可低估。

第三,此种进路从长远来看,会动态地对境内的证券监管机构造成良性的监管竞争压力之动态效应。"与具体的监管改革不同,制定一项竞争政策能对为满足市场参与者需要而进行的监管改革和回应产生持续的压力"。[5] 例如本世纪初,诸多优质中国企业纷纷海外上市、对国内证券市场造成的强烈冲击,一定程度上推动了 2005 年启动的股权分置改革。境外监管者和投资者推动的对特定上市公司特定行为的执法也可能直接带动境内监管者采取相应措施。

在中国企业交叉上市的场合中,股票溢价得到了证实。对比研究同时发行 A 股和 H 股的企业与只发行 A 股的企业后,不同学者均发现确实存在着内地企业到香港交叉上市后的溢价,且数据处理结果表明,公司治理可被看作是一种解释。[6] 中国证券市场上存在着基于公司到境外上市、自我约束而产生的溢价效应。公司接受更高市场和法治标准的要求、

---

[1] See Donald Clarke, "Corporate Governance in China: An Overview", *China Economic Review*, 14:451—472, 2003.
[2] Stephen Choi, "Law, Finance, and Path Dependence: Developing Strong Securities Markets", 80 *Texas L. Rev.* 1657, 1705 (2002).
[3] 从这个角度来说,允许境外优质企业到境内上市有类似的功效。
[4] Henry Hansmann & Reinier Kraakman, "The End of History for Corporate Law", 89 *Georgetown L. J.* 439, 464(2001).
[5] Stephen Choi, "Law, Finance, and Path Dependence: Developing Strong Securities Markets", 80 Texas L. Rev., p. 1727.
[6] 何丹等:《交叉上市、投资者保护与企业价值》,载《财经科学》2010 年第 3 期。黄丽清、邹瑜骏:《中国企业海外上市溢价及其原因初探》,第三届中国金融学年会论文(2006 年),第 19—21 页,可见复旦大学金融研究院网站 http://www.ifsfd.org。

对股东提供更好的保护，会得到市场承认与奖励。[1]

不过，对中国国企控制人而言，安排国企境外上市另有一项重要动因。国企治理中存在的一个突出问题是：传统的对企业经理人的内外监督机制均存在失灵问题。所谓内部监督机制，主要指来自大股东的约束。但是，国企虽然名义上是股权集中企业，其主要所有者却是抽象的全民或所谓国家，在现实中由政府或政府下属的控股公司等代行股东职权，并往往存在多个控制层次。这些主体在监督企业经理人时的能力、激励都不足，代理成本较高。

外部监督机制主要指来自政府监管者、证券交易所、法院等方面的约束。如本书前几章所述，从现实看，由于国企在我国政治经济生活中的地位，以及中国法治化进程的阶段性，证券民事诉讼、政府性监管、交易所监管等机制都相对疲软，在监督国企方面难以起到切实的作用。

其他补充性的公司治理机制如来自财经媒体、独立董事、机构投资者的监督，同样难以对国企经理人产生有效约束，甚至可能会增加而不是减少代理成本的问题（如管理者薪酬激励）。所以，国企的经营效率和外部投资者保护问题一直是我国企业和证券法律实施中的一个难点。

相比之下，境外上市能较为有效地对国企经营者形成公司治理方面的约束。因为这是一种外部硬性约束，企业为满足境外上市地的法律与合规要求，将不得不改善信息披露、完善公司治理结构，如建立审计、薪酬、内控等董事委员会，实行董事长和总经理分离、贯彻国际通用的会计准则等。

对政府这样的国企大股东而言，推行境外上市，有利于补充政府股东对国企经理人的经营效率和经营合规度方面的约束。所以尽管中国国企的控制性股份是非流通的国有股，其他国家里会发生的企业交叉上市后本国市场上的股价出现溢价而对公司控制者带来之好处不明显[2]（很多中国企业采取了"先境外、再境内"的上市流程，在融资选择上亦可谓先难

---

[1] Qian Su, Wilson H. S. Tong and Yujun Wu, "Bonding Premium: A General Phenomenon" (2006), http://ssrn.com.abstract=890962; Kevin C. W. Chen and Hongqi Yuan, "Earnings Management and Capital Resource Allocation: Evidence from China's Accounting-Based Regulation of Rights Issues", *The Accounting Review*, vol. 79, No. 3, (2004).

[2] 与此相关的是，由于国有控制性股份流通困难，所以大股东希望保留控制权私人利益、抵触上市的动因也较低。

后易),企业的国有股东仍然有相当大的激励去推动境外上市。

大国企境外上市的浪潮也配合与推进了国企体制改革的进程,上市的第一波浪潮发生在 1990 年代中期,许多大国企的公司化、股份化改制都与随之而来的境外上市安排紧密相连。如中国移动有限公司于 1997 年 9 月成立,10 月便在纽约和香港上市。中国联通股份有限公司 2000 年 4 月成立,6 月在香港、纽约上市。进入本世纪后,被广泛认为治理水平有待提高的大金融机构又成为新一轮海外上市主力,并多在 2006 年年底加入世界贸易组织五周年届满、金融市场开放承诺期来临前完成上市。

就像加入世界贸易组织时中国政府和企业进行的一系列改革一样,境外上市的准备过程常常是诸多现代企业制度尚未建成的国企进行改革攻坚的重要时期。本来,要令它们进行一系列结构性的改造以符合现代公司的标准,颇为"老大难"。但在"境外上市""达到国际水准"这一明确的、有激励性的外部总体目标指引下,一种新的公司治理之"正当性"(legitimacy)维度[1]产生,配套工作会比往常更容易实现,矛盾会比往常更容易协调,牺牲也会比往常更容易作出,诸多难题都可借此契机解决。

例如,在筹备上市的过程中,中国联通公司全面清理了产权关系,"妥善解决了长期困扰发展的体制障碍"。[2]中国海洋石油有限公司 1999 年在美国上市路演失败,董事长卫留成意识到如果"再退一步,改革的回头路绝对走定了。一旦走了回头路,海油过去十几年改革的成果想再挽回几乎不可能",所以顶着在"重组当中利益受到冲击"者的压力坚持再次于 2001 年重赴纽约,而且从 2000 年起开始就按照上市公司的标准进行信息披露。[3]中信集团 2013 年终于集团整体改制为国有独资公司,并在 2014 年 3 月启动整体在香港上市,也被看成是公司欲借助成熟的法律及资本环境进一步清理一直未能清晰的股权关系、整合长久以来分离的业务板块的重要举措,甚至可能彰显了政府高层深化国企改革的决心。[4] 2014 年,中国石油化工股份有限公司推动在子公司中国石化销售有限公

---

[1] See Mark J. Roe, "The Institutions of Corporate Governance", in *Handbook of New Institutional Economics* 371, 375 (Claude Menard and Mary M. Shirley ed., Dordrecht: Springer, 2005).

[2] 高明亮:《移动通信 20 周年回顾:中国联通分别在纽约和香港上市》,载《通信世界周刊》2007 年 4 月 23 日。

[3] 戚娟娟:《中海油上市悲喜录》,载《中国企业家》2003 年 7 月 24 日。

[4] 华化成:《中信上市或完成邦联向帝国转变》,载《新京报》2014 年 3 月 28 日经济时评版。

司引入民营投资者,并启动在香港上市计划。中石化董事长傅成玉称:"上市必须作出业绩,这就相当于倒逼机制",为了达到国际上一般石油销售公司的市盈率,"要让估值倍数回来利润就得上去。上了市股票还得涨,必须让大家都得盈利,这就倒逼管理者,要让大家去拼命,去想办法,把机制搞活。"[1]

二、境外上市作为证券法律实施机制的局限性:失败个案分析

境外上市是一种"执法外包"的机制,令本国证券立法及执法水平不高的公司受到更多的外部约束,从而增强外部投资者保护,降低融资成本,促进企业和本国证券市场发展。中国国企境外上市后,总体上治理水平、合规度、盈利能力确实有所提高。但这种证券法律实施机制毕竟只是间接地外部提升企业和市场治理水平,所以仍然有一定的局限性。境外上市公司的总体治理质量水平还是会受制于本国证券法律环境。其声誉也"会受到同一国家其他公司的声誉的强烈影响。一个不受本地(local)执法和其他制度所支持的声誉,没有受到这些制度所支持的声誉重要"。[2]这解释了诸多所谓中国概念股在海外市场上的困境。

不过,更重要的问题可能是境外上市后,企业仍然会有治理方面缺陷。境外上市绝非万能。如有研究称赞了中石化通过境外上市,提升了公司治理水平[3],但该文过于倚重用股价的绝对增长来说明问题,而不能排除该公司的垄断地位对股价的支持作用。同时期,中石化业亦出现了诸多可谓严重治理污点的事件,如天价吊灯、天价酒、董事长陈同海因为受贿被判死缓等。进一步的,国企其他结构性治理通病还是可能会对境外上市公司的运营造成更为负面的影响。

为了更好地对境外上市国企进行"压力测试"、增强理论分析的质感,下文将重点以两个案例来探究境外上市对中国国企治理的日常约束与事后追究效能。我们会发现,即使是所谓明星国企,境外上市仍可能在治理上出现根本性的缺陷,境外上市并非万能。更值得重视的是,中国日趋增

---

[1] 姚冬琴:《中石化混改,好榜样还是带坏头?》,载《中国经济周刊》2014年11月4日。
[2] Bernard S. Black, "The Legal and Institutional Preconditions for Strong Securities Markets", 48 *UCLA L. Rev.* 781, 784 (2001).
[3] Ma Lianfu, "Chen Deqiu, Gao Li, Overseas listing, Voluntary Corporate Governance and Performance — A Case Study of Sinopec", *Front. Bus. Res. China* 2008, 2(3): 440—457.

长的经济实力,反而吊诡地使境外证券监管者在处罚违规的中国国企时会有所"放松",减损了境外上市作为公司治理和证券法律实施机制的价值。

(一) 中航油案

中国航油(新加坡)股份有限公司(下称中航油)由中国航空油料集团公司(下称中航油集团)持有75%的股份,注册地和上市地均位于新加坡,在 CEO 陈久霖的带领下,公司发展迅速,垄断了中国国内航空油品市场的采购权和进口业务,一度被国资委誉为国企走出去的一个典范。2004年11月,中航油由于石油衍生品交易巨亏5.5亿美元,资不抵债。陈久霖等多名高管、董事也因向市场隐瞒信息等行径而被新加坡执法者处以刑罚。其治理问题具体包括:

1. CEO 权限过大,内控失灵

陈久霖管理风格强势,是公司业务的实际控制人,董事会和母公司都类似于橡皮图章。中航油 2003 年开始的石油衍生品交易并未得到董事会授权,也没有对业务风险进行过有效评估。其如此大胆由来已久。中航油在 1997 年已开始做期货,2002 年收入中已有一半来自于期货交易,但却一直没有依法从证监会处获取境外期货套期保值许可证。最后证监会考虑到中航油已然上市,为避免境外投资者以此提出诉讼,而为其补报放行。[1] 本来应当用于约束企业更好的守法的境外上市因素,反令母国监管机构放松对企业的问责。

可是,陈久霖等管理层对公司深度涉及的衍生业务这一新领域缺乏足够的操控能力。尽管公司形式上设立了著名国际会计师事务所设计的四级双线风险管理体系,但在 2004 年第一季度损失超过了内控设定的 50 万美元交易损失限额后,陈久霖不愿止损退出,而是一厢情愿地希望通过继续投入、等待行情变化后翻盘,导致损失不断扩大、直到被对手斩仓。

2. 隐瞒信息与内幕交易

大部分中文媒体语焉不详的是:陈久霖最后被控的多项罪名包括财务造假、欺骗、内幕交易等,其入狱并非因为衍生交易失败巨亏。

首先,在 2004 年开始的两次季度报告、一次半年报中,公司都没有披露已经发生的重大损失。在公布第三季度报告时,陈久霖则为了阻止

---

[1]《陈久霖:制度畸形的标本》,载《财经时报》2005 年 6 月 18 日。

其他高管向董事会审计委员会说明损失情况,还假造了损失已经被转给母公司的协议和董事长签名。[1]

其次,母公司在2004年10月知晓中航油巨额损失后,为了筹措资金救助中航油,决定通过德意志银行向新加坡证券市场出售中航油15%的股票。但由于在交易时隐瞒了巨额损失已经发生这一重大信息,故构成了内幕交易。陈久霖成为第一个在新加坡因内部人(内幕)交易而入狱者。

3. 缺乏适应市场化运作的风险管理机制

陈久霖在平时不失为一位优秀的企业家,但在危机时刻频频违法,凸显了其没有真正适应市场经济规则。正如研究者指出的,陈久霖从未在一个法律约束比官僚控制更重要、或者说股东利益在管理层决策中占据重要地位的环境中活动过。[2]而母公司同样未能适应国外经营公司的风险并对之进行有效监督。例如,陈久霖起先向母公司告急时,中航油集团董事长正在党校封闭学习,而其他集团公司高层则表示不便代为决策。[3]

(二)中信泰富案

中信泰富有限公司是一家在香港注册,由中信集团公司控股的明星公司,同时在香港交易所和美国场外电子交易板上市。2008年10月20日,中信泰富突然发出盈利警告,指出公司签订的多份累计杠杆式澳元买卖合约(累计股票期权)因澳元大跌,浮亏155亿港元。翌日,公司股价急跌55%,市值接近亏损额。这是恒指成分股公司最大的一宗亏损事件。

事发后,董事局主席荣智健本人紧急飞往北京。11月,中信泰富公布中信集团的救援方案。12月,中信泰富特别股东大会通过救援方案。2009年4月香港警务处商业罪案调查科对中信泰富危机处理中的问题展开调查,荣智健和总经理随即辞职。

---

[1] 徐炯:《荚长斌签名真相牵出中航油违规巨亏内幕》,载《21世纪经济报道》2005年6月21日。
[2] Curtis J. Milhaupt & Katharina Pistor, *Law and Capitalism: What Corporate Crises Reveal about Legal Systems and Economic Development around the World*, The University of Chicago Press. 2008, p. 131.
[3] Mure Dickie, "Ex-CAO Chief attacks CAOHC", *Financial Times*, February 19, 2005, at 6.

1. 危机产生的原因：内控失效抑或行为不当？

中信泰富自称交易澳元合约是为了对冲一个 16 亿澳元矿业项目的外汇风险，但实际上要对冲风险完全可通过远期或掉期合约等低风险工具。且此次公司在合约中实际上最终持有 94 亿澳元，远远超出真实需求，故与其说交易目的是套期保值，还不如说是投机。另外，中信泰富在此合约中的收益与风险严重不对等，不仅预期最大利润不到接盘所需资金量的 1%，且可得的利润有一个约定的上限，而可能的损失却没有类似机制的保护。

事后，公司指称是财务董事越权订约，财务总监（controller）亦没有尽职监督。此种说法已经表明了中信泰富在内控方面的问题，但一些媒体还进一步指出其中可能有更深背景，或许荣智健女儿及其本人才是直接的指令者。[1] 董事会声称的不知情可能是虚假的。

2. 不实陈述引发法律责任：中信泰富的真正危机。

其实，对于中信泰富这样自身实力雄厚、背后又有更为庞大的母公司的国有企业来说，亏损并不是灭顶之灾，违法操作更为致命，这也是荣智健请辞的直接原因。

荣智健事后承认，在 2008 年 9 月 7 日就发现澳元合约公允价值损失已超过 20 亿港元，构成了重大损失，然而，公司迟至 10 月 20 日公允价值损失已达到 155 亿港元时才披露。迟延披露导致股东无法及时抛出股票以减少损失。

尽管香港披露规则并未对此种事项的披露时限有强制性规定，但是 9 月 12 日中信泰富曾发出股东通函称"就董事所知，本集团自 2007 年 12 月 31 日以来的财务或交易状况概无出现任何重大不利变动"。这意味着中信泰富在发现合约损失后，仍进行不实及误导陈述。同时，在信息最终披露前，中信泰富股价出现了异动，沽空规模显著增加。荣智健过去一年间八次回购股份的举动也在 9 月 5 日嘎然而止，引发了外界对内幕交易的猜测。

有鉴于此，香港证监会于 2008 年 10 月 22 日依据《证券及期货条例》第 298 条（披露虚假或具误导性的资料）展开调查。香港警方也在 2009 年展开了董事虚假陈述和普通法下的串谋欺诈方面的调查。经过较为漫长的司法审判周期，2012 年 10 月，中信泰富一名前助理财务董事被法院

---

[1] 谢丹敏：《中信泰富巨亏内幕：高层边打电话边下单》，载《上海证券报》2008 年 12 月 3 日。

认定构成内幕交易罪。[1]

3. 长期以来的"经理人控制"问题

由于荣氏家族的特殊地位和创立中信集团的渊源,中信泰富的实际控制权集中在了第二大股东、董事长荣智健手中,中信集团的干预较少。国企常有的"经理人控制"问题突出。总经理是荣智健自幼的朋友,荣智健之子亦担任董事副总经理,女儿为财务部主管。董事会约束力不足,如4位独立董事平均年龄超过63岁,年龄最大的年逾七十,两位还是兄弟。中信泰富2005—2007年财务报表显示董事薪酬增长迅猛,多名高管薪酬逾数千万元港币,年增长率达百分之几十。荣智健之子的薪酬增长更是高达百分之两百以上。

但是,尽管荣智健在香港证券市场上曾津津乐道中信泰富不是大陆控制的红筹股,可在陷入财务危机时,还是很自然地向母公司求援。1998年亚洲金融危机时中信泰富陷入危机,是中信集团出资稳定股价,使其渡过难关。这一回,荣智健在重大损失被披露后迅速向母公司求援,并在发布盈利警告时就强调母公司是"北京国有企业",这被广泛认为饱含政治暗示,旨在安抚市场对公司有无能力应对危机的担心。事实上,尽管中信集团因此有较大的财务压力,仍然在第一时间承诺安排15亿美元的备用信贷(随后其自身的债信评级被调低),后来在国资委支持下通过认购可转债向中信泰富注资约116亿港元。

三、境外上市作为证券法律实施机制的效用反思

虽然两家境外上市国企的经营地点、业务范围和事发时间均不同,但在治理失败方面却呈现出了惊人的相似性:事发前都是当地证券市场的明星企业,业务和内地息息相关;都是为了投机目的而进行了超过实际需求的衍生品交易;都存在强势领导人,但对巨资投入的新领域并不太了解;长期以来董事会都对经营风险缺乏必要的控制;重大亏损后,都瞒报、迟报重要信息和进行了内幕交易;境内母公司成为最后的救助者;高级管理者都曾面临现实的刑罚危险,最终处理结果相对于当地标准较为宽松,相对于内地标准较为严格;境内母公司和中国政府对之救助时都考虑到

---

[1] 参见 Former CITIC Pacific Senior executive convicted of insider dealing (26 Oct 2012),香港证券及期货事务监察委员会公告 http://www.sfc.hk/edistributionWeb/gateway/EN/news-and-announcements/news/doc? refNo=12PR113,最后访问时间2016年4月20日。

了境外中资企业的所谓整体信用。

这种结构上的高度近似,以及在时间上的"前仆后继",在损失金额上的倍增,不能不令人疑虑此类事件是否会在其他境外上市国企中再现。具体来说,如下几点值得我们思考:

(一)"国企气质"对境外上市效用的影响

这两个公司都是"非典型"国企。它们在境外注册,受到了更强的境外市场约束,本应经营更具规范性,更符合国际金融中心、成熟经济体的行为准则,但还是以较为"鲁莽"的方式出现了重大的治理失败,所以它们的教训更值得警醒。

总体而言,境外上市国企的本质属性并未变化,其固有的结构性治理弊端会产生不小的影响,如股东监督的缺位、董事会和母公司监督的形式化、作为监督者的官僚缺乏对经理人行为的商业判断能力;官本位文化下企业一把手独大、缺乏制衡性的、针对高层领导而非下属的内部控制和风险管理体系;特殊的政治经济背景和市场垄断力导致对市场形势的盲目自信等。因此,尽管企业平时经营得顺风顺水,却往往于不经意间深陷危机。而在紧急时刻,其治理模式中的深层"气质"更是会凸现国企及其控制者不太尊重市场的一面,而在海外更为严格的法律规则面前"碰壁"。

例如,中航油在隐瞒重大损失的情况下出售股份来筹措救援资金,手法相当粗糙,几乎不加掩饰,体现了对法律约束的漠视无知和对市场尊重感的缺失。而这种本质上是令市场投资者来保出(bail out)受困企业的做法却似乎在中国金融业治理中颇为常见。同一时期发生的中国证券公司流动性危机中,政府正是通过向境外投资者出售亏损券商的股份(从而令外国投资者事实上获取进入中国市场的资格)来解决企业财务问题的。中航油这样的大企业的国有股权大额出让绝非中航油集团自身所能决定,所以这一行为实际上牵扯到了政府决定。陈久霖亦宣称股份出售得到了证监会和民航总局的批准,他只是执行人,这也部分解释了陈久霖刑满释放后为何没有被国资委视为罪人,而是担任了另一家中央企业下属公司的高管。[1]

(二)境外市场对上市企业的约束是否会对中国国企打折扣?

境外上市的意义在于让企业感受到更多的约束,而不是自动提高企

---

[1] 钟晶晶:《航油大王陈久霖复出 任葛洲坝国际公司副总经理》,载《新京报》2010年6月23日。

业经营者的道德感或能力。这种约束既体现在通过股价、融资成本等体现出来的经济约束上,也体现在日常监管、事后责任追究等法律约束上。所以,境外上市并非万能。事前的经济约束可能会被企业在市场份额等其他方面的经济优势所抵消[1];事后"硬碰硬"的惩戒如果不能充分展开,也会弱化法律约束的效用。这种局面对境外上市国企尤为明显。一方面,被政府选择出境上市的国企大都是行业领先的蓝筹公司,甚至具有政策性垄断优势,所以在收入、利润、市场份额方面都颇为可观,从而减少了投资者对治理可能的额外要求。另一方面更重要的是,由于国企和政府众所周知的关系,境外监管者也往往不愿意重惩中国国企以及有准公务员身份的国企高管和董事。

近十年来,由于经济的快速增长和境外上市企业的增多,中国企业已成全球 IPO 市场主要来源,一定程度上形成了市场支配力。[2]所以,吸引中国企业成了全球特别是亚太主要证券交易所的重要业务。即使是美国证券和交易委员会与纽约交易所也由于担心失去中国客户而对它们在上市标准和法律要求方面多少给予了豁免。[3]香港、新加坡[4]这样本身实体经济容量较小、又与中国内地关系密切的"小经济体、大金融中心"更可能会对来自中国内地的大型上市公司投鼠忌器。

"不少国家的大企业集团奉行一种战略:绝对不能起诉中国企业。"[5]境外监管者也可能放松对违规境外国企的追究。诚然,新加坡对

---

[1] 例如,中海油纽约上市时,投资者对中国概念股的风险尚颇为疑虑,中海油专门要求国家经济贸易委员会出具公函,说明中海油的海上专营权不变。此函被誉为对付"硬骨头"投资者的"尚方宝剑"。戚娟娟:《中海油上市悲喜录》,载《中国企业家》2003 年 7 月 24 日。

[2] 2010 年共有 476 家中国企业在境内外 IPO,占全球 IPO 总量 61.8%,为历史峰值;融资 1054 亿元,占全球融资总额的 57.6%。《2010 年中国企业 IPO 融资额占全球一半以上》,财经网 http://www.caijing.com.cn/2011-04-12/110689624.html。2011、2012、2013、2014、2015 年中国企业 IPO 企业数量占到全球的 58%、47.3%、15.1%、37.3%、27.5%,融资额度占到全球的 48%、32%、18.9%、23.3%、27.9&。详见清科研究中心的相关报告,见清科集团旗下"投资界"网 http://research.pedaily.cn/report/pay/ipo/,最后访问时间 2016 年 4 月 20 日。

[3] Curtis J. Milhaupt & Katharina Pistor, *Law and Capitalism: What Corporate Crises Reveal about Legal Systems and Economic Development around the World*, The University of Chicago Press. 2008, p.135.

[4] 2004 年底,在新加坡交易所上市的中国企业占到了其市值的 7%,次年上市公司数量翻了一番。Ibid., p.131.

[5] 程苓峰、房毅:《中航油重组案解读》,载《中国企业家》2006 年 4 月 11 日。如中航油高管因为欺骗了德意志银行而被刑事处罚,但德意志银行本身却并未提出民事诉讼。

中航油涉案高管的刑事处罚不轻。陈久霖被处数年徒刑，很多论者认为其如果是在国内被诉，受罚不会如此之重。新加坡还出人意料地在机场逮捕了三位从中国赶来与债权人谈判的中航油董事（包括董事长），似乎足以凸显其法治。但正如研究者指出的，新加坡得罪不起中国，逮捕不可能是没有得到中国政府默许（tacit approval）的。[1]两国之间或许有着微妙的交换与平衡：

首先，新加坡作为一个华人为主、强调政府作用之"亚洲价值"的市场经济国家，是中国不可替代的伙伴。[2]北京会相当理解新加坡作为国际金融中心对自己的法治声誉的重视。其次，这三位董事虽然直接参与了被指控的欺诈行为并签署了相关文件，但不仅很快得以交保获释，并最终只是被判交罚金而不用坐牢。对他们的惩戒并不重，还多少可以被用来切实警醒一下其他央企高管。中航油集团自身所受的罚金也被广泛认为较轻。[3]毕竟，虽然新加坡整体上法制井然，但是该国似乎更重视行政机制而不是纯粹的法律机制。[4]第三，号称"新加坡国资委"的淡马锡控股有限公司在重组中购买了中航油15％的股份，来帮助善后。政商层面的广泛合作使得对违规境外中国国企的处理与通常的市场化处理颇为不同。

类似的，香港警方2009年出击时，各界广泛认为其主要目标是中信泰富的董事等高层人物，包括荣智健。[5]但多年后，人们几乎可以确信荣智健等核心高管已经逃过此劫。公司也没有因为不实陈述而被严惩。

（三）中国政府的救助行为对境外证券法律实施的影响

1. 代价高昂的救助行为是否有必要

两起震撼证券市场的公司危机能大事化小，都和中国政府拍板协调

---

[1] Curtis J. Milhaupt & Katharina Pistor, *Law and Capitalism: What Corporate Crises Reveal about Legal Systems and Economic Development around the World*, The University of Chicago Press, 2008, pp. 135, 145.

[2] 中国的法律和政治改革战略与新加坡、韩国等强政府型东亚国家的关联可见 Robert Wade, *Governing The Market: Economic Theory and the Role of Government In East Asia Industrialization*, Princeton University Press, 2003.

[3] See Cris Prystay, "Executive On Trial: Three CAO Singapore Officials Are Fined In Derivative Case", *Wall Street Journal*, 3 March, 2006, at C4.

[4] Curtis J. Milhaupt & Katharina Pistor, supra note[1], p. 145.

[5] Tom Mitchell and Justine Lau, "HK Police raid CITIC Pacific in Fraud Probe", *Financial Times*, April 4, 2009.

若干国企进行了成本高达数亿、十数亿美元的救助紧密相关。国企的政府所有者不仅付出了普通商事公司很难付出的巨额资金,也提供了诸多政治资源来方便企业债务重组。中航油重组的新加坡法律顾问指出:同类公司倘若发生了这样的危机,会由于财务和声誉受损失去市场信赖而倒闭。但中航油集团长期握有的国内航油供应垄断权可以保证中航油的业务不会受到根本的影响。在重组中,债权人和最终参与救助中航油的淡马锡公司也纷纷向国资委询问中航油的垄断地位可否维系。中国政府的多次表态对事件解决起了决定性的作用。[1]

而国资委对中航油和中信泰富债务重组的大力付出,并不只是意在这些企业本身。国资委在危机发生之初,曾强调这是个别事件,但事实上由于企业境外上市带来的知名度的提高,政府对境外大国企倒闭对中资企业在海外的"整体声誉和市场信用"颇为敏感而把对个别企业的救助意义抬到了过高的层面。这种用心虽然可以理解,并得到了境外投资者对"体现了一个国家的责任"的赞誉,但其必要性却值得讨论:

首先,国企并不代表政府,这点已经逐步被海外证券市场投资者和司法界接受。中航油集团曾向新加坡法院声称"由中华人民共和国中央政府拥有并受它监管",因此应被视为一个政府部门,有不被起诉的国家豁免权,但被法院驳回,理由是公司没有出具任何文本表明它依照中国主权行事的证据,活动主要是商业性的。[2]香港资深银行人士也认为:"中信泰富危机只是个体投机行为所致,并不必然传导到其他机构。所谓中资机构信用问题,其实是债权人的惯用借口。中信泰富本身在中资机构中的地位已大不如前,远未大到不能倒闭的地步。债权人无非是担心中信泰富没人兜底,无从追债。"[3]

其次,这些国企的治理失败并不是由于母公司或国资委指挥失当所致,而是源于证券市场投机活动。所谓它们倒台会影响中资企业声誉主要只是基于一个假定,即中国政府是这些企业的最终所有人,一个企业的倒台会对其他由中国政府最终所有的企业产生负面影响。可这种假定是错误且危险的。推而广之,当年一家国企在境外欠债,另一家国企的油轮

---

[1] 程苓峰、房毅:《中航油重组案解读》,载《中国企业家》2006年4月11日。
[2] Wayne Arnold, "After Crash, China Aviation Oil Offers Creditors Sweeter Repayment Deal", N.Y. Times, May 13, 2005.周斌:《新加坡对中航油股份有限公司3名董事长进行宣判》,载《法制早报》2006年3月5日。
[3] 参见王端等:《中信泰富94亿澳元豪赌》,载《财经》2008年10月27日。

被扣作担保的风险就可能重现。[1]我国《公司法》第 217 条着力强调的"国家控股的企业之间不仅因为同受国家控股而具有关联关系"原则也会被动摇。以后任何一个中国国企的子公司濒临破产时,投资者都可援引此例,期望和要求国资委进行救助。

其实,完善境外国企治理,强化法人责任,界定母公司、政府对国企的责任,既更有必要,也相对容易。因为在成熟市场经济中,一方面,按规则办事和承担有限责任的可能性和社会接受度更大,如中航油重组后的新加坡籍董事长所言:"终归还是要跟着法律走",如果事前披露、杜绝欺诈,境外投资者对企业交易失败产生的商业风险有着充分理解,"不救也没人会责怪"。[2]另一方面,国企的境外投资与交易都是纯商业性的存在,并无社会和政治义务,不存在对投资者和证券市场的特殊责任(如避免公司倒闭带来的社会不稳定)。过分地救助境外运营的国企,实际上是令境内纳税人为境外投资者买单。

2. 救助行为会降低海外投资者和监管者对企业的监督激励

中国政府对海外上市国企的慷慨救助所能产生的另一个风险是海外证券市场投资者会由此减少对境外上市国企的事前监督激励。本来,证券市场投资者监督公司的目的是为了防止治理弊端导致经营危机和投资者受损。因此,当有一个慷慨的、足够强大的事后救助者存在时,它们当然乐得减少相应的事前监督投入。类似的,监管者也会由于投资者可在财务层面得到事后保证,而不介意降低对相关违规者的执法力度,从而降低法律对公司经营者的震慑度,而这种严格执法本来系境外上市机制的主要价值所在。

四、小结:政府角色定位对境外上市的法律实施效果的影响值得重视

法律研究的目的是通过发现缺陷与风险来改进制度建设,所以"报忧不报喜"更为重要。从整体上看,境外上市通过借用境外证券法律的实施,是企业包括国企改善公司治理、加强投资者保护的一条可行道路。境外主要证券交易所比境内更严格的上市标准、日常约束、信息披露与合规

---

[1] 参见《政府与国有企业的关系:管理抑或控制》,载《公司法律评论》2001 年卷。宋彪:《论国家对国有企业的责任——恒裕轮南非德班被扣案的法理分析》,载《经济法学评论》第一卷,中国法制出版社 2000 年版。

[2] 程苓峰、房毅:《中航油重组案解读》,载《中国企业家》2006 年 4 月 11 日。

监管要求、证券法律对投资者的保护程度,可以结构性地改良国企的运作,体现了政府作为国企控制者而改善公司治理的努力企业这些市场基础元素之运行的优化,也使境内证券市场的法治度得以提升。

但是,境外上市并非灵丹妙药。尽管有境外的证券法律施加在身,诸多优秀的境外上市国企仍然存在着不小的治理缺陷。中航油和中信泰富两个"模范生中枪"的案例表明:境外上市后,经理人控制、好大喜功、董事会失灵、风险管理不到位等国企弊端依然可能存在,并产生巨大的消极影响。

更严重的是,由于境外上市显著增加了企业的知名度,使之更容易被看作是对外的"国家形象"的一部分,在实践中导致政府的救助冲动大为增强,反而会对国企治理产生负面影响。因为过度救助由于商业交易失败而陷入困局的国企和包揽投资者的损失,会降低境外投资者对企业的事前监督激励、降低境外监管者对违规者依法事后惩戒的激励,从而减损境外上市机制对企业的治理价值,并令国际市场产生对作为国企所有者的中国政府的不合适期待。

继续坚持常规的证券法律实施和公司治理制度的建设自然是必要的(例如,倘若没有严格的信息披露制度,中航油和中信泰富的巨额亏损可能被隐瞒得更久),但与此同时,人们更要从源头上优化境外上市国企控制者特别是政府部门的公共治理,厘清政府和境外上市企业之间的义务与责任,从而增强企业的市场化运作特质,在根本上夯实境外上市国企基于法律约束的治理。[1] 相比之下,境外上市的中国民营企业的问题就较小,此种差别值得反思。

第四节 小结:多元并进的证券法律实施机制

不管如何,我国的证券市场确实正在曲折中不断发展,证券法制也正在逐步完善。我们可以批评其中的种种问题和弊端,但我们也不能忽视

---

[1] 例如,中航油重组后,中航油集团委派者只占少数,形成了与大部分境外上市中国国企不同的治理结构。其他治理制度在形式上也颇为完备。但2008年4月担任公司审计委员会和披露委员会主席的一位新加坡商界重量级人士宣称"中航油在信息流通、管理层进行决策、检讨和监督上的做法,让我越来越难以履行作为公司独立董事的职责"而辞职,引发业界震动。中航油亦承认这并非"个人恩怨"所致。叶海蓉:《律师独董愤然辞职 中航油惊现管理危局》,载《21世纪经济报道》2008年4月26日。

其进步之处以及未来更为进步的可能性。伴随着 2013 年 9 月启动的上海自由贸易区建设，法治化路线下的中国的金融体制改革也将随着这一倒逼机制而可能得以突破性地展开。资本项目逐步可兑换、自由化，金融服务法全面开放的宏大前景同样是中国证券市场在未来的整体性契机和挑战。因为未来的中国证券市场必然需要与世界接轨，在迎来更多的境外资金和投资者时，境内证券市场也将遭受更大的来自全球性资本市场的压力，本书第一章第一节所述的图景将变得愈发的全面和现实。现代市场的发展前进之道，舍法治其谁？

从法律面看，证监会 2013 年 9 月推出的《资本市场支持促进中国（上海）自由贸易试验区若干政策措施》中一系列适用于上海自由贸易区但具有潜在的"可推广、可复制"色彩的改革措施虽然目前进入平稳期，但其潜力仍然值得瞩目。当前以上海证券交易所为领头羊的中国证券市场必将迎来进一步的发展，并同样以"监管高效便捷、法制环境规范"，成为"国际化和法治化的营商环境"作为最新的指导精神。在此背景下，反思中国证券市场法律的实施机制也尤为重要。

如本书各章所述，大致而言，政府性监管具有刚性，调查力、执行力较强，对打击主观恶性较大、隐蔽性较强的证券欺诈行为的效果较好。其属于较为"笨重"的法律武器，实施成本较大，而且会压抑交易所可以实施的一线灵活监管和民事诉讼机制。换言之，政府性监管有权威，但这种权威在惩治违法行为之余也会压制市场运作。民事诉讼机制的利弊长短可谓是政府性监管的反面，如去中心化、与市场的相容性较高、成本由私人负担、对违法行为的打击精准度低、针对性和效率则有所不如。

政府性监管和民事诉讼分属由公权和私权发动的法律实施方式，但二者并非简单的此消彼长关系。相反，如美国的实践所表明的，二者可以互相倚持、互相促进。而有效的交易所监管与政府性监管有作用方式上的类似性，但本身的驱动力却在于追求市场利益，特别是当其处于竞争环境中时。交易所能够在前线发现和解决问题，节省政府性监管和民事诉讼的实施成本，但其并非终局性、概括性的全面解决方案。

政府性监管其实可以分为事前事中准入管制和事后执法。随着证券市场成熟度的提高，政府性监管的重心应当逐步从事前管制向事后执法过渡，并提高交易所监管的自主性。而防止交易所监管异化的外部约束，则在于政府性监管和民事诉讼机制的可靠性，三者是互相约束、互相促进的共生关系。

但当前,证监会主持的政府性监管还是主导性的证券法律实施机制,其他力量还远远没有发挥它们可能起到的作用。法院基本上没有成为一种独立的证券法律实施机制。交易所对市场的监管作用也刚刚起步。其他有利于证券市场法治和投资者保护的力量如财经媒体总体作用还不是很大。无疑,在很大程度上,无论是基于理想还是根据现实,我们必须仍然非常倚重政府性的监管,但减少对其的依赖早已成为共识。如证监会在"中国资本市场发展的战略措施(2008—2020)"中承认"从监管体制看,目前过于依赖行政监管的局面已经明显不能适应资本市场发展的要求","监管协调机制、执法有效性都有待进一步完善"[1],要"大力推进多层次股票市场体系建设"。[2]中国社科院法学所发布的《中国法治发展报告》(2014)指出,我国对于证券市场违法违规行为的查处过分倚重行政处罚,刑事问责的频度和力度都不大,民事责任更是有目共睹的短板。[3]故如下基本方略应当被坚持:

1. 增强政府性监管法治化和内部化制约,如提高对行政透明度、确定性的要求。确立监管机构的中立性,将市场监管与对市场规模、指数等的"调控"功能分离。

2. 通过在国家机构体系内部实施对政府性监管的外部化制约,让立法和司法机关占据更重要的治理地位,抑制、裁减行政监管。[4]特别是加强诉讼机制在证券市场治理中的作用,树立法院作为终极裁判者的权威。这既包括对更多民事诉讼的受理,也可以在此基础上逐步纳入对行政性证券监管行为的司法审查(除了十几年前的凯立公司诉证监会案,我国几乎没有涉及证券监管部门的行政诉讼案件),从而逐步强化政府法治程度、监管的透明性和合理性。

证监会前主席尚福林也曾表态支持推进民事诉讼改革,包括引入集团诉讼。[5]"调动股东投资者和律师等专业人士的积极性和资源加入监

---

[1] 证监会:《中国资本市场发展报告》(2008年),摘要,第27页,可见中国政府官方网站 http://www.gov.cn/gzdt/2008-01/24/content_868460.htm,最后访问时间2016年4月20日,全书见中国金融出版社2008年版。
[2] 证监会:《中国资本市场发展报告》(2008年),中国金融出版社2008年版,第115页。
[3] 李林、田禾主编:《中国法治发展报告(2014)》,社会科学文献出版社2014年版,第104—119页。
[4] 参见许成钢、皮斯托:《执法之外的机制》,载《比较》第6辑。
[5] 尚福林:《建立集团诉讼和股东代表诉讼制度》,载《第一财经日报》2005年11月3日。

管框架,可以补充公权执法资源、效益和经验的不足,并强化上市公司及管理层认真守法的压力。这种功用和效果应成为中国证券管理层重要的政策考量因素,也可为提高市场监管质量和效益提供重要的助力。"[1]

3. 坚持放松政府监管特别是事前管制,让竞争和市场秩序发挥作用,培育中介机构和自律组织生长的空间,树立其处理市场纠纷的权威。强化证券交易场所监管以及财经媒体、市场中介等非官方渠道的市场监督力量,也可在国家权力体系的外部增强市场对违法行为的运作力。这些证监会以外的专业化力量既能有效补充专门证券监管者的力量;也能在监管者出于主观因素不能在特定环境下作为时,填补相应空缺;还能形成一种隐性的竞争机制,促使监管部门积极行事。

不过,立足于现实,更重要的是秉持"多元并进"的观点,不必拘泥于何种法律实施机制在绝对意义上最为有效,而是把握现实,灵活适时地突破,以投资者保护为导向,注意发挥市场效率,以最大化地优化法律实施和缔造证券市场法治。

条条大道通罗马,但在不同的时空环境下,哪条道路是最快捷地通往罗马之路并非恒定,如何更有效率地改良通往"法治罗马"的道路,也需要我们继续不断地结合中国的实际情况的发展而动态地予以探索。

---

[1] 张宪初:《近期西方证券监管理念论争及对中国的一些启示》,载刘俊海主编:《中国资本市场法治评论(第一卷)》,法律出版社2008年版。

后　　记

　　本书名称貌似研究抽象理论的著作,但如读者诸君已发现的,事实并非如此。"法律实施机制"只是把本人近些年对证券市场立法、执法与司法的诸多方面贯穿起来的一个载体。本书各章节基本上围绕相当实在和具体的话题而进行。本书的重心是围绕"证券法律如何在中国有效实施"而对其不同的机制所展开的研析。

　　事实上,本人近年来对法学界包括金融法学界兴起的一种用名词、原则、纲领性建议来构建宏观理论、优美框架的风潮并不推崇,这些论文虽然可能更容易发表在顶级刊物上,以满足"大国崛起"背景下本土理论自成体系的壮观想象,但它们对解决甚至理解我国社会中实际面临的法律问题恐怕并无太大用益。至少,对我这种对"形而下"的话题更感兴趣的人来讲,是这样的。

　　本书如果有什么优点,恰恰是在反面意义上的,即结合较新的学说与事实材料,尽量细致地描述法律规则的结构、体系和它们所运作的环境,并在此基础上反思其成败得失和未来发展的路径。简言之,本人尽量希望书写一些有用的知识,而不是好看的理论。当然,本人所努力的方向和本人实际努力的进程是两回事,在这个维度上的欠缺,也是我期待各界贤达予以批评教益的。

　　本人的成长和本书的成形自然凝聚了诸多亲友的帮助,他们的姓名虽然未在此处一一列出,但却铭刻在了我的生命和记忆中。

　　感谢我的家人对我的支持,我并非一个勤奋的人,但十余年来也凑足了充分的闲暇写下了诸多论作,这首先还是有赖家人对我的包容和照顾。尤其是我的父母屡屡问起此书的进程,现在终于付梓,希望可以对他们略加安慰。

　　感谢诸位在课堂上、论坛中、邮件里、餐桌旁等不同场合下教诲、帮助过我的师长和学友,本书的每一页都折射着你们的智慧。它或许可以成为一个小小的垫脚石,帮助我总结梳理自己的想法,在和你们继续砥砺相激时不掉队。

感谢北大出版社编辑的慨然收稿和辛勤工作。多年来我一直把北大社说成是中国最好的法律学术出版社,现在自己的小书居然也混迹其中,不免有惭。细思之下,唯有自我鞭策奋行。

今年世界上出现了一个新的生命,店铺里也会出现一本新的书籍,二者都冠上了我的姓,这或许算是我以往的成果,但更是我未来的责任!

缪因知
2016 年 5 月 28 日